UmweltWissenschaften

Schriftenreihe der Fakultät für Umweltwissenschaften
und Verfahrenstechnik
der Brandenburgischen Technischen Universität Cottbus

Geschäftsführender Herausgeber

Prof. Dr. rer. pol. MICHAEL AHLHEIM, BTU Cottbus

Michael Kotulla · Herbert Ristau
Ulrich Smeddinck (Herausgeber)

Umweltrecht und Umweltpolitik

Springer-Verlag Berlin Heidelberg GmbH

Dr. jur. Michael Kotulla
Dr. Ing. Herbert Ristau
Lehrstuhl Umweltrecht
Brandenburgische Technische Universität Cottbus
Universitätsstraße 3–4
D-03044 Cottbus

Ulrich Smeddinck
Balthasarweg 15
D-22767 Hamburg

Die Deutsche Bibliothek – CIP-Einheitsaufnahme
Umweltrecht und Umweltpolitik / Hrsg.: Michael Kotulla ... – Heidelberg; New York: Physica-Verl., 1998
(UmweltWissenschaften)
ISBN 978-3-7908-1093-6 ISBN 978-3-642-59011-5 (eBook)
DOI 10.1007/978-3-642-59011-5

Ursprünglich erschienen bei Physica-Verlag Heidelberg 1998

SPIN 10664929 88/2202-5 4 3 2 1 0 –

Für

Prof. Dr. iur. Dipl. Pol. Edmund Brandt

Vorwort

Daß der Umweltschutz ein essentielles Anliegen von Staat und Gesellschaft sein muß, wird mittlerweile wohl kaum noch von irgend jemandem ernsthaft bestritten. Vor diesem Hintergrund kommt auch dem Umweltrecht als einem Instrument zur Durchsetzung umweltpolitischer Vorstellungen eine zentrale Rolle zu. Der vorliegende Sammelband beleuchtet verschiedene umweltrechtliche Teilaspekte. Den unter dem Leitmotiv „Umweltrecht und Umweltpolitik“ zusammengeführten Aufsätzen ist gemeinsam, daß sie allesamt zu aktuellen Themen des Umweltschutzes im Spannungsfeld zwischen Umweltrecht und Umweltrechtspolitik Stellung nehmen.

Sein Zustandekommen verdankt dieses Buch dem 50. Geburtstag von Herrn Prof. Dr. iur. Dipl. Pol. Edmund Brandt, Inhaber des Lehrstuhls Öffentliches Recht, insbes. Umweltrecht, am Fachbereich Umweltwissenschaften der Universität Lüneburg. Seine Habilitanden und Doktoranden nehmen dieses „runde“ Jubiläum zum Anlaß, ihm auf diesem Wege die besten Wünsche für sein weiteres persönliches und wissenschaftliches Wirken auszusprechen sowie ihm den Dank und die Anerkennung für seinen vorbildlichen Einsatz für die von ihm betreuten „Nachwuchswissenschaftler“ auszudrücken. Der überwiegende Teil der Texte basiert auf Arbeiten, die Prof. Dr. Brandt selbst angeregt oder zumindest konstruktiv-kritisch begleitet hat.

Für die bei der Realisierung dieses Projektes zuteil gewordenen zahlreichen Unterstützungen und Hilfestellungen, sind die Herausgeber namentlich Frau Karin Badrian und Herrn cand. ing. Marko Walter zu Dank verpflichtet. Ohne ihren unermüdlichen Einsatz bei der Erstellung des Layouts und bei der kritischen Durchsicht der Texte wäre an das Zustandekommen dieses Bandes nicht zu denken gewesen. Ihnen sei an dieser Stelle noch einmal ein herzliches Dankeschön ausgesprochen. Des weiteren sind die Herausgeber Herrn Prof. Dr. Michael Ahlheim zu Dank verpflichtet, der als geschäftsführender Herausgeber die Aufnahme des vorliegenden Buches in die Schriftenreihe „Umwelt-Wissenschaften“ der BTU Cottbus ermöglicht hat.

Cottbus, im November 1997
Die Herausgeber

Inhaltsverzeichnis

Seite

Einleitung

Die Thematik des Umweltschutzes kann unter den verschiedensten Gesichtspunkten Gegenstand wissenschaftlicher Erörterungen sein. Dies gilt nicht zuletzt für die in diesem Band zusammengeführten Aufsätze. Sie spiegeln einzelne Facetten der Umweltschutzproblematik aus rechtlicher und rechtspolitischer Sicht wider. Wegen ihrer Heterogenität bleiben sie nur sehr begrenzt einheitlichen Sachkreisen zuordenbar. Dennoch lassen sich zwischen einigen Beiträgen auch gewisse Querverbindungen erkennen, die für die nachfolgende Strukturierung der Arbeiten ausschlaggebend sind. So zeigen sich Gemeinsamkeiten bei den auf originär umweltschutzrechtliche Probleme zielenden Abhandlungen mit spezifisch naturschutz-, gewässerschutz- und abfallrechtlicher Ausrichtung. Einige andere Arbeiten befassen sich mit grundsätzlicheren, strukturellen Aspekten des Umweltrechts und der Umweltpolitik. Randbereiche der Umweltschutzproblematik streifen schließlich die Arbeiten zum energiewirtschaftlichen Ordnungsrahmen und zu der in erster Linie städtebaulich geprägten Stellplatzregelung.

Eingangs dokumentiert KLAUS IVEN den wachsenden Einfluß des europäischen Umweltrechts auf die bundesdeutsche Rechtsordnung, indem er im Zusammenhang mit der Frage des Schutzes natürlicher Lebensräume einzelne Rechtsfragen bei der Anwendung der EG-Flora-Fauna-Habitat-Richtlinie aufgreift.

Der sich daran anschließende Beitrag von MICHAEL KOTULLA befaßt sich mit den vielfältigen Möglichkeiten, die das Instrument der Wasserschutzgebietsausweisung für den Grundwasserschutz bereit hält. Zugleich verdeutlichen die Ausführungen aber auch die damit nach wie vor verbundenen defizitären rechtlichen Implikationen.

Thematisch ebenfalls im Bereich des Grundwasserschutzes angesiedelt, ist der Beitrag von CLAUDIA UNDINE SCHULZ. Sie befaßt sich mit der Zulassungsvorschrift des § 15 Abs. 1 Nr. 3a PflSchG für Planzenschutzmittel. Dabei konzentriert sie sich auf die wichtige Frage, bei welchem Grad der Wahrscheinlichkeit schädlicher Auswirkungen von Pflanzenschutzmitteln auf das Grundwasser die Zulassung des Präparates zu unterbleiben hat.

Jenseits dieser Erörterungen folgen eine Reihe von Beiträgen, die sich in der einen oder anderen Weise der Abfallthematik widmen:

So geht CHRISTINE FISCHER auf die Regelungskompetenzen der Länder ein, die diesen angesichts der Positivierungen des Kreislaufwirtschafts- und Abfallgesetzes (KrW-/AbfG) verbleiben, um der Produktverantwortung zu stärkerer Geltung zu verhelfen. Hierbei wird exemplarisch das Instrumentarium der Abfallvermeidungsgebote in den Vordergrund der in erster Linie verfassungsrechtlich ausgerichteten Betrachtung gerückt.

Mit dem auch nach Inkrafttreten des KrW-/AbfG von zentraler Bedeutung für das Abfallrecht gebliebenen Abfallbegriff setzt sich STEFAN SCHOENECK auseinander. Sein Aufsatz befaßt sich mit der Frage des grundsätzlichen Verhältnisses von zivilrechtlicher Dereliktion und abfallrechtlicher Entledigung zu dem subjektiven Abfallbegriff.

Die Arbeiten von TORSTEN RIEBE und STEFAN PALASCHINSKI befassen sich genau genommen mit unterschiedlichen Facetten der Verzahnung von Abfall- und Immissionschutzrecht. Während ersterer zur Genehmigung ortsfester Abfallbeseitigungsanlagen nach § 31 Abs. 1 KrW-/AbfG Stellung nimmt, ermittelt letzterer die rechtlichen Anforderungen an die Zulassung und den Betrieb von Bodenwaschanlagen.

Der Beitrag von KRISTINA KÖSTER vertieft die Diskussion um die Reform des Energiewirtschaftsrechts. Ausgehend von der Grundannahme, daß die Einführung und Verstärkung von Wettbewerb zu einer rationelleren und damit umweltfreundlicheren Energieversorgung führt, untersucht sie die Vereinbarkeit des sogenannten „Pool-Modells" mit den Grundrechten der Energieversorger.

HERBERT RISTAU befaßt sich vor dem Hintergrund der anstehenden Novellierung des Energiewirtschaftsgesetzes mit der Frage, wie dabei ökologische Aspekte stärker als bisher zur Geltung gebracht werden können.

Demgegenüber beschäftigt sich ULRICH SMEDDINCK mit den bislang sehr unterschiedlichen bauordnungsrechtlichen Stellplatzregelungen in den Bundesländern. Dazu werden Kategorien der Gesetzgebungslehre aufgegriffen, um die Möglichkeiten und Chancen auszuloten, inwieweit die ökologisch sinnvolle Konzeption einer zeitgemäßen Stellplatzregelung bundesweit durchsetzbar ist.

HEIKE BRUNS vermittelt einen Eindruck über die rechtlich nur schwer erfaßbare Stellung des Umweltbundesamtes bei der diesem zugewiesenen Aufgabe zur wissenschaftlichen Unterstützung des Bundesumweltministeriums.

In einer eingehenden Analyse widmet sich SUSANA RÖCKSEISEN speziell den Kriterien zur Beurteilung der Leistungsfähigkeit umweltpolitischer Instrumente. Um eine möglichst präzise Wirkungsabschätzung zu ermöglichen, beschränkt sie sich dabei nicht auf die in einer Disziplin entwickelten Untersuchungsschritte, sondern integriert die Anforderungen und Einsichten der Umweltökonomie, der Implementationsforschung und der Gesetzgebungslehre.

CLAUS LEITZKE führt den Meinungsstreit um die Außenverbindlichkeit von namentlich im Umweltrecht bedeutsamenVerwaltungsvorschriften mit Blick auf das Rechtsinstitut der „Anhörung beteiligter Kreise" fort.

Der Beitrag von HELMUT FOUQUET wendet sich dem Polizei- und Ordnungsrecht als dem wichtigsten Vorläufer des modernen Umweltrechts zu. In dem Aufsatz werden die verfassungsrechtlichen Grenzen der Haftung des Zustandsveranwortlichen für Altlasten aufgezeigt.

Der von FRANK SOLLONDZ vorgenommene historisch-philosophische Abriß über das geistesgeschichtliche Phänomen des Mechanizismus nimmt eine

„Sonderstellung“ ein. In dieser systemtheoretischen Erörterung wird die Entwicklung einer streng deterministischen, vom Kausalprinzip geprägten Richtung der Naturphilosophie und ihre Einflußnahmen auf das heutige Umweltrecht herausgearbeitet.

Den Abschluß bildet die thematisch der umweltrechtlichen Grundlagenforschung zuzurechende Abhandlung von SASCHA STEINER. Er stellt für das noch wenig konturierte Gebiet der Stoffstromregulierung beispielhaft eine Methodik zur Datenerfassung zusammmen.

Aktuelle Fragen des Schutzes natürlicher Lebensräume

Klaus Iven

1 Einleitung

Das Recht der Europäischen Gemeinschaft enthält mit der Vogelschutzrichtlinie[1] (VRL) und der FFH-Richtlinie[2] (FFH-RL) weitreichende Vorgaben zum Schutz natürlicher Lebensräume. Im Mittelpunkt steht dabei die Errichtung eines gemeinschaftsweiten zusammenhängenden Netzes von Schutzgebieten mit der Bezeichnung „Natura 2000" (vgl. Art. 3 Abs. 1 FFH-RL). Für alle dem Netz zugehörigen Gebiete gelten neben gebietsbezogenen Vorgaben gemeinschaftsweit einheitliche Anforderungen an die Zulassung von Plänen und Projekten.[3] Letztere betreffen nicht nur den Bereich des Naturschutzes, sondern wirken weit darüber hinaus. So dürfte die praktische Relevanz für das Fach-, Raum- und Bauplanungsrecht durch die Diskussionen um den Bau der Ostseeautobahn A 20 oder die Errichtung einer Wohnsiedlung in Hamburg-Neugraben („Wachtelkönig") hinreichend belegt sein.

Weitaus weniger bekannt sind die konkreten Anforderungen und Auswirkungen der Gemeinschaftsvorgaben. Pläne und Projekte, die Auswirkungen auf „Natura 2000"-Gebiete haben, können aber auf Dauer nur dann effektiv und effizient realisiert werden, wenn die sich aus dem Gemeinschaftsrecht ergebenden Anforderungen und Möglichkeiten erkannt und bewältigt werden. Im folgenden sollen einige aktuelle Fragen aufgegriffen, aus rechtlicher Sicht beleuchtet und damit insgesamt ein Beitrag zur Überwindung der vielfach zu beobachtenden Handlungsunsicherheiten geleistet werden. Konkret geht es um die Auswahl von FFH-Gebieten (2), die Anwendbarkeit der FFH-RL auf Pläne und Projekte (3) sowie die plan- und projektbezogenen Zulassungsanforderungen der FFH-RL (4), die bereits auf bestehende Vogelschutzgebiete[4] anzuwenden sind.

---

1 RICHTLINIE 79/409/EWG DES RATES über die Erhaltung der wildlebenden Vogelarten (ABl. EG, Nr. L 103, S. 1 ff.), zuletzt geändert durch die Richtlinie 94/24/EG des Rates vom 8.6.1994 (ABl. EG, Nr. L 164, S. 9 ff.).

2 RICHTLINIE 92/43/EWG DES RATES zur Erhaltung der natürlichen Lebensgrundlagen sowie der wildlebenden Tiere und Pflanzen (ABl. EG, Nr. L 206, S. 7 ff.).

3 Vgl. allgemein zu den Inhalten und Anforderungen der VRL und der FFH-RL IVEN, NuR 1996, 373 ff.

4 Deutschland hat in Erfüllung der Auswahlvorgaben der VRL bislang 502 Gebiete als Vogelschutzgebiet ausgewählt und gegenüber der EU-Kommission benannt. Vgl.

2 Auswahl von FFH-Gebieten

Den derzeit umstrittensten und am heftigsten diskutierten Bereich der Umsetzung der FFH-RL stellt die Auswahl von FFH-Gebieten dar.

2.1 Erstellung von (Vorschlags-)Listen durch die Mitgliedstaaten

Gemäß Art. 4 Abs. 1 FFH-RL haben die Mitgliedstaaten eine nationale Liste mit Gebietsvorschlägen anhand der in den Anhängen I bis III vorgegebenen Kriterien und einschlägiger wissenschaftlicher Informationen zu erstellen. Die Anhänge enthalten faktisch eine Art Steckbrief, nach dem in Frage kommende Gebiete zu identifizieren und auszuwählen sind. Die vorgegebenen Auswahlkriterien sind ausschließlich naturschutzfachlicher Art. Wirtschaftliche oder sonstige nicht naturschutzfachliche Belange sind als Auswahlkriterien nicht vorgesehen. Sie werden aber in der allgemeinen Zielbestimmung der FFH-RL (Art. 2 Abs. 3) bzw. im Katalog der Ausnahmevoraussetzungen von den plan- und projektbezogenen Zulassungsanforderungen (Art. 6 Abs. 4 UAbs. 1) genannt. Im Hinblick darauf stellt sich die Frage, ob und inwieweit nicht naturschutzfachliche Belange bei der Gebietsauswahl zu berücksichtigen sind.

Die Frage ist an Hand der Rechtsprechung des EuGH zur Auswahl von Vogelschutzgebieten zu beantworten.[5] Dies ergibt sich aus dem vergleichbaren Regelungsansatz von FFH-RL und VRL (jeweils Vorgabe spezifischer, ausschließlich naturschutzfachlicher Auswahlkriterien, während nicht fachliche Belange allein in den allgemeinen Zielbestimmungen genannt werden) und vielfältigen sachlichen Gemeinsamkeiten und Überschneidungen (vergleichbare Richtlinienziele, einheitliches Schutzgebietsnetz, identische Vorgaben für den Gebietsschutz und die Zulassung von Plänen und Projekten gemäß Art. 6, 7 FFF-RL).

Der EuGH hat zur Auswahl von Vogelschutzgebieten immer wieder entschieden, daß sich die Mitgliedstaaten bei der Auswahl und räumlichen Abgrenzung von Gebieten an den in der VRL vorgegebenen fachlichen Auswahlkriterien zu orientieren haben.[6] Sie seien nicht berechtigt, wirtschaftliche oder andere nicht fachliche Belange zu berücksichtigen. Er hat dies nicht nur mehrfach mit Blick auf die Erwähnung dieser Belange in den allgemeinen Zielbestimmungen hervorgehoben, sondern unlängst im Lappel Bank-Urteil auch mit Blick auf die Ausnahmemöglichkeiten im Rahmen der plan- und projektbezogenen Vorgaben der FFH-RL. Er hat damit der in dem Verfahren vom Vereinigten Königreichs vorgebrachten Argumentation eine Absage erteilt, das dafür plädiert hatte, die für bestehende FFH- und Vogelschutzgebiete vorgesehenen Ausnahmemöglichkeiten schon bei der Auswahl zu berücksichtigen. Der EuGH konnte sich hierbei auf den Wortlaut der FFH-RL stützen (vgl. Art. 7).

---

nur FREYTAG/IVEN, NuR 1995, 109 (115 ff.); IVEN, NuR 1996, 105 f. und ERBGUTH/STOLLMANN, DVBl. 1997, 453 (453 ff.).

5 Vgl. dazu und zum folgenden im einzelnen IVEN, NuR 1996, 373 (374 ff.).

6 Urt. vom 28.2.1991 (Leybucht), NuR 1991, 249 (250); Urt. vom 2.8.1993 (Santoña), NuR 1994, 521 (522); Urt. vom 11.7.1996 (Lappel Bank), NuR 1997, 36 (37).

Eine Abwägung zwischen naturschutzfachlichen und nicht naturschutzfachlichen Belangen kommt damit nicht in Betracht.[7] Sofern ein Gebiet dem fachlichen Anforderungsprofil der FFH-RL entspricht, kann es daher nicht schon deshalb aus dem Auswahlprozeß ausgeschieden werden, weil im Gebiet oder an der Gebietsgrenze Projekte mit beeinträchtigender Wirkung bestehen oder geplant sind. Nicht mit der FFH-RL und der Rechtsprechung zu vereinbaren ist damit die nicht selten gestellte Forderung, FFH-Gebiete so auszuwählen und räumlich abzugrenzen, daß bestehende oder geplante Projekte ausgeklammert bleiben. Davon abgesehen wird die Forderung offenbar durch das Mißverständnis geleitet, daß ein außerhalb eines FFH-Gebiets angesiedeltes Projekt nicht den Anforderungen der FFH-RL unterfällt. Tatsächlich knüpfen die Zulassungsanforderungen aber allein an eine mögliche Gebietsbeeinträchtigung an, ohne danach zu differenzieren, ob die Beeinträchtigung von einem innerhalb oder außerhalb des Gebiets liegenden Projekt herrührt. Sofern demnach etwa im Rahmen einer Umweltverträglichkeitsstudie festgestellt wird, daß von einer Straße eine beeinträchtigende Wirkung auf ein FFH-Gebiet zu erwarten ist, fällt die Straße selbst dann unter die Zulassungsanforderungen der FFH-RL, wenn sie außerhalb des Gebiets verläuft.

Allerdings dürfte aus dem Umstand, daß eine Abwägung zwischen fachlichen und anderen Belangen nicht zulässig ist, nicht der Schluß zu ziehen sein, daß nicht naturschutzfachliche Belange bei der Gebietsauswahl keine Rolle spielen.

In Anlehnung an die Rechtsprechung des EuGH[8] zur Auswahl von Vogelschutzgebieten ist davon auszugehen, daß dem Mitgliedstaat im Rahmen der Auswahl nach den vorgegebenen naturschutzfachlichen Auswahlkriterien ein Beurteilungsspielraum zukommt. Es ist mit anderen Worten nicht jedes nach den fachlichen Kriterien geeignete Gebiet auszuwählen. Vielmehr ist es grundsätzlich dem Mitgliedstaat überlassen, zu bestimmen, welche konkreten Gebiete er als FFH-Gebiet auswählt. Entscheidend ist allein, daß nach Art und Anzahl insgesamt so viele Gebiete ausgewählt werden, daß das von der FFH-RL geforderte zusammenhängende Schutzgebietsnetz „Natura 2000“ entsteht.

Im Ausnahmefall, d.h. bei Gebieten, denen eine herausragende fachliche Bedeutung im Sinne der Richtlinienkriterien zukommt, ist eine Reduzierung des Beurteilungsspielraums auf Null möglich. Für alle übrigen Fälle ist davon auszugehen, daß nicht naturschutzfachliche Belange im Rahmen der Ausübung des Beurteilungsspielraums als Kriterium zur Gewichtung der fachlichen Auswahlkriterien zu berücksichtigen sind. Von der Natur der Sache her setzt eine Ausfüllung des Beurteilungsspielraums im Rahmen der vorgegebenen fachlichen Kriterien voraus, daß die in Frage kommenden Gebiete vor der Auswahl identifiziert und an Hand der Richtlinienkriterien in quantitativer und qualitativer Hinsicht in ihrem Verhältnis zueinander gewichtet werden. Dabei ist maßgeblich, daß Schutzgebiete keine von der Außenwelt abgeschlossenen Inseln bilden, sondern nachhaltig auch durch bestehende Gegebenheiten und planungsrechtlich verfe-

---

7 Vgl. in diesem Sinne auch Urt. vom 2.8.1993 (Santoña), NuR 1994, 521 (522).

8 Vgl. Urt. vom 28.2.1991 (Leybucht), NuR 1991, 249 (250); Urt. vom 2.8.1993 (Santoña), NuR 1994, 521 (522); Urt. vom 11.7.1996 (Lappel Bank), NuR 1997, 36 (37).

stigte Vorgaben im Gebiet und in dessen Umgebung geprägt werden. So dürfte z.B. bei einem grundsätzlich vergleichbaren fachlichen Anforderungsprofil ein durch Straßen nicht tangiertes Gebiet naturschutzfachlich höherwertig einzustufen sein als ein Gebiet, das straßenbedingte Zerschneidungseffekte aufweist. Eine Bewertung der naturschutzfachlichen Belange setzt also voraus, daß Vorprägungen und planungsrechtliche Vorgaben berücksichtigt werden. Dies belegt auch der von der EU-Kommission veröffentlichte „Standard-Datenbogen"[9], welcher der Gebietsmeldung zugrunde zu legen ist und in den alle für die Auswahl und fachliche Beurteilung relevanten Angaben einzutragen sind. Nach Ziffer 6 des Datenbogens sind alle „Einflüsse und Nutzungen im Gebiet und in dessen Umgebung" aufzuführen.

2.2 Eintragung in die Liste der Gebiete von gemeinschaftlicher Bedeutung

Auf der Grundlage der nationalen Liste wählt die EU-Kommission im Einvernehmen mit dem Mitgliedstaat nach in der Richtlinie vorgegebenen Auswahlkriterien die Gebiete aus, die mit der Eintragung in die Liste der Gebiete von gemeinschaftlicher Bedeutung zum „FFH-Gebiet" werden (Art. 4 Abs. 2 UAbs. 1 i.V.m. Anhang III Phase 2 FFH-RL); Maßstab ist dabei die fachliche Bedeutung des Gebiets für das mit der Richtlinie zu statuierende Schutzgebietssystem aus gemeinschaftsweiter Sicht. Über den von der Kommission vorgelegten Listenentwurf entscheidet der Habitatausschuß (Art. 21 FFH-RL). Stimmt der Ausschuß dem Listenvorschlag zu, kann die Kommission die betroffenen Gebiete in die Gemeinschaftsliste aufnehmen, anderenfalls entscheidet der Rat mit qualifizierter Mehrheit. Da Art. 4 Abs. 2 UAbs. 1 i.V.m. Anhang III Phase 2 FFH-RL spezifische fachliche Vorgaben enthält, deren Berücksichtigung zur Schaffung des mit der RL intendierten gemeinschaftsweiten Schutzgebietsnetzes unabdingbar ist - und unter Berücksichtigung der o.g. Rechtsprechung des EuGH, derzufolge die Gebietsauswahl an Hand der fachlichen Richtlinienvorgaben zu erfolgen hat - ist davon auszugehen, daß Entscheidungsmaßstab im Habitatausschuß bzw. im Rat die in der FFH-RL genannten naturschutzfachlichen Kriterien sind.

2.3 Innerstaatliches Verfahren der Gebietsauswahl

Die FFH-RL enthält keine Vorgaben für das innerstaatliche Verfahren der Gebietsauswahl. Jeder Mitgliedstaat kann daher selbst bestimmen, wie er das Verfahren und die Zuständigkeit zur Erstellung der nationalen (Vorschlags-)Liste regelt. Für Deutschland folgt aus der grundgesetzlichen Kompetenzverteilung, daß die Regelung des Verfahrens und der Zuständigkeit zur Gebietsauswahl ebenso wie die konkrete Durchführung der Auswahl in die Zuständigkeit der Länder fällt (vgl. entsprechend § 12 Abs. 3 Nr. 1 BNatSchG). Der Bund kann insoweit keine konkreten Vorgaben machen. Bislang gibt es in den Ländern noch keine spezifischen Regelungen zum Verfahren und zur Auswahl von FFH-Gebieten. Die Länder warten vor dem Erlaß entsprechender Regelungen die

---

9 ABl. EG, Nr. L 107 vom 24.4.1997, S. 1 ff.

rechtliche Umsetzung der FFH-RL durch den Bund ab. In der Praxis der Länder ist die Zuständigkeit zur Durchführung der Verfahren und zur konkreten Gebietsauswahl aber durchweg den Naturschutzbehörden zugewiesen. Die Beteiligung anderer Behörden und der Öffentlichkeit ist von Land zu Land verschieden.

3 Anwendbarkeit der FFH-RL auf Pläne und Projekte

Die FFH-RL enthält keine Regelung in bezug auf die Anwendbarkeit ihrer Vorgaben auf Pläne oder Projekte (vgl. zu den Begriffen im einzelnen unten 4.1), die zum Zeitpunkt des Ablaufs der rechtlichen Umsetzungsfrist bzw. der Aufnahme eines Gebiets in die Liste der Gebiete von gemeinschaftlicher Bedeutung bereits bestanden bzw. deren Erstellung oder Gestattung zu diesem Zeitpunkt bereits eingeleitet war. Eine Antwort auf die Frage nach der Anwendbarkeit auf solche „Altfälle" kann in Anlehnung an die vom EuGH im vergleichbaren Zusammenhang zur Richtlinie über die Umweltverträglichkeitsprüfung (UVP-RL) entwikkelte Rechtsprechung gegeben werden.[10]

Danach ist für die zeitliche Geltung der Anforderungen der (UVP-)Richtlinie der Zeitpunkt des Ablaufs der rechtlichen Umsetzungsfrist der RL maßgeblich. Projekte, die vor diesem Zeitpunkt bereits durchgeführt oder für die vor dem Zeitpunkt des Ablaufs der Umsetzungsfrist ein förmliches Genehmigungs- oder Gestattungsverfahren nach innerstaatlichem Recht eingeleitet worden ist, fallen danach nicht unter die Richtlinienanforderungen und sind insoweit bestandsgeschützt.[11] Zur Begründung hat der EuGH angeführt, daß der Zeitpunkt des Ablaufs der Umsetzungsfrist bzw. der förmlichen Verfahrenseinleitung das einzige zulässige Kriterium ist, das dem Grundsatz der Rechtssicherheit entspricht und geeignet ist, die praktische Wirksamkeit der Richtlinie zu entfalten.

Die Rechtsprechung des EuGH dürfte, da sie ausweislich der Begründung auf allgemeinen Grundsätzen des Gemeinschaftsrechts beruht, verallgemeinerungsfähig und damit jedenfalls auch auf den Bereich der FFH-RL übertragbar sein. Dies gilt um so mehr, als zwischen FFH- und UVP-RL zahlreiche Gemeinsamkeiten und Überschneidungen bestehen (vgl. bereits 2.1). Nicht unter den Anwendungsbereich der FFH-RL fallen danach Projekte, die vor dem Ablauf der rechtlichen Umsetzungsfrist der FFH-RL, d.h. am 5. Juni 1994, bestanden oder sich jedenfalls im Bau befanden. Das gilt z. B. für alle in § 38 BNatSchG genannten Projekte. Nicht in den Anwendungsbereich der FFH-RL dürften danach auch Pläne fallen, sofern für diese vor dem 5. Juni 1994 ein förmliches Planverfahren eingeleitet war, das auf eine in Bestandskraft erwachsende Zulassungsentscheidung zielte. Letzteres gilt für zu diesem Zeitpunkt förmlich eingeleitete Bebauungsplan-, Planfeststellungs- und Plangenehmigungsverfahren.

Anders als im Fall der UVP-RL könnte bei der Umsetzung der FFH-RL möglicherweise nicht an den Ablauf der rechtlichen Umsetzungsfrist, sondern an den Zeitpunkt des Eintrags eines Gebiets in die Gemeinschaftsliste anzuknüpfen sein.

---

10 Vgl. Urt. vom 11.8.1995 (Großkrotzenburg), NuR 1996, 102 (104).

11 Vgl. in diesem Sinne auch BVerwG, Urt. vom 21.3.1996, DVBl. 1996, 907 (909) und BVerfG, Beschl. vom 21.8.1996, NVwZ 1997, 481 (481).

Dafür spricht Art. 4 Abs. 5 FFH-RL. Danach gelten die plan- und projektbezogenen Zulassungsbestimmungen der FFH-RL erst dann, wenn ein Gebiet in die Liste der Gebiete von gemeinschaftlicher Bedeutung aufgenommen ist. Eine abschließende Klärung wird letztlich nur der EuGH herbeiführen können.

Eine andere Frage ist die, inwieweit bei nicht in den Anwendungsbereich der FFH-RL fallenden Projekten Instandhaltungs-, Unterhaltungs- und Ausbaumaßnahmen vom Bestandsschutz abgedeckt sind. Insoweit kann m.E. keine allgemeinverbindliche Aussage gegeben werden. Eine Antwort ist grundsätzlich nur im Einzelfall unter Berücksichtigung aller maßgeblichen Umstände möglich. Die Prüfung ist jedenfalls nicht naturschutzfachlicher Art, sondern nach dem einschlägigen Fachrecht durchzuführen. Entscheidend dürfte sein, ob die Maßnahme die Identität des Projekts unberührt läßt[12] und damit noch von der bisherigen Rechtsgrundlage erfaßt wird, oder ob ein neues Gestattungsverfahren eingeleitet wird. Im letztgenannten Fall sind jedenfalls auch die Vorgaben der FFH-RL beachtlich.

4 Plan- und projektbezogene Zulassungsanforderungen

Art. 6 Abs. 3 und 4 FFH-RL enthält spezifische Anforderungen an die Zulassung von Plänen und Projekten. Im Rahmen dieses Beitrag kann nur auf einige wesentliche Aspekte eingegangen werden.

4.1 Bezugsobjekte der Zulassungsanforderungen

In bezug auf die Bezugsobjekte der Zulassungsanforderungen, „Pläne und Projekte" ist in der FFH-RL nichts weiter bestimmt. Der sachliche Gehalt der Begriffe ist daher insbesondere aus dem Sachzusammenhang und Begriffsdefinitionen in vergleichbaren Zusammenhängen im Gemeinschaftsrecht zu erschließen.[13]

Bei „Plänen" im Sinne der FFH-RL handelt es sich danach um in vielfältiger Form ausgestaltete Planungsakte der nationalen Rechtsordnungen, durch die Grund und Boden in Anspruch genommen oder die räumliche Entwicklung eines Gebiets beeinflußt wird. Eine Konkretisierung des Planbegriffs für die Ebene des Bundesrechts ist im Gesetzesbeschluß des Deutschen Bundestages zur Novellierung des Bundesnaturschutzgesetzes enthalten. „Pläne" im Sinne der FFH-RL sind danach insbesondere Programme und Pläne im Sinne des Raumordnungsgesetzes (Art. 3 d.E.), Linienbestimmungsverfahren nach § 16 des Bundesfern-

---

12 Vgl. hierzu BVerwG, Urt. vom 21.3.1996, DVBl. 1996, 907 (909). Zu der Frage, inwieweit bei Modifikationen an einer nicht in den zeitlichen Anwendungsbereich der UVP-RL fallenden Autobahnplanung der Bestandsschutz gewahrt bleibt.

13 Vgl. dazu und zum folgenden IVEN, NuR 1996, 373 (378) und ERBGUTH/ STOLLMANN, DVBl. 1997, 453 (453) sowie den Gesetzentwurf der Bundesregierung „Entwurf eines Gesetzes zur Neuregelung des Rechts des Naturschutzes und der Landschaftspflege, zur Umsetzung gemeinschaftsrechtlicher Vorschriften und zur Anpassung weiterer Rechtsvorschriften (BT-Drs. 13/6441, S. 55).

straßengesetzes und nach § 2 Abs. 1 des Verkehrswegeplanungsbeschleunigungsgesetzes (vgl. § 22 Abs. 1 d.E.) sowie Bebauungspläne (§ 24 d.E.).

Der Projektbegriff kann in Anlehnung an die in der UVP-RL (Art. 1 Abs. 2) enthaltene Legaldefinition bestimmt werden. „Projekte" im Sinne der FFH-RL sind damit die Errichtung baulicher und sonstiger Anlagen sowie Eingriffe in Natur und Landschaft im Sinne der § 8 BNatSchG.

4.2 Verträglichkeitsprüfung

Gemäß Art. 6 Abs. 3 S. 1 FFH-RL erfordern Pläne und Projekte, die nicht mit der Verwaltung eines FFH- oder Vogelschutzgebiets in Verbindung stehen, eine Prüfung auf ihre Verträglichkeit mit den für das Gebiet festgelegten Erhaltungszielen. Ausgelöst wird die Pflicht zur Durchführung einer Verträglichkeitsprüfung, wenn eine Wahrscheinlichkeit besteht, daß ein Plan oder ein Projekt erhebliche Auswirkungen auf das Gebiet haben könnte[14]. Entscheidend sind mithin die zu erwartenden Beeinträchtigungen und nicht der Ort, von dem diese herrühren. Ob der Plan oder das Projekt innerhalb oder außerhalb des FFH- oder Vogelschutzgebiets realisiert werden soll, ist daher unerheblich.

Hinsichtlich des Inhalts der Verträglichkeitsprüfung ist in der FFH-RL nichts näher bestimmt. Den Mitgliedstaaten kommt insoweit ein breiter Umsetzungsspielraum zu. Danach reicht es zumindest aus, wenn in bestehenden Verwaltungsverfahren sichergestellt wird, daß vor der Zulassung die voraussehbaren Auswirkungen auf die Erhaltungsziele von FFH- und Vogelschutzgebieten sowie Möglichkeiten zur Minimierung von Beeinträchtigungen in hinreichendem Maße ermittelt werden. Sind erhebliche Beeinträchtigungen voraussehbar, hat die Verträglichkeitsprüfung insbesondere auch die Möglichkeit von (Standort-) Alternativen zu umfassen. Dies ergibt sich aus Art. 6 Abs. 4 FFH-RL.

Handelt es sich bei einem Projekt um ein Vorhaben, für das nach dem einschlägigen Fachrecht eine Pflicht zur Durchführung einer Umweltverträglichkeitsprüfung begründet ist, hat die Verträglichkeitsprüfung im Sinne der FFH-RL im Rahmen der Umweltverträglichkeitsprüfung zu erfolgen. Das gilt z.B. für die in der Anlage zu § 3 UVP-Gesetz genannten Vorhaben. Eine entsprechende gesetzliche Klarstellung ist im Gesetzesbeschluß des Deutschen Bundestages zur Novellierung des Bundesnaturschutzgesetzes vorgesehen (§ 20 Abs. 5 d.E.). Darauf, daß dabei unterschiedlichen Prüfungsinhalten Rechnung zu tragen ist und die UVP nach den einschlägigen rechtlichen Vorgaben in verfahrensmäßiger Hinsicht mehr verlangt, als dies im allgemeinen nach der Verträglichkeitsprüfung gemäß der FFH-RL der Fall ist, kann an dieser Stelle nur hingewiesen werden.[15]

---

14 So ausdrücklich EU-KOMMISSION, Natura 2000, S. 2.

15 Vgl. nur GELLERMANN, NuR 1996, 548 (552) und ERBGUTH/STOLLMANN, DVBl. 1997, 453 (457).

4.3 Verträglichkeitsgrundsatz

Nach Art. 6 Abs. 3 S. 2 FFH-RL stimmen die zuständigen nationalen Stellen einem Plan oder Projekt unter Berücksichtigung der Ergebnisse der Verträglichkeitsprüfung nur zu, soweit das Gebiet als solches nicht beeinträchtigt wird. Das bedeutet, daß eine Planung oder ein Projekt grundsätzlich unzulässig ist, wenn ein FFH- oder Vogelschutzgebiet in seinen für den Schutzzweck oder die Erhaltungsziele maßgeblichen Bestandteilen erheblich beeinträchtigt wird.[16] Das Abstellen auf eine erhebliche Beeinträchtigung ist dabei schon deshalb geboten, da auch im Rahmen der Verträglichkeitsprüfung nach Art. 6 Abs. 3 S. 1 FFH-RL nur erhebliche Beeinträchtigungen zu berücksichtigen sind.

4.4 Ausnahmen vom Verträglichkeitsgrundsatz

In bestimmten, in Art. 6 Abs. 4 FFH-RL geregelten Fällen, ist eine Ausnahme vom Verträglichkeitsgrundsatz möglich.[17]

4.4.1 Alternativlösung

Grundvoraussetzung einer Ausnahmeerteilung ist, daß keine zumutbare (verhältnismäßige) Alternative vorhanden ist, den mit dem Plan oder Projekt verfolgten Zweck ohne oder mit geringeren Beeinträchtigungen zu verwirklichen. Dabei wird insbesondere auch die Möglichkeit von alternativen, mit keinen oder weniger Beeinträchtigungen verbundenen Standorten bzw. Trassen zu prüfen sein.

4.4.2 Zwingende Gründe des überwiegenden öffentlichen Interesses

Gibt es keine Alternativlösung oder reicht eine solche nicht aus, um erhebliche Beeinträchtigungen des FFH- oder Vogelschutzgebiets auszuschließen, setzt eine Ausnahme das Vorliegen „zwingender Gründe des überwiegenden öffentlichen Interesses einschließlich solcher wirtschaftlicher und sozialer Art" voraus. Grundvoraussetzung ist insofern, daß für den Plan oder das Projekt öffentliche Interessen geltend gemacht werden können. Diese öffentlichen Interessen sind gegen die im Einzelfall berührten - ebenfalls öffentlichen - Naturschutzinteressen abzuwägen. Aus dem Umstand, daß nur „zwingende" Gründe des „überwiegenden" öffentlichen Interesses ausnahmebegründend sein können, folgt jedenfalls, daß nicht jedes öffentliche Interesse eine Ausnahme begründen kann, sondern nur ein solches, daß gewichtiger ist als das mit der FFH-RL geschützte Interesse. Zudem ist im Rahmen der Abwägung zu berücksichtigen, daß dem

---

16 Vgl. FREYTAG/IVEN, NuR 1995, 109 (113); IVEN, NuR 1996, 373 (378); a.A. GELLERMANN, NuR 1996, 548 (552), der sich gegen das Merkmal der Erheblichkeit wendet.

17 Vgl. dazu und zum folgenden nur IVEN, NuR 1996, 373 (378 ff.) sowie die Stellungnahmen der EU-KOMMISSION zur Ostseeautobahn A 20 (ABl. EG, Nr. C 178 vom 13.7.1995, S. 3 ff. und ABl. EG, Nr. L 6 vom 9.1.1996, S. 14 ff.).

Schutz des Europäischen Naturerbes nach der Rechtsprechung des EuGH besondere Bedeutung beizumessen ist.[18] Die Abwägung kann jeweils nur im Einzelfall nach sorgfältiger Ermittlung und Gewichtung der vorgenannten Belange durchgeführt werden.

4.4.3 Beteiligung der EU-Kommission

Sind aufgrund der Realisierung eines Plans oder Projekts Beeinträchtigungen prioritärer Lebensräume oder Arten zu erwarten und werden dafür Gründe geltend gemacht, die nicht im Zusammenhang mit der Gesundheit des Menschen, der öffentlichen Sicherheit oder maßgeblich günstigen Auswirkungen auf die Umwelt stehen, ist vor der Zulassungsentscheidung eine Stellungnahme der EU-Kommission einzuholen (Art. 6 Abs. 4 UAbs. 2 FFH-RL). Diese Stellungnahme ist nicht verbindlich, sondern im Rahmen der Abwägungsentscheidung (vgl. 4.2.2) zu berücksichtigen. D.h., die Zulassungsstelle hat die Ausführungen der EU-Kommission in die Abwägung einzubeziehen und sich damit inhaltlich auseinanderzusetzen, ist aber nicht an die Kommissionsauffassung gebunden. Gleichwohl dürfte der Stellungnahme erhebliche praktische Bedeutung zukommen, da die EU-Kommission im Falle einer von ihrer Stellungnahme abweichenden Entscheidung ein Vertragsverletzungsverfahren einleiten und ggf. den EuGH anrufen kann.

Nicht eindeutig ist die Rechtslage in bezug auf Vogelschutzgebiete. Zwar erklärt Art. 7 FFH-RL Art. 6 Abs. 2 bis 4 FFH-RL und damit auch die Vorgabe zur Einholung einer Kommissionsstellungnahme für anwendbar. Indes weist weder die FFH-RL (vgl. Art. 1 Buchstabe h in Verbindung mit Anhang II) noch die VRL prioritäre Vogelarten aus. Die EU-Kommission zieht daraus den Schluß, daß allein die Betroffenheit von Vögeln das Beteiligungsverfahren nach Art. 6 Abs. 4 Uabs. 2 FFH-RL nicht auszulösen vermag. Allerdings gilt die Pflicht zur Kommissionsbeteiligung nach Auffassung der EU-Kommission immer schon dann, wenn in einem Vogelschutzgebiet ein prioritärer Lebensraumtyp oder eine prioritäre Art (vgl. Art. 1 Buchstabe d und h i.V.m. Anhang I und II) betroffen wird; dies soll selbst dann gelten, wenn das Gebiet (noch) nicht zugleich als FFH-Gebiet gemeldet ist (vgl. z.B. die Kommissionsstellungnahmen zur A 20[19]). Die Auffassung der EU-Kommission, der für die Praxis erhebliche Bedeutung beizumessen ist, unterliegt in mehrfacher Hinsicht Bedenken. Sie bedeutet einerseits, daß Vögel durch den Ausschluß der Einschaltung einer unabhängigen Instanz in das nationale Verfahren faktisch einem geringeren Schutz unterliegen als andere Arten. Anderseits ist zu bedenken, daß die Zulassungsanforderungen an eine Beeinträchtigung der Erhaltungsziele des jeweiligen Gebiets anknüpfen (vgl. Art. 6 Abs. 3 S. 1 FFH-RL). Eine Beteiligungspflicht im Hinblick auf die Betroffenheit prioritärer Lebensraumtypen oder Arten im Sinne der FFH-RL

---

18 Vgl. EuGH, Urt. vom 27.4.1988, Slg. 1988, 2243 ff.

19 Vgl. dazu und zum folgenden nur IVEN, NuR 1996, 373 (378 ff.) sowie die Stellungnahmen der EU-KOMMISSION zur Ostseeautobahn A 20 (ABl. EG, Nr. C 178 vom 13.7.1995, S. 3 ff. und ABl. EG, Nr. L 6 vom 9.1.1996, S. 14 ff.).

kann daher nur dann bejaht werden, wenn diese für den Schutz der Vögel in dem Gebiet von Bedeutung sind. Eine abschließende Klärung wird letztlich allein der EuGH herbeiführen können.

4.4.4 Ausgleichsmaßnahmen

Der Mitgliedstaat muß im Falle einer gerechtfertigten Ausnahme Ausgleichsmaßnahmen ergreifen und die EU-Kommission darüber informieren.

5 Zusammenfassende Bewertung

Mit der FFH-RL ist ein Instrument geschaffen worden, das dem Schutz des Europäischen Naturerbes dient, zugleich aber auch eine Berücksichtigung nicht naturschutzbezogenener Interessen ermöglicht. Eine Umsetzung der Richtlinienanforderungen und der sich daraus ergebenden Handlungsrestriktionen und -spielräume setzt daher jedenfalls eine konstruktive und vertrauensvolle Zusammenarbeit zwischen zuständigen Naturschutzbehörden und den mit der Wahrnehmung nicht naturschutzbezogener Interessen voraus. Entscheidende Bedeutung kommt damit dem Verständnis und der Verständigungsbereitschaft aller Beteiligten in der Praxis zu.

Möglichkeiten des Grundwasserschutzes durch Wasserschutzgebietsfestsetzungen

Michael Kotulla

1 Einleitung

Das Grundwasser ist namentlich wegen seines noch immer recht hohen Reinheitsgrades zur Trinkwasserversorgung des Menschen besonders geeignet. Allein in der Bundesrepublik Deutschland wird etwa 70% des für die öffentliche Wasserversorgung benötigten Wassers aus Grundwasservorkommen gedeckt. Diese Vorkommen sind wegen ihrer hohen Empfindlichkeit gegenüber anthropogenen Beeinflussungen in hohem Maße schutzbedürftig. Nicht zuletzt deswegen sieht § 19 des Wasserhaushaltsgesetzes (WHG)[1] die Ausweisung von Wasserschutzgebieten vor. Sie bilden in ihrer spezifischen Ausprägung ein Instrument des räumlich differenzierten Gewässerschutzes. Die Möglichkeiten, die damit an der Schnittstelle zwischen planerischer Gestaltung und direkter Verhaltenssteuerung zur Bewahrung des insbesondere als Trinkwasserressource dienenden unterirdischen Wassers bestehen, werden im Folgenden herausgearbeitet.

2 Festsetzung von Wasserschutzgebieten

Gemäß § 19 WHG besteht die Möglichkeit zur Festsetzung von Wasserschutzgebieten. Diese werden weder vom WHG noch von den Landeswassergesetzen näher definiert. Dennoch lassen sie sich abstrakt umschreiben als eindeutig abgegrenzte Flächen, auf denen Handlungen zu unterlassen oder zu dulden sind, die sich auf die Beschaffenheit und Menge des Wasser, auf die Abflußverhältnisse und den Bodenabtrag auswirken können.[2] Ihre Festsetzung zielt auf die Auswahl bestimmter Gebiete, in denen jeweils mittels einer besonderen Nutzungsordnung die allgemein geltenden Schutzanforderungen für Gewässer - also auch für das

---

1 Gesetz zur Ordnung des Wasserhaushalts i.d.F.d.B. vom 12.11.1996 (BGBl. I S. 1695).

2 Vgl. BT-Drs. 2/2072, S. 29; GIESEKE/WIEDEMANN/CZYCHOWSKI, § 19 Rn. 5; HOPPE/BECKMANN, § 21 Rn. 147a; LINDEN, Gewässerschutz und landwirtschaftliche Bodennutzung, S. 143; ROTH, WHG, § 19 Rn. 2; SIEDER/ZEITLER/DAHME, § 19 Rn. 3; THURN, Schutz natürlicher Gewässerfunktionen, S. 157.

Grundwasser - ergänzt und verschärft werden.[3] Komplementär bleiben die sonstigen gewässerschutzrechtlichen Regelungen anwendbar.[4]

Streng genommen besteht die in einem Wasserschutzgebiet geschaffene Nutzungsordnung aus zwei verschiedenen Rechtsakten: Zum einen aus der räumlichen Festsetzung des Gebiets, deren Voraussetzungen § 19 Abs. 1 WHG regelt; zum anderen aus den nach Maßgabe des § 19 Abs. 2 WHG zulässigen Schutzanordnungen. Zeitlich fallen Festsetzung und Anordnungen indes notwendigerweise zusammen.[5] In der Praxis wie auch im Rahmen der nachfolgenden Ausführungen wird daher unter dem Begriff „Wasserschutzgebietsfestsetzung" ein aus beiden Vorgängen bestehender Gesamtakt verstanden.

3 Formelle Voraussetzungen

Das als Rahmengesetz ausgestaltete WHG überläßt dem Landesrecht die Normierung der formellen Voraussetzungen für die Wasserschutzgebietsfestsetzung. Daran anknüpfend erfolgt nach allen Wassergesetzen die Festsetzung von Wasserschutzgebieten durch Rechtsverordnung.[6] Ein Rechtsanspruch auf Erlaß einer Schutzgebietsverordnung besteht mangels eines subjektiv-öffentlichen Rechts auf Erlaß von Rechtsnormen indes nicht.[7]

Das Festsetzungsverfahren wird regelmäßig von Amts wegen eingeleitet, ist nach einigen Landeswassergesetzen[8] aber auch auf Antrag möglich, ohne daß dem Antragsteller jedoch eine subjektiv-rechtliche Beteiligtenstellung wie im Verwaltungsverfahren (§§ 13 Abs. 1 Nr. 1 i.V.m. den §§ 25, 28, 29 VwVfG) zukäme.[9] Gekennzeichnet ist das Verfahren durch Publizität, Transparenz und Objektivität des Entscheidungsvorgangs. Es muß gewährleisten, daß die beteiligten Behörden und die Betroffenen Einwendungen geltend machen können. Dem-

---

3 Vgl. BREUER, Öffentl. und privates Wasserrecht, Rn. 575; KLOEPFER, Umweltrecht, § 11 Rn. 154; PEINE, in: STEINER (Hg.), Besonderes Verwaltungsrecht, S. 573 (627).

4 BREUER, Öffentl. und privates Wasserrecht, Rn. 576.

5 Vgl. auch Art. 35 Abs. 1 S. 3 BayWG, §§ 22 Abs. 1 S. 2 BlnWG, 48 Abs. 2 S. 1 BreWG, 27 Abs. 1 S. 1 HbgWG, 29 Abs. 1 S. 1 HessWG, 19 Abs. 1 MVWG, 49 Abs. 1 S. 1 NdsWG, 37 Abs. 2 S. 1 SlWG, 48 Abs. 1 SächsWG, 49 Abs. 1 S. 1 LSAWG, 4 Abs. 1 Nr. 1 SHWG, 28 Abs. 1 S. 2 ThüWG.

6 Art. 35 Abs. 1 S. 1 BayWG, § 110 Abs. 1 S. 1 und § 110a S. 1 Nr. 1 BWWG, §§ 22 Abs. 1 S. 1 BlnWG, 15 Abs. 1 S. 1 BbgWG, 47 Abs. 2 S. 1 BreWG, 27 Abs. 1 S. 1 HbgWG, 29 Abs. 1 S. 1 HessWG, 19 Abs. 1 S. 1 MVWG, 48 Abs. 2 S. 1 NdsWG, 14 Abs. 1 S. 1 NWWG, 13 Abs. 1 S. 1 RPWG, 37 Abs. 1 S. 1 SlWG, 48 Abs. 1 S. 1 SächsWG, 48 Abs. 2 S. 1 LSAWG, 4 Abs. 1 Nr. 1 SHWG, 28 Abs. 1 S. 1 ThüWG.

7 Vgl. auch BVerwG, Urt. vom 11.3.1970, ZfW 1970, 248 (248); HABEL, BWWG, § 24 Rn. 8 f.

8 §§ 47 Abs. 2 S. 3 BreWG, 29 Abs. 1 S. 1 Hs. 1 HessWG, 48 Abs. 2 S. 3 NdsWG, 37 Abs. 1 S. 1 SlWG, 48 Abs. 1 S. 1 Hs. 1 SächsWG.

9 BREUER, Öffentl. und privates Wasserrecht, Rn. 581.

gemäß sind in der vorgeschriebenen Bekanntmachung über das beabsichtigte Vorhaben die Grenzen des geplanten Wasserschutzgebietes zumindest in groben Zügen wiederzugeben[10], so daß für die Betroffenen erkennbar ist, ob ihre Grundstücke von der Verordnung berührt werden.[11] Der abschließenden Entscheidung dürfen keine Tatsachen zugrunde liegen, zu denen nicht Stellung genommen werden konnte. Die Wasserschutzgebietsfestsetzung ist vollinhaltlich im jeweils landesgesetzlich für Rechtsverordnungen bestimmten Verkündungsblatt zu veröffentlichen. Namentlich die betroffenen Grundstücke und der Inhalt der Schutzanordnungen müssen daraus eindeutig hervorgehen. Das wird häufig neben der verbalen Umschreibung nur unter Bezugnahme auf eine im Verkündungsblatt mitveröffentlichte Landkarte oder durch Hinweis auf ihren allgemein zugänglichen Aufbewahrungsort möglich sein.[12]

4 Materielle Voraussetzungen der Schutzgebietsfestsetzung

4.1 Gründe für eine Schutzgebietsfestsetzung

§ 19 Abs. 1 WHG benennt abschließend drei Gründe, die eine Wasserschutzgebietsfestsetzung rechtfertigen können:

- im Interesse der derzeit bestehenden oder künftigen öffentlichen Wasserversorgung Gewässer vor nachteiligen Einwirkungen zu schützen (§ 19 Abs. 1 Nr. 1 WHG),
- das Grundwasser anzureichern (§ 19 Abs. 1 Nr. 2 WHG) oder
- das schädliche Abfließen von Niederschlagswasser sowie das Abschwemmen und den Eintrag von Bodenbestandteilen, Dünge- und Pflanzenschutzmitteln in Gewässer zu verhüten (§ 19 Abs. 1 Nr. 3 WHG).

Dessen ungeachtet hat bisher allerdings nur die Ausweisung nach § 19 Abs. 1 Nr. 1 WHG nennenswerte praktische Bedeutung erlangt.[13]
§ 19 Abs. 1 Nr. 1 WHG gestattet es, sämtliche Gewässer i.S.d. § 1 Abs. 1 WHG unter Schutz zu stellen, die für die Trinkwassergewinnung genutzt werden oder hierfür in Frage kommen. Die Vorschrift erfaßt somit neben den Oberflächenge-

---

10 OVG Koblenz, Urt. vom 24.8.1983, DÖV 1984, 470 (470).

11 BREUER, Öffentl. und privates Wasserrecht, Rn. 582; GIESEKE/WIEDEMANN/CZYCHOWSKI, § 19 Rn. 95.

12 Zu dieser („Ersatz-“)Verkündung vgl. BREUER, Öffentl. und privates Wasserrecht, Rn. 583 ff.

13 GIESEKE/WIEDEMANN/CZYCHOWSKI, § 19 Rn. 27; LINDEN, Gewässerschutz und landwirtschaftliche Bodennutzung, S. 146; THURN, Schutz natürlicher Gewässerfunktionen, S. 159.

wässern auch das Grundwasser.[14] Der Begriff „öffentliche Wasserversorgung" bezeichnet die nicht nur vorübergehende Versorgung der Allgemeinheit mit Trink- und Brauchwasser. Hierzu zählt auch die Eigenversorgung von Krankenhäusern oder Kasernen, nicht dagegen die Versorgung von Betrieben der Landwirtschaft, der Nahrungs- und Genußmittelindustrie oder einzelner Haushalte über eigene Brunnen.[15] Derartige Unternehmungen müssen sich das von ihnen benötigte Wasser gegebenenfalls zivilrechtlich - etwa durch Erwerb von Eigentum oder durch Bestellung von Grunddienstbarkeiten an Grundstücken im Wassergewinnungsgebiet - sichern.[16] Da Grundwasservorkommen in erster Linie der öffentlichen Versorgung mit Trinkwasser dienen (sollen), sind spezifisch grundwasserschützende Wasserschutzgebietsausweisungen für gewöhnlich von § 19 Abs. 1 Nr. 1 WHG gedeckt.

Das für das Grundwasser auszuweisende Gebiet soll neben der unmittelbaren Umgebung der Trinkwassergewinnungsanlage auch möglichst deren gesamtes Einzugsgebiet umfassen.[17] Die Einbeziehung jedes einzelnen Grundstücks muß ausschließlich dem Schutz der öffentlichen Wasserversorgung dienen.[18] Unzulässig sind indes nicht durch hydro-, hydrogeo- und morphologische Befunde gerechtfertigte Schutzgebietsfestsetzungen. Geschützt werden kann das Grundwasser vor sämtlichen nachteiligen Einwirkungen. Da hierzu prinzipiell jede Maßnahme mit negativen Auswirkungen auf die Beschaffenheit und Menge des Wassers gehört[19], erfaßt die in diesem Rahmen rechtlich mögliche Protektion alle in Betracht kommenden Beeinträchtigungsfaktoren.

Wasserschutzgebiete können auch im Interesse der künftigen öffentlichen Wasserversorgung festgesetzt werden. Hierzu bedarf es bezüglich eines Grundwasservorkommens allerdings stets der Prüfung, ob die vorgesehene Wasserversorgung

---

14 Vgl. auch VGH München, Urt. vom 21.2.1995, ZfW 1996, 389 (390); BREUER, Öffentl. und privates Wasserrecht, Rn. 593; GIESEKE/WIEDEMANN/CZYCHOWSKI, § 19 Rn. 5; LINDEN, Gewässerschutz und landwirtschaftliche Bodennutzung, S. 146; ROTH, WHG, § 19 Rn. 3.

15 SIEDER/ZEITLER/DAHME, § 19 Rn. 10; MÖKER, Gewässerbelastungen durch Agrarstoffe, S. 159.

16 BT-Drs. 2/2072, S. 30; BREUER, Öffentl. und privates Wasserrecht, Rn. 593; ROTH, WHG, § 19 Rn. 3; GIESEKE/WIEDEMANN/CZYCHOWSKI, § 19 Rn. 30; KNOPP/MANNER, § 19 Rn. 28 - vgl. aber auch Art. 36 S. 1 Nr. 2 BayWG, der auch den Erlaß von Reinhalteverordnungen hinsichtlich „des für die Wasserversorgung bestimmten Wassers" erlaubt.

17 So auch Pkt. 2 S. 1 der DVGW-Richtlinien für Trinkwasserschutzgebiete, I. Teil Schutzgebiete für Grundwasser vom Februar 1995 (Arbeitsblatt W 101).

18 BVerwG, Beschl. vom 23.1.1984, DVBl. 1984, 342 (342 f.); THURN, Schutz natürlicher Gewässerfunktionen, S. 161.

19 GIESEKE/WIEDEMANN/CZYCHOWSKI, § 19 Rn. 33; HABEL, BWWG, § 24 Rn. 20; MÖKER, Gewässerbelastungen durch Agrarstoffe, S. 160; LINDEN, Gewässerschutz und landwirtschaftliche Bodennutzung, S. 146; zu eng SIEDER/ZEITLER/ DAHME, § 19 Rn. 11, die nur auf eine qualitative Beeinträchtigung des Grundwassers abstellen.

an dieser Stelle in der bestimmten Art und Weise wirklich erforderlich ist. Eine positive Beurteilung der Erforderlichkeit setzt hier zwingend voraus, daß die zugrunde liegende Planung hinreichend konkret und das Wasservorkommen nach Umfang und Qualität ermittelt ist.[20] Insoweit soll es bereits genügen, wenn eine erhebliche Wahrscheinlichkeit dafür spricht, daß das betreffende Wasservorkommen in absehbarer Zeit für die öffentliche Wasserversorgung benötigt wird.[21] Je ungünstiger sich dabei die vorgefundene oder zu erwartende Grundwassersituation darstellt, desto länger dürfen die zur vorsorglichen Inanspruchnahme bemessenen Zeiträume und desto geringere Anforderungen werden an eine mengenmäßige Konkretisierung des künftigen Wasserbedarfs zu stellen sein.

Die nach *§ 19 Abs. 1 Nr. 2 WHG* als Festsetzungszweck ebenfalls in Betracht kommende Grundwasseranreicherung ermöglicht, dem Grundwasser über natürlich filternde Bodenschichten oder künstliche Vorrichtungen (z.B. Versickerungsgräben, -becken oder Schluckbrunnen) geleitetes Oberflächenwasser zuzuführen, um einen befürchteten Grundwasserschwund zu verhindern oder einen bereits eingetretenen zu beseitigen. Hiermit wird quantitativen Grundwasserproblemen entgegengewirkt, die zur Verbesserung der wasserwirtschaftlichen Verhältnisse etwa im Interesse der öffentlichen Wasserversorgung erforderlich sind.[22] Andere Ziele, wie etwa die Steigerung der Bodenfruchtbarkeit oder die Bewahrung bestimmter Flächen vor der Versteppung, können zwar durchaus willkommene Nebenwirkungen sein, dürfen aber nicht zur eigentlichen Begründung für die Ausweisung herangezogen werden. Insoweit setzt das explizit von wasserwirtschaftlichen Belangen getragene und für die Schutzgebietsfestsetzung von § 19 Abs. 1 WHG vorausgesetzte Allgemeinwohlerfordernis Grenzen. Für den Schutz des Grundwassers vor den Auswirkungen stofflicher Beeinträchtigungen ist § 19 Abs. 1 Nr. 2 WHG bedeutungslos.

§ 19 Abs. 1 Nr. 3 WHG läßt die Festsetzung von Wasserschutzgebieten zu, um das schädliche Abfließen von Niederschlagswasser sowie das Abschwemmen und den Eintrag von Bodenbestandteilen, Dünge- oder Pflanzenbehandlungsmitteln in Gewässer zu verhüten. Schädlich fließt Niederschlagswasser ab, wenn es zur Schadensabwendung für den Wasserhaushalt zurückgehalten werden muß. Das ist zum Schutz des Grundwassers insbesondere der Fall, wenn die Gewalt des Wassers zu das Grundwasser freilegenden Bodenerosionen führte oder wenn durch zu raschen Wasserabfluß von der Erdoberfläche die Feuchtigkeit im Boden spürbar reduziert würde. Denkbar ist aber auch eine Schutzgebietsausweisung, um die Qualität des Grundwassers vor den schädigenden Auswirkungen von

---

20 Vgl. BREUER, Öffentl. und privates Wasserrecht, Rn. 594; GIESEKE/WIEDEMANN/CZYCHOWSKI, § 19 Rn. 31; SIEDER/ZEITLER/DAHME, § 19 Rn. 10a.

21 VGH Mannheim, Urt. vom 21.12.1982, ZfW 1983, 170 (173).

22 A.A. BREUER, Öffentl. und privates Wasserrecht, Rn. 596; GIESEKE/WIEDEMANN/CZYCHOWSKI, § 19 Rn. 35; SIEDER/ZEITLER/DAHME, § 19 Rn. 12.

durch Verkehrs-, Siedlungs-, Industrie- oder Gewerbeflächen stofflich kontaminiertem, wild abfließendem Niederschlagswasser zu bewahren. Die Verhütung von Abschwemmungen und namentlich der Einträge von Dünge- oder Pflanzenbehandlungsmitteln in Gewässer machen die Erhaltung einer möglichst naturbelassenen Beschaffenheit des Grundwassers in Gebieten mit bestimmten Standortverhältnissen schutzfähig.[23] Das betrifft vornehmlich die Unterbindung der mit dem Düngemitteleinsatz verbundenen Nitratzufuhr bzw. der aus der Pflanzenbehandlungsmittelanwendung resultierenden toxischen Wirkungen.[24] § 19 Abs. 1 Nr. 3 WHG hat insofern für den Grundwasserschutz eigenständige Bedeutung, als er über § 19 Abs. 1 Nr. 1 WHG hinaus die Ausweisung von Wasserschutzgebieten nicht auf den Schutz der bestehenden oder künftigen Wasserversorgung beschränkt, sondern sie auch für andere, den Wasserhaushalt betreffende Funktionen zuläßt. Zudem vermag die Vorschrift zumindest partiell die augenfälligen Schwierigkeiten bei der Subsumtion landwirtschaftlicher Maßnahmen und Betriebsweisen unter den Tatbestand des § 3 Abs. 2 Nr. 2 WHG sowie bei einzelfallbezogenen behördlichen Auflagen nach der allgemeinen gewässerschutzrechtlichen Benutzungsordnung zu relativieren.[25]

4.2 Allgemeine Voraussetzungen für eine Wasserschutzgebietsfestsetzung

Die Festsetzung eines Wasserschutzgebiets ist wegen der damit für die Eigentümer und Nutzungsberechtigten von Grundstücken oder für den Inhaber von Benutzungsrechten verbundenen Belastungen gemäß § 19 Abs. 1 WHG nur zulässig, soweit es das Wohl der Allgemeinheit erfordert. Das Allgemeinwohlerfordernis resultiert aus dem Umstand, daß die Schutzanordnungen nach § 19 Abs. 2 WHG Enteignungen i.S.d. § 19 Abs. 3 WHG und Art. 14 Abs. 3 GG darstellen können, solche aber mit Blick auf Art. 14 Abs. 3 S. 1 GG nur zum Wohl der Allgemeinheit zulässig sind. Das „Wohl der Allgemeinheit" bestimmt damit als zentraler Begriff sowohl Ziel als auch Grenze der Festsetzungen.[26] Es umfaßt wie in allen anderen Normen des WHG nur wasserwirtschaftliche Gesichtspunkte und unterliegt vollumfänglich der verwaltungsgerichtlichen Nachprüfung.[27]

---

23 BT-Drs. 10/3973, S. 13.

24 Vgl. dazu auch HARTKOPF/BOHNE, S. 411 f. und LINDEN, Gewässerschutz und landwirtschaftliche Bodennutzung, S. 148 ff.

25 In diesem Sinne auch BREUER, Öffentl. und privates Wasserrecht, Rn. 597.

26 BVerwG, Urt. vom 23.1.1984, ZfW 1984, 294 (294 f.); GIESEKE/WIEDEMANN/CZYCHOWSKI, § 19 Rn. 6; KNAUBER, ZfW 1985, 92 (93).

27 BVerwG, Beschl. vom 23.1.1984, ZfW 1984, 294 (294 f.); OVG Saarlouis, Beschl. vom 22.4.1993, ZfW 1994, 297 (298); OVG Lüneburg, Urt. vom 8.11.1990, ZfW 1991, 192 (192); VGH Mannheim, Beschl. vom 24.3.1986, ZfW 1987, 39 (40); Urt. vom 21.12.1982, ZfW 1983, 170 (171) und Beschl. vom 25.3.1971, ZfW 1972, 182 (182); BREUER, Öffentl. und privates Wasserrecht, Rn. 598; GIESEKE/WIEDEMANN/CZYCHOWSKI, § 19 Rn. 6; ROTH, WHG, § 19 Rn. 2; SIEDER/ZEITLER/DAHME, § 19 Rn. 4.

Wann das Allgemeinwohl die Festsetzung eines Wasserschutzgebiets erfordert, richtet sich allein nach dem Schutzauftrag des WHG.[28] Innerhalb des dadurch abgesteckten Rahmens ist immer die Ausrichtung auf ein konkretes Gewässer - in unserem Falle ein Grundwasservorkommen - ausschlaggebend.[29]

Eine Wasserschutzgebietsfestsetzung ist erforderlich, wenn in Zeiträumen, die eine vernünftige Vorausplanung zulassen, eine nicht nur unwesentliche Beeinträchtigung des Gewässers bzw. der daraus erfolgenden Wasserversorgung erwartet werden darf.[30] Anders als bei einzelfallbezogenen Gestattungen im Rahmen des wasserrechtlichen Benutzungsregimes bedarf es hierzu keiner konkreten Negativszenarien, die von bestimmten Verhaltensweisen für das Grundwasser ausgehen. Sofern nur das Grundwasser vor den schädlichen Auswirkungen von Handlungen, Einrichtungen oder Vorgängen um der in § 19 Abs. 1 WHG genannten Gründe willen geschützt werden soll, muß seine Schädigung angesichts der jeweiligen Gebietsspezifik ohne entsprechende Schutzgebietsausweisung wahrscheinlich sein. Wird die Schutzbedürftigkeit des Gewässers in diesem Sinne bejaht, ist mit Blick auf den Grundwasserschutz für die öffentliche Wasserversorgung des weiteren die Schutzwürdigkeit des Vorkommens zu ermitteln und schließlich die Frage zu klären, ob es ohne unverhältnismäßige Beschränkung der Rechte anderer geschützt werden kann (Schutzfähigkeit).[31] Für die Bejahung der Schutzfähigkeit des Grundwasservorkommens ist maßgeblich, daß der verfolgte Zweck nicht auf andere geeignete, weniger einschneidende und zumutbare Weise erreichbar sein darf.[32] Angesichts dieser hohen Anforderungen scheiden als reine Vorsorgemaßnahmen vorgenommene großflächige Gebietsausweisungen aus.[33] Dagegen hindert eine neben der Schutzgebietsfestsetzung ebenfalls mögliche zivilrechtliche Vereinbarung mit dem Eigentümer oder Nutzungsberechtigten des Grundstücks über eine wasserwirtschaftlich unbedenkliche Flächennutzung die Ausweisung eines Wasserschutzgebietes nicht. Denn anders als die Schutzgebietsfestsetzung wirkt eine bloße vertragliche Regelung nicht gegenüber der Allgemeinheit, sondern lediglich inter partes.

---

28 SIEDER/ZEITLER/DAHME, § 19 Rn. 5.

29 Eine mittelbare Schutzwirkung für das Grundwasser kann aber auch aus der Unterschutzstellung eines oberirdischen Gewässers resultieren.

30 VGH Mannheim, Beschl. vom 27.4.1981, ZfW 1981, 173 (174 f.); Urt. vom 25.3.1971, ZfW 1972, 183 (183); THURN, Schutz natürlicher Gewässerfunktionen, S. 160.

31 OVG Saarlouis, Beschl. vom 22.4.1993, ZfW 1994, 297 (298); OVG Lüneburg, Beschl. vom 8.11.1990, ZfW 1991, 192 (192); Urt. vom 23.2.1989, ZfW-Sonderheft 1990, Nr. 78; VGH Mannheim, Urt. vom 21.12.1982, ZfW 1983, 170 (172); Urt. vom 25.3.1971, ZfW 1972, 183 (184 f.). - Vgl. dazu auch KNOPP, ZfW 1995, 1 (2 ff.).

32 VGH Mannheim, Urt. vom 21.12.1982, ZfW 1983, 170 (174); THURN, Schutz natürlicher Gewässerfunktionen, S. 160.

33 SCHMIDT-ASSMANN, DÖV 1986, 985 (986).

Gemäß § 19 Abs. 1 WHG „können" Wasserschutzgebiete festgesetzt werden. Ob die Festsetzung erfolgt, liegt demnach im pflichtgemäßen Ermessen der festsetzenden Stelle.[34] Eine Festsetzungspflicht besteht somit selbst dort nicht, wo es das Wohl der Allgemeinheit erfordert. Nicht zuletzt deshalb dürften nahezu die Hälfte der für erforderlich gehaltenen Wasserschutzgebiete im alten Bundesgebiet nicht ausgewiesen sein.[35] Im Gebiet der neuen Bundesländer sind hingegen für immerhin mehr als 98% der Trinkwasserversorgungsanlagen bereits zu DDR-Zeiten bestätigte Wasserschutzgebiete ausgewiesen worden. Diese seinerzeit auf der Grundlage von § 29 WG-DDR[36] i.V.m. der Dritten Durchführungsverordnung (Schutzgebiete und Vorbehaltsgebiete)[37] erfolgten Festsetzungen gelten nach den Wassergesetzen der betroffenen Länder bis auf weiteres als Rechtsverordnungen fort.[38]

4.3 Umfang der Wasserschutzgebiete

Nahezu alle Landeswassergesetze bestimmen, daß Wasserschutzgebiete in Zonen eingeteilt werden können, in denen unterschiedliche Schutzanordnungen gelten.[39] Eine derartige Abstufung innerhalb des Wasserschutzgebietes wird jedoch ungeachtet der ausdrücklichen landesrechtlichen Verankerung für gewöhnlich bereits durch das verfassungsrechtliche Übermaßverbot geboten sein.[40] So verringert sich bei Schutzgebieten nach § 19 Abs. 1 Nr. 1 WHG mit zunehmendem Abstand vom eigentlichen Fassungs- bzw. Entnahmebereich regelmäßig die Intensität der Gefahrenherde für das um der Trinkwasserversorgung willen zu schützende Grundwasser. Entsprechendes gilt für die Distanz von Grundstücken vom eigentlichen Ort der nach § 19 Abs. 1 Nr. 2 WHG schutzfähigen Grundwasseranreicherung oder für den Gebietsabstand der nach § 19 Abs. 1 Nr. 3 WHG geschützten Gewässer. Diesem Umstand muß gebietsspezifisch durch unterschiedlich weitreichende Restriktionen Rechnung getragen werden. Die Zonen sind in der Rechtsverordnung festzulegen.[41]

---

34 BVerwG, Beschl. vom 23.1.1984, ZfW 1984, 294 (294); GIESEKE/WIEDEMANN/CZYCHOWSKI, § 19 Rn. 24; SIEDER/ZEITLER/DAHME, § 19 Rn. 6.

35 Vgl. MEYER/JÖRISSEN/SOCHER, Bd. I, S. 17.

36 Vom 2.7.1982 (GBl. I S. 467).

37 Vom 2.7.1982 (GBl. I S. 487).

38 §§ 16 Abs. 5 BbgWG, 136 Abs. 1 MVWG, 139 Abs. 1 SächsWG, 53 Abs. 1 LSAWG, 130 Abs. 1 ThüWG und 22 Abs. 6 BlnWG (für das Gebiet des Ostteils Berlins gilt nur eine vorläufige Unterschutzstellung bis längstens 31.12.1999).

39 Art 35 Abs. 1 S. 2 BayWG, §§ 22 Abs. 1 S. 2 BlnWG, 15 Abs. 1 S. 2 BbgWG, 48 Abs. 2 S. 2 BreWG, 27 Abs. 1 S. 2 HbgWG, 29 Abs. 2 HessWG, 19 Abs. 2 MVWG, 49 Abs. 1 S. 2 NdsWG, 14 Abs. 1 S. 2 NWWG, 13 Abs. 2 S. 1 RPWG, 37 Abs. 1 S. 2 SlWG, 48 Abs. 2 SächsWG, 49 Abs. 1 S. 2 LSAWG, § 4 Abs. 1 Nr. 1 lit. a SHWG, 28 Abs. 2 ThüWG.

40 BREUER, Öffentl. und privates Wasserrecht, Rn. 610.

41 Vgl. auch § 47 Abs. 3 BreWG.

Bei Schutzgebieten für das Grundwasser nach § 19 Abs. 1 Nr. 1 WHG ist eine Einteilung in drei Schutzzonen - die weitere und engere Schutzzone sowie die Fassungszone - üblich. Grundsätzlich werden die einzelnen Schutzzonen eines Trinkwasserschutzgebiets entsprechend der bei ihnen von außen (Zone III) nach innen (Zonen II und I) zunehmenden Schutzintensität eingeteilt. Die weitere Schutzzone (Zone III) bezweckt den Schutz vor weitreichenden Beeinträchtigungen, insbesondere vor nicht oder nur schwer abbaubaren chemischen oder radioaktiven Verunreinigungen, die geeignet sind, die menschliche Gesundheit zu schädigen. Zum Schutz des Grundwassers soll die Zone III grundsätzlich bis zur Grenze des unterirdischen Einzugsgebiets reichen. Um Schutzlücken für das Grundwasservorkommen auszuschließen, können zusätzlich die oberirdisch von außerhalb in dieses Gebiet hinein entwässernden Flächen einbezogen werden. In begründeten Fällen ist eine Unterteilung der Zone III in die Zonen III A und III B unter Berücksichtigung der unterschiedlichen Wasserdurchlässigkeit bei Poren-, Kluft- und Karstgrundwasserleitern möglich. Diese differenzierte Betrachtungsweise erlaubt es, den spezifischen Verhältnissen des Grundwassers und seinen dadurch determinierten besonderen Schutzbedürfnissen Rechnung zu tragen. In jedem Falle muß die Zone III jedoch außerhalb einer Linie liegen, von der aus das genutzte Grundwasser eine Verweildauer von mindestens fünfzig Tagen bis zum Eintreffen in der Wasserfassung hat. Die engere Schutzzone (Zone II) zielt namentlich auf den Schutz vor Verunreinigungen sowie vor sonstigen Beeinträchtigungen, die wegen ihrer geringen Entfernung zur Gewinnungsanlage gefährlich sind. Auf das Grundwasser bezogen wird die Zone II im Innern begrenzt von der Außenlinie der Zone I und nach außen durch die Linie, von der aus das Grundwasser etwa 50 Tage bis zum Eintreffen in der Fassungsanlage benötigt. Diese Mindestverweildauer gewährleistet in der Regel, daß pathogene Mikroorganismen zurückgehalten werden. Chemische Belastungen lassen sich hier kaum mehr abbauen. Die Fassungszone (Zone I) soll die Fassungsanlage und ihre unmittelbare Umgebung vor jeglichen Verunreinigungen und Beeinträchtigungen schützen. Die Ausdehnung der Zone I soll im allgemeinen vom Brunnen allseitig, von einer Quellfassung in Richtung des ankommenden Grundwassers in der Regel 20 m, bei Karstgrundwasserleitern mindestens 30 m betragen.

Diese Untergliederung beruht auf den vom Deutschen Verein des Gas- und Wasserfaches e.V. (DVGW) in Zusammenarbeit mit der Länderarbeitsgemeinschaft Wasser (LAWA) erarbeiteten „Richtlinien für Trinkwasserschutzgebiete".[42] Sie behandeln in ihrem ersten, im Februar 1995 novellierten Teil „Schutzgebiete für Grundwasser" (Arbeitsblatt W 101). Die DVGW-Richtlinien enthalten technische Regeln, die immerhin vereinzelt landesrechtlich als Verwaltungsvorschriften mit behördenverbindlicher Wirkung eingeführt sind.[43] Sie

42 In § 48 Abs. 3 SächsWG ist die Drei-Zonen-Einteilung nunmehr ausdrücklich - in Form einer Sollvorschrift - verankert.

43 HESSEN: Verwaltungsvorschriften für die Festsetzung von Wasserschutzgebieten, Erl. des MfUuR vom 9.10.1990 (StAnz. S. 2460 - Gült.-Verz. 85);

besitzen zwar keinen Rechtsnormcharakter. Ihnen ist aber insgesamt als „antizipiertes Sachverständigengutachten“ mit Blick auf die sachverständige Zusammenfassung naturwissenschaftlicher und technischer Erkenntnisse über die zum Schutz des Trinkwassers notwendigen Vorkehrungen besonderes Gewicht beizumessen.[44] Deshalb finden sie in der Praxis ungeachtet ihrer fehlenden Rechtsverbindlichkeit - vorbehaltlich der Besonderheiten des Einzelfalles - bei der Festsetzung von Trinkwasserschutzgebieten regelmäßig Berücksichtigung.[45]

Dagegen wird die Festlegung des Umfangs von Schutzgebieten für Wasserversorgungen mit Uferfiltration oder Grundwasseranreicherung (§ 19 Abs. 1 Nr. 2 WHG) sowie von Wasserschutzgebieten i.S.d. § 19 Abs. 1 Nr. 3 WHG nicht nach diesen Richtlinien, sondern einschließlich ihrer Schutzanordnungen nur für den konkreten Fall möglich sein.

4.4 Zulässige Schutzanordnungen

4.4.1 Schutzanordnungen nach § 19 Abs. 2 WHG

§ 19 Abs. 2 WHG erklärt in einem Wasserschutzgebiet grundsätzlich zwei Arten von Schutzanordnungen als zulässig: Zum einen können bestimmte Handlungen verboten oder nur für beschränkt zulässig erklärt (Nr. 1), zum anderen die Eigentümer und Nutzungsberechtigten von Grundstücken zur Duldung bestimmter Maßnahmen verpflichtet werden; dazu gehören auch Maßnahmen zur Beobachtung des Gewässers und des Bodens (Nr. 2).

§ 19 Abs. 2 Nr. 1 WHG ermächtigt zum Erlaß von Handlungsverboten oder -beschränkungen. Als konkrete Instrumente kommen die Verhängung von vollständigen oder teilweisen Verboten für bestimmte Aktivitäten in Betracht. Wobei partielle Handlungsverbote letztlich nichts anderes sind als Beschränkungen. Während ein absolutes Verbot auf das völlige Unterlassen genau bezeichneter

---

MECKLENBURG-VORPOMMERN: Einführungserlaß zum DVGW-Arbeitsblatt W 101, I. Teil: Schutzgebiete für Grundwasser, Erl. des MU vom 26.11.1993 (AmtsBl. S. 631); NORDRHEIN-WESTFALEN: Verwaltungsvorschrift über die Festsetzung von Wasserschutzgebieten und Quellenschutzgebieten, RdErl. des MfELuF vom 25.4.1975, III A 2 - 605/7 - 8169/2 (MinBl. S. 1010);
RHEINLAND-PFALZ, Richtlinien für Trinkwasserschutzgebiete, RdErl. des MfLWuU vom 19.2.1976, 540544 - 333/76 (MinBl. S. 495); SACHSEN-ANHALT: RdErl. des MU vom 22.4.1992 (MinBl. S. 631).

44 OVG Koblenz, Urt. vom 27.9.1989, ZfW 1990, 480 (481); BREUER, Öffentl. und privates Wasserrecht, Rn. 611; GIESEKE/WIEDEMANN/CZYCHOWSKI, § 19 Rn. 18; nach OVG Saarlouis, Beschl. vom 22.4.1993, ZfW 1994, 297 (298 f.) sind sie „lediglich als Anhaltspunkte zu werten“.

45 Vgl. auch OVG Saarlouis, Beschl. vom 22.4.1993, ZfW 1994, 297 (298); OVG Koblenz, Urt. vom 27.9.1989, ZfW 1990, 480 (481); OVG Lüneburg, Beschl. vom 8.11.1990, ZfW 1991, 191 (192); SIEDER/ZEITLER/DAHME, § 19 Rn. 21; GIESEKE/WIEDEMANN/CZYCHOWSKI, § 19 Rn. 18 m.w.N.

Maßnahmen zielt, legen Beschränkungen in erster Linie bloß qualitative, quantitative und temporäre Grenzen für im übrigen statthafte Verhaltensweisen fest. Ebenfalls zu den handlungsbeschränkenden Mitteln im Rahmen des § 19 Abs. 2 Nr. 1 WHG zu zählen, ist die Einführung von Gestattungsvorbehalten und Anzeigepflichten, da sie das jeweils mildere Mittel gegenüber der Verhängung absoluter Verbote darstellen.[46]

§ 14 Abs. 2 NWWG hebt zudem mit Blick auf den Verhältnismäßigkeitsgrundsatz noch einmal ausdrücklich hervor, daß Handlungen, die nach anderen Bestimmungen einer Erlaubnis, einer Bewilligung, einer Genehmigung oder einer sonstigen behördlichen Zulassung bedürfen, keiner besonderen Genehmigung nach den Vorschriften für Wasserschutzgebiete unterworfen werden sollen, wenn schon die anderen Bestimmungen einen hinreichenden Schutz ermöglichen.

Gemäß *§ 19 Abs. 2 Nr. 2 WHG* können der Eigentümer und Nutzungsberechtigte von Grundstücken zur Duldung bestimmter Maßnahmen verpflichtet werden. Diese Pflicht kann bestehen sowohl gegenüber den in das Festsetzungsverfahren und die Überwachung des Schutzgebiets eingeschalteten Behörden und Sachverständigen als auch gegenüber Dritten, wie etwa dem Träger der öffentlichen Wasserversorgung. Möglich sind generelle Regelungen der Duldungsfälle in der Schutzgebietsverordnung oder Einzelanordnungen seitens der zuständigen Behörde.[47] Die zu duldende Maßnahme muß aber in jedem Falle rechtsstaatlichen Anforderungen an die Bestimmtheit genügen. § 19 Abs. 2 Nr. 2 S. 2 WHG erwähnt besonders Maßnahmen zur Gewässer- und Bodenbeobachtung. Hierzu gehören mit Blick auf das Grundwasser beispielsweise das Einbringen von Beobachtungsrohren und die Errichtung von Beobachtungsbrunnen sowie die laufend damit verbundenen Überwachungsarbeiten. Im übrigen kann die Duldungspflicht etwa bezüglich des Anlegens, der Verlegung oder Beseitigung von Gräben, Sickergruben und Verbauungen oder der Aufbringung filternder Bodenschichten bestehen.[48]

4.4.2 Weitergehende Schutzanordnungen nach Landesrecht

Nicht von § 19 Abs. 2 WHG gedeckt ist die Statuierung von Positivpflichten zur Vornahme bestimmter Handlungen.[49] Handlungspflichten in Wasserschutzgebieten können nur begründet werden, wenn das jeweilige Landeswassergesetz in rechtmäßiger Erweiterung des § 19 Abs. 2 WHG solche speziellen Handlungspflichten vorsieht. Bestehen derartige Ermächtigungen nicht, sind behördlich vom Eigentümer oder Nutzungsberechtigten des Grundstücks forderbare aktive

46 GIESEKE/WIEDEMANN/CZYCHOWSKI, § 19 Rn. 44; SALZWEDEL, NuR 1983, 43 (45); SIEDER/ZEITLER/DAHME, § 19 Rn. 23.

47 GIESEKE/WIEDEMANN/CZYCHOWSKI, § 19 Rn. 69.

48 SIEDER/ZEITLER/DAHME, § 19 Rn. 33.

49 BREUER, Öffentl. und privates Wasserrecht, Rn. 608; GIESEKE/WIEDEMANN/CZYCHOWSKI, § 19 Rn. 42; SIEDER/ZEITLER/DAHME, § 19 Rn. 23.

Handlungen nur nach Maßgabe einzelfallbezogener ordnungsbehördlicher oder gewässeraufsichtlicher Anordnungen statthaft. Das wird in aller Regel aber nur die Beseitigung der im Schutzgebiet verbotswidrig geschaffenen Zustände betreffen.

Ein Teil der Landeswassergesetze ermächtigt deshalb auch zur Statuierung von Handlungspflichten.[50] So können in Baden-Württemberg, Brandenburg, Niedersachsen, Rheinland-Pfalz, Sachsen-Anhalt und Schleswig-Holstein die Eigentümer und Nutzungsberechtigten von Grundstücken zur Vornahme bestimmter Handlungen verpflichtet werden.[51] Das gilt natürlich nur, soweit dies die Erreichung des Schutzzwecks erfordert.[52] Dem Rechnung tragend ist es beispielsweise möglich, die genannten Personengruppen zu verpflichten, Boden- und Gewässeruntersuchungen[53] durchführen zu lassen oder durchzuführen, die Grundstücke nur in bestimmter Weise zu nutzen und Aufzeichnungen über die Bewirtschaftung der Grundstücke anzufertigen[54] sowie an überbetrieblichen Düngungs- und Pflanzenschutzmaßnahmen teilzunehmen[55]. In Rheinland-Pfalz und im Saarland können auch dem durch die Festsetzung des Wasserschutzgebiets Begünstigten durch die Rechtsverordnung oder durch eine Einzelanordnung die Durchführung bestimmter, am Schutzzweck orientierter Maßnahmen einschließlich der Untersuchung und Beobachtung des Gewässers und des Bodens auferlegt werden.[56] Während jedoch in allen zuvor genannten Bundesländern die Handlungspflichten um andere erweiterbar sind, hat Nordrhein-Westfalen die insoweit in Betracht kommenden Anordnungstatbestände gegenüber Eigentümern und Nutzungsberechtigten von Grundstücken sowie gegenüber den durch die Festsetzung des Wasserschutzgebietes begünstigten Unternehmern in § 14 Abs. 1 S. 3 NWWG abschließend festgelegt. Danach werden durch (Rechts-)Verordnung oder Einzelanordnung nur auf aktives Handeln zielende Maßnahmen festlegbar. Dabei handelt es sich um Beobachtungen des Gewässers und Bodens, anzufertigende Aufzeichnungen über die Bewirtschaftung der Grundstücke sowie um die Aufbewahrung der erstellten Aufzeichnungen oder sonstigen Unterlagen und deren Vorlage auf Verlangen. Noch weiter grenzt Art. 35 Abs. 1 S. 4 BayWG die Statuierung von Handlungspflichten ein, indem er sie nur zuläßt „an Stelle eines Aufbringungsverbots für Dünge- und Pflanzenschutzmittel". Als Maßnahmeoptionen

---

50 Art. 35 Abs. 1 S. 4 BayWG, §§ 24 Abs. 1 S. 2 BWWG, 15 Abs. 1 S. 4 BbgWG, 49 Abs. 2 S. 2 NdsWG, 14 Abs. 1 S. 3 NWWG, 13 Abs. 2 S. 3 RPWG, 49 Abs. 2 S. 2 LSAWG, 4 Abs. 2 SHWG.

51 §§ 24 Abs. 1 S. 1 BWWG, 15 Abs. 1 S. 3 Nr. 2 BbgWG, 49 Abs. 2 S. 1 Nr. 2 NdsWG, 13 Abs. 2 S. 2 RPWG, 49 Abs 2 S. 1 Nr. 2 LSAWG, 4 Abs. 2 SHWG.

52 So klarstellend § 4 Abs. 2 SHWG.

53 Gewässeruntersuchungen benennen ausdrücklich die §§ 15 Abs. 1 S. 4 BbgWG, 49 Abs. 2 S. 2 NdsWG, 49 Abs. 2 S. 2 LSAWG.

54 §§ 24 Abs. 1 S. 2 BWWG, 15 Abs. 1 S. 4 BbgWG, 49 Abs. 2 S. 2 NdsWG, 13 Abs. 2 S. 3 RPWG, 49 Abs. 2 S. 2 LSAWG.

55 §§ 24 Abs. 1 S. 2 BWWG, 13 Abs. 2 S. 3 RPWG.

56 §§ 13 Abs. 3 S. 1 RPWG, 37 Abs. 3 S. 2 SlWG.

werden exemplarisch näher zu bestimmende Nutzungsmodalitäten für Grundstücke, zu führende Aufzeichnungen über deren Bewirtschaftung und das Aufbringen von Dünge- und Pflanzenbehandlungsmitteln sowie durchführende Bodenuntersuchungen genannt. In Hessen und Thüringen[57] schließlich beziehen sich anordbare Handlungspflichten nur auf nach § 19 Abs. 1 Nr. 3 WHG festzusetzende Schutzgebietsverordnungen. Ihnen zufolge kann für Dünge- oder Pflanzenschutzmittel die Anwendung besonderer Techniken vorgeschrieben werden.

4.4.3 Vorgaben aufgrund der PflSchAnwV und der VAwS

Konkrete Vorschriften über Verbote und Beschränkungen in Wasserschutzgebieten außerhalb der von § 19 WHG erlassenen Schutzgebietsverordnungen enthalten namentlich die Pflanzenschutz-Anwendungsverordnung (PflSchAnwV)[58] und die Verordnungen der Länder über Anlagen zum Umgang mit wassergefährdenden Stoffen (VAwS)[59]. Ihre Anordnungen bestehen selbständig neben den

---

57 §§ 30 Abs. 2 HessWG, 30 Abs. 2 ThüWG.

58 Verordnung über Anwendungsverbote für Pflanzenschutzmittel vom 10.11.1992 (BGBl. I S. 1887), zuletzt geändert durch Gesetz vom 25.7.1994 (BGBl. I S. 1689).

59 BADEN-WÜRTTEMBERG: Verordnung des Umweltministeriums über Anlagen zum Umgang mit wassergefährdenden Stoffen und über Fachbetriebe (VAwS) vom 11.2.1994 (GVBl. S. 182); BAYERN: Verordnung über Anlagen zum Umgang mit wassergefährdenden Stoffen und über Fachbetriebe (VAwS) vom 3.8.1996 (GVBl. S. 248); BERLIN: Verordnung über Anlagen zum Umgang mit wassergefährdenden Stoffen und über Fachbetriebe (VAwS) vom 6.3.1995 (GVBl. S. 67); BRANDENBURG: Verordnung über Anlagen zum Umgang mit wassergefährdenden Stoffen und über Fachbetriebe (VAwS) vom 19.10.1995 (GVBl. II S. 634); BREMEN: Verordnung über Anlagen zum Umgang mit wassergefährdenden Stoffen und über Fachbetriebe (VAwS) vom 4.4.1995 (GBl. S. 251); HAMBURG: Verordnung über Anlagen zum Umgang mit wassergefährdenden Stoffen und über Fachbetriebe (VAwS) vom 11.8.1987 (GVBl. I S. 165); HESSEN: Verordnung über Anlagen zum Umgang mit wassergefährdenden Stoffen und über Fachbetriebe (VAwS) vom 16.9.1993 (GVBl. I S. 409), zuletzt geändert 6.6.1995 (GVBl. I S. 411); MECKLENBURG-VORPOMMERN: Verordnung über Anlagen zum Umgang mit wassergefährdenden Stoffen und über Fachbetriebe (VAwS) vom 5.10.1993 (GVBl. S. 887); NORDRHEIN-WESTFALEN: Verordnung über Anlagen zum Umgang mit wassergefährdenden Stoffen und über Fachbetriebe (VAwS) vom 12.8.1993 (GVBl. S. 676), geändert duch VO vom 10.10.1994 (GVBl. S. 958, 1013); RHEINLAND-PFALZ: Landesverordnung über Anlagen zum Umgang mit wassergefährdenden Stoffen und über Fachbetriebe (VAwS) vom 1.2.1996 (GVBl. S. 121); SACHSEN: Verordnung des Sächsischen Staatsministeriums für Umwelt und Landesentwicklung über den Umgang mit wassergefährdenden Stoffen (VAwS) vom 28.4.1994 (GVBl. S. 966); SCHLESWIG-HOLSTEIN: Landesverordnung über Anlagen zum Umgang mit wassergefährdenden Stoffen und über Fachbetriebe (VAwS) vom 24.6.1986 (GVBl. S. 153) zuletzt geändert durch VO vom 19.2.1993 (GVBl. S. 108); THÜRINGEN: Verordnung über Anlagen zum Umgang mit wassergefährdenden Stoffen und über Fachbetriebe (VAwS) vom 4.4.1995 (GBl. S. 251).

Ge- und Verboten einer Schutzgebietsverordnung.[60] Sie werden in der Praxis jedoch zweckmäßigerweise in die Schutzgebietsverordnung übernommen.

4.4.4 Vorgaben aufgrund landesweit geltender Schutzverordnungen

Die Landeswassergesetze Baden-Württembergs, Hessens, Niedersachsens, Sachsens, Sachsen-Anhalts und Thüringens[61] ermöglichen es, in einer Rechtsverordnung für mehrere oder alle Wasserschutzgebiete des betreffenden Bundeslandes Schutzanordnungen zu erlassen. Sie beziehen sich in erster Linie auf die von § 19 Abs. 2 WHG vorgegebenen Handlungsverbote bzw. -beschränkungen und Duldungspflichten. In Baden-Württemberg ist es zudem statthaft, auch die nach § 24 Abs. 1 S. 1 BWWG in einzelnen Schutzgebietsverordnungen statuierbaren Handlungspflichten auf alle oder mehrere Wasserschutzgebiete zu erstrecken. Weil der Verordnungsgeber diese Art der Festsetzung allgemeinverbindlicher Schutzanordnungen bei Erlaß der jeweiligen lokalen Verordnung nicht ignorieren darf, kann damit für die Landesebene ein Standardisierungseffekt hinsichtlich bestimmter Schutzvorgaben erreicht werden.

Von dieser Regelungsermächtigung haben mit dem Erlaß einer landesweit für alle Wasserschutzgebiete geltenden Rechtsverordnung bislang die Länder Baden-Württemberg, Niedersachsen und Sachsen Gebrauch gemacht. Hierbei handelt es sich um die

- baden-württembergische Schutzgebiets- und Ausgleichs-Verordnung (BWSchALVO)[62],
- niedersächsische Verordnung über Schutzbestimmungen in Wasserschutzgebieten (NdsSchVO)[63],
- sächsische Schutz- und Ausgleichsverordnung für die Land- und Forstwirtschaft (SächsSchAVO)[64].

Die BWSchALVO, NdsSchVO und die SächsSchAVO enthalten im wesentlichen mehr oder weniger umfangreiche Bewirtschaftungsregelungen für die land- und forstwirtschaftliche Nutzung von Böden in Wasserschutzgebieten oder in als solche vorgesehenen Gebieten. Ausgenommen von den Bestimmungen der BWSchALVO und der SächsSchAVO sind jedoch Gewächshäuser und An-

---

60 OVG Münster, Urt. vom 24.2.1977, DVBl. 1977, 936 (936) zur VAwS.

61 §§ 110a BWWG, 29 Abs. 4 HessWG, 49 Abs. 3 NdsWG, 48 Abs. 4 SächsWG, 49 Abs. 3 LSAWG, 28 Abs. 3 ThüWG.

62 Verordnung des Umweltministeriums über Schutzbestimmungen in Wasser- und Quellenschutzgebieten und die Gewährung von Ausgleichsleistungen vom 8.8.1991 (GBl. S. 545), zuletzt geändert durch Verordnung vom 2.12.1994 (GBl. 1995 S. 61).

63 Vom 24.5.1995 (GVBl. S. 133).

64 Verordnung des Sächsischen Staatsministeriums für Umwelt und Landesentwicklung über Schutzbestimmungen und Ausgleichsleistungen für erhöhte Aufwendungen der Land- und Forstwirtschaft in Wasserschutzgebieten vom 30.6.1994 (GVBl. S. 1178).

bausysteme, bei denen aufgrund baulicher Maßnahmen eine Verlagerung von Nitrat sowie Pflanzenschutzmitteln und ihrer Abbauprodukte in den Untergrund nicht in Betracht kommen.[65]

Die §§ 3 Abs. 1 BWSchALVO und 1 Abs. 1 i.V.m. Anlage 1 zur SächsSchA-VO gestatten in der Zone I für den land- und forstwirtschaftlichen Bereich nur die dort abschließend genannten Nutzungen. Dies gilt für das Mähen von Grünland und die forstwirtschaftliche Nutzung, wenn sie ohne Düngung und ohne Verwendung von Pflanzenschutzmitteln erfolgen. Die BWSchALVO macht beim Aufbringen von Handelsdünger allerdings insoweit eine Ausnahme, als es zur Erhaltung einer schützenden dichten Grasnarbe erforderlich ist. Durch die an sich gutgemeinte Schutzmaßnahme hat der Verordnungsgeber jedoch für das Grundwasser in der Fassungszone zugleich ein neues stoffliches Gefährdungspotential geschaffen. Einen anderen Weg geht die NdsSchVO, die in einem Negativkatalog alle der in ihrer Anlage zu § 2 Abs. 1 genannten Nutzungen verbietet.

Weitaus differenziertere Regelungen sehen alle drei Verordnungen[66] für die Schutzzonen II und III[67] vor:

So enthält die BWSchALVO ein ganzjähriges Verbot des Umbruchs von Dauergrünland, generelle Verbote für das Aufbringen von Wirtschaftsdüngern, Abwasser, Klärschlamm, Fäkalien und ähnlichen Stoffen in der Zone II. Zudem bestehen in der Zone III für diese Stoffe zeitlich gestaffelte und nach der Bodenqualität unterschiedene Aufbringungsverbote, temporäre Einarbeitungsverbote für Festmist und ähnliche Stoffe auf Ackerland und ebenfalls zeitweise Aufbringungsverbote für stickstoffhaltige Handelsdünger auf begrünten Flächen. Hinzu kommt für die Schutzzonen II und III die Beschränkung der Anwendung von Pflanzenschutzmitteln auf solche, deren chemische Wirkstoffe in dem einschlägigen Positivkatalog aufgezählt sind. Davon erfaßt sind durchweg nur solche Wirkstoffe, die nicht dem Anwendungsverbot nach § 3 Abs. 2 i.V.m. Anlage 3 Abschnitt B der PflSchAnwV unterliegen. Von den drei Rechtsverordnungen weist einzig die BWSchALVO mit § 3 Abs. 6 i.V.m. Anlage 1 detaillierte Bewirtschaftungsregeln für Grundstücke in den Zonen II und III auf.[68] Sie betreffen zum einen die ordnungsgemäße Landbewirtschaftung und zum anderen ihre erforderliche Beschränkung in Schutzgebieten. So wird zur Reduktion des Nitratgehalts im Boden bestimmt, daß die Stickstoffdüngung nach guter fachlicher Praxis zu erfolgen hat. Demzufolge muß der Stickstoffeinsatz bedarfsgerecht unter Berücksichtigung standortabhängiger Ertragserwartungen und des im Boden verfügbaren Stickstoffs durchgeführt werden. Von diesem, am tatsächlichen

---

65 Vgl. §§ 1 Abs. 3 BWSchALVO, 1 Abs. 2 SächsSchAVO.

66 §§ 3 Abs. 2 BWSchALVO, 2 Abs. 1 i.V.m. Anlage zur NdsSchVO und 1 Abs. 1 i.V.m. Anlage 1 zur SächsSchAVO.

67 Die BWSchALVO bezieht sich auch auf die Schutzzone IV, die nur für Heilquellenschutzgebiete gilt.

68 Auch für Grundstücke der nur für Heilquellenschutzgebiete geltenden Schutzzone IV.

Bedarf orientierten Niveau der organischen oder mineralischen Düngung wird um der Grundwasserprävention willen eine Verringerung der Stickstoffverwendung in Höhe eines Risikoabschlags von 20% vorgenommen. Daran anknüpfend wird der Stickstoffbedarf für den Anbau der wichtigsten Kulturarten auf eine jährlich höchstzulässige Gesamtmenge in Kilogramm pro Hektar festgelegt. Keinesfalls darf jedoch nach dem Vegetationsende der Rein-Stickstoffgehalt im Boden 40 kg/ha überschreiten. Dieser Wert zielt letztlich auf die Einhaltung des von der Trinkwasserverordnung vorgeschriebenen Nitratgrenzwertes im Grundwasser von 50 mg/l.[69] Zusätzlich soll durch Folgebegrünung nach der Ernte erreicht werden, daß eine möglichst ganzjährige Pflanzendecke den Stickstoffeintrag in das Grundwasser minimiert. Zu diesem Zweck besteht unter bestimmten Voraussetzungen sogar ein Begrünungsgebot. Auch die Anwendung von Pflanzenschutzmitteln muß prinzipiell nach guter fachlicher Praxis unter Berücksichtigung der Grundsätze des integrierten Pflanzenschutzes erfolgen. Hiermit ist aber lediglich eine deklamatorische Bezugnahme auf die ohnehin geltenden Vorschriften des PflSchG und seiner Rechtsverordnungen - insbesondere der PflSchAnwV - gemeint.

Die SächsSchAVO stimmt hinsichtlich des Umbruchs von Dauergrünland, des Aufbringens von Wirtschaftsdüngern, Abwasser, Klärschlamm, Fäkalien und ähnlichen Stoffen sowie von stickstoffhaltigem Handelsdünger auf begrünten Flächen, der Einarbeitungsverbote für Festmist und ähnliche Stoffe auf Ackerland inhaltlich mit der BWSchALVO ebenso überein wie hinsichtlich der Anwendungsbeschränkungen für Pflanzenschutzmittel. Ähnlich der BWSchALVO ist ferner durch eine ganzjährige Pflanzendecke (Dauerbegrünung) der Stickstoffeintrag ins Gewässer zu reduzieren und in den Zonen II und III eine im Vergleich zur ordnungsgemäßen Stickstoffdüngung um 20% verringerte Stickstoffmenge zu verwenden. Überdies sind alle über die ordnungsgemäße land- und forstwirtschaftliche Nutzung hinausgehenden Bodeneingriffe, durch die die belebte Bodenzone verletzt oder die Grundwasserüberdeckung vermindert wird, zu unterlassen. Was indes mit den über die ordnungsgemäße land- und forstwirtschaftliche Nutzung hinausgehenden Bodeneingriffen konkret gemeint sein soll, bleibt offen und erweist sich als kaum vollzugsfähig. Ferner darf die mit Wirtschaftsdünger auszubringende Gesamtstickstoffmenge bei Ackerland 170 kg/ha im Jahr und bei Grünland 210 kg/ha im Jahr nicht überschreiten. Diese Regelung entspricht § 3 Abs. 7 der Düngeverordnung[70] und hat eigentlich keine eigenständige Bedeutung (mehr). Schließlich wird in einem 5 m breiten Randstreifen von Oberflächengewässern die organische und mineralische Düngung ebenso verboten wie die Ausbringung chemisch-synthetischer Pflanzenschutzmittel.

---

69 In diesem Sinne auch LINDEN, Gewässerschutz durch landwirtschaftliche Bodennutzung, S. 157.

70 Verordnung über die Grundsätze der guten fachlichen Praxis beim Düngen vom 26.1.1996 (BGBl. I S. 118).

Die Schutzmaßnahmen der NdsSchVO beziehen sich hauptsächlich auf die Düngefolgenproblematik und entsprechen insoweit in groben Zügen inhaltlich denen der SächsSchAVO. Anders als die BWSchALVO und SächsSchAVO enthält die NdsSchVO jedoch keine Beschränkungen des Pflanzenschutzmitteleinsatzes. Sie untersagt demgegenüber aber den Bau und Betrieb von Erdbecken zur Lagerung von flüssigen Wirtschaftsdüngern und die Gewinnung von Bodenschätzen, soweit sie zur Freilegung des Grundwassers führt.[71]

4.4.5 Festsetzungen aufgrund von Musterverordnungen

Nicht zuletzt unter Berücksichtigung der DVGW-Richtlinien für Trinkwasserschutzgebiete, I. Teil, Arbeitsblatt W 101 „Schutzgebiete für Grundwasser" haben einige Bundesländer[72] als Arbeitsgrundlage für den Erlaß und die Änderung von Schutzgebietsverordnungen Musterverordnungen erarbeitet. Die in den DVGW-Richtlinien als untragbar eingestuften Handlungen, Einrichtungen und Vorgänge sind in den Musterverordnungen in detaillierte Maßnahmenkataloge mit Verboten, Beschränkungen, Duldungs- und Handlungspflichten umgesetzt worden. Diese konkretisieren zonenbezogen Maßstäbe zur Abwehr der das Grundwasser latent bedrohenden land-, forstwirtschaftlichen und gärtnerischen Nutzungen, zum Umgang mit wassergefährdenden Stoffen, zur Abwasserbeseitigung, für Verkehrsanlagen, für die zu besonderen Zwecken bestimmten Flächen (z.B. Friedhöfe), für den Untertage-Bergbau und bauliche Anlagen allgemein.[73] Die dort aufgeführten Maßnahmen dürfen zwar nicht pauschal in jeder Schutzgebietsverordnung festgesetzt werden, sondern müssen vor der Festsetzung immer einzelfallbezogen auf ihre Notwendigkeit hin überprüft werden. Gleichwohl bieten sie für den Verordnungsgeber verbindlich zu beachtende wichtige Orientierungshilfen, von denen dieser nur im Falle eines konkreten Erfordernisses abweichen wird.

---

71 Letzteres ist in der Zone III lediglich genehmigungspflichtig.

72 BAYERN: Rundschreiben des Bayerischen Staatsministeriums für Landesentwicklung und Umweltfragen vom 1.7.1994 (W 112 - 4532.5 - 072/90); BADEN-WÜRTTEMBERG: Verwaltungsvorschrift des Umweltministeriums über die Festsetzung von Wasserschutzgebieten vom 14.11.1994 (GABl. S. 881); HESSEN: Verwaltungsvorschriften für die Festsetzung von Wasserschutzgebieten, Erl. des MfUuR vom 9.10.1990 (StAnz. S. 2460 - Gült.-Verz. 85); NORDRHEIN-WESTFALEN: Verwaltungsvorschrift über die Festsetzung von Wasserschutzgebieten und Quellenschutzgebieten, RdErl. des MfELuF vom 25.4.1975 (III A 2 - 605/7 - 8169/2, MinBl. S. 1010).

73 Vgl. insbesondere die Musterverordnungen Bayerns, Baden-Württembergs und Hessens.

5 Zusätzliche Einzelfallmaßnahmen

Den Landeswassergesetzen Bremens, Rheinland-Pfalz' und Thüringens zufolge ist die Anordnung zusätzlicher Maßnahmen im Einzelfall zulässig.[74] Das gilt allerdings nur, wenn die Anordnungen der Rechtsverordnung nicht ausreichen, um den mit der Festsetzung des Wasserschutzgebietes verfolgten Zweck zu sichern.[75]

Des weiteren sehen die Landeswassergesetze von Hessen, Rheinland-Pfalz und Thüringen[76] auch Schutzanordnungen außerhalb der Wasserschutzgebiete vor. In Rheinland-Pfalz soll das allerdings nur in nicht näher umschriebenen „Ausnahmefällen" möglich sein, so daß der praktische Schutzgehalt einer solchen Regelung für die betroffenen Grundwasservorkommen marginal sein dürfte. In Hessen und Thüringen sind entsprechende Anordnungen für die Untersagung bestimmter Handlungen und Maßnahmen zulässig, wenn zumindest eine Einwirkung auf das Grundwasservorkommen (in Hessen) bzw. auf das Gewässer (in Thüringen) nicht ausgeschlossen ist und dadurch entweder der Bestand einer Wasserversorgungsanlage gefährdet wird oder die Gefährdung eines für die Wasserversorgung benötigten Grundwasservorkommens/Gewässers zu besorgen ist. Soweit bereits Schäden entstanden sind, trifft die Wasserbehörde zudem die zur Beseitigung und Sanierung erforderlichen Anordnungen. Anders als die vage formulierte rheinland-pfälzische Anordnungsmöglichkeit sind die hessischen und thüringischen Varianten in ihren Konturen klar umrissen, so daß ihnen in praxi eine wichtige Ergänzungsfunktion im Hinblick auf einen schutzgebietsorientierten Grundwasserschutz zukommen kann.

6 Ausnahmen von Schutzbestimmungen

Auch der nähere Inhalt der Schutzanordnungen hat sich im Hinblick auf das Allgemeinwohl am Maßstab der Erforderlichkeit auszurichten. Aber selbst wenn die festgesetzten Anordnungen für das betroffene Gebiet insoweit an sich zulässig sind, ist aus Gründen des rechtsstaatlichen Übermaßverbotes für ihren Vollzug zur Vermeidung unzumutbarer Härten eine einzelfallbezogene Exemtionsmöglichkeit vorzusehen.[77] Dem tragen die Landeswassergesetze Hamburgs, Niedersachsens, Rheinland-Pfalz', des Saarlandes und Sachsen-Anhalts expressis verbis Rechnung.[78] In den übrigen Bundesländern muß jede Schutzgebietsverordnung für die zuständigen Behörden ausdrücklich eine entsprechende Befreiungsoption enthalten; ihr Fehlen führt dort zur Nichtigkeit der Verordnung.

---

74 §§ 48 Abs. 3 BreWG, 13 Abs. 4 RPWG, 28 Abs. 4 ThüWG.

75 So auch ausdrücklich § 13 Abs. 4 RPWG.

76 §§ 29 Abs. 3 HessWG, 13 Abs. 4 RPWG, 28 Abs. 5 ThüWG.

77 BREUER, Öffentl. und privates Wasserrecht, Rn. 609.

78 §§ 27 Abs. 2 HbgWG, 49 Abs. 4 NdsWG, 13 Abs. 6 RPWG, 37 Abs. 2 S. 2 SlWG, 49 Abs. 4 LSAWG.

7 Rechtswirkungen der Festsetzungen

Die Wasserschutzgebietsfestsetzungen binden insbesondere private Dritte, deren Grundstücke im Schutzgebiet liegen, und öffentliche Planungsträger. Gegenüber Privaten können die Schutzanordnungen entweder direkt verbindlich wirken und im Wege der Verwaltungsvollstreckung erzwungen werden oder noch eines weiteren behördlichen Vollzugsaktes bedürfen. Ferner sind die Schutzanordnungen vor allem für Gestattungstatbestände bedeutsam, denen gegenüber sie eine absolute Sperrwirkung entfalten.[79] So müssen die zonenbezogen festgesetzten Verbote für Verkehrseinrichtungen im Rahmen der dafür jeweils durchzuführenden Fachplanung beachtet werden. Ebenso verhindern angeordnete Baubeschränkungen wegen § 29 S. 4 BauGB eine Baugenehmigung selbst dann, wenn es gegen das Vorhaben bauplanungsrechtlich nichts einzuwenden gäbe.[80] Nicht so eindeutig ist die Bindung der Schutzanordnungen für die Gemeinden oder Planungsverbände als Planungsträger. Bestehende Nutzungsregelungen bzw. nach anderen gesetzlichen Vorschriften getroffene Festsetzungen sollen in den Flächennutzungsplan bzw. in den Bebauungsplan nachrichtlich übernommen werden (§ 5 Abs. 4 S. 1 BauGB, § 9 Abs. 6 S. 1 BauGB). Damit wird ausschließlich Informationsbedürfnissen Rechnung getragen. Über einen Vorrang der Wasserschutzgebietsausweisung vor der Bauleitplanung oder umgekehrt ist ebensowenig etwas normiert wie über eine generelle Anpassungspflicht der einen an die andere Maßnahme. Hieran ändert auch § 7 BauGB nichts, der als Verfahrensregel lediglich versucht, dem Konflikt um konkurrierende Planungen vorzubeugen. Da jedoch das konkrete bauleitplanerisch zulässige Vorhaben sich letztlich nicht gegenüber anderslautenden Schutzanordnungen einer Wasserschutzgebietsverordnung durchsetzen kann, besteht im Ergebnis ein konkreter Vorrang des Wasserschutzgebietes.

8 Vorläufige Anordnungen

Zur Sicherung der Festsetzung eines Wasserschutzgebiets gestatten alle Bundesländer unter bestimmten Voraussetzungen den Erlaß vorläufiger Anordnungen.[81] Ungeachtet aller föderalen Unterschiede im Detail ist es hierdurch prinzipiell bereits vor der formalen Ausweisung eines Wasserschutzgebiets möglich, anson-

---

79 SCHMIDT-ASSMANN, DÖV 1986, 985 (987).

80 GIESEKE/WIEDEMANN/CZYCHOWSKI, § 19 Rn. 57; SCHMIDT-ASSMANN, DÖV 1986, 985 (987).

81 Art. 81 Abs. 1 BayWG, §§ 24 Abs. 2 BWWG, 22 Abs. 7 BlnWG, 17 Abs. 1 BbgWG, 49 Abs. 1 BreWG, 27 Abs. 4 HbgWG, 104 Abs. 1 HessWG, 117 Abs. 1 MVWG, 50 Abs. 1 NdsWG, 15 Abs. 5 NWWG, 14 Abs. 1 RPWG, 111 S. 1 und 2 SlWG, 48 Abs. 5 SächsWG, 50 Abs. 1 LSAWG, 4 Abs. 4 SHWG, 29 Abs. 1 ThüWG.

sten eigentlich nur in ausgewiesenen Wasserschutzgebieten zeitlich befristet zulässige Maßnahmen zum Schutz des Grundwassers zu treffen.

9 Fazit

Wasserschutzgebietsausweisungen stellen ein vorzügliches Instrument zum Schutz des Grundwassers dar und erlauben unter bestimmten Voraussetzungen eine absolute Protektion dieses Mediums. Ihre Festsetzungen zielen in erster Linie auf die Vermeidung von das Grundwasser gefährdenden Situationen und sind insoweit Ausdruck einer umfassenderen präventiven Strategie, die es ermöglicht, nicht nur punktuelle Gefährdungspotentiale, sondern auch diffus auf das Grundwasser einwirkende Beeinträchtigungsquellen weitgehend zu reduzieren.

Wegen ihrer bundesrahmenrechtlichen Grundlagen ist die nähere Ausgestaltung der Vorschriften über Wasserschutzgebiete dem Landesrecht vorbehalten und nach diesem auf sehr unterschiedliche Weise geregelt. Die mögliche besondere Schutzintensität spiegelt sich in den jeweiligen Wassergesetzen inhaltlich nur bedingt wider. Insbesondere eine weitgehend landesweit einheitliche Festsetzungspraxis bezüglich der Schutzanordnungen wird durch sie nicht gewährleistet, so daß neben einer föderalen Partikularisierung auch noch eine landesregionale zu beklagen ist. Letztere vermeidende Harmonisierungsbemühungen sind lediglich in einigen dieser Gesetze erkennbar. Dort ist die weitere Konkretisierung der in Wasserschutzgebieten zu treffenden Maßnahmen im Wege von landesweit allgemeinverbindlichen Rechtsverordnungen vorgesehen, ohne daß davon auch nur annähernd umfassend Gebrauch gemacht worden wäre. Zwar ermöglichen zur Zeit immerhin sechs Landeswassergesetze durch entsprechende Ermächtigungen den Erlaß von detaillierten Verordnungsregelungen, die für alle Wasserschutzgebietsausweisungen gleichermaßen gelten. Doch haben davon bislang nur drei Bundesländer - noch dazu inhaltlich im wesentlichen auf den land- und forstwirtschaftlichen Sektor beschränkt - Gebrauch gemacht. Die weitere Konkretisierung der zum Schutz des Grundwassers bestehenden Festsetzungsmöglichkeiten durch Rechtsvorschriften bleibt somit insgesamt auffallend konturenlos.

Die Zulassungsvorschrift des § 15 Abs. 1 Nr. 3a PflSchG - Einordnung als Gefahrenabwehr- oder Vorsorgenorm

Claudia Undine Schulz

1 Einführung

Die Verunreinigung des Grundwassers nimmt besorgniserregende Züge an und stellt eines der dringendsten Umweltprobleme unserer Zeit dar.[1] Der Reinhaltung des Grundwassers wird nicht zuletzt deshalb ein hoher Stellenwert eingeräumt, weil es eine kaum zu überschätzende Bedeutung für die öffentliche Trinkwasserversorgung besitzt, die bundesweit zu über 70 % aus Grundwasser gespeist wird. Da es sich beim Trinkwasser um ein für Mensch und Tier unentbehrliches Lebensmittel handelt, hat die Sicherung einer einwandfreien Trinkwasserversorgung höchste Priorität.[2] Zudem erschöpft sich die Funktion des Grundwassers nicht in seiner Funktion als Trinkwasserreservoir, sondern kommt ihm als Teil der Biosphäre eine zentrale Stellung im Naturhaushalt zu.[3] Einen der Hauptbelastungsfaktoren des Grundwassers bildet der Einsatz von Agrarstoffen.[4] Neben Nitrat werden auch Pflanzenschutzmittel in erheblichem Umfang im Grundwasser vorgefunden. Wenngleich mangels eines flächendeckenden Meßnetzes bezogen auf das gesamte Bundesgebiet nur bedingt Aussagen über die Belastung des Grundwassers mit Pestiziden getroffen werden können, lassen doch die in verschiedenen Bundesländern gewonnenen Meßergebnisse Rückschlüsse auf die Gesamtbelastung zu und stimmen durchaus bedenklich. So wurden an mehr als der Hälfte der Meßstellen Pflanzenschutzmittel im Grundwasser gefunden und zwar in rund einem Drittel der Fälle in einer solchen Konzentration, daß das Grundwasser in diesem Zustand nicht als Trinkwasser Verwendung finden

1 Vgl. UMWELTBUNDESAMT (Hg.), Jahresbericht 1994, S. 165 ff.

2 BVerfG, Beschl. vom 15.7.1981, E 58, 300 (344); EBERSBACH, in: Agrarrecht im Wandel, S. 1 (12); KNAUBER, Struktur der Sozialbindung des Grundeigentums im ländlichen Raum, S. 330; UMWELTBUNDESAMT (Hg.), Daten zur Umwelt 1992/93, S. 321; MULL/NORDMEYER, S. 1; AMANN, in: DERS. (Hg.), Pflanzenschutzmittel, S. 159 (162).

3 RAT VON SACHVERSTÄNDIGEN FÜR UMWELTFRAGEN (1985), Tz. 890 (935), (BT-Drs. 10/3613); RUCHAY, in: AMANN (Hg.), Pflanzenschutzmittel, S. 39 (42); STEINBACH, in: AMANN (Hg.), Pflanzenschutzmittel, S. 35 (37).

4 HARTKOPF/BOHNE, S. 356.

kann.[5] Obgleich in jüngerer Zeit ein leicht rückläufiger Trend festgestellt werden kann[6], ist das Ausmaß der Belastung noch immer alarmierend und bedarf die Verunreinigung des Grundwassers mit Pflanzenschutzmitteln vermehrter Aufmerksamkeit.

Ein bedeutsames Instrument zum Schutz des Grundwassers gegen Pflanzenschutzmittel stellt die in §§ 11 ff. PflSchG normierte Zulassungspflicht für Pflanzenschutzmittel dar. Hiernach dürfen Pflanzenschutzmittel grundsätzlich nur dann in den Verkehr gebracht oder eingeführt werden, wenn sie zuvor von der Biologischen Bundesanstalt zugelassen worden sind. Eine solche Zulassungspflicht für chemische Stoffe stellt im stoffbezogenen Umweltschutz eine Ausnahmeerscheinung dar.[7] Sie ermöglicht, Pflanzenschutzmittel nur dann in den Verkehr zu bringen, wenn sie den festgesetzten Zulassungsvoraussetzungen entsprechen. Da nicht auf dem Markt befindliche Pflanzenschutzmittel - läßt man eine illegale Vermarktung bzw. Einfuhr einmal außer Betracht - nicht angewendet werden können, handelt es sich bei der Zulassungspflicht um ein Instrument präventiven Umweltschutzes, das geeignet ist, dem Eintritt unerwünschter Auswirkungen von Pflanzenschutzmitteln (von vornherein) vorzubeugen.

Umso wichtiger erscheint es, Klarheit über den genauen Inhalt der Zulassungsvoraussetzungen zu erlangen. Die für den Grundwasserschutz zentrale Zulassungsvorschrift ist § 15 Abs. 1 Nr. 3a PflSchG, derzufolge ein Pflanzenschutzmittel nur zuzulassen ist, wenn es bei bestimmungsgemäßer und sachgerechter Anwendung keine schädlichen Auswirkungen auf das Grundwasser hat.

Über die richtige Handhabung der Zulassungsvorschrift des § 15 Abs. 1 Nr. 3a PflSchG herrscht - nicht anders als bei den meisten übrigen Vorschriften des

---

5 UMWELTBUNDESAMT (Hg.), Jahresbericht 1994, S. 165 f.; DASS., Daten zur Umwelt 1992/93, S. 443. Nach dem ersten gemeinsamen Pflanzenschutzbericht der Bundesländer zur Pestizidbelastung ist ein Drittel des Grundwassers mit Pesiziden belastet. Das Grundwasser und die Flüsse Rhein, Main und Weser sind diesem Bericht zufolge besorgniserregend hoch belastet und die Versorgung mit sauberem Trinkwasser ernsthaft bedroht, Süddeutsche Zeitung vom 11.4.1997, S. 6.

6 UMWELTBUNDESAMT (Hg.), Jahresbericht 1994, S. 165 (165 f.).

7 Eine dem PflSchG vergleichbare Zulassungspflicht besteht - soweit ersichtlich - bisher nur noch für Arzneimittel (§§ 21, 25 AMG). Zwar enthält auch das Düngemittelrecht eine Zulassungspflicht, diese ist jedoch mit derjenigen des Pflanzenschutzrechts nicht vergleichbar, weil hier nicht das einzelne Düngemittel einer Zulassungsprüfung unterzogen wird, sondern eine Typenzulassung erfolgt. Es genügt daher, daß das entsprechende Düngemittel einen in einer Rechtsverordnung aufgeführten Düngemitteltyp entspricht (§ 2 DüngemittelG). Auch das LMBG enthält keine dem PflSchG vergleichbare Zulassungspflicht; es enthält lediglich Ermächtigungen zum Erlaß einer Rechtsverordnung, die ihrerseits die Zulassungspflichtigkeit bestimmter Produkte oder Verfahren vorsehen können (vgl. §§ 13 Abs. 2 Nr. 1, 20 Abs. 1 Nr. 1, Abs. 3 Nr. 1 LMBG). Das Leitgesetz des stoffbezogenen Umweltschutzes schließlich, das Chemikaliengesetz, kennt lediglich eine Anmeldepflicht (§ 4 ChemG); die Forderung nach Einführung einer allgemeinen Zulassungspflicht für Chemikalien hatte sich nicht durchsetzen können.

Pflanzenschutzgesetzes - noch immer keine Gewißheit. Das ist nicht zuletzt darauf zurückzuführen, daß das Pflanzenschutzrecht einer rechtswissenschaftlichen Durchdringung weitgehend entbehrt.[8] Als gesichert kann im wesentlichen nur angesehen werden, daß der Antragsteller bei Vorliegen sämtlicher Tatbestandsvoraussetzungen des § 15 Abs. 1 Nr. 3a PflSchG einen Anspruch auf Erteilung der Pflanzenschutzmittelzulassung durch die Biologische Bundesanstalt hat, es sich mithin bei der Regelung des § 15 Abs. 1 Nr. 3a PflSchG um einen Fall der gebundenen Verwaltung handelt.[9] Übereinstimmung herrscht zudem darüber, daß die Nachweispflicht über das Nichtvorliegen unerwünschter Auswirkungen des Pflanzenschutzmittels auf die in § 15 Abs. 1 Nr. 3 PflSchG aufgeführten Schutzgüter gemäß § 12 Abs. 3 S. 2 PflSchG i. V. m. § 1 Abs. 2 S. 1 PflSchMV dem Antragsteller obliegt.[10]

Weitgehend unklar ist dagegen bereits der Begriff der bestimmungsgemäßen und sachgerechten Anwendung, aber auch, was unter schädlichen Auswirkungen zu verstehen ist. Als noch immer nicht geklärt ist zudem anzusehen, mit welchem Gewißheitsgrad der Eintritt unerwünschter Wirkungen auf die in § 15 Abs. 1 Nr. 3a PflSchG aufgeführten Schutzgüter ausgeschlossen sein muß sowie - damit zusammenhängend - wann die Nachweispflicht des Antragstellers ausgelöst wird. Da mit jeder Prüfung chemischer Stoffe stets Ungewißheit über deren ökologische Auswirkungen einhergeht, kommt dieser Frage große praktische Bedeutung zu. Aus diesem Grunde werden sich die folgenden Ausführungen auf ihre Beantwortung konzentrieren.

---

8 Diese Aussage behält auch nach Erscheinen des Bremer Kolloquiums über Pflanzenschutz seine Richtigkeit. Zwar stellt dieses Werk neben der Erläuterung von Sundermann-Rosenow eine Bereicherung für die bis dato nur mit zwei, in den Ausführungen relativ kurz gehaltenen Kommentaren zum PflSchG von LORZ und SCHIWY bestückte Literaturwelt dar. Da sich die Beiträge des Bremer Kolloquium über Pflanzenschutz jedoch ganz überwiegend mit der Zulassungsvorschrift des § 15 Abs. 1 Nr. 3b PflSchG beschäftigen, führen auch sie hinsichtlich der Problematik der Zulassungsvorschrift des § 15 Abs. 1 Nr. 3a PflSchG nur bedingt zu einer Klärung.

9 Zu der bisher vereinzelt gebliebenen Ansicht, der Biologischen Bundesanstalt für Landwirtschaft stehe im Rahmen der Zulassungsvorschrift des § 15 Abs. 1 Nr. 3b PflSchG ein Beurteilungsspielraum hinsichtlich der Frage zu, wann Auswirkungen auf den Naturhaushalt als nicht vertretbar einzustufen sind, vgl. GÜNDERMANN, NuR 1996, 175 (175).

10 FREYTAG, AgrarR 1994, 112 (113). Gleiches gilt selbstverständlich auch für die übrigen Ziffern des § 15 Abs. 1 PflSchG, insbesondere auch für die Zulassungsvorschrift des § 15 Abs. 1 Nr. 3b PflSchG.

2 Der Wahrscheinlichkeitsgrad des Nichteintritts schädlicher Auswirkungen auf das Grundwasser

Für die Bestimmung der Wahrscheinlichkeit des Nichteintritts schädlicher Auswirkungen auf das Grundwasser bieten sich im wesentlichen zwei Auslegungsvarianten an.

Möglich erscheint es zunächst, die Zulassung (nur) dann zu versagen, wenn für den Eintritt schädlicher Auswirkungen auf das Grundwasser eine hinreichende Wahrscheinlichkeit besteht. Dann müßten konkrete Anhaltspunkte dafür vorliegen, daß und welche Gefahren von dem entsprechenden Pflanzenschutzmittel ausgehen. Nur bei Vorliegen konkreter Anhaltspunkte würde zudem die Nachweispflicht des Antragstellers gemäß § 12 Abs. 3 S. 2 PflSchG i.V. m. § 1 Abs. 2 S. 1 PflSchMV ausgelöst. Ebenso möglich erscheint jedoch eine Auslegung der Zulassungsvorschrift des § 15 Abs. 1 Nr. 3a PflSchG dahingehend, daß die Zulassung (schon) dann zu versagen ist, wenn schädliche Auswirkungen auf das Grundwasser nicht mit an Sicherheit grenzender Wahrscheinlichkeit auszuschließen sind. Entsprechend den vom Bundesverfassungsgericht für das Atomrecht entwickelten Grundsätzen wären in diesem Fall nur Ungewißheiten jenseits der praktischen Vernunft als sogenanntes Restrisiko hinzunehmen und die Zulassungsvorschrift des § 15 Abs. 1 Nr. 3a PflSchG wäre nicht dem Gefahrenabwehrrecht, sondern dem Vorsorgeprinzip i. S. einer Risikovorsorge zuzuordnen.[11] Zudem würde die Nachweispflicht des Antragstellers bereits bei einem Verdacht unerwünschter Auswirkungen ausgelöst.

2.1 Einstufung der Zulassungsvorschrift des § 15 Abs. 1 Nr. 3b PflSchG als Vorsorgenorm in Abkehr zu der bis dahin ganz h. M. durch das Bundesverwaltungsgericht

In der Vergangenheit ist § 15 Abs. 1 Nr. 3a PflSchG - ebenso wie § 15 Abs. 1 Nr. 3b PflSchG - ganz überwiegend der Gefahrenabwehr zugeordnet worden. Der Biologischen Bundesanstalt ist also gemeinhin nur dann das Recht der Zulassungsverweigerung zugestanden worden, wenn für den Eintritt schädlicher Auswirkungen auf das Grundwasser eine hinreichende Wahrscheinlichkeit bestand, was insbesondere voraussetzte, daß die Biologischen Bundesanstalt konkrete Anhaltspunkte dafür vorzubringen hatte, daß und welche Gefahren von einem Pflanzenschutzmittel ausgehen.[12] Auch die Zulassungspraxis der Biologi-

---

11 BVerfG, Beschl. vom 8.8.1978, E 49, 89 (143); vgl. auch BVerwG, Urt. vom 19.12.1985, DVBl. 1986, 190 (194 ff.); HAEDRICH, Atomgesetz, § 7 Rn. 84 ff.

12 So für § 15 Abs. 1 Nr. 3a PflSchG (anders als für § 15 Abs. 1 Nr. 3b PflSchG) ausdrücklich CARGANICO, in: Mitteilungen der Biologische Bundesanstalt für Landwirtschaft, 37 (40 f.). Vgl. zu dieser überwiegenden Meinung auch SCHINKEL, in: AMANN (Hg.), Pflanzenschutzmittel, S. 57 (65).

schen Bundesanstalt hat jahrelang dieser Rechtsansicht entsprochen.[13] Ganz auf dieser Linie liegt noch das Urteil des VG Braunschweig vom 13.02.1987.

Anlaß des Rechtsstreits vor dem VG Braunschweig[14] war die Ablehnung der erneuten Zulassung paraquathaltiger Pflanzenschutzmittel seitens der Biologischen Bundesanstalt. Streitentscheidende Norm war, weil Auswirkungen auf den Naturhaushalt in Frage standen, § 15 Abs. 1 Nr. 3b PflSchG.[15] Die Biologischen Bundesanstalt begründete die Versagung der Zulassung damit, daß eine Anreicherung des Bodens mit Paraquat die Aufnahmekapazitäten des Bodens für Entgiftungsprozesse blockieren und u.a. den Kaliumgehalt des Bodens verändern könne. Das VG Braunschweig gab der Klage des antragstellenden Industrieunternehmens im wesentlichen statt und führte zur Begründung aus, da Zweck des Pflanzenschutzgesetzes gemäß § 1 Nr. 4 PflSchG die Abwehr von Gefahren für den Naturhaushalt sei, sei auch § 15 Abs. 1 Nr. 3b PflSchG dem Gefahrenabwehrrecht zuzuordnen. Die Zulassung eines Pflanzenschutzmittels könne dementsprechend nur versagt werden, wenn eine *hinreichende Wahrscheinlichkeit* dafür bestehe, daß die weitere Anwendung von Paraquat *nachteilige Auswirkungen* auf den Naturhaushalt habe, die nach dem Stand der wissenschaftlichen Erkenntnisse nicht vertretbar seien. Dies sei vorliegend nicht der Fall, da eine Erschöpfung der Absorptionskapazität des Bodens innerhalb der begehrten Zulassungsfrist von zwei Jahren nicht zu erwarten sei, die Ablagerung von Paraquat im Boden als solche noch keine nachteilige Auswirkungen auf den Naturhaushalt habe und die Biologischen Bundesanstalt nicht hinreichend konkret dargelegt habe, welche Gefahren sich aus der Anwendung von Paraquat über den Umstand der bloßen Ablagerung hinaus für den Naturhaushalt ergeben könne. Der dem § 15 Abs. 1 PflSchG neben dem Gefahrenabwehrgedanken auch innewohnende Vorsorgegedanke, demzufolge vermutete Risiken und Unwägbarkeiten durch einen vom Antragsteller zu führenden Nachweis ausgeschlossen werden müßten, werde nur ausgelöst, wenn für diese hinreichende Anhaltspunkte bestünden, nicht dagegen, wenn rein spekulativ Befürchtungen geäußert würden.

Erst als das Bundesverwaltungsgericht (BVerwG) aufgrund einer seitens der Biologischen Bundesanstalt eingelegten Sprungrevision das verwaltungsgerichtliche Urteil aufhob und die Klage teilweise abwies sowie die Sache im übrigen an

---

13 Vgl. MULL/NORDMEYER, S. 30 und die Pressemitteilung der Biologischen Bundesanstalt für Landwirtschaft vom 23.5.1989.
STAUPE, UPR 1988, 41 (43) zufolge soll die h.M. die Versagung der Zulassung nicht (nur) an das Vorliegen hinreichender Wahrscheinlichkeit des Eintritts schädlicher Auswirkungen geknüpft haben, sondern von der Biologischen Bundesanstalt für Landwirtschaft sogar den Nachweis schädlicher Auswirkungen gefordert haben.

14 Obgleich es sich bei der Bestimmung des § 15 Abs. 1 Nr. 3 PflSchG um eine relativ alte Vorschrift handelt, kam es erstmals im Jahre 1987 zu einer gerichtlichen Auseinandersetzung über diese Zulassungsvorschrift.

15 Gemäß § 15 Abs. 1 Nr. 3b PflSchG ist die Zulassung zu erteilen, wenn das Pflanzenschutzmittel keine sonstigen Auswirkungen, insbesondere auf den Naturhaushalt, hat, die nach dem Stand der wisssenschaftlichen Erkenntnis nicht vertretbar sind.

das Verwaltungsgericht zurückverwies, setzte ein Umdenkungsprozeß in Schrifttum, Rechtsprechung und Zulassungspraxis der Biologischen Bundesanstalt dergestalt ein, daß zumindest die Zulassungsvorschrift des § 15 Abs. 1 Nr. 3b PflSchG von nun an in Übereinstimmung mit dem BVerwG nicht mehr als Gefahrenabwehrnorm, sondern als Vorsorgenorm eingestuft wurde.[16]

In dieser sogenannten Paraquatentscheidung hat das BVerwG ausgeführt, § 15 Abs. 1 Nr. 3b PflSchG fordere, daß *unvertretbare Auswirkungen* des Pflanzenschutzmittels auf den Naturhaushalt nach dem Stand der wissenschaftlichen Erkenntnisse nicht vorliegen dürften. Die Zulassung sei daher nur dann zu erteilen, wenn diese *mit an Sicherheit grenzender Wahrscheinlichkeit ausgeschlossen* seien. Dabei seien unter sonstigen Auswirkungen nicht nur nachteilige, sondern grundsätzlich alle Auswirkungen zu verstehen. Für die Beurteilung der Vertretbarkeit dieser Auswirkungen sei neben dem Grad der Wahrscheinlichkeit, daß die nicht auszuschließenden Auswirkungen sich als für den Naturhaushalt nachteilig erweisen, das Gewicht dieses Nachteils, der Vorteil der Mittelverwendung für den Pflanzenbau und dessen eventuelle Ersetzbarkeit von Bedeutung.[17] Die Verneinung der Erschöpfung der Absorptionskapazität vermöge daher für sich genommen das Urteil des Verwaltungsgerichts nicht zu tragen. Unvertretbar könnten auch Auswirkungen der paraquathaltigen Mittel sein, die bereits vor Erschöpfung der Adsorptionskapazität einträten. Da das von der Biologischen Bundesanstalt unterbreitete Prüfungsergebnis ausreiche, um die Aufklärungspflicht des Gerichts auszulösen, habe dieses die weitergehenden Bedenken der Biologischen Bundesanstalt nicht mit der bloßen Behauptung ignorieren dürfen, es handele sich um spekulative Befürchtungen.[18] Sollte das Verwaltungsgericht nach Erschöpfung aller geeigneten Beweismittel zu dem Ergebnis kommen, es sei nicht erweislich, ob bestimmte Auswirkungen der Pflanzenschutzmittel, die im Falle ihres Eintritts unvertretbar wären, mit hinreichender Wahrscheinlichkeit ausgeschlossen werden können, so sei die Zulassung zu versagen, weil die Feststellungslast hinsichtlich der tatsächlichen Voraussetzungen bei der Klägerin liege.[19]

---

16 FREYTAG, AgrarR 1994, 112 (114); MÖKER, Gewässerbelastungen durch Agrarstoffe, S. 105; SUNDERMANN-ROSENOW, Erläuterung zum PflSchG, S. 25; DRESCHER, NuR 1989, 283 (284).
Vgl. zudem die Pressemitteilung der Biologischen Bundesanstalt für Landwirtschaft vom 23.5.1989, in der es u.a. heißt: „Aus der Urteilsbegründung geht hervor, daß künftig der Antragsteller die Beweislast dafür tragen muß, daß mit an Sicherheit grenzender Wahrscheinlichkeit keine negativen Folgen nach Anwendung des Pflanzenschutzmittels auftreten werden. Die Biologische Bundesanstalt für Landwirtschaft sieht das Urteil als richtungsweisend bei der künftigen Wertung und Zulassung von Pflanzenschutzmitteln an."

17 BVerwG, Urt. vom 10.11.1988, BVerwGE 81, 12 (15, 17).

18 BVerwG, Urt. vom 10.11.1988, BVerwGE 81, 12, (16).

19 BVerwG, Urt. vom 10.11.1988, BVerwGE 81, 12, (17).

Damit folgt das BVerwG nicht der Einschätzung des VG Braunschweig[20], nach der die dem Antragsteller gemäß § 12 Abs. 3 S. 2 PflSchG i. V. m. § 1 Abs. 2 S. 1 PflSchMV obliegende Nachweispflicht für die Ungefährlichkeit des Pflanzenschutzmittels erst durch hinreichende Anhaltspunkte für eine Umweltgefährlichkeit ausgelöst wird.[21] Vielmehr muß der Antragsteller der Auffassung des BVerwG zufolge auch Risiken im Vorfeld der Gefahrenschwelle ausräumen, ohne daß es dafür konkreter Anhaltspunkte seitens der Biologischen Bundesanstalt bedürfte.

Kann demnach festgehalten werden, daß die Zulassung nach Ansicht des BVerwG schon dann zu versagen ist, wenn unvertretbare Auswirkungen auf den Naturhaushalt nicht mit an Sicherheit grenzender Wahrscheinlichkeit auszuschließen sind, so ist die Vorschrift des § 15 Abs. 1 Nr. 3b PflSchG hiernach dem Vorsorgeprinzip i. S. einer Risikovorsorge zuzuordnen.[22] Das Vorsorgeprinzip hat nämlich neben vorausschauend planerischen auch risikominimierende Züge.[23] So ist es in seiner Ausprägung als Risikovorsorge der Gefahrenabwehr vorgelagert und richtet sich gegen potentiell schädliche Umwelteinwirkungen, worunter unbekannte Risiken ebenso fallen wie Fälle geringerer Eintrittswahrscheinlichkeit und solche Umwelteinwirkungen, die die Schädlichkeitsschwelle des polizeirechtlichen Gefahrenbegriffs noch nicht erreichen.[24] Nach der vom BVerwG vorgenommenen Auslegung des § 15 Abs. 1 Nr. 3b PflSchG obliegt somit dem Antragsteller die Darlegungs- und Beweislast dafür, daß das Pflanzenschutzmittel, dessen Zulassung er begehrt, mit an Sicherheit grenzender Wahrscheinlichkeit keine unvertretbaren Auswirkungen auf den Naturhaushalt hat.

---

20 Urt. vom 12.9.1990 - 6 A 6009/90.

21 In der Entscheidung des VG Braunschweig heißt es auf S. 9 der Urteilsausfertigung wörtlich: „Zwar enthält § 15 Abs. 1 PflSchG neben dem Gefahrenabwehrgedanken auch insoweit einen Vorsorgegedanken, als vermutete Risiken und Unwägbarkeiten, für die hinreichende Anhaltspunkte bestehen, durch einen vom Zulassungsbewerber zu führenden Nachweis ausgeschlossen werden müssen. Das kann aber nur dann gelten, wenn von der Zulassungsbehörde nicht rein spekulativ Befürchtungen geäußert werden."

22 So auch DRESCHER, NuR 1989, 283 (284).

23 KLOEPFER, Umweltrecht, § 3 Rn. 10 ff.; KLOEPFER/MESSERSCHMIDT, S. 69 ff.; JARASS, BImSchG, § 5 Rn. 41 f.; SENDLER, UPR 1983, 33 (43). Vgl. auch OSSENBÜHL, NVwZ 1986, 161 (163) und BVerwG, Urt. vom 17.2.1984, UPR 1984, 202 (204 f.).

24 BREUER, Der Staat, 1981, 393 (412 f.); KLOEPFER, Umweltrecht, § 3 Rn. 10 ff.; KLOEPFER/MESSERSCHMIDT, S. 69; JARASS, BImSchG, § 5 Rn. 41.

2.2 Übertragbarkeit der seitens des BVerwG erfolgten Auslegung der Zulassungvorschrift des § 15 Abs. 1 Nr. 3b PflSchG auf § 15 Abs. 1 Nr. 3a PflSchG

Vermag man sich mithin recht deutliche Vorstellungen darüber zu machen, wie die Zulassungvorschrift des § 15 Abs. 1 Nr. 3b PflSchG nach Ansicht des BVerwG auszulegen ist, so ist nunmehr zu klären, ob diese Erwägungen auch auf § 15 Abs. 1 Nr. 3a PflSchG übertragbar sind, also auch die für den Grundwasserschutz maßgebliche Zulassungsvorschrift dem Vorsorgeprinzip zuzuordnen ist. In diesem Fall wäre die Zulassung nur dann zu erteilen, wenn schädliche Auswirkungen auf das Grundwasser mit an Sicherheit grenzender Wahrscheinlichkeit ausgeschlossen sind. Da eine Übertragung der Entscheidung auf die Zulassungsvorschrift des § 15 Abs. 1 Nr. 3a PflSchG nur in Betracht kommt, wenn man die Erwägungen des BVerwG teilt, ist im Rahmen der folgenden Prüfung zugleich der Frage nachzugehen, ob den Ausführungen des Bundeverwaltungsgerichts überhaupt zu folgen ist.[25] Hierfür kommt es maßgeblich auf den genauen Bedeutugsgehalt beider Vorschriften an, welcher folglich im Wege der Auslegung unter Heranziehung der verschiedenen Auslegungskriterien zu ermitteln ist.

2.2.1 Wortsinn

Der Wortsinn spricht sowohl bei der Zulassungsvorschrift des § 15 Abs. 1 Nr. 3b PflSchG als auch bei derjenigen des § 15 Abs. 1 Nr. 3a PflSchG für die Auffassung des BVerwG. Lassen nämlich beide Vorschriften eine Zulassung nur zu, wenn das Pflanzenschutzmittel keine unvertretbaren Auswirkungen auf den Naturhaushalt bzw. keine schädlichen Auswirkungen auf das Grundwasser *hat*, so gebietet der, nicht zuletzt mit Hilfe des juristischen Sprachgebrauchs ermittelte Wortsinn, sich dem Postulat eines höchstmöglichen Schutzstandards so weit wie möglich anzunähern. Da es angesichts des begrenzten menschlichen Erkenntnisvermögens bei der Zulassung von Pflanzenschutzmitteln ebenso wie im technischen Sicherheitsrecht keine absolute Sicherheit geben kann[26], und das Pflanzenschutzgesetz ersichtlich von der grundsätzlichen Zulassungsfähigkeit chemischer Pflanzenschutzmittel ausgeht, muß man einen Maßstab finden, der einen höchstmöglichen Schutzstandard gewährleistet ohne die Unmöglichkeit absoluter Sicherheit aus den Augen zu verlieren. Auf diese Weise gelangt man zwanglos zu der vom BVerwG verwendeten Wendung der „mit an Sicherheit grenzenden Wahrscheinlichkeit." Die dem Antragsteller obliegende Nachweispflicht für das Nichtvorliegen nachteiliger Auswirkungen auf die in § 15 Abs. 1 Nr. 3 PflSchG genannten Schutzgüter wird demnach nicht erst durch hinreichende Anhalts-

25 Interessanterweise wird die „Paraquat-Entscheidung" - soweit ersichtlich - durch niemanden in Frage gestellt, obgleich das BVerwG eine Begründung seiner Rechtsansicht, die eine Abkehr von der bisher ganz überwiegenden Meinung bedeutet, weitgehend vermissen läßt.

26 Vgl. BVerfG, Beschl. vom 8.8.1978, E 49, 89 (143).

punkte ausgelöst. Es genügt vielmehr der begründete Verdacht.[27] Es müssen also nachvollziehbare Gründe für die Annahme vorliegen, daß das Pflanzenschutzmittel möglicherweise nachteilige Auswirkungen auf den Naturhaushalt hat, auch wenn sich entsprechende Ursachenzusammenhänge im einzelnen noch nicht eindeutig feststellen lassen.[28]

Bei der Zulassungsvorschrift des § 15 Abs. 1 Nr. 3a PflSchG führt die Wortsinnermittlung auch durch die gleichzeitige Verwendung des Schädlichkeitsbegriffs zu keinem anderem Ergebnis. Zwar gibt es in der Literatur vereinzelte Stimmen, die meinen, bei Berücksichtigung nicht zuletzt des spezifisch juristischen Sprachgebrauchs, führe der Wortsinn des Begriffs „schädlich" zu einer Einstufung der Zulassungsvorschrift des § 15 Abs. 1 Nr. 3a PflSchG als Gefahrenabwehrnorm, denn - anders als bei § 15 Abs. 1 Nr. 3b PflSchG - werde hier an den polizeirechtlichen Schädlichkeitsbegriff angeknüpft. Dabei soll die Verwendung des Schädlichkeitserfordernisses nicht nur bedingen, daß lediglich solche Auswirkungen ein Zulassungshindernis darstellen, die zu einer nicht nur unerheblichen Beeinträchtigung des Grundwassers führen können; aus der Zuordnung der Zulassungsvorschrift des § 15 Abs. 1 Nr. 3a PflSchG zum Gefahrenabwehrrecht folge zudem, daß die Zulassung nur dann verweigert werden dürfe, wenn eine hinreichende Wahrscheinlichkeit für derartige erhebliche Grundwasserbeeinträchtigungen bestehe. Es bedürfe daher konkreter Anhaltspunkte dafür, daß und welche Gefahren von der Anwendung eines Pflanzenschutzmittels ausgehen, wenn auch angesichts der hohen Bedeutung des Grundwassers für die allgemeine Trinkwasserversorgung an die Wahrscheinlichkeit eines Schadenseintritts keine übersteigerten Anforderungen zu stellen seien.[29]

---

27 Da Vorsorge nicht ins Blaue hinein betrieben werden darf, genügt der vage, jeglicher rationalen Grundlage entbehrende, auf bloße Vermutungen gestützte Verdacht nicht (OSSENBÜHL, NVwZ 1986, 161 (164 f.)).
Den Begriff des begründeten Verdachts verwendet auch das VG Braunschweig, Urt. vom 12.9.1990 - 6A 6009/90, S. 18. Er ist dem Arzneimittelrecht (§§ 5, 25 Abs. 2 S. 1 Nr. 5 AMG) entlehnt und bringt die an den Verdacht zu stellenden Anforderungen plastisch zum Ausdruck. Die Heranziehung dieses Begriffes ist auch deshalb sinnvoll, weil die zwischen der Zulassung von Arzneimitteln und der Zulassung von Pflanzenschutzmitteln bestehenden Ähnlichkeiten auch vergleichbare Anforderungen gebieten.

28 So für das Vorsorgeprinzip im Bereich des Immissionschutzes: BVerwG, Urt. vom 17.2.1984, E 69, 37 (43).
Für das VG Berlin liegt - ganz ähnlich - ein begründeter Verdacht i.S.d. §§ 5, 25 Abs. 2 S. 1 Nr. 5 AMG vor, wenn ernstzunehmende Erkenntnisse irgendwelcher Art den Schluß nahelegen, daß das fragliche Arzneimittel unvertretbare Wirkungen hat. Daß der Verdacht wissenschaftlich erhärtet ist, soll nicht erforderlich sein, vgl. KLOESEL/CYRAN, § 25 Blatt 50 j 1 (Anm. 59).

29 CARGANICO, in: Mitteilungen der Biologischen Bundesanstalt für Landwirtschaft Heft 246, 37 (40 f.); vgl. zudem MULL/NORDMEYER, S. 30. Auch STAUPE, in: AMANN (Hg.), Pflanzenschutzmittel, S. 587 (595) ist der Meinung, der Begriff „schädlich" in § 15 Abs. 1 Nr. 3a PflSchG scheine auf den ersten Blick auf das Er-

Entgegen dieser Ansicht läßt allein das Erfordernis schädlicher Auswirkungen in § 15 Abs. 1 Nr. 3a PflSchG nicht den Schluß darauf zu, daß § 15 Abs. 1 Nr. 3a PflSchG im Gegensatz zu § 15 Abs. 1 Nr. 3b PflSchG dem Gefahrenabwehrrecht zuzuordnen ist. Eine solche Folgerung verbietet sich schon deshalb, weil sich der Schädlichkeitsbegriff in vielen Rechtsvorschriften findet, die nicht dem Gefahrenabwehrrecht zuzuordnen sind. So darf beispielsweise die Genehmigung zur Errichtung und zum Betrieb einer atomrechtlichen Anlage gemäß § 7 Abs. 2 Nr. 3 AtG nur erteilt werden, wenn die nach dem Stand von Wissenschaft und Technik erforderliche Vorsorge gegen dabei auftretende Schäden getroffen ist. Zudem operieren auch die dem Pflanzenschutzrecht sehr ähnlichen Bestimmungen des Arzneimittelgesetzes mit einem vergleichbaren Begriff, ohne daß sie deshalb dem Gefahrenabwehrrecht zugeordnet würden. So findet sich in den die Zulassung von Arzneimitteln regelnden §§ 5, 25 Abs. 2 S. 1 Nr. 5 AMG der Begriff der „schädlichen Wirkungen", obgleich auch die Möglichkeit, ein Arzneimittel bereits im Falle des begründeten Verdachts nicht vertretbarer Gesundheitsschäden nicht in den Verkehr bringen zu dürfen, dem vorsorgenden Gesundheitsschutz dient.[30]

2.2.2 *Systematische Auslegung*

Eine systematische Auslegung könnte für eine Einordnung sowohl des § 15 Abs. 1 Nr. 3b PflSchG als auch des § 15 Abs. 1 Nr. 3a PflSchG zum Gefahrenabwehrrecht sprechen. Berücksichtigt man nämlich die Zielbestimmung des § 1 PflSchG, so ist auffällig, daß in § 1 Nr. 4 PflSchG als einer der Ziele des Pflanzenschutzgesetzes zwar die Abwehr von Gefahren genannt ist, die der Pflanzenschutz für die menschliche und tierische Gesundheit sowie den Naturhaushalt mit sich bringt. Anders als beispielsweise im Chemikaliengesetz[31] findet sich aber eine Regelung, welche auch die Grundsätze der Vorsorge ausdrücklich zum Gesetzeszweck erhebt, im Pflanzenschutzrecht nicht.

---

fordernis einer Gefahr hinzudeuten. Er lehnt die Zuordnung der Zulassungsvorschrift zum Gefahrenabwehrrecht aber letztlich ab. SCHINKEL, in: AMANN, Pflanzenschutzmittel, S. 57 (65) schließlich ordnet die Zulassungsvorschrift des § 15 Abs. 1 Nr. 3a PflSchG zwar dem Gefahrenabwehrrecht zu, jedoch nicht aufgrund des Schädlichkeitsbegriffs, sondern unter Hinweis auf die Regelung des § 1 Nr. 4 PflSchG.

30 Siehe nur KLOESEL/CYRAN, § 5 Blatt 24, der unter Verweis auf die amtliche Begründung zu Recht betont, daß das Verbot, ein Arzneimittel in den Verkehr zu bringen, das unter dem Verdacht steht, bei bestimmungsgemäßen Gebrauch medizinisch nicht vertretbare Gesundheitsschäden hervorzurufen, im Interesse eines vorbeugenden Gesundheitsschutzes besteht.

31 § 1 ChemG lautet: „Zweck des Gesetzes ist es, den Menschen und die Umwelt vor schädlichen Einwirkungen gefährlicher Stoffe und Zubereitungen zu schützen, insbesondere sie erkennbar zu machen, sie abzuwenden und ihrem Entstehen vorzubeugen."

Obgleich der Zweckbestimmung des § 1 PflSchG ein vorsorgender Charakter des Pflanzenschutzgesetzes nicht zu entnehmen ist, wäre es voreilig, allein hierauf die Zuordnung auch des § 15 Abs. 1 Nr. 3 PflSchG zum Gefahrenabwehrrecht zu stützen.[32] Selbst wenn das Pflanzenschutzgesetz in seinem Grundansatz ein Gesetz zur Gefahrenabwehr sein sollte, schließt das nicht zwingend aus, daß einzelne Vorschriften des Pflanzenschutzgesetzes Vorsorgeaspekte enthalten bzw. der Vorsorge vor Schäden dienen können.[33] So fällt auf, daß zwar einige Vorschriften, wie beispielsweise § 7 Abs. 1 PflSchG, ausdrücklich an den Gefahrenbegriff anknüpfen, sich im Pflanzenschutzgesetz aber gleichermaßen Regelungen finden, die erkennbar dem Vorsorgeprinzip dienen, wie beispielsweise § 6 Abs. 1 S. 1 und 2 PflSchG. Mit dem Anknüpfen der Vorschrift an die gute fachliche Praxis, zu der gemäß § 6 Abs. 1 S. 2 PflSchG auch die Grundsätze des integrierten Pflanzenschutzes gehören, wird eine umweltschonende Pflanzenschutzmittelanwendung angestrebt, die den chemischen Pflanzenschutz auf das unbedingt erforderliche Mindestmaß beschränkt. Zweck der Regelung ist somit die Reduzierung der Pflanzenschutzmittelaufbringung, unabhängig vom Vorliegen einer konkreten Gefahr.[34]

Für die Einschätzung, daß die Zielbestimmung des § 1 Nr. 4 PflSchG dem Vorsorgecharakter zumindest einzelner Regelungen des Pflanzenschutzgesetzes nicht entgegensteht, spricht zudem der Umstand, daß das Pflanzenschutzgesetz nach seiner Grundkonzeption dem vorbeugenden Schutz des Menschen und der Umwelt dient.

Zwar gilt das für die Vorläufer des heutigen Pflanzenschutzgesetzes nicht, denn sie können kaum als Umweltschutzgesetze eingestuft werden.[35] Spätestens nach seiner Neufassung im Jahre 1986 kann das Pflanzenschutzgesetz jedoch als Umweltgesetz bezeichnet werden und spätestens seit diesem Zeitpunkt hat sich auch die Zulassungsprüfung, die ursprünglich als reine Wirksamkeitsprüfung konzipiert war, zu einem Instrument zum Schutz der Umwelt vor den Gefahren des chemischen Pflanzenschutzes gewandelt. Interessanterweise verwirklicht das

---

32 In diesem Sinne aber SCHINKEL, in: AMANN (Hg.), Pflanzenschutzmittel, S. 57 (65), der die Zulassungsvorschrift des § 15 Abs. 1 Nr. 3 PflSchG unter Hinweis auf § 1 PflSchG der Gefahrenabwehr zuordnet.

33 Ebenso STAUPE, in: AMANN (Hg.), Pflanzenschutzmittel, S. 587 (593); vgl. zudem KLOEPFER/MESSERSCHMIDT, S. 74. Auch KOCH/RÜSSMANN, S. 211 sind der Auffassung, daß die globale Zielsetzung eines ganzen Gesetzeswerkes nur selten dazu führt, daß auch jede einzelne Vorschrift dieses Gesetzes zwingend in diesem Sinne zu verstehen ist.

34 Vgl. BT-Drs. 10/1262, S. 24; SUNDERMANN-ROSENOW, Erläut. z. PflSchG, S. 31; REHBINDER, NuR 1983, 249 (253).

35 Gemeint sind das Gesetz zum Schutz der landwirtschaftlichen Kulturpflanzen vom März 1937 und das Kulturpflanzengesetz vom September 1949, die noch ausschließlich die Sicherstellung eines wirksamen Schutzes der Kulturpflanzen zum Ziel hatten und das Pflanzenschutzgesetz vom Mai 1968, das gleichfalls noch weitgehend dem Pflanzenschutz verpflichtet war.

im Pflanzenschutzgesetz normierte Zulassungsverfahren den Gedanken der Risikovorsorge nunmehr weitaus stringenter als das Instrumentarium des Chemikaliengesetzes. Dieses Leitgesetz des stoffbezogenen Umweltschutzes sieht, mit dem Ziel der Bewertung und Einstufung gefährlicher Stoffe, lediglich ein Anmeldeverfahren für neue Stoffe sowie Kennzeichnungs- und gewisse Prüfpflichten vor. Dient jedoch bereits das Chemikaliengesetz dem vorbeugenden Schutz des Menschen und der Umwelt, so muß dies erst recht für das (novellierte) Pflanzenschutzgesetz gelten.[36]

Daß § 1 PflSchG als Gesetzeszweck lediglich die Gefahrenabwehr, nicht aber das Vorsorgeprinzip nennt, steht einer Zuordnung des § 15 Abs. 1 Nr. 3b PflSchG und des § 15 Abs. 1 Nr. 3a PflSchG zum Vorsorgeprinzip somit nicht entgegen.

Auch ergibt sich eine Zuordnung des § 15 Abs. 1 Nr. 3a PflSchG zum Gefahrenabwehrrecht nicht aus einem systematischen Vergleich mit der Zulassungsvorschrift des § 15 Abs. 1 Nr. 3b PflSchG. Insbesondere bedingt der Umstand, daß § 15 Abs. 1 Nr. 3b PflSchG im Gegensatz zu § 15 Abs. 1 Nr. 3a PflSchG auf das Merkmal der Schädlichkeit verzichtet, nicht die Zuordnung der letztgenannten Vorschrift zum Gefahrenabwehrrecht. Der Verzicht beruht nämlich auf Besonderheiten, die das Schutzgut Naturhaushalt betreffen, sich hinsichtlich des Grundwasserschutzes jedoch nicht in gleicher Schärfe stellen. Anders als bei Einwirkungen auf das Medium Grundwasser wird ein an Gefährlichkeit und Schädlichkeit orientiertes Zulassungsverfahren dem Schutzgut Naturhaushalt nicht gerecht. Bei der Beschreibung des Naturhaushalts kann der Gesetzgeber nämlich nicht auf einen Normalzustand zurückgreifen, demgegenüber sich eine Minderung als schädlich darstellt. Zudem ist es bei einem solch komplexen und von Wechselwirkungen geprägten Gebilde äußerst schwierig zu entscheiden, wann ein Eingriff als schädlich einzustufen ist.[37]

Ist demnach eine Einordnung des § 15 Abs. 1 Nr. 3b PflSchG und des § 15 Abs. 1 Nr. 3a PflSchG als Gefahrenabwehrnorm aufgrund systematischer Erwägungen nicht zwingend geboten, kommt es vielmehr entscheidend darauf an, ob sich in der Zulassungsvorschrift selbst Vorsorgeaspekte nachweisen lassen, so kann die Zuordnung letztlich erst nach Heranziehung auch der übrigen Auslegungskriterien erfolgen.

---

36 Ein gegenüber dem ChemG verringerter Schutzumfang des PflSchG müßte auch deshalb befremdend wirken, weil das ChemG das Ziel verfolgt, im Wege stoffübergreifender Regelungen die spezialgesetzlichen Stoffgesetze, und damit auch das PflSchG, zu ergänzen, SCHIWY, ChemG, § 1 S. 2 R.
Aus diesen Gründen ist es - auch mit Blick auf die Entstehungsgeschichte dieses Gesetzeswerkes - nicht recht einsichtig, warum sich der Gesetzgeber so entschieden dagegen verwahrt hat, die Vorsorgefunktion des Pflanzenschutzgesetzes ausdrücklich in der Zielbestimmung des § 1 Nr. 4 PflSchG zu verankern.

37 LADEUR, NuR 1992, 254 (258); DERS., ZfU 1994, 1 (1 ff.).

2.2.3 Historische Auslegung

Eine Auslegung der Zulassungsvorschrift des § 15 Abs. 1 Nr. 3b PflSchG und des § 15 Abs. 1 Nr. 3a PflSchG anhand des gesetzgeberischen Willens ist nicht ganz einfach, denn die Gesetzesmaterialien enthalten insoweit widersprüchliche Aussagen. Letztlich bestätigen aber auch die Gesetzesmaterien überwiegend die Ansicht des BVerwG und sprechen für eine Übertragung dieser Rechtsprechung auf die Zulassungsvorschrift des § 15 Abs. 1 Nr. 3a PflSchG.

Zwar fanden die Anträge der SPD-Fraktion, das Gesetz zukünftig Pflanzenbehandlungsmittelgesetz zu nennen, die Zweckbestimmung des § 1 Nr. 4 PflSchG den übrigen Zweckbestimmungen voranzustellen und die künftige Zweckbestimmung des § 1 Nr. 1 um den Passus „und Belastungen zu vermindern" zu erweitern[38], im Gesetzgebungsverfahren keine Mehrheit und wurde dieses Abstimmungsverhalten zudem teilweise damit begründet, der weitaus überwiegende Teil des Pflanzenschutzgesetzes diene noch immer dem Schutz der Kulturpflanzen.[39] Das deutet darauf hin, daß der Pflanzenschutz noch immer im Vordergrund der gesetzlichen Regelung stehen sollte und läßt Rückschlüsse auf das Schutzniveau der in § 15 Abs. 1 Nr. 3 PflSchG genannten, oftmals in Konkurrenz zu einem möglichst wirksamen Pflanzenschutz tretenden Schutzgüter zu.

Des weiteren wurde der Antrag der SPD-Fraktion, in § 15 Abs. 1 Nr. 3a PflSchG nach „Grundwasser" und in § 15 Abs. 1 Nr. 3b PflSchG nach „Naturhaushalt" die Worte „befürchten läßt" einzufügen, von der Mehrheit der Mitglieder des federführenden Ausschusses für Ernährung, Landwirtschaft und Forsten mit der Begründung abgelehnt, die nunmehr Gesetz gewordene Formulierung sei im Sinne des Pflanzenschutzes wirksamer.[40] Dies läßt eigentlich nur den Schluß darauf zu, daß der Schutz der in § 15 Abs. 1 Nr. 3 PflSchG genannten Schutzgüter zugunsten eines möglichst wirksamen Pflanzenschutzes zurückgenommen und an die Wahrscheinlichkeit des Eintritts nachteiliger Auswirkungen auf die Schutzgüter strengere Anforderungen als im Vorsorgebereich üblich gestellt werden sollen.

Dagegen spricht der Verzicht auf das Erfordernis der Schädlichkeit in § 15 Abs. 1 Nr. 3b PflSchG wiederum für die Einordnung (jedenfalls) dieser Zulassungsvorschrift als Vorsorgenorm. So hat der federführende Ausschuß für Ernährung, Landwirtschaft und Forsten betont, dadurch, daß man „schädliche" Auswirkungen in § 15 Abs. 1 Nr. 3b PflSchG durch „sonstige" Auswirkungen ersetzt habe, habe man dem Vorsorgeprinzip *noch stärker* Rechnung tragen wollen.[41] Zwar mag sich die Abkehr vom Merkmal der Schädlichkeit - trotz gegenteiliger Beteuerungen in den Gesetzesmaterialien - bei genauerer Betrachtung weniger als Ausdruck des Vorsorgeprinzips, sondern mehr als Folge der mit dem Schutz-

---

38 BT-Drs. 10/5092.

39 Siehe Beschlußempfehlung des federführenden Ausschusses in BT-Drs. 10/4618, S. 45.

40 BT-Drs. 10/4618, S. 48.

41 BT-Drs. 10/4618, S. 48

gut Naturhaushalt verbundenen Eigenarten entpuppen.[42] Aber auch in diesem Fall läßt die Äußerung des federführenden Ausschusses Rückschlüsse auf den Vorsorgestatus der Zulassungsvorschrift des § 15 Abs. 1 Nr. 3 PflSchG zu. Soll nämlich der Verzicht auf das Merkmal der Schädlichkeit dem Vorsorgecharakter der Vorschrift noch stärker Rechnung tragen, so setzt das voraus, daß die Zulassungsvorschrift des § 15 Abs. 1 Nr. 3b PflSchG bereits vor der Novellierung dem Vorsorgeprinzip zuzuordnen war.

Zudem deutet nichts darauf hin, daß der Gesetzgeber die Zulassungsvorschrift des § 15 Abs. 1 Nr. 3a PflSchG durch das Festhalten am Schädlichkeitserfordernis als Gefahrenabwehrnorm eingestuft wissen möchte. Sollte nämlich die Neufassung des § 15 Abs. 1 Nr. 3b PflSchG, insbesondere der Verzicht auf das Erfordernis der Schädlichkeit, dem Vorsorgeprinzip *noch stärker* Rechnung tragen und bedeutet dies, daß bereits die alte Fassung des § 15 Abs. 1 Nr. 3b PflSchG dem Vorsorgeprinzip gedient haben muß, so ist nicht ersichtlich, warum das aus Sicht des Gesetzgebers nicht auch für die noch immer mit dem Schädlichkeitserfordernis operierende Zulassungsvorschrift des § 15 Abs. 1 Nr. 3a PflSchG gelten sollte.

Dafür, daß der Gesetzgeber auch die Zulassungsvorschrift des § 15 Abs. 1 Nr. 3a PflSchG dem Vorsorgeprinzip i. S. einer Risikovorsorge zugeordnet wissen möchte, spricht darüber hinaus eine weitere Passage in den Gesetzesmaterialien. So ist der amtlichen Begründung des Gesetzentwurfs zum Pflanzenschutzgesetz von 1986 zu entnehmen, bereits die Zulassung nach § 8 Abs. 1 Nr. 3 PflSchG a.F. habe nur erfolgen dürfen, wenn bei bestimmungsgemäßer und sachgerechter Anwendung keine schädlichen Auswirkungen auf die Gesundheit von Mensch und Tier *zu besorgen* waren. Weiter heißt es, als weiteres absolutes Schutzobjekt sei nunmehr das Grundwasser aufgenommen worden.[43] Damit wurde also der Schutz der absoluten Schutzgüter bereits vor der Novellierung im Jahre 1986 dem Vorsorgeprinzip zugeordnet. Gleiches muß auch für das Grund-

---

42 Ein an Gefährlichkeit und Schädlichkeit orientiertes Zulassungsverfahren ist zum Schutz des komplexen und von Wechselwirkungen geprägten Gebildes „Naturhaushalt“ kaum geeignet. So bereitet es bereits große Schwierigkeiten festzustellen, welche Auswirkungen auf den Naturhaushalt als „schädlich“ einzustufen sind: Schon der (zeitweilige) Verlust einer Tier- oder Pflanzenpopulation oder erst die dadurch ausgelösten Folgewirkungen? Die Abschätzung von Auswirkungen auf den Naturhaushalt ist auch deshalb sehr schwierig, weil die Annahme eines Schadens einer vergleichenden Betrachtung mit einem unbelasteten „Urzustand“ bedarf, welcher im Bereich des Naturhaushalts nur schwer auszumachen sein wird; LADEUR, NuR 1994, 254 (255) und DERS., ZfU 1994, 1 (1 ff.). Vgl. auch GÜNDERMANN, NuR 1996, 175 (175 ff.).

43 Das Grundwasser wurde im Zuge der Novellierung des PflSchG im Jahre 1986 als ein Bestandteil des Naturhaushalts wegen der ihm nicht zuletzt als Grundlage der öffentlichen Trinkwasserversorgung zukommenden Bedeutung in den Rang eines absoluten Schutzgutes nach § 15 Abs. 1 Nr. 3a PflSchG erhoben (BT-Drs. 10/1262, S. 26).

wasser gelten, nachdem es - gleichrangig mit den Schutzgütern der menschlichen und tierischen Gesundheit - in den Rang eines absoluten Schutzgutes erhoben wurde.

Für eine Einstufung sowohl der Zulassungspflicht des § 15 Abs. 1 Nr. 3b PflSchG als auch des § 15 Abs. 1 Nr. 3a PflSchG spricht schließlich die Entstehungsgeschichte und heutige Fassung der EG-Richtlinie über das Inverkehrbringen von Pflanzenschutzmitteln[44] sowie der zwecks Umsetzung dieser Richtlinie erarbeitete Gesetzesentwurf der Bundesregierung zur Änderung des Pflanzenschutzgesetzes vom 23.5.1997.[45]

So bringt Art. 4 Abs. 1 lit. b der EG-Richtlinie[46], möglicherweise noch etwas deutlicher als die absolut abgefaßte deutsche Zulassungsvorschrift, durch die Verwendung des Terminus „sichergestellt ist" zum Ausdruck, daß Pflanzenschutzmittel nur zugelassen werden dürfen, wenn ein höchstmöglicher Sicherheitsstandard gewahrt ist, also schädliche bzw. unannehmbare Auswirkungen mit an Sicherheit grenzender Wahrscheinlichkeit ausgeschlossen sind, die Vorschrift mithin dem Vorsorgeprinzip zuzuordnen ist.

Daß Gleiches für § 15 Abs. 1 Nr. 3 PflSchG gilt, wird deutlich, wenn man bedenkt, daß der ursprünglich von der Kommission vorgelegte Richtlinienentwurf, und ganz besonders die Zulassungvorschrift des Art. 4 der EG-Richtlinie, nicht zuletzt auf deutsches Betreiben hin bedeutsame Veränderungen erfahren hat und Art. 4 der EG-Richtlinie infolge jahrelanger zäher und intensiver Verhandlungen der Bundesregierung nun fast vollständig der Regelung des § 15 PflSchG entspricht. Anliegen der deutschen Regierung war es dabei, das (vergleichsweise) hohe Schutzniveau, welches das deutsche Pflanzenschutzrecht nicht nur für die menschliche Gesundheit, sondern auch für den Naturhaushalt und das Grundwasser vorsieht, auch auf europäischer Ebene zu verankern.[47] Geht die heutige Fassung der Richtlinie also ganz maßgeblich auf das Betreiben der deutschen Regierung zurück und erfolgte dieses mit dem Ziel, das hohe Schutzniveau des deutschen Pflanzenschutzrechts auch auf europäischer Ebene zu verwirklichen, so kann die Bundesregierung nur davon ausgegangen sein, das auf europäischer Ebene erstrebte Schutzniveau sei im deutschen Pflanzenschutzgesetz bereits normiert, ging es ihr doch lediglich um die Beibehaltung und Ausdehnung des deutschen Schutzniveaus, nicht aber um dessen Erhöhung.

---

44 Richtlinie 91/414/EWG des Rates vom 15.7.1991 (ABl. EG, Nr. L 230, S. 1).

45 BR-Drs. 364/97.

46 Hiernach haben die Mitgliedstaaten u.a. dafür zu sorgen, daß ein Pflanzenschutzmittel nur zugelassen wird, wenn „nach dem jeweiligen Stand der wissenschaftlichen und technischen Kenntnisse sichergestellt ist, (...) daß es (...) keine (...) schädlichen Auswirkungen auf die Gesundheit von Mensch und Tier (...) oder auf das Grundwasser sowie keine unannehmbaren Auswirkungen auf die Umwelt hat, (...)".

47 Vgl. die ausführliche Darstellung der Entstehungsgeschichte der Richtlinie bei PETZOLD, Gesunde Pflanzen 1991, 350 (352, 380) sowie die Begründung des Regierungsentwurfs zur Änderung des PflSchG vom 23.5.1997, in BR-Drs. 364/97, S. 54.

In die gleiche Richtung weist auch der Umstand, daß sich die Bundesregierung nach Erlaß der Richtlinie, jedenfalls soweit es die Zulassungsvorschrift des § 15 PflSchG betrifft, nicht veranlaßt sieht, weitreichende Gesetzesänderungen vorzunehmen.[48] So wird durch den Regierungsentwurf zur Änderung des Pflanzenschutzgesetzes vom 23.5.1997 zwecks Umsetzung der EG-Richtlinie insbesondere der Begriff des „sichergestellt sein" nicht übernommen, sondern insoweit an der alten Fassung festgehalten.[49]

Läßt jedoch die Verwendung des Terminus „sichergestellt" nur eine Zuordnung des Art. 4 Abs. 1 lit. b der EG-Richtlinie zum Vorsorgeprinzips zu, sollte die Richtlinie lediglich den deutschen Schutzstandard europaweit verankern und sieht man auf deutscher Seite keinen nennenswerten Umsetzungsbedarf, so folgt daraus, daß bereits die jetzige Fassung der Zulassungsvorschrift des § 15 Abs. 1 Nr. 3 PflSchG dem Vorsorgeprinzip zuzuordnen ist. Diese Einschätzung wird dadurch bestätigt, daß die Zulassungsvoraussetzungen des bisherigen § 15 Abs. 1 PflSchG in der Begründung des Regierungsentwurfs zur Änderung des Pflanzenschutzgesetzes zwecks Umsetzung der EG-Richtlinie nunmehr ausdrücklich als vorsorgend bezeichnet werden.[50]

---

48 Wichtige durch die EG-Richtlinie bedingte Änderungen des deutschen Pflanzenschutzrechts sind die Einführung einer Positivliste - zugelassen werden dürfen künftig nur noch solche Pflanzenschutzmittel, deren Wirkstoffe in einer Positivliste enthalten sind - und die grundsätzliche Pflicht zur gegenseitigen Anerkennung der von einem Mitgliedstaat zugelassenen Pflanzenschutzmittel sowie der Umstand, daß Pflanzenschutzmittel künftig nur in den von der Zulassung erfaßten Anwendungsgebieten angewendet werden dürfen.

49 § 15 Abs. 1 des Regierungsentwurfs zur Änderung des PflSchG vom 23.5.1997 (BR-Drs. 364/97) lautet:
„Die Biologische Bundesanstalt für Landwirtschaft läßt ein Pflanzenschutzmittel zu, wenn (...)
2. die Wirkstoffe des Pflanzenschutzmittels in Anhang I der Richtlinie 91/414/EWG aufgeführt sind,
3. die Prüfung des Pflanzenschutzmittels ergibt, daß das Pflanzenschutzmittel nach dem Stand der wissenschaftlichen Erkenntnisse und der Technik bei bestimmungsgemäßer und sachgerechter Anwendung oder als Folge einer solchen Anwendung (...)
d) keine schädlichen Auswirkungen auf die Gesundheit von Mensch und Tier und das Grundwasser hat und
e) keine sonstigen, nicht vertretbaren Auswirkungen, insbesondere auf den Naturhaushalt, hat (...)".

50 Die Begründung des Regierungsentwurfs zur Änderung des PflSchG vom 23.5.1997 zu § 15 Abs. 1 PflSchG-Entwurf (BR-Drs. 364/97, S. 69) lautet wörtlich: „Die Vorschrift enthält im wesentlichen die bisherigen, den Vorsorgegedanken umfassenden Zulassungsvoraussetzungen (...)." Diese Zuordnung des § 15 Abs. 1 PflSchG zum Vorsorgeprinzip kam in der Begründung des (ursprünglichen) Referentenentwurfs - 313-3300/22, Stand 10.6.1994 - möglicherweise sogar noch etwas deutlicher zum Ausdruck. Dort hieß es auf S. 12 zu § 15 Abs. 1 wörtlich: „Die Vorschrift entspricht im wesentlichen den bisherigen vorsorgenden Zulassungsvoraussetzungen (...)".

Soweit der Gesetzgeber die Zulassungsvorschrift des § 15 Abs. 1 Nr. 3b PflSchG ursprünglich einmal als zur Gefahrenabwehr gehörend eingestuft haben sollte, ordnet er sie jedenfalls in jüngster Zeit dem Vorsorgeprinzip zu. Damit spricht auch eine Berücksichtigung des gesetzgeberischen Willens für eine Einstufung des § 15 PflSchG als Vorsorgenorm.

2.2.4 Teleologische Auslegung

Fragt man entsprechend dem teleologischen Auslegungskriterium nach dem Sinn und Zweck des Pflanzenschutzgesetzes, so entspricht nur eine solche Auslegung der Zulassungsvorschrift des § 15 Abs. 1 Nr. 3b PflSchG den maßgeblichen Wert- und Zweckprinzipien, die sowohl dem Schutz- als auch dem Förderungsanliegen des Gesetzes gerecht wird.

Obgleich sich das Pflanzenschutzgesetz spätestens seit seiner Novellierung im Jahre 1986 zu einem Umweltgesetz entwickelt hat, darf nicht unberücksichtigt bleiben, daß mindestens gleichrangiges Ziel des Gesetzes noch immer der Schutz der Kulturpflanzen ist. Das zeigt sich zunächst an der Zielbestimmung des § 1 PflSchG, die die Förderung des (chemischen) Pflanzenschutzes weiterhin als hochrangiges Ziel des Gesetzes nennt, aber auch daran, daß der Wirksamkeitsnachweis nach § 15 Abs. 1 Nr. 1 PflSchG ein sehr wichtiger Teil der Zulassung geblieben ist. Vor allem aber erscheint angesichts des Umstandes, daß das Pflanzenschutzgesetz erkennbar von einer grundsätzlichen Zulassungsfähigkeit chemischer Pflanzenschutzmittel ausgeht[51], nur eine solche Auslegung des § 15 Abs. 1 Nr. 3b PflSchG und des § 15 Abs. 1 Nr. 3a PflSchG als mit dem Normzweck vereinbar, die auch weiterhin eine Zulassung von Pflanzenschutzmitteln ermöglicht, an diese also keine unerfüllbar hohen Anforderungen stellt.

Eine Auslegung der Zulassungsvorschrift des § 15 Abs. 1 Nr. 3 PflSchG dahingehend, daß eine Zulassung nur zu erteilen ist, wenn unvertretbare Auswirkungen auf den Naturhaushalt mit an Sicherheit grenzender Wahrscheinlichkeit ausgeschlossen sind, wird nicht nur dem Schutz-, sondern auch dem Förderungsanliegen des Pflanzenschutzgesetzes gerecht. Sie ermöglicht der Biologischen Bundesanstalt, die Zulassung auch dann zu verweigern, wenn die von dem betreffenden Pflanzenschutzmittel ausgehenden Risiken noch nicht exakt bestimmt werden können, der Erkenntnisstand also, wie so oft, noch unzureichend ist und belastet sie so nicht mit von ihr vielfach kaum zu bewältigenden Darlegungs- und Nachweispflichten. Vielmehr obliegt es dem Antragsteller, die Unbedenklichkeit des Pflanzenschutzmittels darzutun. Ihm wird es aufgrund der Erkenntnisse, die

---

51 Allgemeine Meinung, siehe nur HEINS, Pflanzenproduktion und Umweltschutzrecht, S. 134 sowie FREYTAG, AgrarR 1994, 112 (114).
Eine andere Sicht führte auch das gesamte Regelungssystem des PflSchG ad absurdum, denn wäre eine Zulassung praktisch ausgeschlossen, so bliebe uneinsichtig, warum der Gesetzgeber das Inverkehrbringen chemischer Pflanzenschutzmittel nicht schlicht verboten hat, statt die Antragsteller mit aufwendigen und kostspieligen Prüfverfahren zu belasten.

er im Verlauf der vielfältigen im Vorfeld der Antragstellung durchzuführenden Versuche sammeln konnte, im übrigen sehr viel leichter gelingen, Bedenken der Biologischen Bundesanstalt auszuräumen als dieser, mögliche Risiken genau zu umreißen. Da zudem der vage, auf bloße Vermutungen gestützte Verdacht nicht genügt, dieser vielmehr begründet sein muß, also jedenfalls nachvollziehbare Gründe für die Möglichkeit schädlicher Auswirkungen auf das Grundwasser vorliegen müssen[52], läßt eine solche Auslegung auch die grundsätzliche Zulassungsfähigkeit von Pflanzenschutzmitteln unberührt.

Das belegt zudem ein beispielhafter Blick auf § 7 Abs. 2 Nr. 3 AtG, werden doch auch Kernkraftwerke genehmigt, obgleich eine Anlagengenehmigung gemäß § 7 Abs. 2 Nr. 3 AtG nur erteilt werden darf, wenn Vorsorge gegen Schäden durch die Errichtung oder den Betrieb des Kernkraftwerks getroffen ist, sowie ein solcher auf die parallele Problematik im Arzneimittelrecht.[53] Obgleich Arzneimittel - ebenso wie Pflanzenschutzmittel - einer Zulassungspflicht unterliegen und auch hier ist die Zulassung gemäß § 21 Abs. 2 S. 1 Nr. 5 AMG bei begründetem Verdacht unvertretbarer Auswirkungen zu versagen ist, ist die Zulassung bisher nicht ernsthaft ins Stocken geraten. Zwar mag die Zulassungsfähigkeit von Arzneimitteln nicht unmaßgeblich auf die Vertretbarkeitsklausel des § 21 Abs. 2 S. 1 Nr. 5 AMG zurückzuführen sein. Sie ermöglicht auch die Zulassung von Arzneimitteln mit schädlichen Nebenwirkungen, soweit diese im Vergleich zum therapeutischen Nutzen als vertretbar angesehen werden können und trägt damit der Erkenntnis Rechnung, daß hochwirksame Medikamente fast nie nebenwirkungsfrei sind, es also einer Vertretbarkeitsklausel bedarf, um deren Zulassung überhaupt zu ermöglichen. Das steht einer Vergleichbarkeit der Zulassungspraxis im Arzneimittelbereich mit derjenigen im Pflanzenschutzmittelbereich aber jedenfalls insoweit nicht entgegen, als auf die Zulassungsvorschrift des § 15 Abs. 1 Nr. 3b PflSchG Bezug genommen wird, weist diese doch eine ganz ähnliche Vertretbarkeitsklausel auf.[54]

Aber auch wenn man die Zulassungsvorschrift des § 15 Abs. 1 Nr. 3a PflSchG als Vorsorgenorm einstuft, bleibt die grundsätzliche Zulassungsfähigkeit chemischer Pflanzenschutzmittel unberührt. Zwar gibt es hier kein der Vertretbarkeitsklausel vergleichbares Korrektiv. Besteht der begründete Verdacht schädlicher Auswirkungen, so ist die Zulassung vielmehr, ohne die Möglichkeit derartige Auswirkungen als vertretbar anzusehen, zu versagen. Anders als beim Natur-

52 Vgl. OSSENBÜHL, NVwZ 1986, 161 (164 f.).

53 Das AMG weist schon deshalb erhebliche Parallelen zum PflSchG auf, weil es als einziges Gesetz ein vergleichbares Zulassungsverfahren vorsieht.

54 Auch nach § 15 Abs. 1 Nr. 3b PflSchG stehen sonstige Auswirkungen auf den Naturhaushalt der Zulassungserteilung nur entgegen, wenn sie nach dem Stand der wissenschaftlichen Erkenntnis nicht vertretbar sind und auch diese Regelung beruht auf der Erkenntnis, daß die Zulassung von Pflanzenschutzmitteln andernfalls, weil Auswirkungen auf den Naturhaushalt nie (ganz) auszuschließen, sondern weil Schadorganismen Teil des Naturhaushalts sind, sogar geradezu beabsichtig sind, überhaupt nicht möglich wäre.

haushalt ist beim Grundwasser ein solches Korrektiv aber auch nicht nicht erforderlich. Während sich beim Einsatz chemischer Pflanzenschutzmittel ein Eingriff in den Naturhaushalt nie gänzlich vermeiden läßt, ja dieser, weil die Schadorganismen Teil des Naturhaushalts sind, geradezu beabsichtigt ist, und es daher einer Vertretbarkeitsklausel bedarf, um Pflanzenschutzmittel überhaupt zulassen zu können, geht das Pflanzenschutzgesetz zu Recht davon aus, daß chemischer Pflanzenschutz ohne eine gleichzeitige Verunreinigung des Grundwassers möglich ist.[55]

Entscheidet man sich, wie das in Anlehnung an das Paraquaturteil des BVerwG nunmehr verbreitet geschieht, dafür, § 15 Abs. 1 Nr. 3b PflSchG als Vorsorgenorm einzustufen, so fordert schließlich das Gebot, Wertungswidersprüche weitmöglichst zu vermeiden, welche im Rahmen der teleologischen Auslegung eine herausragende Rolle einnimmt, mit der Zulassungsvorschrift des § 15 Abs. 1 Nr. 3a PflSchG in gleicher Weise zu verfahren. In § 15 Abs. 1 Nr. 3a PflSchG ist der Schutz besonders hochwertiger Rechtsgüter, so nicht zuletzt die menschliche Gesundheit, verankert. Diese Rechtsgüter sollen wegen ihrer herausragenden Bedeutung absoluten Schutz vor schädlichen Auswirkungen erfahren. Dagegen handelt es sich bei den Umweltgütern des § 15 Abs. 1 Nr. 3b PflSchG, insbesondere also beim Naturhaushalt, um sogenannte relative Schutzgüter. Hier sind schädliche Auswirkungen nicht schlechthin ausgeschlossen, sondern einer Interessenabwägung mit gegenläufigen, insbesondere agrarökonomischen Interessen zugänglich und können als vertretbar eingestuft werden.[56] Genießen demnach die Schutzgüter des § 15 Abs. 1 Nr. 3a PflSchG einen verstärkten, nicht durch Vertretbarkeitsaspekte relativierbaren Schutz, so kann nicht angenommen werden, daß dieser Schutz im Wege erhöhter Anforderungen an die Wahrscheinlichkeit verringert werden sollte. Ist bereits der einen nur relativen Schutz gewährende § 15 Abs. 1 Nr. 3b PflSchG dem Vorsorgeprinzip zuzuordnen, so muß das erst recht für die Zulassungsvorschrift des § 15 Abs. 1 Nr. 3a PflSchG gelten.

3 Ergebnis

Betrachtet man die mit Hilfe der einzelnen Auslegungskriterien ermittelten Auslegungsergebnisse abschließend, so ist der vom BVerwG vorgenommenen Auslegung der Zulassungsvorschrift des § 15 Abs. 1 Nr. 3b PflSchG zu folgen und sie auf die Zulassungsvorschrift des § 15 Abs. 1 Nr. 3a PflSchG zu übertragen. Eine Einstufung sowohl der Zulassungsvorschrift des § 15 Abs. 1 Nr. 3b PflSchG als auch des § 15 Abs. 1 Nr. 3a PflSchG als Vorsorgenorm entspricht nicht nur dem Wortsinn am ehesten, steht mit systematischen Erwägungen im Einklang und ist

---

55 Gleiches gilt für den Schutz der menschlichen (und tierischen) Gesundheit. Hierin liegt im übrigen der Unterschied zwischen den absolut und den relativ geschützten Rechtsgütern des § 15 Abs. 1 Nr. 3 PflSchG.

56 REHBINDER, NuR 1983, 249 (251); DRESCHER, NuR 1989, 283 (284); FREYTAG, AgrarR 1994, 112 (113).

vom Willen des Gesetzgebers gedeckt, sondern wird auch dem Sinn und Zweck der Zulassungspflicht am besten gerecht. Die eingangs gestellte Frage danach, mit welchem Gewißheitsgrad der Eintritt schädlicher Auswirkungen auf die in § 15 Abs. 1 Nr. 3a PflSchG aufgeführten Schutzgüter ausgeschlossen sein muß, ist somit dahingehend zu beantworten, daß Pflanzenschutzmittel nur dann gemäß § 15 Abs. 1 Nr. 3a PflSchG zuzulassen sind, wenn schädliche Auswirkungen auf das Grundwasser mit an Sicherheit grenzender Wahrscheinlichkeit ausgeschlossen sind. Besteht ein begründeter Verdacht entsprechender Folgen, so ist die Zulassung zu versagen.

Zu den Regelungskompetenzen der Länder, Produktverantwortung durch Abfallvermeidungsgebote zu konkretisieren

Christine Fischer

1 Einleitung

Nicht die Abwendung einer Entsorgungskrise[1] durch Abfallvermeidung als vielmehr die Nichtauslastung kommunaler Abfallentsorgungsanlagen mangels Abfällen scheint gegenwärtig das abfallwirtschaftliche Problem zu sein.[2] Gleichwohl bleibt die Forderung nach Abfallmengenverminderung durch Abfallvermeidung.[3] Sie deckt sich mit der Zielsetzung des Kreislaufwirtschafts- und Abfallgesetzes (KrW-/AbfG).[4] Ausdrücklich wird mit § 4 Abs. 1 KrW-/AbfG die Abfallvermeidung zum vorrangigen Ziel der bundesrechtlichen Regelung erklärt. Abfallvermeidung gehört zu den Grundpflichten der Kreislaufwirtschaft (§ 5 Abs. 1 KrW-/AbfG) und der Produktverantwortung (§ 22 KrW-/AbfG). Der Bundesregierung wird mit umfangreichen Verordnungsermächtigungen ein Instrument in die Hand gegeben, konkrete Vermeidungsmaßnahmen durch Rechtsverordnungen abzufordern (§§ 23, 24 KrW-/AbfG). Teilweise hat sie davon Gebrauch gemacht.

Auch Länder und Kommunen sind bemüht, Abfallvermeidung durch eigene Rechtsetzung voranzutreiben. Während ihr Regelungsspielraum für Lenkungsabgaben von der Rechtsprechung relativ weit gezogen wird[5], stoßen insbesondere Kommunen, die es unternehmen, durch Satzung[6] Verbote zur Verringerung des Abfallaufkommens festzuschreiben, an kompetentielle Grenzen, die ihnen durch abfallrechtliche Bundesregelungen gesteckt werden.[7]

---

1 BENDER/SPARWASSER/ENGEL, Rn. 10/1; ENDERS, DVBl. 1995, 189 (189).

2 Probleme im Zusammenhang mit Abfall als „Mangelware“ werden etwa behandelt von GIESBERTS, NVwZ 1996, 949 ff.; WIEDEMANN, NJW 1996, 2757 (2760).

3 Dazu BENDER/SPARWASSER/ENGEL, Rn. 10/1; siehe auch den Antrag des Deutschen Bundestages vom 3.6.1997 (BT-Drs. 13/7783, S. 19) über eine Novellierung des KrW-/AbfG, die Pflichten der öffentlichen Hand zur Umsetzung von Abfallvermeidung zu verstärken.

4 Vom 27.9.1994 (BGBl. I S. 2705), geändert durch Art. 3 des Gesetzes vom 12.9.1996 (BGBl. I S. 1354).

5 Zur Zulässigkeit kommunaler Verpackungssteuer BVerwG, Beschl. vom 19.8.1994, NVwZ 1995, 59 (59); dazu SELMER, JuS 1995, 558 (558); kritisch zu der Entscheidung GERN, NVwZ 1995, 771 (771); zur Kompetenz der Länder zur Erhebung von Abfallabgaben VG Stuttgart, Urt. vom 8.11.1995, NVwZ 1996, 614 (616).

6 Zur Satzungshoheit siehe LÖWER, in: V. MÜNCH/KUNIG, Art. 28 Rn. 78.

7 So hat das OLG Düsseldorf, Beschl. vom 19.12.1995, NuR 1997, 205 (206) eine kommunale Satzung wegen Verstoßes gegen Bundesrecht für nichtig erklärt, da es

Die Untersuchung widmet sich der Frage, wie weit die Ländern durch Bundesregelungen zur Produktverantwortung gehindert sind, künftig durch Rechtsetzung Abfallvermeidung „vor Ort" zu bewirken. Ein nicht unerhebliches Interesse an Rechtsetzung darf vermutet werden, da mit der Begründung, die Rechtsetzung des Bundes sei ungenügend, bereits eine „Notstandskompetenz" für Abfallvermeidungsgebote in Anspruch genommen worden ist.[8]

2 Abfallvermeidung: eine Grundpflicht der Produktverantwortung

Der vollständige Titel des KrW-/AbfG als „*Gesetz zur Förderung der Kreislaufwirtschaft und Sicherung der umweltverträglichen Beseitigung von Abfällen*" bringt zum Ausdruck, daß Abfallbeseitigung und Kreislaufwirtschaft die Gegenstände des Regelwerkes bilden.[9] Nach der Hierarchie des Gesetzes sind Abfälle in erster Linie zu vermeiden und in zweiter Linie zu verwerten (§ 4 Abs. 1 KrW-/AbfG). Die Verwertung von Abfällen ist vorrangig gegenüber der Beseitigung (§ 5 Abs. 2 Nr. 2 KrW-/AbfG). Zu den Grundpflichten der Kreislaufwirtschaft gehören die Pflicht zur Abfallverwertung (§ 5 Abs. 2 KrW-/AbfG) und insbesondere die zur Abfallvermeidung (§ 5 Abs. 1 KrW-/AbfG). Die Pflichten zur Abfallvermeidung richten sich außerhalb bundesimmissionsschutzrechtlicher Anlagen (§ 5 Abs. 1, § 9 KrW-/AbfG) nach den aufgrund der §§ 23 und 24 KrW-/AbfG erlassenen Rechtsverordnungen. Damit verweist das Gesetz auf Regelungen zur sogenannten Produktverantwortung (§ 22 KrW-/AbfG). Adressiert ist sie an Hersteller, Entwickler, Be- und Verarbeiter oder Vertreiber von Erzeugnissen und verlangt, Erzeugnisse so zu gestalten, daß sowohl bei Herstellung wie auch Gebrauch das Entstehen von Abfällen vermieden wird und die umweltverträgliche Verwertung bzw. Beseitigung nach Gebrauch des Erzeugnisses sichergestellt ist. Die Bundesregierung bestimmt durch Rechtsverordnung aufgrund der §§ 23 und 24 KrW-/AbfG (§ 22 Abs. 4 KrW-/AbfG), welche Verpflichteten die Produktverantwortung zu erfüllen haben und für welche Erzeugnisse und in welcher Art und Weise die Produktverantwortung wahrzunehmen ist. In § 23 KrW-/AbfG werden die näheren Verbote, Beschränkungen oder Kennzeichnungen aufgeführt, zu deren Erlaß die Bundesregierung befugt ist. § 24 KrW-/AbfG ermächtigt zur Auferlegung von Rücknahme- und Rückgabepflichten. Dabei sieht § 25 KrW-/

---

der Gemeinde verwehrt sei, höhere Anforderungen als die Verpackungsverordnung zu stellen; schon VGH München, Urt. vom 22.1.1992, DVBl. 1992, 717 (720); zur Beschränkung kommunaler Satzungsbefugnisse durch die Verpackungsverordnung DAUBNER, NVwZ 1995, 33 (33); gescheitert ist auch ein Verbot von Einwegverpackungen, VGH München, Urt. vom 22.1.1992, DVBl. 1992, 717 (717); von gewerblicher Abgabe von Einwegerzeugnissen an Endverbraucher, BVerwG, Beschl. vom 7.9.1992, NJW 1993, 411 (411).

8 Dazu VGH München, Urt. vom 22.1.1992, DVBl. 1992, 717 (720) unter Ablehnung einer „Notstandskompetenz".

9 Ein Überblick über den Inhalt des KrW-/AbfG bei MEINS, BayVBl. 1997, 66 (66); ausführlich BENDER/SPARWASSER/ENGEL, Rn. 10/77 ff.

AbfG ausdrücklich auch freiwillige Rücknahmen vor. Die Verordnungen bedürfen der Zustimmung des Bundesrates (§§ 23 Abs. 1, 24 Abs. 1 KrW-/AbfG) und des Bundestages (§ 59 KrW-/AbfG).

Von den Ermächtigungen nach den §§ 23 und 24 KrW-/AbfG hat die Bundesregierung Gebrauch gemacht durch Erlaß der Verordnung über die Entsorgung von Altautos[10] sowie zur Novellierung der Verpackungs-Verordnung[11]. Die Verordnung über die Rücknahme und Entsorgung gebrauchter Batterien und Akkumulatoren[12] bedarf noch der Zustimmung des Bundesrates.

3 Das Problem

Die Bundesregierung zeigt starke Zurückhaltung, zur Konkretisierung der Produktverantwortung Abfallvermeidungsgebote durch Rechtsverordnung festzuschreiben.[13] Dies entspricht der von ihr verfolgten Politik. Die Umsetzung der Produktverantwortung wird als langwieriger und schwieriger Prozeß betrachtet, der nur schrittweise vollzogen werden könne.[14] Hinzu kommt, daß freiwilligen Vereinbarungen Vorrang vor dem Erlaß von Rechtsverordnungen eingeräumt wird.[15] Dieses Konzept einer kooperativen Abfallvermeidungspolitik lag bereits dem § 14 AbfG zugrunde[16], der als „Vorläufer" zur Umsetzung der Produktverantwortung bezeichnet werden kann. Konsequenterweise hat die Bundesregierung denn auch davon abgesehen, in die Altautoverordnung eine Rücknahmepflicht für Produzenten aufzunehmen. Führende Verbände der Automobilindustrie hatten sich gegenüber der Bundesregierung freiwillig zur Rücknahme verpflichtet.[17] Das Gesamtkonzept zur ökologischen Neuordnung der Altautoentsorgung setzt sich aus Selbstverpflichtung und Rechtsverordnung zusammen. Die Verordnung wird nicht als Vollregelung verstanden, sondern als Ergänzung der kooperativen Lösung um einen ordnungsrechtlichen Rahmen.[18]

Es wird die Auffassung vertreten, zur erfolgreichen Umsetzung eines solchen Konzepts müßte Ländergesetzgebung gesperrt sein.[19] Bereits durch Erlaß der Rechtsverordnungsermächtigungen trete eine Sperre für Ländergesetzgebung ein, da die Ermächtigungen eine Warnfunktion erfüllten. Sie motivierten die Wirtschaftsverbände zum Abschluß von Selbstbeschränkungsabkommen. Länderge-

---

10 BT-Drs. 13/5998.

11 BT-Drs. 13/5999.

12 BT-Drs. 13/7578.

13 Kritisch dazu BRUNNER/HEBER, UPR 1996, 294 (296 ff.).

14 Siehe die Anwort der Bundesregierung vom 18.12.1995 auf die Große Anfrage mehrerer Abgeordneter und der Fraktion der SPD zur Umsetzung des KrW-/AbfG, in BT-Drs. 13/3368, S. 2.

15 BT-Drs. 13/3368, S. 9.

16 VERSTEYL, in: KUNIG/SCHWERMER/VERSTEYL, § 14 Rn. 6; ATZPODIEN, UPR 1990, 7 (8).

17 BT-Drs. 13/5998, S. 1 f.

18 BT-Drs. 13/5998, S. 2.

19 So KLOEPFER/SCHULTE, UPR 1992, 201 (206) für § 14 AbfG.

setzgebung würde zur Aushöhlung dieser Funktion führen.[20] Das Programm freiwilliger Selbstbeschränkung zur Vermeidung eines rechtlichen Gebotes soll also nur funktionieren können, wenn die staatlicherseits agierende „Vertragspartei" die Gewähr dafür bieten kann, daß bei einer kooperativen Absprache der Erlaß von Normen unterbleiben wird. Gezielte Nichtbetätigung von Rechtsverordnungsermächtigungen bei vollständiger Sperre für Ländergesetzgebung scheint für das Konzept unverzichtbar.

Die Anerkennung einer Sperrwirkung bereits durch Verordnungsermächtigungen hätte für die Länder weitreichende Konsequenzen. Sie wären von eigener Rechtsetzung in dem Umfang ausgeschlossen, wie die Ermächtigungen reichen, und zwar unabhängig davon, ob die Bundesregierung Verordnungen erläßt und Absprachen trifft oder nicht. Einer Politik des schrittweisen Umsetzens der Produktverantwortung dürften die Länder nicht vorgreifen. Dies wiegt um so schwerer, als Rechtsverordnungsermächtigungen wie die §§ 23 und 24 KrW-/AbfG eine besondere Funktion erfüllen sollen. Angestrebt wird nicht allein Entlastung des Parlamentes durch Delegation von Rechtsetzungsbefugnissen auf die Bundesregierung.[21] Dem Bundestag wird vielmehr mit § 59 KrW-/AbfG zum ersten Mal die Möglichkeit eröffnet, über den Inhalt der von der Bundesregierung zu erlassenden Rechtsverordnungen mit zu entscheiden.[22] Die Bundesregierung erhält gerade deshalb Rechtsetzungsbefugnisse, damit sie in die Lage versetzt wird, durch gezielten Verzicht auf Betätigung eben dieser Befugnisse auf freiwillige Wahrnehmung der Produktverantwortung drängen zu können. Die Rechtsverordnungsermächtigungen sind darauf angelegt, nicht in vollem Umfang ausgeschöpft zu werden.

4 Verlust von Gesetzgebungskompetenzen der Länder durch Bundesgesetz

Ein Verlust von Gesetzgebungskompetenzen der Länder wird durch Bundesgesetze bewirkt, die Sperrwirkung auslösen.[23] Bundesgesetze entfalten diese kompetentielle Wirkung nur, wenn vor ihrem Erlaß Länderkompetenzen bestanden haben. Nach Artikel 70 Abs. 1 GG haben die Länder das Recht zur Gesetzgebung, soweit dem Bund nicht Gesetzgebungsbefugnisse durch das Grundgesetz verliehen werden.[24] Die Verleihung von Gesetzgebungskompetenzen für den

20 KLOEPFER/SCHULTE, UPR 1992, 201 (206).

21 So die klassische Funktion der Delegation von Rechtsetzungsbefugnissen an die Exekutive, vgl. PIEROTH, in: JARASS/PIEROTH, Art. 80 Rn. 1; BRYDE, in: V. MÜNCH/KUNIG, Art. 80 Rn. 1.

22 Massive verfassungsrechtliche Bedenken an dem Beteiligungsrecht formuliert HOFFMANN, DVBl. 1996, 347 (353).

23 V. MANGOLDT/KLEIN/PESTALOZZA, Art. 72 Abs. 1 Rn. 290 f.

24 Sehr ausführlich dazu V. MANGOLDT/KLEIN/PESTALOZZA, Art. 70 Abs. 1 Rn. 34 ff.

Bund erfolgt maßgeblich[25] über die Kompetenzkataloge der Artikel 73 (ausschließliche Gesetzgebung), 74 Abs. 1 (konkurrierende Gesetzgebung) und 75 Abs. 1 GG (Rahmengesetzgebung).[26] Dort werden die Sach- oder Rechtsgebiete benannt, die der Bund regelnd aufgreifen darf. Bundesgesetzgebung auf Gebieten der ausschließlichen Kompetenz führt nicht zum Verlust von Länderbefugnissen. Die Verfassung selbst schließt die Länder von der Gesetzgebung aus.[27] Sperrwirkung kommt nur solchen Bundesgesetzen zu, die Sach- oder Rechtsgebiete der konkurrierenden Gesetzgebung oder der Rahmengesetzgebung zum Gegenstand haben.[28] In dem Maße, wie der Bund von Kompetenztiteln dieser Gesetzgebungsarten Gebrauch gemacht hat, verdrängen seine Gesetze Ländergesetzgebung. Die Sperrwirkung tritt mit Abschluß des Gesetzgebungsverfahrens[29], also mit der Verkündung des Gesetzes ein. [30] Enthält ein Bundesgesetz eine erschöpfende Regelung, führt dies zum vollständigen Verlust von Länderkompetenzen für dieses (Teil-)Sachgebiet.[31]

Die „Abfallbeseitigung" (Art. 74 Abs. 1 Nr. 24 GG) gehört zu den Sachgebieten, für die dem Bund die konkurrierende Vollkompetenz (Art. 72 Abs. 1 GG) verliehen wird. Zudem wird ihm mit dem „Recht der Wirtschaft" (Art. 74 Abs. 1 Nr. 11 GG) ein weiterer Kompetenztitel gestellt, auf den Regelungen der Kreislaufwirtschaft gestützt werden könnten.[32] Damit erhält der Bund die Möglichkeit, vorausgesetzt die Bedürfnisklausel des Artikel 72 Abs. 2 GG ist konkret erfüllt[33], dieses Sachgebiet voll umfänglich regelnd auszuschöpfen.[34]

---

25 Eine Aufstellung aller Kompetenzen bei KUNIG, in: V. MÜNCH/KUNIG, Art. 70 Rn. 18.

26 Zu den Gesetzgebungsarten siehe STERN, Staatsrecht II, S. 592 ff.

27 V. MANGOLDT/KLEIN/PESTALOZZA, Art. 70 Abs. 1 Rn. 36.

28 V. MANGOLDT/KLEIN/PESTALOZZA, Art. 70 Abs. 1 Rn. 36.

29 KUNIG, in: V. MÜNCH/KUNIG, Art. 72 Rn. 9, dort auch zu Art. 72 Abs. 1 GG a.F., danach löste nach herrschender Auffassung bereits die Einleitung des Gesetzgebungsverfahrens die Sperrwirkung aus; zur Begründung der Neufassung des Art. 72 Abs. 1 GG (BR.-Drs. 886/93, S. 16).

30 KUNIG, in: V. MÜNCH/KUNIG, Art. 72 Rn. 9 m.w.N.

31 BVerfG, Beschl. vom 28.11.1973, E 36, 193 (210); BVerfG, Beschl. vom 10.5.1977, E 45, 297 (341, 345); BVerfG, Beschl. vom 14.6.1978, E 48, 367 (376); BVerfG, Beschl. vom 9.12.1987, E 77, 288 (301); BVerfG, Beschl. vom 12.12.1991, E 85, 134 (142 ff.).

32 Ob und auf Grundlage welcher Kompetenztitel Bundesregelungen zur Abfallvermeidung ergehen können ist umstritten; für Abfallvermeidung als „Abfallbeseitigung" (Art. 74 Abs. 1) SALZWEDEL, NVwZ 1989, 820 (820); KLOEPFER/SCHULTE, UPR 1992, 201 (205); a.A. BOTHE, NVwZ 1987, 938 (939 f.); Bayer. VerfGH, Entscheidung vom 27.3.1990, DVBl. 1990, 692 (693 f.).

33 Zu der Erforderlichkeitsklausel SCHMIDT-BLEIBTREU/KLEIN, Art. 72 Rn. 6 f.; KUNIG, in: V. MÜNCH/KUNIG, Art. 72 Rn. 18 ff.; ausführlich V. MANGOLDT/ KLEIN/PESTALOZZA, Art. 72 Abs. 2 Rn. 347.

34 Zu der inhaltlich begrenzteren Rahmengesetzgebungszuständigkeit STERN, Staatsrecht II, S. 598.

Von der konkurrierenden Gesetzgebungsbefugnis aus Artikel 74 GG hat der Bund zunächst durch das Abfallbeseitigungsgesetz vom 07. Juni 1972[35], später umfangreich novelliert durch Gesetz vom 27. August 1986[36], und zuletzt durch das Kreislaufwirtschafts- und Abfallgesetz Gebrauch gemacht. Mit jeder Novellierung bewegten sich die bundesgesetzlichen Regelungen weg von reiner Gefahrenabwehr und geordneter Beseitigung von Abfällen hin zu einer umfassenden, auf Vermeidung und Verwertung ausgerichteten abfallrechtlichen Normierung.[37] Als Bundesgesetz auf Grund konkurrierender Bundeskompetenzen ist das KrW-/AbfG grundsätzlich geeignet, Ländergesetzgebung auf dem Gebiet der Abfallvermeidung vollständig zu sperren.

5 Regelungen des KrW-/AbfG zur Abfallvermeidung und ihre kompetentiellen Wirkungen

Das KrW-/AbfG äußert sich in mehreren Normen zur Abfallvermeidung. In § 4 Abs. 1 KrW-/AbfG erklärt das Gesetz die Abfallvermeidung für vorrangig gegenüber der Verwertung. Weiter wird insbesondere Vermeidung durch die Verminderung von Menge und Schädlichkeit betont (§ 4 Abs. 1 Nr. 1 KrW-/AbfG), und in § 4 Abs. 2 KrW-/AbfG werden einzelne Maßnahmen der Vermeidung aufgezählt. § 5 Abs. 5 und 6 KrW-/AbfG normiert Ausnahmen von dem Grundsatz vorrangiger Vermeidung. In § 22 KrW-/AbfG werden Verantwortliche benannt und Regelbeispiele[38] von Pflichten aufgeführt, die sich aus der Produktverantwortung ergeben.

§ 4 Abs. 1 und Abs. 2 KrW-/AbfG stellt lediglich einen Programmsatz dar, auf den keine bindenden Entscheidungen gestützt werden können. Vermeidungspflichten entstehen erst durch andere Rechtsvorschriften.[39] Ebenso lassen sich aus der Produktverantwortung (§ 22 KrW-/AbfG) keine konkreten Pflichten ableiten.[40] Als allenfalls „latente" Pflichten, die einem Verordnungsvorbehalt unterstellt sind, scheidet auch für sie eine unmittelbare Erzwingbarkeit aus.[41] Durch § 22 KrW-/AbfG wird lediglich vorgegeben, in welchem Maße die Bundesregierung durch Rechtsverordnungen Produktverantwortung einfordern kann.[42]

Die Normen des KrW-/AbfG zur Abfallvermeidung als Pflicht der Produktverantwortung sind ohne Bundesrechtsverordnung nicht konkret bestimmt und

35 BGBl. I S. 873.
36 BGBl. I S. 1410.
37 BENDER/SPARWASSER/ENGEL, Rn. 10/65 f.
38 BENDER/SPARWASSER/ENGEL, Rn. 10/159.
39 MEINS, BayVBl. 1997, 66 (71).
40 BRUNNER/HEBER, S. 296 m.w.N.; a.A. BENDER/SPARWASSER/ENGEL, Rn. 10/161.
41 PETERSEN/RID, NJW 1995, 7 (10).
42 Nach PETERSEN/RID, NJW 1995, 7 (10) sollen für die Reichweite und insbesondere für die Verhältnismäßigkeit der Rechtsverordnungen aufgrund der latenten Pflicht aus § 22 Abs. 2 KrW-/AbfG erleichterte Anforderungen gelten; a.A. HOFFMANN, DVBl. 1996, 347 (353).

durchsetzbar. Programmsätze oder „latente“, also ohne weitere Rechtsetzung nicht vollziehbare Pflichten, sind nach Auffassung des Bundesverfassungsgerichts aber nicht ausreichend, um die Sperrwirkung auszulösen.[43] Eine Sperre für die Länder könnte demnach nur durch die Rechtsverordnungsermächtigungen ausgelöst werden.

5.1 Ländersperre durch Rechtsverordnungsermächtigungen?

Mit Erlaß einer Bundesrechtsverordnung verlieren die Länder unbestritten ihre Gesetzgebungskompetenzen.[44] Demgegenüber werden unterschiedliche Auffassungen zu den kompetentiellen Wirkungen nicht betätigter Rechtsverordnungsermächtigungen vertreten. Das Meinungsspektrum reicht von genereller Ablehnung jeglicher Sperrwirkung von Rechtsverordnungsermächtigungen[45] bis zur Anerkennung einer Sperre durch jede Ermächtigung.[46] Dazwischen bewegen sich die vermittelnden Auffassungen. So soll etwa eine Ermächtigung zwar in der Regel keine Sperrwirkung entfalten, es sei denn, der Gesetzgeber habe seinen Willen zu einer erschöpfenden Regelung eindeutig und unzweifelhaft zum Ausdruck gebracht oder mit der Ermächtigung und deren zeitweiliger Nichtbeanspruchung werde ein inhaltliches Konzept verfolgt.[47] Ob mit dem Erlaß von Rechtsverordnungsermächtigungen bereits ein Verlust von Länderkompetenzen verbunden ist, ist streitig. Eine herrschende Meinung hat sich nicht herausgebildet.[48] Allgemeinverbindliche höchstrichterliche Entscheidungen liegen zu dieser Frage nicht vor.[49]

Eine Sperre durch Rechtsverordnungsermächtigungen setzt voraus, daß der Bundesgesetzgeber durch ihren Erlaß von seinen Gesetzgebungsbefugnissen Gebrauch gemacht hat (Art. 72 Abs. 1 GG). Art. 80 Abs. 1 GG gestattet unter Durchbrechung des Gewaltenteilungsprinzips[50] die Delegation von Rechtsetzungsbefugnissen von der Legislative auf die Exekutive.[51] Ermächtigungsgrundlage kann nur ein Gesetz im formellen Sinne sein[52], durch das Inhalt, Zweck und Ausmaß der Ermächtigung bestimmt wird.[53] Der Kreis der Ermächtigungsadres-

---

43 BVerfG, Urt. vom 26.7.1972, E 34, 9 (28); BVerfG, Beschl. vom 12.10.1978, E 49, 343 (359).

44 Es ist streitig, ob ein Gebrauchmachen der Ermächtigung als „Gebrauchmachen“ i.S.d. Art. 72 Abs. 1 einzuordnen ist, ablehnend KUNIG, in: V. MÜNCH/KUNIG, Art. 72 Rn. 2; a.A. Vermittlungsausschuß, BT-Plenarprotokoll 12/241, S. 21278.

45 FONK, DÖV 1958, 20 (23); ZIPPELIUS, NJW 1958, 445 (448).

46 V. MANGOLDT/KLEIN/PESTALOZZA, Art. 72 Rn. 64.

47 JARASS, NVwZ 1996, 1041 (1046).

48 V. MANGOLDT/KLEIN/PESTALOZZA, Art. 72 Rn. 87.

49 Zu bundesverfassungs- und bundesverwaltungsgerichtlichen Entscheidungen, aus denen sich vage die Position der Gerichte zur Sperrwirkung andeuten, V. MANGOLDT/KLEIN/PESTALOZZA, Art. 72 Rn. 58 ff.

50 BVerfG, Beschl. vom 2.6.1964, E 18, 52 (59).

51 STERN, Staatsrecht II, S. 815 m.w.N.

52 PIEROTH, in: JARASS/PIEROTH, Art. 80 Rn. 14.

53 Dazu ausführlich STERN, Staatsrecht II, S. 817.

saten ist beschränkt. Das ermächtigte Organ erhält die Befugnis zum Erlaß von allgemeinen, für jedermann verbindlichen Regelungen.[54] Der Gestaltungsspielraum wird inhaltlich durch die Ermächtigungsnorm vorgegeben.[55] Entscheidet sich der Bundesgesetzgeber, eigene Rechtsetzungsbefugnisse durch Gesetz an die Exekutive zu delegieren, so soll er nach wohl herrschender Auffassung von seiner Gesetzgebungsbefugnis im Sinne von Art. 72 Abs. 1 GG „Gebrauch gemacht" haben.[56]

Keinerlei kompetentielle Wirkungen entfalten Rechtsverordnungsermächtigungen in dem Verhältnis der delegierenden Legislative zu der von ihr ermächtigten Exekutive. Jederzeit steht es dem Gesetzgeber frei, die Regelungsbefugnis wieder an sich zu ziehen oder bereits ergangene Rechtsverordnungen durch Gesetz zu ersetzen. Rechtsverordnungsermächtigungen mindern die dem ermächtigenden Gesetzgeber zustehenden Gesetzgebungsbefugnisse nicht.[57]

Für einen Verlust von Länderkompetenzen wird ins Feld geführt, mit der Kompetenz zur gesetzlichen Regelung eines Sach- oder Rechtsgebietes sei auch die Befugnis zur Delegation der Befugnis nach Art. 80 Abs. 1 GG verbunden. Der Gesetzgeber dürfe entscheiden, ob er seine Kompetenz für eigene sachliche Regelungen nutzen oder sie an die Exekutive weitergeben will. Verfüge aber der Gesetzgeber über ein solches Recht, müsse die Sperre für die Länder unabhängig davon eintreten, für welche der dem Bundesgesetzgeber verfassungsrechtlich zustehenden Alternativen er sich entscheidet.[58]

Diese bestechend logisch scheinende Rechtfertigung einer Sperrwirkung für jede Rechtsverordnungsermächtigung verliert an Überzeugungskraft, wenn die grundlegende These, die dieser Argumentation zugrunde liegt, einer näheren Prüfung unterzogen wird.

Sollen beide Regelungsalternativen dieselbe (Sperr-)Wirkung auslösen, so müssen sie letztlich auch Gleiches regeln. Bereits die Delegation zur Sachregelung müßte gleichzusetzen sein mit einer gesetzliche Regelung in der Sache selbst, etwa einer gesetzlichen Rücknahmepflicht.

Delegation und Sachregelung zeigen insoweit Gemeinsamkeiten, als für beide dieselben Kompetenztitel erheblich werden. Der Bundesgesetzgeber darf nur solche Rechtsetzungsbefugnisse delegieren, die ihm selbst zustehen. Daher würde er sowohl für eine gesetzliche Rücknahmepflicht als auch für die Ermächtigung der Exekutive zum Erlaß einer Rücknahmepflicht auf den Kompetenztitel „Abfallbeseitigung" (Art. 74 Abs. 1 Nr. 24 GG) bzw. „Recht der Wirtschaft" (Art. 74 Abs. 1 Nr. 11 GG) abheben.

Der normative Gehalt von Sachregelung und Ermächtigungsnorm ist indes nicht vergleichbar. Entschließt sich der Bundesgesetzgeber, einen Teil seiner

---

54 STERN, Staatsrecht II, S. 653.

55 Zum Verordnungsbegriff BRYDE, in: V. MÜNCH/KUNIG, Art. 80 Rn. 6 ff.

56 KUNIG, in: V. MÜNCH/KUNIG, Art. 72 Rn. 7; PIEROTH, in: JARASS/PIEROTH, Art. 72 Rn. 2; V. MANGOLDT/KLEIN/PESTALOZZA, Art. 72 Rn. 63.

57 Allg. Ansicht; BRYDE, in: V. MÜNCH/KUNIG, Art. 80 Rn. 5 spricht von zuschiebender und nicht abschiebender Delegation.

58 So die Auffassung der Bundesregierung, (BT-Drs. 12/7109, Anlage 2, S. 14).

Befugnisse auf die Exekutive zu verlagern, so erschöpfen sich die normativen Wirkungen eines solchen Ermächtigungsgesetzes darin, die von Art. 80 GG geforderten Voraussetzungen für eine Rechtsetzung durch die Verwaltung zu schaffen. Außer der Kompetenzverlagerung von der Legislative auf die Exekutive kommt einer Rechtsverordnungsermächtigung keine weitergehende normative Wirkung zu. Entscheidet sich der Bundesgesetzgeber demgegenüber, die Regelungsbefugnis selbst umzusetzen, wird das Sachgebiet eines Kompetenztitels durch Bundesgesetz konkretisiert. Aufgrund der unterschiedlichen normativen Wirkungen von gesetzlicher Sachregelung und gesetzlicher Ermächtigung zu einer Sachregelung erscheint es bereits problematisch, beide mit derselben Sperrwirkung zu versehen.[59] Der Mangel an Sachregelung durch eine Rechtsverordnungsermächtigung ist auch der Grund, warum nach Auffassung einzelner den Ländern entweder Rechtsschutzmöglichkeiten[60] oder Regelungsbefugnisse[61] zustehen, wenn der Bund Verordnungsermächtigungen nicht betätigt.

Gegen eine Sperrwirkung durch Verordnungsermächtigung spricht ein weiterer Gesichtspunkt. Nach Art. 72 Abs. 1 GG wird die Sperre für Landesgesetzgebung nur durch ein Gebrauchmachen der *Gesetzgebungszuständigkeit* ausgelöst. Inhalt einer Ermächtigung ist eine Regelung über die Gesetzgebungsbefugnis. Die normativen Wirkungen einer Rechtsverordnungsermächtigung bestehen in der Delegation von Regelungsbefugnissen. Nur insoweit hat der Gesetzgeber von einer Befugnis Gebrauch gemacht. Verfassungsrechtliche Grundlage für eine Weitergabe von Gesetzgebungsbefugnissen an die Exekutive bildet aber kein der Gesetzgebungsbefugnis zugrunde liegender Kompetenztitel, sondern allein Art. 80 Abs. 1 GG. Er eröffnet die Möglichkeit zur Ermächtigung der Exekutive durch Gesetz. Gesetzgebungsbefugnisse sind Bedingung für verfassungsrechtlich nicht zu beanstandende Delegation nach Art. 80 Abs. 1 GG. Kompetenztitel selbst tragen nicht auch die Befugnis zur Delegation in sich. Tatsächlich muß zwischen dem „Gebrauchmachen" von Gesetzgebungsbefugnissen und dem „Gebrauchmachen" von Art. 80 Abs. 1 GG über die Weitergabe von Befugnissen unterschieden werden. In der Ermächtigung zur Rechtsetzung für die Exekutive durch die Legislative kann nur ein „Gebrauchmachen" von Art. 80 Abs. 1 GG gesehen werden, nicht aber ein solches von Gesetzgebungskompetenzen im Sinne des Art. 72 Abs. 1 GG. Eine Rechtsverordnungsermächtigung ist unabhängig davon, welches Sachgebiet rechtlich gestaltet wird, immer ein Gesetz auf Grundlage des Art. 80 Abs. 1 GG. Allein Sachregelungen finden ihre Grundlage in den Art. 70 ff. GG, und nur diese können eine Sperrwirkung auslösen. Eine Verordnungsermächtigung für die Bundesregierung wirkt ausschließlich im Verhältnis der Bundesorgane untereinander, nicht jedoch innerhalb des Bund-Länder-Verhältnisses.[62]

59 JARASS, NVwZ 1996, 1041 (1045 f.) verneint aus diesem Grund eine Ländersperre durch konstitutive Rechtsverordnungsermächtigungen.

60 Für eine Bund-Länder-Streitigkeit nach Art. 93 Abs. 1 Nr. 3 OSSENBÜHL, DVBl. 1996, 19 (21).

61 Für vorgreifende Länderregelungen BOTHE, NVwZ 1987, 938 (945).

62 So im Ergebnis auch KLOEPFER/SCHULTE, UPR 1992, 201 (206).

Dem kann nicht entgegengehalten werden, dem Verordnungsgeber müsse Zeit zur Umsetzung bleiben, um über das „Ob“ und „Wie“ entscheiden zu können.[63] Nicht überzeugen kann auch der Hinweis, der Verordnungsgeber sei zum Erlaß der Verordnung nicht verpflichtet und daher würden die Länder das Recht des Verordnungsgebers umgehen, über das Inkrafttreten seiner Normen frei zu bestimmen.[64] Diese Argumente wären nur dann durchschlagend, wenn durch zwischenzeitliche Länderregelungen die der Exekutive durch die Ermächtigung delegierten Befugnisse ganz oder teilweise entzogen würden. Länderregelungen, die vor Verordnungserlaß ergehen, hindern die Exekutive nicht daran, in derselben Sache eine inhaltlich andere bundeseinheitliche Regelung zu treffen. Länderregelungen beschränken die Befugnisse des Verordnungsgebers nicht. Bestehende Ländergesetze würden mit Erlaß der Verordnung unwirksam.[65] Hat der Bundesgesetzgeber die Rechtsetzung für ein Sachgebiet der Exekutive überlassen, so liegt es bei dieser, wann durch Verordnungsgebung die Sperre für Ländergesetzgebung eintritt. Auch der Bundesgesetzgeber ist nicht verpflichtet, von Kompetenzen der konkurrierenden Gesetzgebung Gebrauch zu machen.[66] Nimmt er konkurrierende Kompetenzen nicht wahr, so sind nach dem Willen der Verfassung aber die Länder zuständig. Kompetentiell kann es keinen Unterschied machen, ob der Bundesgesetzgeber oder die von ihm ermächtigte Bundesregierung Rechtsetzungsbefugnisse nicht ausübt.

Selbst wenn man der Auffassung folgen wollte, mit der Ermächtigung mache der Gesetzgeber von seiner Gesetzgebungskompetenz Gebrauch[67], würde jedenfalls für die §§ 23 und 24 KrW-/AbfG die Annahme einer Sperrwirkung aus einem anderen Grund ausscheiden. Die Länder verlieren nur in dem *Umfang* Kompetenzen, wie der Bundesgesetzgeber von seiner Gesetzgebungsbefugnis Gebrauch gemacht hat. Die Regelungen zur Abfallvermeidung sind so konzipiert, daß der Gesetzgeber selbst keine bindenden Normen erlassen hat. Er hat mit den Ermächtigungen der Bundesregierung die Entscheidung über das „Ob“ und „Wer“ vollumfänglich überlassen. Die Verordnungsermächtigungen der Produktverantwortung haben anders als Durchführungverordnungen konstitutiven Charakter.[68] Das Bundesverfassungsgericht hatte sich mit einem ähnlich gelagerten Fall zu befassen.[69] Der Bundesgesetzgeber hatte eine Regelung zur Erhöhung der Fehlbelegungsabgabe getroffen. Die Landesregierungen wurden ermächtigt, durch Rechtsverordnung die Gemeinden zu bestimmen, in denen die Abgabe erhöht werden sollte. Das Gericht erklärte, der Bundesgesetzgeber habe von seiner Kompetenz nur in dem Umfang Gebrauch gemacht, als er die Pflichtigen und

---

63 So KUNIG, in: V. MÜNCH/KUNIG, Art. 72 Rn. 7 zur Begründung der Sperrwirkung.

64 KLAGES, Vermeidungs- und Verwertungsgebote, S. 33.

65 KUNIG, in: V. MÜNCH/KUNIG, Art. 72 Rn. 10 stützt dies auf Art. 72 Abs. 1; nach V. MANGOLDT/KLEIN/PESTALOZZA, Art. 72 Abs. 1 Rn. 305 f. soll Art. 31 einschlägig sein.

66 STERN, Staatsrecht II, S. 609.

67 V. MANGOLDT/KLEIN/PESTALOZZA, Art. 72 Rn. 58 ff.

68 Zur Unterscheidung siehe JARASS, NVwZ 1996, 1041 (1045).

69 BVerfG, Beschl. vom 8.6.1988, E 78, 249 (249).

den Umfang der Fehlbelegungsabgabe bestimmt habe. Da die Entscheidung über das „Ob“ den Landesregierungen vorbehalten bliebe, habe der Bundesgesetzgeber in diesem Punkt seine Kompetenz nicht ausgeübt.[70] Dasselbe muß für die Ermächtigungen nach §§ 23 und 24 KrW-/AbfG gelten. Die Entscheidung, ob ein Abfallvermeidungsgebot erlassen wird, wer Adressat der Pflicht sein soll und in welchem Umfang die Pflicht bestehen soll, liegt ausschließlich bei der Bundesregierung als Verordnungsgeber.

5.2 Die §§ 23, 24 KrW-/AbfG als „ausnahmsweise“ sperrende Verordnungsermächtigungen?

Das hinter der Regelung stehende Konzept kooperativer Abfallvermeidung könnte ausnahmsweise eine Sperrwirkung tragen, auch wenn grundsätzlich Ermächtigungen diese Wirkung abzusprechen ist.[71]

Die §§ 23 und 24 KrW-/AbfG entfalten nur dann eine Sperrwirkung, wenn sie als erschöpfende und abschließende Regelung[72] einer Produktverantwortung für Abfallvermeidung eingeordnet werden können. Dazu muß der Bundesgesetzgeber Abfallvermeidung abschließend subjektiv habe regeln wollen und dies auch so umfassend in die Tat umgesetzt haben, daß objektiv kein Raum mehr für landesrechtliche Regelungen bleibt.[73]

Die gesetzliche Ermächtigung zur Rechtsetzung für die Exekutive allein stellt kein die Sperrwirkung auslösendes „Gebrauchmachen“ von Gesetzgebungskompetenzen dar. Soll dennoch eine Sperre ausgelöst werden, müßten die Verordnungsermächtigungen zur Konkretisierung der Produktverantwortung mehr als nur die Delegation beinhalten. Ob eine Regelung als „erschöpfend“ anzusehen ist, muß einer Gesamtwürdigung des Normenkomplexes entnommen werden.[74]

Mit den Verordnungsermächtigungen innerhalb der Regelungen für die Produktverantwortung verfolgte der Gesetzgeber nicht nur den Zweck, die Legislative nach Art. 80 GG zu ermächtigen. Als Teil einer Gesamtkonzeption zu kooperativer Umsetzung der Abfallvermeidung sollen sie die Ländergesetzgebung

---

70 BVerfG, Beschl. vom 8.6.1988, E 78, 249 (273); zustimmend V. MANGOLDT/KLEIN/PESTALOZZA, Art. 72 Rn. 81; JARASS, NVwZ 1996, 1041 (1045) lehnt eine Sperrwirkung konstitutiver Verordnungsermächtigungen unter Berufung auf BVerfG, Beschl. vom 23.3.1965, E 18, 407 (417) ab.

71 KLOEPFER/SCHULTE, UPR 1992, 201 (206) für § 14 AbfG; JARASS NVwZ 1996, 1041 (1046) läßt eine Ausnahme zu, wenn der Bundesgesetzgeber mit dem zeitweisen Nichterlaß von Verordnungen ein inhaltliches Konzept verfolgt.

72 BVerfG, Beschl. vom 28.11.1973, E 36, 193 (210); BVerfG, Beschl. vom 10.5.1977, E 45, 297 (341, 345); BVerfG, Beschl. vom 14.6.1978, E 48, 367 (376); BVerfG, Beschl. vom 9.12.1987, E 77, 288 (301); Beschl. vom 12.12.1991, E 85, 134 (142-147); das Erfordernis ist von der Änderung des Art. 72 unberührt geblieben, KUNIG, in: V. MÜNCH/KUNIG, Art. 72 Rn. 11; JARASS, NVwZ 1996, 1041 (1044).

73 Vgl. STERN, Staatsrecht II, S. 595.

74 BVerfG, Beschl. vom 22.4.1958, E 7, 342 (347); BVerfG, Beschl. vom 9.10.1984, E 67, 299 (324).

sperren, gerade auch dann, wenn die Bundesregierung etwa aufgrund von Selbstbeschränkungsabkommen auf den Erlaß von Verordnungen verzichtet. Die Absicht, daß die Sperrwirkung ausgelöst werden soll, dürfte also, wie schon bei Vermeidungsregelungen des AbfG[75], vorliegen.

Im Schrifttum wurde bereits für § 14 AbfG die Auffassung vertreten, aufgrund des inhaltlichen Konzepts verfüge die Ermächtigung zum Erlaß von Abfallvermeidungsgeboten über einen eigenständigen Regelungsgehalt und bewirke eine Gesetzgebungssperre für die Länder.[76] Begründet wird dies damit, mit den Ermächtigungen habe sich der Wille des Gesetzgebers offenbart, Abfallvermeidungsregelungen in dem Umfang, wie durch die Ermächtigungen abgesteckt, künftig nicht mehr durch Landesgesetz regeln lassen zu wollen.[77] Auch würde ohne Sperrwirkung die § 14 AbfG zugedachte Warnfunktion ausgehöhlt.[78]

Zunächst ist festzuhalten, ein auf die Sperrwirkung ausgerichteter Wille des Gesetzgebers ist nicht ausreichend, um tatsächlich die Rechtsfolge des Art. 72 Abs. 1 GG auszulösen. Die Voraussetzungen des Bundesverfassungsgerichts für eine erschöpfende Regelung sind kumulativ zu verstehen. Anderenfalls könnte der Gesetzgeber allein durch seine Willensrichtung auch solche Gesetze mit Sperrwirkung ausstatten, die nach der Rechtsprechung des Bundesverfassungsgerichts nicht geeignete Regelungen sind, um eine solche Wirkung auszulösen.[79] Lediglich der Wille, durch Ermächtigungen Ländergesetzgebung zu sperren, ersetzt nicht eine objektiv erschöpfende Regelung.

Eine Warnfunktion, wie sie dem § 14 AbfG zugesprochen wurde, sollen auch die §§ 23 und 24 KrW-/AbfG erfüllen, da von der Bundesregierung die Förderung freiwilliger Abfallvermeidung angestrebt wird. Durch Drohung mit dem Erlaß einer Rechtsverordnung kann nicht nur die Bereitschaft zur Kooperation verstärkt, sondern auch auf die Einhaltung abgegebener Zusagen gedrungen werden. Nur wenn die Rechtsverordnung in dieser Weise eingesetzt wird, bekommt sie Warnfunktion. Man wird nicht annehmen dürfen, die Adressaten der Produktverantwortung würden schon allein aufgrund der Rechtsverordnungsermächtigungen Maßnahmen zur Abfallvermeidung ergreifen.[80] Nur in dem Maße, wie die Bundesregierung gewillt ist, die Produktverantwortung - sei es durch Absprache oder Rechtsverordnung - auch tatsächlich einzufordern, wird die einzelne Ermächtigung zur Förderung kooperativer Lösungen beitragen. Nutzt die Bundesregierung die Rechtsverordnungsermächtigung nicht zur Warnung, können Länderregelungen weder zur Beeinträchtigung noch zur Aushöhlung einer solchen Funktion führen. Nur aufgrund einer zugedachten Warnfunktion können

---

75 Vgl. KLOEPFER/SCHULTE, UPR 1992, 201 (206).

76 Vgl. KLOEPFER/SCHULTE, UPR 1992, 201 (206) und auch JARASS, NVwZ 1996, 1041 (1046). Beide lehnen grundsätzlich eine Sperrwirkung durch Rechtsverordnungsermächtigungen ab.

77 KLAGES, Vermeidungs- und Verwertungsgebote, S. 33 zu § 14 AbfG.

78 KLOEPFER/SCHULTE, UPR 1992, 201 (206).

79 BVerfG, Beschl. vom 12.10.1978, E 49, 343 (359).

80 Die Bundesregierung mußte die Erfahrung machen, daß trotz Absprache ein Verminderungseffekt nicht eingetreten war, dazu VERSTEYL, in: KUNIG/SCHWERMER/VERSTEYL, § 14 Rn. 24.

die §§ 23 und 24 KrW-/AbfG nicht als erschöpfende Regelung eingeordnet werden.

Gegen die §§ 23 und 24 KrW-/AbfG als „ausnahmsweise" sperrende Verordnungsermächtigungen bestehen weitere Bedenken. Als problematisch erweist sich die Kombination von umfangreicher Delegation an die Bundesregierung mit der Beteiligung des Bundestages bei dem Erlaß von Rechtsverordnungen zur Produktverantwortung.

Nach § 59 KrW-/AbfG sind Rechtsverordnungen dem Bundestag zuzuleiten. Dieser kann die Verordnungen durch Beschluß ändern oder ablehnen. Erstmals wird damit dem Bundestag die Befugnis gegeben, den Inhalt von Rechtsverordnungen mitzugestalten. Die Regelung wird im Schrifttum unterschiedlich eingeordnet. Als neuer Weg einer Rechtsetzung im Umweltrecht wird sie begrüßt und als Gesichtspunkt für die Verfassungsgemäßheit der Verordnungsermächtigungen angeführt. Die Mitwirkungsregelung zeige, der Gesetzgeber habe keine negative Sperrwirkung durch gezielte Normierung (unbetätigter) Ermächtigungen auslösen wollen.[81] Nach anderer Ansicht stelle sich die Mitwirkung des Bundestages als echte Verordnungsgebung dar, die mit Artikel 80 GG nicht vereinbar sei.[82]

Vor Erlaß des § 59 KrW-/AbfG konnte der Bundesgesetzgeber, ohne eigene Sachregelungen zu treffen, die Ländersperre allenfalls durch Rechtsverordnungsermächtigungen auslösen, wodurch die inhaltliche Gestaltung der untergesetzlichen Regelungen in die Hand der Exekutive gelegt wurde. Ländersperre ohne sachliche Bundesregelungen war nur durch Verlust inhaltlicher Mitbestimmung zu erreichen. Eine Sperrwirkung für die §§ 23 und 24 KrW-/AbfG anzuerkennen würde bedeuten, den Ländern würden Kompetenzen durch Verordnungsermächtigungen genommen, über die die Gesetzgebungskompetenzen des Gesetzgebers nur „unvollständig" delegiert werden. Kommt es zum Erlaß von Verordnungen aufgrund der Rechtsverordnungesermächtigungen, so hat sich der Bundestag mit § 59 KrW-/AbfG Befugnisse zur inhaltlichen Mitwirkung vorbehalten. Welche konkreten Vermeidungsgebote künftig bundesrechtlich normiert werden, darüber befindet trotz Verordnungsermächtigung auch der Gesetzgeber. Ermächtigungen mit Sperrwirkung zusammen mit einem Mitwirkungsrecht des Bundestages an den Rechtsverordnungen würden den Bundesgesetzgeber in die Lage versetzen, sich ohne Betätigung seiner Kompetenzen für Sachregelungen, aber auch ohne Verlust von inhaltlicher Entscheidungsbefugnis, (Regelungs-)Freiräume „auf Vorrat"[83] zu sichern. Ein solcher durch Anerkennung einer Sperrwirkung bewirkter Effekt wäre mit Art. 72 Abs. 1 GG nicht vereinbar.

---

81 OSSENBÜHL, DVBl. 1996, 19 (20 f.).

82 HOFFMANN, DVBl. 1996, 347 (350 f.).

83 Formulierung bei KUNIG, in: V. MÜNCH/KUNIG, Art. 72 Rn. 7.

6 Ergebnis und Ausblick

Die Länder haben Gesetzgebungskompetenzen für Abfallvermeidungsgebote zur Konkretisierung der Produktverantwortung durch das KrW-/AbfG nicht verloren. Die bundesgesetzlichen Regelungen entfalten keine Sperrwirkung. Diese tritt erst mit Erlaß von Bundesrechtsverordnungen nach den §§ 23 und 24 KrW-/AbfG ein. Es besteht also die Möglichkeit, dem Erlaß von Bundesregelungen durch Landesgesetz vorzugreifen. Der Befund ist unbefriedigend, da das Konzept, vorrangig über kooperative Absprachen zwischen Bundesregierung und Industrieverbänden die Wahrnehmung der Produktverantwortung sicherzustellen, durch Länderregelungen beeinträchtigt werden könnte. Zu befürchten wäre etwa, daß Länder trotz bestehender kooperativer Absprachen oder während darauf abzielender Verhandlungen Abfallvermeidungsgebote für dieselben Bereiche setzen würden. Dem wiederum durch einen völligen Gesetzgebungsverlust der Länder vorbeugen zu wollen erscheint unverhältnismäßig. Eine die Länder weniger belastende Alternative ist insoweit denkbar, als es möglicherweise gelingen könnte, das Konzept der Bundesregierung im KrW-/AbfG gesetzlich so zu verankern, daß die Länder durch kooperative Absprachen gesperrt werden. Der Beeinträchtigung sich anbahnender Vereinbarungen durch Ländergesetzgebung könnte dann das Gebot bundesfreundlichen Verhaltens entgegengehalten werden.

Entledigung, Dereliktion und subjektiver Abfallbegriff

Stefan Schoeneck

1 Einführung

Jedem mit dem Abfallrecht beschäftigten Juristen ist der Abfallbegriff geläufig. Das liegt an seiner zentralen Stellung als Schlüssel[1] zur Anwendung des Abfallrechts, die er seit dem Abfallbeseitigungsgesetz AbfG vom 7.6.1972[2] (AbfG 1972) innehat und die dazu geführt hat, daß man nicht nur die abfallrechtliche Diskussion zeitweise mit einer abfallbegrifflichen Diskussion verwechseln konnte, sondern auch, daß seine Anwendungsprobleme mitbestimmend für das sprichwörtlich gewordene „Elend des (Bundes-)Abfallgesetzes"[3] waren. Eine besondere Beachtung im Gesamtgefüge des Umweltrechts verdient er aber auch in systematischer Hinsicht, weil - anders als in anderen Umweltgesetzen - Anknüpfungspunkt und Auslöser umweltrechtlicher Pflichten nicht bestimmte Verhaltensweisen sind[4], sondern die Existenz eines bestimmten Stoffes: Abfall.

Dieser inzwischen in die Alltagssprache eingegangene Begriff ist ursprünglich ein juristischer Kunstbegriff, dessen „Erfolgs"geschichte Ende der sechziger Jahre begann und der den bis dahin verbreiteten Begriff „Müll" abgelöst hat. Der einprägsamere Abfallbegriff ersetzte in den Ausschußberatungen zum AbfG 1972 die von der Bundesregierung vorgeschlagene Terminologie, die von Abfallstoffen sprach.[5]

In der Folgezeit wurde an der gesetzlichen Definition in § 1 Abs. 1 Satz 1 AbfG der Dualismus von subjektivem und objektivem Abfallbegriff entwickelt.[6] Sie prägt die abfallrechtliche Diskussion bis heute. Obwohl sich die inzwischen gültige Definition des Abfallbegriffes in § 3 Abs. 1 und 4 KrW-/AbfG erheblich von derjenigen des AbfG unterscheidet und in Wortlaut und Struktur nicht mehr

---

1 Begriffsprägend V. LERSNER, NuR 1981, 1 (1).

2 Gesetz über die Beseitigung von Abfällen (BGBl. 1 S. 873).

3 So der Titel des Beitrages von FRANSSEN, in: Rechtsstaat zwischen Sozialgestaltung und Rechtsschutz, FS f. Redeker, S. 457 (457).

4 Anders beispielsweise beim WHG, für das eine Tätigkeit (die wasserrechtliche Benutzung nach § 3 WHG) Auslöser ist. Selbst im Anlagenzulassungsrecht des BImSchG, das vermeintlich gegenständlichen Charakter besitzt, ist nicht die Anlage an sich, sondern ihre *Errichtung* und ihr *Betrieb* genehmigungspflichtig.

5 BT-Drs. VI/3154, S. 2.

6 Schon früh etwa ZUCK, DVBl. 1973, 205 (206).

nationalen, sondern europarechtlichen Ursprungs ist[7], wird von der Literatur auch in ihr diese Struktur wiederentdeckt.[8] Die begriffliche Konstanz legt es nahe, den Dualismus subjektiver und objektiver Abfallbegriff als grundlegend für das Abfallrecht anzusehen, als möglicherweise sogar außerrechtlich vorgegebenes Element bei der Regelung des Umgangs mit solchen Stoffen, die nicht mehr Teil des Wirtschaftskreislaufes sind und deswegen als Abfall angesehen werden sollen. Das läßt es lohnend erscheinen, sich mit den Grundlagen des Abfallbegriffes etwas näher zu beschäftigen. Dieses soll an dieser Stelle anhand des subjektiven Abfallbegriffes geschehen. Das erscheint für Erkenntnisse über die Aufgabenstellung des Abfallrechts ertragreicher, weil Funktion und Aufgaben des objektiven Abfallbegriffes durch seine gefahrenabwehrrechliche Orientierung schon auf den ersten Blick deutlich zu erkennen sind und sich zudem problemlos in die Aufgabenstellung des Umweltrechts (Schutz der Umwelt vor Gefährdungen) einfügen lassen.

Dazu werden zunächst einige grundlegende Überlegungen zu Sinn und Aufgabe des Abfallrechts angestellt (2). Erste Anhaltspunkte zur Funktion des subjektiven Abfallbegriffes ergeben sich aus seiner Entstehungsgeschichte (3), weitere aus der Interpretation des Entledigungswillens als seinem maßgeblichen Tatbestandsmerkmal unter der Geltung des AbfG (4). Schließlich werden auf dieser Grundlage einige Einschätzungen zur Neuformulierung des subjektiven Abfallbegriffes im KrW-/AbfG vorgenommen (5).

2 Umweltproblem Abfall

Obwohl die Einordnung der Abfallproblematik in das Gesamtfeld Umweltschutz heute selbstverständlich ist, ist ihre Beschreibung weniger einfach, als man zunächst vermuten könnte. Welches sind die spezifischen Probleme, die ein eigenständiges Abfallrecht neben den medienspezifischen Schutzgesetzen wie dem WHG und dem BImSchG[9] erfordern und was ist Aufgabe und Sinn des Abfallrechts innerhalb des gesamten Umweltrechts?

2.1 Umweltrechtliche Ansätze

In herkömmlichen Systematisierungen des Umweltrechts wird das Abfallrecht dem sogenannten kausalen Umweltrecht zugerechnet, dessen Aufgabe es sei, die

---

7 Siehe Art. 1 lit. a der EG-RICHTLINIE 75/442/EWG DES RATES über Abfälle vom 15.7.1975, geändert durch die Richtlinien 91/156/EWG vom 18.3.1991 sowie 91/692/EWG vom 23.12.1991.

8 Beispielhaft seien etwa genannt FRENZ, KrW-/AbfG, § 3 Rn. 9 und FRITSCH, Das neue Kreislaufwirtschafts- und Abfallrecht, Rn. 112 ff. und 162 ff.

9 An dieser Stelle fehlt ein bodenschutzspezifisches Schutzgesetz auf Bundesebene. Diese Lücke wird aber voraussichtlich in nächster Zeit durch die Verabschiedung eines Bundesbodenschutzgesetzes - wenn auch inhaltlich nur ungenügend - geschlossen werden.

Umwelt umfassend vor Schäden durch bestimmte, über das Normalmaß hinaus gefährliche Verhaltensweisen oder Stoffe zu schützen. Neben an dieser Stelle stets genannten Rechtsmaterien wie dem Atomgesetz, dem Gentechnikgesetz oder dem Chemikalienrecht nimmt sich das Abfallrecht freilich etwas merkwürdig aus, denn die von Abfällen im Normalfall ausgehenden Umweltgefährdungen sind um ein Vielfaches geringer als diejenigen, die Gegenstand der anderen Gesetze sind. Keinesfalls sind die als Abfall einzustufenden Stoffe im Regelfall als für die Umwelt besonderes problematisch anzusehen, zumal es sich bei ihnen zumeist um (ehemalige) Gegenstände des täglichen Lebens handelt. Ein mit den Gegenständen der zuvor genannten Gesetze vergleichbares Gefahrenpotential ist jedenfalls nur bei einem Bruchteil der als Abfall entsorgten Stoffe zu finden.

Das Fehlen eines medialen Schutzgesetzes für den Boden weist auf eine andere Funktion hin, die das Abfallrecht nach verbreiteter Ansicht zu erfüllen hat. Danach kommt dem Abfallrecht die Aufgabe zu, den Boden vor spezifischen Gefährdungen zu schützen, die durch die Ablagerung von Abfällen in Deponien als regelmäßiger Entsorgungsart drohen. Auch dieser Aufgabenzuweisung ist nur bedingt zuzustimmen. Wie das Altlastenproblem nur zu deutlich gemacht hat, ist nur ein Bruchteil der hochgradigen Bodenkontaminationen durch die Ablagerung von Abfällen entstanden. Ehemalige Industriestandorte sind an solchen Kontaminationen in mindestens gleicher Höhe beteiligt. Zudem hat das Abfallrecht die Aufgabe „Bodenschutz“ bislang nur sehr schlecht erfüllt. Erst Ende der achtziger Jahre sind mit der TA Siedlungsabfall die Konsequenzen aus der Erfahrung gezogen worden, daß es praktisch unmöglich ist, oberirdische Deponien so zu errichten und zu betreiben, daß auf Dauer ein sicherer Einschluß der abgelagerten Stoffe gegenüber dem Boden gewährleistet ist. Die TA Siedlungsabfall fordert demgemäß als einzig wirksame Technologie zur Vorsorge gegen Neulasten die Inertisierung der abzulagernden Stoffe selbst.

2.2 Außerrechtliche Ansätze

Dieser kursorische Einblick in zentrale rechtliche Erklärungsversuche einer Einordnung des Abfallrechts hat gezeigt, daß sich die Rechtswissenschaft schwer tut, befriedigende Erklärungen für Aufgabe und Standort des Abfallrechts zu bieten, so daß sich zu Recht die Frage stellt: „Wozu wird das Abfallrecht gebraucht?“[10] Im folgenden sollen daher einige außerrechtliche Ansätze zur Beschreibung des Problemfeldes Abfall vorgestellt werden.

Dort fällt zunächst auf, daß die dem Umweltrechtler geläufige Begrenzung des Gegenstandsbereiches des Abfallrechts auf feste bewegliche Sachen keineswegs selbstverständlich ist. So wird in der wirtschaftswissenschaftlichen Literatur etwa diskutiert, nicht nur feste, sondern auch flüssige und gasförmige „Reststoffe“ als Abfälle anzusehen und insofern an Vorstellungen angeknüpft, die bis in die sechziger Jahre dieses Jahrhunderts noch im allgemeinen Sprachgebrauch vor-

---

10 KRIEGER, UPR 1995, 408 (408).

herrschten.[11] Noch weitergehende Konzeptionen möchten neben diesen als materiellen Abfall bezeichneten Effekten auch alle anderen Umweltbeeinträchtigungen wie Abwärme, Lärm und (radioaktive) Strahlung als immateriellen Abfall in die Betrachtung einbeziehen.[12] Wenn auch diese Sichtweisen wegen ihrer Überwindung der Segmentierung des Umweltrechts durchaus ihre Berechtigung haben, so helfen sie doch an dieser Stelle nicht weiter, wenn die Aufgabe des bestehenden Abfallrechts ergründet werden soll. Sie können daher hier außer Betracht bleiben.

Folgende Phänomene werden - ohne Anspruch auf Vollständigkeit - in der ingenieurwissenschaftlichen und wirtschaftswissenschaftlichen Literatur als Bestandteile des Problemfeldes Abfall ausgemacht, die teils aufeinander bezogen und miteinander verschränkt sind, teils aber auch isoliert voneinander existieren:

2.2.1 Interesse des Besitzers, den Stoff loswerden zu wollen

Die ursprünglichste Vorstellung von Abfall ist wohl diejenige von Sachen, die der Besitzer loswerden möchte. Gemeint ist der alltägliche Vorgang, in dem eine Person Dinge in den Papierkorb, in die Mülltonne wirft. Die Person hat an der Sache kein Interesse mehr, sie ist ihr lästig oder auch nur überflüssig. Dieses Desinteresse an einer Sache führt zunächst in das Stadium der Nutzlosigkeit, in dem die Sache zwar nicht (mehr) verwendet wird, aber noch in ihrem bestehenden Zustand behalten wird, und mündet in den Willen oder/und die Tat, die Sache loswerden zu wollen. Verhält sich die Person sozial konform, so landet die Sache in einem Behältnis, mit Hilfe dessen die Sache der Entsorgung zugeführt wird. Verhält sie sich weniger ordnungsgemäß, so endet die Sache in der freien Natur oder auf dem Boden und wird zum öffentlichen Ärgernis.

2.2.2 Wertlosigkeit

Ein anderer Aspekt zur Beschreibung von Abfällen ist die objektive Wertlosigkeit einer Sache. Der wirtschaftliche Wert eines Stoffes ist ein überindividueller Maßstab für die in ihm enthaltenen Nutzungsmöglichkeiten und deren Bewertung durch den Markt. Typischerweise liegt dieser Marktpreis für Abfälle bei Null oder hat sogar einen negativen Wert, weil ihr ordnungsgemäßer Verbleib für den Besitzer mit Kosten verbunden ist. Probleme ergeben sich an dieser Stelle durch Schwankungen auf dem Markt für Sekundärrohstoffe wie Altpapier, wo je nach Marktlage ein positiver, aber auch ein negativer Marktpreis erzielt werden kann. Bei einigen Massengütern, wie z.B. bestimmten Baustoffen (Sand, Kies, Bodenaushub), kann der positive oder negative Marktpreis auch davon abhängig sein, ob sie sich an der richtigen (zum Bau einer Aufschüttung) oder falschen (bei Ausschachtungsarbeiten) Stelle befinden.

---

11 RAT VON SACHVERSTÄNDIGEN FÜR UMWELTFRAGEN, Abfallwirtschaft, Tz. 3.

12 WEILAND, ZfU 1993, 113 (114 ff.).

2.2.3 Koppelprodukt ohne ökonomisch sinnvolle Verwendung

In den Wirtschaftswissenschaften wird für die Einstufung von Stoffen als Abfall die Voraussetzung angeführt, daß sie nicht zielgerichtet hergestellt werden, sondern als ungewollter, aber unvermeidbarer Nebeneffekt eines Produktions- oder Konsumvorganges entstehen, der auf die Herstellung eines anderen Produktes gerichtet ist. Solche Stoffe werden als Koppelprodukte bezeichnet. Weil Koppelprodukte jedoch auch marktfähige Produkte sein können, wird dieses Kriterium für das Problem Abfall nicht als ausreichend angesehen. Hinzu kommen muß daher noch, daß die weitere Verwendung des Koppelproduktes ökonomisch nicht sinnvoll ist.[13] Hierfür ist die Wertlosigkeit des Stoffes ein wichtiges Indiz, wobei nicht unbedingt ein Marktwert unter Null erforderlich ist.

2.2.4 Hervorrufen externer Effekte

Nach einer anderen, ebenfalls ökonomisch beeinflußten Sichtweise stellen Abfälle einen Unterfall der externen Effekte dar, die sich lediglich dadurch auszeichnen, daß sie auf festen Stoffen beruhen. Als externe Effekte werden negative Wirkungen eines Verhaltens oder einer Produktion beschrieben, die nicht innerhalb des Marktmechanismus berücksichtigt werden und deshalb volkswirtschaftlich als Schäden bei den Geschädigten anfallen, so daß die Verursacher keine Anreize erreichen, die Schäden zu vermeiden oder zu minimieren. Nach den Maßstäben des sogenannten „Pareto-Optimums" ergibt sich dadurch volkswirtschaftlich eine Fehlsteuerung von Ressourcen.

2.2.5 Negative Bewertung

Schließlich gibt es einen weiteren Ansatz[14], der versucht, diese verschiedenen Elemente zusammenzuführen, indem betont wird, daß Abfall nicht positiv, sondern ausschließlich in der Weise definiert werden könne, daß er durch den Besitzer negativ bewertet werde. Seine Kennzeichen seien die Lästigkeit und Unansehnlichkeit für den Besitzer, aber ggf. auch für andere Personen. Es handele sich um Stoffe, die nicht oder nicht mehr benötigt würden.

---

13 KLEINALTENKAMP, zitiert nach WEILAND, ZfU 1993, 113 (121 f.).

14 RAT VON SACHVERSTÄNDIGEN FÜR UMWELTFRAGEN, Abfallwirtschaft, Tz. 1 ff.

3 Entstehung des Abfallbegriffes im AbfG 1972

Inwieweit haben diese Beschreibungen schon bei der Entstehung des Abfallbegriffes Anfang der siebziger Jahre eine Rolle gespielt?

Obwohl die Abfall- bzw. Müllbeseitigung als kommunale Aufgabe eine lange Tradition besitzt[15], geschah sie bis in die sechziger Jahre praktisch allein auf Grund von Vorschriften des kommunalen Betriebsrechts und des Gefahrenabwehrrechts.[16] Sie kam ohne Normierung eines Abfallbegriffes aus, weil ihre maßgeblichen Determinanten anderen Ursprungs waren. Das sollte sich mit der erstmaligen bundeseinheitlichen Regelung des Abfallrechts durch das AbfG 1972 ändern, die durch die Festlegung eines bundesrechtlichen Abfallbegriffes in § 1 Abs. 1 AbfG den Gegenstandsbereich der zu erfassenden Stoffe beschrieb. Die dem Abfallbegriff damit gegebene Struktur hat die abfallrechtliche Diskussion fast fünfundzwanzig Jahre[17] lang geprägt. Insofern lohnt sich ein kurzer Blick auf die Gesetzgebungsgeschichte, um herauszufinden, welche Motive den Gesetzgeber zu dieser Lösung bewogen haben.

Interessanterweise war die stoffbezogene Regelungsstruktur nicht mehr Gegenstand der parlamentarischen Beratungen, sondern diskutiert wurden nur noch Details der Definition des Abfallbegriffes selbst. Eine enumerative Aufzählung der als Abfall zu entsorgenden Stoffe kam für den Gesetzgeber schon damals als „wenig aussichtsreich“ nicht in Betracht;[18] eine Erkenntnis, der sich zwanzig Jahre später auch die EG-Kommission bei der Erstellung des Europäischen Abfallkataloges beugen mußte, der - entgegen der ursprünglich bestehenden Absicht, den objektiven Abfallbegriff zu konkretisieren - in seiner verabschiedeten Version lediglich eine Katalogisierungsfunktion erfüllt. Im Gesetzentwurf der Bundesregierung vom 5. Juli 1971 werden Abfallstoffe dementsprechend in allgemeiner Form definiert als „bewegliche Sachen, deren sich der Besitzer entledigt hat oder entledigen will oder deren geordnete Beseitigung zum Schutze der in § 1 genannten Rechtsgüter geboten ist“.[19]

Gegenüber dieser Formulierung unterscheidet sich der dann verabschiedete Gesetzestext[20] in zweierlei Hinsicht: Zum einen wird der Bezug auf die in § 1 genannten Rechtsgüter durch das Wohl der Allgemeinheit ersetzt; zum anderen entfallen die Worte „entledigt hat oder“, so daß der subjektive Begriffsteil letztendlich ausschließlich den Entledigungswillen hervorhebt.

---

15 Siehe etwa die Beschreibung mittelalterlicher Regelungen zur Abfallbeseitigung bei HEINE, in: HERRMANN (Hg.), Umwelt in der Geschichte, S. 111 (113 ff.).

16 Eine erste bundesrechtliche Formulierung der Aufgabe „Abfallbeseitigung“ erfolgte durch § 12 des Bundesseuchengesetzes Anfang der sechziger Jahre (BGBl. 1961 I S. 1012).

17 Genau vom 11.6.1972, dem Tag des Inkrafttretens des AbfG 1972, bis zum Ablauf am 6.10.1996, da mit dem 7.10.1996 das KrW-/AbfG in Kraft getreten ist.

18 BT-Drs. VI/2401, S. 11.

19 BT-Drs. VI/2401, S. 2.

20 § 1 Abs. 1 AbfG 1972.

Aus der Entwurfsbegründung wird deutlich, daß nach Ansicht der Bundesregierung sowohl individuelle Motive als auch Allgemeinwohlgesichtspunkte zum Entstehen von Abfall führen können, denn primär soll der Wille des Besitzers, sich der Sachen zu entledigen, bestimmend sein, der nur dann zurückzutreten hat, sofern Gefahren für das Allgemeinwohl von den Sache ausgehen.[21] Weshalb allerdings ein Wille des Besitzers zur Entledigung aus Umweltgründen so problematisch ist, daß er zum Auslöser öffentlich-rechtlicher Verpflichtungen wird, geht aus der Begründung direkt nicht hervor. Hinweise darauf lassen sich aber aus den anderen, im Gesetzgebungsverfahren diskutierten Fragen entnehmen.

Umstritten war nämlich vor allem, ob der Bund überhaupt die Kompetenz für die vom subjektiven Abfallbegriff erfaßten Stoffe besaß. So wollte der Bundesrat zunächst den subjektiven Begriffsteil aus kompetenziellen Gründen völlig streichen, weil dem Bund eine Gesetzgebungskompetenz nur insoweit zustehe, als die Beseitigung von Stoffen zum Schutz der beim objektiven Abfallbegriff genannten Rechtsgüter geboten sei.[22] Daran ist nicht so sehr die durch die Einfügung von Art 74 Nr. 24 GG schon 1972[23] erledigte Kompetenzfrage bemerkenswert, sondern die dahinter stehende Vorstellung des Bundesrates, daß es nur beim objektiven Begriffsteil um originären Umweltschutz, nämlich dem Schutz „bestimmter biologisch wertvoller Rechtsgüter“[24] gehe. Die Regelung einer „Vielzahl von Abfallstoffen, wie Sperrmüll, Altreifen, Hohlglas und Verpackungsmaterial“[25] stehe dem Bund aus diesem Grunde nicht zu. Man fragt sich aus heutiger Sicht, die das Abfallproblem als „Umweltproblem Nr. 1“ bezeichnet und das Abfallrecht ohne weiteres dem Umweltrecht zuordnet, aus welchen anderen Gründen diese Stoffe einer Regelung unterworfen werden sollten. Wenn man versucht, sich in die damalige Zeit hineinzuversetzen, lassen sich zwei Aspekte erkennen, die diese Sichtweise erklären können.

Zum einen war die Vorstellung prägend, wonach es sich bei der Abfallbeseitigung vornehmlich um eine durch kommunale Betriebe wahrgenommene Dienstleistung der öffentlichen Hand handelte. Dazu paßt es, wenn als Hauptaufgabe des Abfallrechts die Aufstellung von Anforderungen an den Inhalt dieser Dienstleistung sowie die Regelung der Pflichten der Kommunen in diesem Zusammenhang angesehen wurde. Nicht so sehr die Abfallbesitzer als vielmehr die Entsorgungsträger waren die Adressaten des Gesetzes. Der Abfallbesitzer hatte hier nur die Rolle, diese Pflichten durch einen Willkürakt auszulösen bzw. die Dienstleistung einzufordern.

Die Eingriffsmöglichkeiten des Gesetzes waren zudem nach der seinerzeitigen Vorstellung vor allem aus Gründen der kommunalen Aufgabe der Herstellung und Erhaltung der öffentlichen Ordnung erforderlich. Beispielhaft für diese

---

21 BT-Drs. VI/2401, S. 11.
22 BT-Drs. VI/2401, S. 18.
23 Durch das Dreißigste Gesetz zur Änderung des Grundgesetzes (Art. 74 GG - Umweltschutz) vom 12.8.1972 (BGBl. I S. 593).
24 BT-Drs. VI/2401, S. 17.
25 BT-Drs. VI/2401, S. 17.

Sichtweise ist die Begründung der Bundesregierung zum Gesetzentwurf, in dem als Hauptprobleme der Abfallbeseitigung die seuchenhygienische Bedenklichkeit der meisten Deponien sowie ihre Bedeutung als Brutstätte für Schädlinge genannt werden.[26] Die weiter genannten Gefahren sind Verunreinigungen des Grund- und Oberflächenwassers, die Entstehung schwer zu bekämpfender Brandherde, Staub und Geruchsbelästigung für Anwohner, Verbreitung von Unkrautsamen und Erregern pflanzlicher Krankheiten, die Verschandelung des Landschaftsbildes sowie die Minderung des Wertes des Grund und Bodens in der Umgebung.[27] Abfallbeseitigung wurde also nicht vornehmlich als Umweltproblem im heutigen Sinne, sondern als Ordnungsproblem angesehen.

Damit waren die Hauptaufgaben des subjektiven Abfallbegriffs nach damaligem Verständnis die Erfassung einer öffentlichen Dienstleistungsbeziehung sowie die Herstellung öffentlicher „Ordentlichkeit“. Die Sichtweise des Abfallproblems als Ordnungsproblem prägte sogar die Terminologie des Gesetzes, für das das Erfordernis „geordneter Beseitigung“ (§ 1 Abs. 1) im objektiven Abfallbegriff zur Voraussetzung und die „Ordnung der Beseitigung“ in der Überschrift von § 4 das zentrale Regelungsinstrument wurde.

4 Entledigungswille als zentrales Tatbestandsmerkmal des subjektiven Abfallbegriffes

In der verabschiedeten Fassung des AbfG 1972 wurde somit der Entledigungswille das zentrale Tatbestandsmerkmal des subjektiven Abfallbegriffes und blieb es bis 1996. Mit seiner Auslegung haben sich Literatur und Rechtsprechung sehr schwer getan, obwohl zur Ausfüllung der Wortbedeutung sowohl im umgangssprachlichen Wortschatz als auch in der Rechtssprache konkrete und faßbare Inhalte zur Verfügung standen.

Umgangssprachlich verbinden sich die Worte Abfall und Entledigung ohne weiteres mit dem plastischen Bild einer Person, die eine Sache achtlos wegwirft, sich ihrer „entledigt“. Zivilrechtlich wird mit Entledigung die Dereliktion nach § 959 BGB bezeichnet, durch die eine Sache herrenlos wird. Und was ist eine achtlos weggeworfene Sache, der Archetypus des Abfalls, anderes als herrenlos? Wenn diese Betrachtung so zuträfe und in die Auslegung des Entledigungswillens Eingang gefunden hätte, dann wäre es vollkommen unerklärlich, woher trotz dieser Eindeutigkeit des Bildes die „terminologische Chamäleonhaftigkeit“[28] des Abfallbegriffes rührt. Um dieser Diskrepanz auf die Spur zu kommen, soll im folgenden die zivilrechtliche Entledigung mit der abfallwirtschaftlichen Realität und der Auslegung des abfallrechtlichen Entledigungswillens verglichen werden.

---

26 BT-Drs. VI/2401, S. 7.
27 BT-Drs. VI/2401, S. 7 f.
28 VERSTEYL, NVwZ 1993, 961 (962).

4.1 Entledigung im zivilrechtlichen Sinne

Die für den Entledigungsbegriff immer wieder in Bezug genommene zivilrechtliche Vorschrift ist § 959 BGB. Sie regelt die Dereliktion, das Herrenloswerden einer Sache. Dabei handelt es sich um die Aufgabe des Eigentums an einer beweglichen Sache, deren zivilrechtliche Regelung vor allem deshalb erforderlich ist, weil nur an herrenlosen Sachen ein originärer Erwerb durch Aneignung nach § 958 BGB möglich ist.

Die Dereliktion ist um ein einseitiges Verfügungsgeschäft, das aber ebenso wie die Übertragungstatbestände nach § 929 ff. BGB neben dem reinen, auf Eigentumsverzicht gerichteten Willensakt noch einen weiteren, nach außen erkennbaren Akt benötigt, der in der Aufgabe des Besitzes besteht. Beide Anforderungen müssen erfüllt sein und werden von der Rechtsprechung durchaus ernst genommen, wenn betont wird, daß aus der bloßen Besitzaufgabe allein nicht ohne weiteres auf den Verzichtswillen geschlossen werden kann.[29] Nicht nur diese insgesamt restriktive Auslegung führt dazu, daß es sich bei der Dereliktion zivilrechtlich um ein eher ungewöhnliches Phänomen handelt, mit dem sich Literatur und Rechtsprechung nur selten beschäftigen müssen. Das Zivilrecht ist geprägt durch die Vielzahl an gegenseitigen Austauschbeziehungen, nicht durch einseitige Akte der Eigentumsaufgabe.

4.2 Übertragbarkeit auf abfallrechtliche Sachverhalte

Handelt es sich nun bei der abfallrechtlichen Entledigung um eine Dereliktion und ist der Entledigungswille ein Wille, der hierauf gerichtet ist? Handelt es sich beim Akt der Abfallentstehung regelmäßig um eine Dereliktion, wie immer wieder behauptet worden ist?[30]

Wendet man die Voraussetzungen des § 959 BGB auf die typischen abfallrechtlichen Entsorgungssachverhalte an, dann ist erkennbar, daß diese Wahrnehmung der Dereliktion als zivilrechtliche „Rarität" nicht darauf beruht, daß die massenhaften alltäglichen Vorgänge, bei denen sich Produkte in Abfälle verwandeln, übersehen werden oder sich wegen ihrer Problemlosigkeit nicht in der juristischen Diskussion wiederfinden. Es handelt sich bei ihnen schlicht nicht um Anwendungsfälle von § 959 BGB.

Zum einen findet der typische Abfallentstehungsvorgang im Rahmen der Beseitigungs- (Entsorgungs-) Dienstleistungsbeziehung statt. Dort erfolgt aber nicht eine Besitzaufgabe, sondern es findet wegen der Begründung neuen Besitzes durch den Entsorger ein Besitzwechsel statt. Die zu Abfall werdende Sache ist im Regelfall zu keinem Augenblick vollends der Sachherrschaft entzogen: Solange der Produktbesitzer die Sache innerhalb seines Herrschaftsbereiches in den Papierkorb oder den Küchenabfalleimer innerhalb seiner Wohnung wirft, hat er die

---

29 Vgl. die Nachweise in PALANDT-BASSENGE, § 959 BGB, Rn. 1.

30 So etwa FRANSSEN, in: SALZWEDEL (Hg.), Grundzüge des Umweltrechts, S. 399 (410).

Herrschaft über die Sache noch nicht verloren. Führt er diese Sachen dann der Mülltonne, dem Entsorgungsgefäß des (öffentlichen oder privaten) Entsorgungsunternehmens zu, so unterliegen die Sachen dem generellen Sachherrschaftswillen dieses Unternehmens, der alle in den betriebseigenen Gefäßen befindlichen Sachen erfaßt.

Zum zweiten ist fraglich, ob durch diesen Akt das Eigentum an der Sache ohne weiteres aufgegeben werden soll. Bei der Gestaltung und Auslegung privatrechtlicher Entsorgungsverträge spricht wegen ihrer Einstufung als Werkverträge[31] und in Anbetracht auch der strafrechtlichen Verantwortung[32] des Abfallerzeugers im Normalfall mehr dafür, daß dieser das Eigentum jedenfalls solange behält, bis die Entsorgungshandlung abgeschlossen ist, zumal mit dieser im Regelfall ein originärer Eigentumserwerbstatbestand (Verbindung mit einem Grundstück, Verarbeitung) erfüllt sein dürfte. Wie das LG Ravensburg zudem zutreffend festgestellt hat, ist nicht einmal im Falle zum Sperrmüll herausgestellter Sachen ohne weiteres von einem Willen zur bloßen Aufgabe des Eigentums auszugehen[33] mit der Folge, daß sich jedermann ohne weiteres der Sache bemächtigen und sie sich dadurch aneignen kann.

Schließlich geht der Wille des zum Abfallbesitzer werdenden Sachbesitzers bei der Zuführung zur Entsorgung regelmäßig dahin, daß auf diesem Wege die Sachen durch die dafür Verantwortlichen ordnungsgemäß und in Einklang mit den abfallrechtlichen Vorschriften entsorgt werden sollen. Es ist ihm mithin nicht gleichgültig, ob andere Personen sich der Sachen bemächtigen und diese zu eigenen Zwecken verwenden. Wie schon anhand der Gesetzgebungsgeschichte deutlich geworden ist, handelt es sich bei der alltäglichen Abfallentstehung um die Einforderung einer (unter dem AbfG in der Regel) öffentlichen Dienstleistung.

In der Konsequenz heißt dies, daß zivilrechtliche Dereliktion und abfallrechtliche Entledigung nur in Ausnahmefällen zur Deckung zu bringen sind. Das so einprägsame Bild der eine Sache achtlos wegwerfenden Person stellt in aller Regel sogar abfallrechtlich ein unzulässiges Verhalten dar, weil Abfälle nicht einfach in die Gegend geworfen werden dürfen, sondern dem Entsorgungspflichtigen zu überlassen waren (§ 3 Abs. 1 AbfG) bzw. nach dem KrW-/AbfG zu verwerten oder zu beseitigen sind (§§ 5 Abs. 2 Satz 1, 11 Abs. 1 KrW-/AbfG). Das typische Bild der Abfallentstehung erweist sich in dieser Betrachtung als gerade das rechtlich mißbilligte Verhalten, das die Rechtsvorschriften des Abfallrechts zu verhindern trachten. Würde man an ihm die Abfalldefinition ausrichten (Abfälle wären nur die herrenlos gewordenen Sachen), so würde es es sich bei allen ordnungsgemäßen Entsorgungsvorgängen um Maßnahmen zur Abfallvermeidung handeln.

---

31 So V. WESTPHALEN in seinem Vortrag auf den 5. Kölner Abfalltagen, zitiert bei SCHOENECK, ZUR 1997, 107 (109).

32 Prägend ist hier die sogenannte „Falisan-Entscheidung“ des BGH.

33 LG RAVENSBURG, Urt. vom 3.7.1987, NJW 1987, 3142 f.

Hat denn die Dereliktion überhaupt etwas mit Abfallentstehung zu tun? Wohl schon, aber diese Fälle prägen eben nicht das Bild, weil sie nicht die Normal-, sondern die Ausnahmefälle sind. So dürfte beim achtlosen Wegwerfen von Sachen vielfach der Abfallbegriff erfüllt sein. Es ist aber zweifelhaft, ob er in allen Fällen zivilrechtlicher Dereliktion erfüllt ist, denn dann würde § 959 BGB praktisch inhaltsleer, weil er durch das öffentliche Entsorgungsregime vollständig überdeckt wäre.

4.3 Auslegung des Entledigungswillens in Literatur und Rechtsprechung

Diese Erkenntnisse sind in die Auslegung des Entledigungswillens kaum eingeflossen. Zwar hat es in den siebziger Jahren vereinzelte Versuche gegeben, den subjektiven Abfallbegriff nicht primär im Sinne der zivilrechtlichen Dereliktion, sondern im Sinne der Bekundung eines öffentlich-rechtlichen Entsorgungsanspruches zu interpretieren. So hat etwa ALTENMÜLLER[34] vertreten, daß ein Entledigungswille des Besitzers erforderlich sei, der auf die Abfallbeseitigung durch den Beseitigungspflichtigen gerichtet sei, was nicht der Fall sei, wenn die Stoffe einer Wiederverwendung zugeführt werden sollen. Die herrschende Ansicht zum Abfallbegriff des AbfG konnte sich aber von der Dereliktion nicht lösen. Zwar griff sie die soeben referierte Ansicht unter anderen Vorzeichen auf, indem betont wurde, daß ein Verwertungswille die Abfalleigenschaft einer Sache nach dem subjektiven Abfallbegriff ausschließe.[35] Auf die Bekundung des Entsorgungsanspruches kam es dabei allerdings weniger an, vielmehr sei wesentlich, daß der Besitzer den Gewahrsam an der Sache mit dem Ziel aufgebe, sich von ihr zu befreien, ohne einen weiteren Zweck im Sinne einer irgendwie gearteten Verwendung zu verfolgen.[36] Damit wurde eine Art Spagat versucht zwischen dem zivilrechtlichem Dereliktionsbegriff und der sozialen Realität des alltäglichen Abfallanfalls in den privaten Haushalten durch Einforderung einer öffentlichen Dienstleistung.

Daß der subjektive Abfallbegriff damit für beide Fälle an Überzeugungskraft einbüßte, lag auf der Hand und war ein Grund für die fortwährenden Probleme in seiner Anwendung vor allem auf die Sachverhalte, bei denen die fraglichen Sachen einem Entsorgungsvorgang zugeführt wurden. Dabei lagen die größeren sachlichen Probleme im Bereich des Gewerbeabfalls, aber selbst für den Abfall im Hausmüllbereich, auf den das Gesetz angeblich zugeschnitten war, war seine Anwendung problematisch. So war das Erfordernis der Gewahrsamsaufgabe nur schwer damit zu vereinbaren, daß für den Hausmüll nicht eine bloße Gewahrsamsaufgabe, sondern die Besitzübertragung der Sache kennzeichnend war. Zu-

---

34 DÖV 1978, 27 (31 f.).

35 Siehe nur SCHWERMER, in: KUNIG/SCHWERMER/VERSTEYL, § 1 Rn. 14 f.; HÖSEL/V. LERSNER, § 1 AbfG, Rn. 6.

36 Im Sinne letzterer Ansicht SCHWERMER, in: KUNIG/SCHWERMER/VERSTEYL, § 1 Rn. 14.

dem entsprach es mit der Zunahme abfallverwertender Maßnahmen innerhalb der Entsorgungswirtschaft auch beim Hausmüll immer weniger der Realität, wenn vom Besitzer angenommen wurde, daß es ihm gleichgültig sei, was mit der Sache geschehe. Tatsächlich dürften viele Abfallbesitzer zumindest den Willen gehabt haben, die Sache ordnungsgemäß zu entsorgen, je nach persönlicher Präferenz ergänzt durch zusätzliche Erwartungen, daß hierbei Verwertungsmöglichkeiten genutzt würden. Erwartete ein ökologisch gesinnter Abfallbesitzer schließlich, seine Abfälle würden zunächst sortiert und erst nach größtmöglicher Nutzung der in ihnen enthaltenen Anteile beseitigt, so konnte man nur noch mit erheblichem argumentativen Aufwand davon sprechen, daß er mit der Überlassung keine weiteren Zwecke verfolge.

Warum hielt die herrschende Ansicht trotzdem an dieser Auslegung fest? Während man sich mit dem Abstellen auf die Bekundung des Entsorgungsanspruches vollends der Willkür des Abfallbesitzers auslieferte, der diesen „Abfallbegriff der Wegwerfgesellschaft“[37] nach Belieben nutzen konnte, hoffte man, mit dem Abstellen auf die Motive des Besitzers eine Möglichkeit zu haben, zwischen bekundeten und „wirklichen“ Motiven eines Besitzers unterscheiden zu können. Damit sollte der subjektive Abfallbegriff eine Eingriffsmöglichkeit auch in den Fällen bieten, in denen der Besitzer sich weigerte, einen Entsorgungsanspruch kundzugeben, so daß eine Verobjektivierung des subjektiven Abfallbegriffes möglich war. Der dafür zu zahlende Preis des Verlustes an Rechtssicherheit war freilich enorm.

5 „Subjektiver“ Abfallbegriff des KrW-/AbfG

Dieser subjektive Abfallbegriff konnte mit der Novellierung des Abfallrechts durch das KrW-/AbfG nicht mehr aufrechterhalten werden. Der aus deutscher Sicht immer wieder als Ausdehnung des Regelungsbereiches des Gesetzes auf den Bereich der Verwertung interpretierte EG-rechtliche Ansatz war aus europäischer Sicht gar keine. Das Abfallrecht der EG hatte einfach einen völlig anderen Ansatzpunkt für die Abfalldefintion gewählt, für den die Frage, ob ein Stoff beseitigt oder verwertet werden sollte und wer darüber das Bestimmungsrecht besitzen sollte, irrelevant war. Darüber hatte die begriffliche Ähnlichkeit des Wortes Entledigung lange hinwegtäuschen können.

Aber auch die aus nationaler Sicht angestrebte Verstärkung der Pflichten des Abfallbesitzers, die ja dazu dienten, das Interesse und den Willen des Sachbesitzers auf das weitere Schicksal der Sache zu lenken, hätte die Forderung, daß es dem Abfallbesitzer gleichgültig sein müsse, was mit der Sache geschehe, vollends zur Farce geworden werden lassen.

Das deutsche Recht war somit gezwungen, den subjektiven Begriffsteil des Abfallbegriffes grundsätzlich anders zu definieren. Das ist durch die Konkretisierung der Entledigungstatbestände „entledigen und entledigen wollen“, in § 3

---

37 FRANSSEN, in: SALZWEDEL (Hg.), Grundzüge des Umweltrechts, S. 399 (410).

Abs. 2 und 3 KrW-/AbfG, die nach verbreiteter Literaturansicht den neuen subjektiven Abfallbegriff des KrW-/AbfG umfassen, auch geschehen.

§ 3 Abs. 3 Nrn. 1 und 2 KrW-/AbfG haben sich trotz der begrifflichen Kontinuität in den Worten „entledigen wollen“ weit von Vorschriften entfernt, die der Feststellung eines individuellen subjektiven Willens dienen, der sich darauf richtet, eine Sache loszuwerden. Stattdessen knüpfen sie am Verwendungszweck der Sache selbst an. Von seiner Bestimmung bzw. vom Bestehen eines solchen, dessen Feststellung zudem mittels einer möglichen Korrektur durch die Verkehrsanschauung objektivierbar ist, hängt die Einstufung als Abfall ab. Anknüpfungspunkt ist damit letztlich die positive Bewertung einer Sache durch den Besitzer, die zu ihrer Einstufung als Produkt und nicht zu einer solchen als Abfall führt. Entscheidend ist die derzeitige Verwendung, nicht ein in die Zukunft gerichteter Entsorgungswille. Hiermit hat sich das Abfallrecht sehr viel näher an die ökonomischen Entstehungsgründe für Abfall heranbewegt.

Auf der anderen Seite hat die Einführung der Entledigung und ihre Konkretisierung durch § 3 Abs. 2 KrW-/AbfG zu erheblichen neuen Problemen geführt. So hat in der letzten Alternative mit der Aufgabe der tatsächlichen Sachherrschaft unter Wegfall jeder weiteren Zweckbestimmung der alte Begriffsinhalt der vermeintlichen Dereliktion überlebt, dessen Fragwürdigkeit schon oben ausgeführt worden ist.

Noch schwieriger erweist sich eine Zuordnung der beiden anderen Fälle der Konkretisierung der Entledigung, die die Zuführung zu einer Verwertung oder Beseitigung voraussetzen. Dabei kann das Verständnisproblem vernachlässigt werden, warum sinnvolle, mit Wertschöpfung verbundene Tätigkeiten, wie die meisten Verwertungsverfahren, als „Entledigung“ angesehen werden. Rein semantisch ist das jedenfalls nur noch mit einem rein rechtstechnisch begriffenen Sprachverständnis zu verstehen. Viel gravierendere Folgen hat die Tatsache, daß - obwohl nur die „Zuführung“ zur Entsorgung gefordert wird - in der Sache eine Gleichsetzung von Verwertung und Beseitigung mit dem Begriff der Entledigung in § 3 Abs. 2 KrW-/AbfG erfolgt.[38] Ob sie - wie vielfach behauptet wird - auch vom europäischen Recht in dieser Weise gefordert wird, ist fraglich. Sie führt jedenfalls zu erheblichen Anwendungsproblemen, weil hierdurch eine Rechtsfolge des Abfallbegriffes zu seiner Tatbestandsvoraussetzung gemacht wird. Dadurch gerät man bei einer wortlautgetreuen Auslegung in eine Art logischen Zirkelschluß und zwar unabhängig davon, ob man für den Verwertungs- oder Beseitigungsbegriff die Liste der Verfahren im Anhang oder die Definitionen im Gesetzestext für maßgeblich hält.

---

38 Nach dem Gesetzeswortlaut stellt zwar die bloße Zuführung zur Verwertung oder Beseitigung schon eine Entledigung dar, so daß man die Entledigung als davor liegenden (Zuführungs-)Akt ansehen könnte. Da jedoch auch die Vorbereitungshandlungen in den Verwertung- bzw. Beseitigungsbegriff nach § 4 Abs. 5 und § 10 Abs. 2 S. 1 KrW-/AbfG einbezogen sind, müßte man in den allermeisten Fällen in das Geschehen den Zuführungsakt mit Hilfe der logischen Sekunde hineinkonstruieren, was ebensowenig überzeugt.

Am Beispiel der Verwertung sei dies kurz erläutert: Voraussetzung für die Einstufung als Abfall ist die Durchführung einer Verwertung. Greift man auf die Verwertungsverfahren im Anhang II B zurück, so helfen die beschriebenen Verfahren selbst nicht weiter, weil sie - wie z.B. R 3 „Rückgewinnung von Metallen" - sich vom ursprünglichen Produktionsprozeß - im Beispiel der ursprünglichen Gewinnnung von Metallen - nicht unterscheiden. Der Unterschied besteht in ihren Einsatzstoffen, bei denen es sich um verbrauchte, verschmutzte, nicht mehr benötigte usw. Stoffe, mithin um Abfall, handeln muß. Hält man zu Recht die Aufzählung der Verfahren nicht für verbindlich und bestimmt den Inhalt des Verwertungsbegriffes mit Hilfe von § 4 Abs. 3, 4 KrW-/AbfG, so zeigt sich, daß auch hierfür nicht bestimmte Verfahrensweisen kennzeichnend sind - die Nutzung stofflicher Eigenschaften von Sachen sowie die Gewinnung von Stoffen aus ihnen könnte auch zur Kennzeichnung jeglicher Wirtschaftstätigkeit dienen.

Der Unterschied besteht insoweit nur in den von den Vorschriften explizit genannten Eingangsstoffen - nämlich Abfällen. Damit entsteht an dieser Stelle ein logischer Zirkel: Voraussetzung für die Einstufung einer Sache als Abfall ist die (beabsichtigte) Durchführung einer Verwertung. Diese unterscheidet sich von der übrigen Wirtschaftstätigkeit aber maßgeblich dadurch, daß es sich bei den Objekten ihrer Tätigkeit um Abfälle handelt. Damit ist es unmöglich, auf diesem Wege die Abfalleigenschaft einer Sache zu begründen, sie muß vielmehr entweder durch Rückgriff auf die anderen Entledigungstatbestände oder durch eine außerrechtliche Bestimmung des Abfallbegriffes erfolgen. Der ersten Lösung ist zweifellos der Vorrang zu geben.

Insofern scheint der Gesetzgeber des Jahres 1972 gut daran getan zu haben, wenn er die Passage streichen ließ, wonach auch die beweglichen Sachen, deren sich ihr Besitzer schon entledigt hat, Abfall sein sollen. Die Streichung erfolgte damals allerdings mit einer gänzlich anderen Begründung, wonach hiermit ein Fall beschrieben sei, der schon einen Verstoß gegen das Gesetz darstelle.[39]

6 Schlußbetrachtung

Die Betrachtung hat gezeigt, daß sich der Inhalt des den Ansatz des Abfallrechts maßgeblich prägenden subjektiven Abfallbegriffes im Vergleich von AbfG und KrW-/AbfG ganz erheblich geändert hat. Gleich geblieben ist allerdings die Tatsache, daß die abfallrechtliche Entledigung mit der zivilrechtlichen Dereliktion nur wenig gemein hat. In der Relation und unter Heranziehung außerrechtlicher Erklärungsversuche erscheint der Ansatz der Konkretisierung des Entledigungswillens in § 3 Abs. 3 KrW-/AbfG jedenfalls zur Erfassung des Sachproblems „Abfall" erheblich besser geeignet als die Motivsuche nach dem AbfG.

39 BT-Drs. VI/3154, S. 2.

Die Genehmigung ortsfester Abfallbeseitigungsanlagen nach § 31 Abs. 1 KrW-/AbfG - Zum Verhältnis von § 31 Abs. 1 KrW-/AbfG und § 4 Abs. 1 BImSchG

Torsten Riebe

1 Einleitung

Das Kreislaufwirtschafts- und Abfallgesetz[1] (KrW-/AbfG) ist am 6.10.1996 in Kraft getreten. Wie nicht anders zu erwarten war, bot es schon im Vorfeld seiner Verabschiedung ausreichenden Anlaß zur Veröffentlichung einer Fülle von Literatur, die sich mit verschiedenen Teilbereichen des neuen Gesetzes auseinandersetzte.

Indes ist ein Problemkreis in der Literatur bislang weitgehend unbeachtet geblieben bzw. nur ungenügend zur Sprache gebracht worden. Es handelt sich hierbei um das ungeklärte Verhältnis von § 31 Abs. 1 KrW-/AbfG zu § 4 des Bundes-Immissionsschutzgesetzes[2] (BImSchG).[3] Insbesondere fehlt es an einer ausreichenden Auseinandersetzung mit der im KrW-/AbfG vorhandenen Verweisung auf die Vorschriften des BImSchG für die Errichtung und den Betrieb von ortsfesten Abfallbeseitigungsanlagen zur Lagerung oder Behandlung von Abfällen zur Beseitigung. In § 31 Abs. 1 KrW-/AbfG heißt es dazu lediglich, daß diese einer Genehmigung nach den Vorschriften des BImSchG bedürfen, wobei es einer weiteren Zulassung nach dem KrW-/AbfG nicht bedarf.

Nun ließe sich anhand dieser Verweisung ohne weiteres annehmen - und dies dürfte auch die im Zweifel derzeit vertretene Meinung hierzu sein - daß sich die Frage des „Ob" und „Wie" der Zulassung von ortsfesten Abfallbeseitigungsanlagen einzig nach § 4 Abs. 1 BImSchG i.V.m. der 4. BImSchV richtet.[4] Das jedoch hätte zur Folge, daß die Formulierung des KrW-/AbfG in bestimmten Fällen leerliefe, nämlich dann, wenn die Prüfung nach § 4 Abs. 1 BImSchG i.V.m. der 4. BImSchV ergibt, daß die jeweils in Rede stehende Anlage keiner Genehmi-

---

1 Gesetz zur Förderung der Kreislaufwirtschaft und Sicherung der umweltverträglichen Beseitigung von Abfällen (BGBl. I S. 2705).

2 Gesetz zum Schutz vor schädlichen Umwelteinwirkungen durch Luftverunreinigungen, Geräusche, Erschütterungen und ähnliche Vorgänge vom 14.5.1990 (BGBl. I S. 880), zuletzt geändert durch Gesetz vom 19.7.1995 (BGBl. I S. 930).

3 Eine Ausnahme bildet der Beitrag von MAYER, ZUR 1997, 201 ff., der auf das Verhältnis dieser beiden Vorschriften eingeht.

4 MAYER, ZUR 1997, 201 (202); MOORMANN, UPR 1993, 286 (286). Zur gleichlautenden Regelung des § 7 Abs. 1 AbfG: FRITSCH, Das neue Kreislaufwirtschafts- und Abfallrecht, Rn. 529.

gung bedarf. Welche Funktion besitzt dann § 31 Abs. 1 KrW-/AbfG? Könnte es sich nicht auch so verhalten, daß § 31 Abs. 1 KrW-/AbfG selbst schon bestimmt, daß ortsfeste Abfallbeseitigungsanlagen einer Genehmigung bedürfen?

Dieses ungeklärte Verhältnis bzw. der bisherige Meinungsstand sollen nachfolgend einer kritischen Überprüfung unterzogen werden. Hierzu stellt sich der Gang der Untersuchung wie folgt dar:

Zunächst soll kurz auf die Stellung und Funktion des § 31 Abs. 1 KrW-/AbfG eingegangen werden (2). Im Anschluß daran ist weiter zu erörtern, welche Voraussetzungen § 31 Abs. 1 KrW-/AbfG für die Genehmigungspflicht von Abfallbeseitigungsanlagen formuliert und wie die dortigen Tatbestandsmerkmale auszulegen sind (3). Unter 4 soll sodann die Verweisung in § 31 Abs. 1 KrW-/AbfG auf die Vorschriften des BImSchG hinsichtlich ihres Regelungsunterhalts untersucht werden, womit zugleich auch die Kernfrage dieses Beitrags angesprochen wird. Den Abschluß bildet eine Zusammenfassung und ein kurzes Fazit (5).

2 Stellung und Funktion des § 31 Abs. 1 KrW-/AbfG

Nach § 27 Abs. 1 KrW-/AbfG dürfen Abfälle zum Zwecke der Beseitigung grundsätzlich nur in den dafür zugelassenen Anlagen oder Einrichtungen (Abfallbeseitigungsanlagen) behandelt, gelagert oder abgelagert werden. Mit dieser Vorschrift sollen in erster Linie wilde Ablagerungen verhindert und die Abfälle dorthin gelenkt werden, wo sie im Interesse einer vernünftigen Abfallwirtschaft am besten und für die Umwelt am unschädlichsten zu entsorgen sind.[5]

§ 27 KrW-/AbfG als die die Beseitigung von Abfällen koordinierende Norm steht in engem Zusammenhang mit § 31 KrW-/AbfG. Dieser bestimmt nämlich, daß ortsfeste Abfallbeseitigungsanlagen einer Genehmigung nach den Vorschriften des BImSchG oder einer Planfeststellung bedürfen, wobei noch zu klären sein wird, wie diese Verweisung auf das Immissionsschutzrecht im einzelnen auszulegen ist.

§ 27 und § 31 sind daher in der Weise miteinander verbunden, daß sich für den Besitzer von Abfällen zunächst die Frage stellt, was mit den Abfällen zu geschehen hat. Nachdem die Entscheidung für die Abfallbeseitigung gefallen ist, enthält das Gesetz die Vorgabe, daß diese Abfälle nur in zugelassenen Abfallbeseitigungsanlagen behandelt, gelagert oder abgelagert werden dürfen.

Das Zulassungsverfahren für diese Anlagen bzw. die Zuordnung zu dem entsprechenden Genehmigungsverfahren erfolgt wiederum über § 31 KrW-/AbfG, der hinsichtlich ortsfester Abfallbeseitigungsanlagen zur Lagerung oder Behandlung von Abfällen zur Beseitigung auf das BImSchG verweist. Für Anlagen zur Ablagerung von Abfällen (Deponien) bestimmt § 31 Abs. 2 KrW-/AbfG dagegen, daß diese grundsätzlich (Ausnahmen in Abs. 3) im Wege der Planfeststellung zuzulassen sind.

---

5 HÖSEL/V. LERSNER, § 4 AbfG, Rn. 3; KUTSCHEIDT, NVwZ 1994, 209 (209); FLUCK, in: FLUCK, KrW-/AbfG, § 27 Rn. 51.

Die Funktion des § 31 Abs. 1 KrW-/AbfG besteht auf den ersten Blick darin, zu bestimmen, welche Abfallbeseitigunganlagen überhaupt einer Zulassung (Genehmigung) bedürfen. § 31 Abs. 1 KrW-/AbfG legt dann weiter fest, daß ortsfeste Abfallbeseitigungsanlagen einer Genehmigung nach den Vorschriften des BImSchG bedürfen. Nach Abs. 2 müssen Deponien im Wege der Planfeststellung nach dem KrW-/AbfG zugelassen werden. Neben der Festlegung der zulassungsbedürftigen Anlagen ergibt sich aus § 31 KrW-/AbfG auch, in welcher Weise diese einzelnen Anlagentypen zuzulassen sind. Schließlich und endlich kann der Vorschrift auch entnommen werden, daß bewegliche Anlagen ohne eine Genehmigung zugelassen sind.[6]

Insbesondere die Frage, wie die Verweisung in das BImSchG in § 31 Abs. 1 KrW-/AbfG zu verstehen ist, soll nachfolgend näher untersucht werden.

3 Voraussetzungen der Genehmigungsbedürftigkeit einer ortsfesten Abfallbeseitigungsanlage, § 31 Abs. 1 KrW-/AbfG

Ein Genehmigungsbedürfnis besteht nach § 31 Abs. 1 KrW-/AbfG nur für ortsfeste Abfallbeseitigungsanlagen zur Lagerung oder Behandlung von Abfällen zur Beseitigung.

Aus diesem Grunde ist zunächst zu klären, was Abfallbeseitigungsanlagen sind (3.1) und weiter, wann diese ortsfest sind (3.2).

3.1 Begriff der Abfallbeseitigungsanlage

Nach der Legaldefinition des § 27 Abs. 1 Satz 1 KrW-/AbfG handelt es sich bei Abfallbeseitigungsanlagen um Anlagen oder Einrichtungen, in denen Abfälle zum Zwecke der Beseitigung behandelt, gelagert oder abgelagert werden.

Der Anlagenbegriff des KrW-/AbfG ist in erster Linie zweckbezogen und nicht technisch bestimmt.[7] Demzufolge kommt es für das Vorhandensein einer Anlage nicht auf besondere bauliche oder technische bzw. apparative Einrichtungen an.[8] Maßgeblich ist allein der Zweck der Anlage, was vor allem auch aus dem Wortlaut der Vorschrift folgt. Die Anlage muß daher einer der in § 27 KrW-/AbfG genannten Entsorgungsformen gewidmet sein[9], so daß es für die Qualifizierung

---

6 Dies kann aus der fehlenden Verbotsformulierung geschlossen werden und ergibt sich außerdem daraus, daß nur die ortsfesten Anlagen ausdrücklich einer Genehmigung bedürfen. Auf Einzelheiten dieses Meinungsstreits soll hier aber nicht eingegangen werden.

7 HÖSEL/V. LERSNER, § 4 AbfG, Rn. 4.

8 BVerwG, Urt. vom 30.3.1990, E 85, 120 (120); BVerwG, Urt. vom 1.12.1982, E 66, 301 (302); KLOEPFER, Umweltrecht, § 12 Rn. 120; KLEINSCHNITTGER, Die abfallrechtliche Planfeststellung, S. 49; HÖSEL/V. LERSNER, § 4 AbfG, Rn. 4.

9 So schon KUNIG, in: KUNIG/SCHWERMER/VERSTEYL, § 4 Rn. 12.

als Abfallbeseitigungsanlage bereits ausreichend ist, wenn es sich um ein Grundstück handelt, auf welchem Abfälle gelagert werden.[10]

Während jedoch die Frage des Vorhandenseins einer Abfallbeseitigungsanlage durch Rechtsprechung und Literatur mittlerweile erschöpfend und weitgehend einhellig geklärt zu sein scheint, wird die Frage, wann eine Abfallbeseitigungsanlage ortsfest ist, nicht einstimmig beantwortet.

Der Auslegung dieses Begriffs soll daher nachfolgend größere Aufmerksamkeit gewidmet sein. Vor allem bei Behandlungsanlagen ergeben sich hier immer wieder Probleme, weil der Betreiber zwar nicht das Vorliegen einer Abfallbeseitigungsanlage in Abrede stellt, wohl aber den Umstand, daß es sich um eine ortsfeste Anlage handelt und daher keine Genehmigungspflichtigkeit für diese Anlage bestehe.

3.2 Begriff der Ortsfestigkeit

§ 31 Abs. 1 KrW-/AbfG bestimmt, daß eine Abfallbeseitigungsanlage nur dann einer Genehmigung bedarf, wenn sie ortsfest ist.

Der Begriff der Ortsfestigkeit wird weder im KrW-/AbfG noch in einem anderen Gesetz (auch nicht im BImSchG) legal definiert. Er ist daher im Wege der Auslegung zu ermitteln, wobei u.U. die Literatur, die sich mit der Ortsfestigkeit einer Anlage nach dem BImSchG befaßt, herangezogen werden kann. Ausgehend vom Wortsinn ist unter einer ortsfesten Anlage eine solche zu verstehen, die nicht ortsveränderlich ist.[11]

Zum Teil wird auch versucht, die Ortsfestigkeit einer Anlage anhand von objektiven Kriterien zu bestimmen. Danach sollen ortsfest solche Anlagen sein, die auf Dauer mit dem Erdboden verbunden sind.[12] In eine ähnliche Richtung geht die Überlegung, die Ortsfestigkeit einer Anlage nach den Kriterien des Bauordnungsrechts zu bestimmen.[13] Danach gelten bauliche Anlagen als ortsfest, die zwar demontiert und an einer anderen Stelle wieder neu errichtet werden können (und damit eigentlich als ortsveränderlich zu bezeichnen wären), wenn sie so aufgestellt und mit dem Erdboden verbunden werden, daß sie nicht ohne technische Hilfsmittel wie Traktoren oder Kräne wegbewegt werden können.[14]

Teilweise wird aber auch vertreten, es komme auf die vom Anlagenbetreiber beabsichtigte Nutzungsdauer an. Ortsfest sind Anlagen danach immer dann, wenn sie nach der Bestimmung des jeweiligen Betreibers für längere Zeit an ein

---

10 FRITSCH, Das neue Kreislaufwirtschafts- und Abfallrecht, Rn. 522; BVerwG, Urt. vom 30.3.1990, E 85, 120 (120); BVerwG, Urt. vom 1.12.1982, E 66, 301 (302).

11 JARASS, BImSchG, § 3 Rn. 59.

12 SCHMATZ/NÖTHLICHS, § 3 BImSchG, Anm. 13; JARASS, BImSchG, § 3 Rn. 61.

13 BECKMANN, NVwZ 1993, 305 (309).

14 BECKMANN, NVwZ 1993, 305 (310); BVerwG, Urt. vom 17.12.1976, NJW 1977, 2090 (2090).

und demselben Ort genutzt bzw. betrieben werden sollen.[15] Bei dieser Ansicht spielt zugleich eine entscheidende Rolle, welcher zeitliche Rahmen der Bestimmung der Ortsfestigkeit zugrunde zu legen ist.

Fraglich ist, ob in erster Linie zeitliche Aspekte eine Rolle spielen sollen oder vordringlich die tatsächlichen Gegebenheiten, wie etwa die Konstruktion der Anlage (beispielsweise die Verbindung mit dem Erdboden).

Ausgehend vom Sinn und Zweck des Tatbestandsmerkmals „ortsfest" als Abgrenzungskriterium zur Bestimmung der Genehmigungsbedürftigkeit einer Anlage liegt es nahe, anzunehmen, daß hierdurch auf die Relevanz der Anlage für die Umgebung abgestellt werden soll. Hierbei darf nicht übersehen werden, daß eine Anlage auch ohne feste Verbindung mit dem Erdboden durchaus über einen längeren Zeitraum an ein und derselben Stelle genutzt und so faktisch mit einer fest installierten Anlage hinsichtlich ihrer Auswirkungen auf die Umgebung gleichgesetzt werden kann. Würde also allein auf objektive Anhaltspunkte, wie die Konstruktion der Anlage, abgestellt werden, so kann dies in Einzelfällen (lange Nutzungsdauer einer transportablen Anlage) zu unbilligen Ergebnissen führen. Ähnliches gilt aber auch für die Fälle, in denen man sich an der vom Betreiber geplanten Nutzungsdauer orientiert. Probleme können sich hier aus der notwendigerweise zu treffenden Prognoseentscheidung ergeben, die in erster Linie von den Angaben des künftigen Betreibers abhängt. Dieser dürfte geneigt sein, die für ihn günstigere Konstellation zu wählen.

Unproblematisch - und nach allen Gesichtspunkten gleich zu beurteilen - dürften die Fälle sein, in denen sich die Ortsfestigkeit einer Anlage aus der Konstruktion ergibt. Bei einer dauerhaften Verbindung mit dem Erdboden kann zweifelsfrei von einer ortsfesten Anlage ausgegangen werden, da die Anlage nach rein objektiven Kriterien nicht ortsveränderlich ist. Damit ist das Tatbestandsmerkmal „ortsfest" erfüllt. Würde bei derartigen Anlagen die Prognose über die Nutzungsdauer als Merkmal herangezogen, so könnte gleichwohl die Konstruktion als Indiz für eine ortsfeste Nutzung herangezogen werden, weil bei einer Verbindung mit dem Erdboden jedenfalls davon auszugehen ist, daß die Anlage über einen längeren Zeitraum an ein und derselben Stelle benutzt werden soll. Dies gilt auch dann, wenn der Betreiber der Anlage eine kurze Nutzungsdauer behauptet oder anstrebt.[16]

Sofern die Anlage nicht fest mit dem Erdboden verbunden ist, kann sich die Ortsfestigkeit auch aus der Dauer der beabsichtigten Nutzung ergeben, weil dieses Kriterium Auskunft über die Erheblichkeit des Eingriffs für die Umwelt geben kann.

Es stellt sich allerdings die Frage, welche Dauer der Nutzung an demselben Ort geeignet ist, eine Anlage als ortsfest zu bezeichnen. Prinzipiell kann eine Dauer von mehr als 6 Monaten ausreichen, um eine Anlage als ortsfest zu bezeichnen.[17]

---

15 KUTSCHEIDT, in: LANDMANN/ROHMER, § 3 BImSchG, Rn. 27; SELLNER, Immissionsschutzrecht, Rn. 12.

16 HENKEL, Der Anlagenbegriff nach dem BImSchG, S. 33.

17 HÖSEL/V. LERSNER, § 7 AbfG, Rn. 9.

Diese Frist entsprach § 1 Abs. 1 der 4. BImSchV vor der Änderung durch das Investitionserleichterungs- und Wohnbaulandgesetz[18], durch das die Frist auf 12 Monate verlängert wurde. Da die 4. BImSchV nicht intendierte, den Begriff der Ortsfestigkeit zu definieren, sondern die Genehmigungsbedürftigkeit von Anlagen, kann die 6-Monats-Frist weiterhin als Anhaltspunkt für die Bestimmung des Begriffs „ortsfest“ genutzt werden.[19]

Der gegenteiligen Auffassung[20], wonach für die Bestimmung der Ortsfestigkeit einer Anlage wegen des ausdrücklich angeordneten Zusammenwirkens von Abfallrecht und Immissionsschutzrecht (§ 7 Abs. 1 AbfG bzw. § 31 Abs. 1 KrW-/AbfG) alleine auf § 1 Abs. 1 der 4. BImSchV zurückzugreifen sei, kann nicht gefolgt werden. Die Funktion der 4. BImSchV besteht alleine darin, den Kreis der genehmigungsbedürftigen immissionsschutzrechtlichen Anlagen abschließend zu bestimmen.[21] Auch die Formulierung „an demselben Ort“ in § 1 Abs. 1 der 4. BImSchV kann nicht mit dem Begriff „ortsfest“ gleichgesetzt werden.[22] Zwar richtete und richtet sich die Genehmigungsbedürftigkeit einer Anlage danach, wie lange sie an demselben Ort betrieben wird, ortsfest im Sinne des BImSchG muß sie deswegen noch nicht sein.

Da die frühere 6-Monats-Frist des § 1 Abs. 1 der 4. BImSchV lediglich als Anhaltspunkt für die Bestimmung der Ortsfestigkeit einer Anlage herangezogen wurde, ist nicht einzusehen, warum dieser Anhaltspunkt durch eine Änderung der Vorschriften über die Genehmigungsbedürftigkeit einer Anlage auch zugleich Einfluß auf den Anhaltspunkt für die Bestimmung der Ortsfestigkeit einer Anlage haben soll. Dieses muß insbesondere für den Begriff der Ortsfestigkeit im KrW-/AbfG bezweifelt werden. Der Begriff der ortsfesten Abfallbeseitigungsanlage ist nach alledem jedenfalls losgelöst von der 4. BImSchV auszulegen.

Eine Abfallbeseitigungsanlage ist somit ortsfest, wenn sie entweder fest mit dem Erdboden verbunden ist oder aber länger als 6 Monate (unabhängig von ihrer Konstruktion) an demselben Ort betrieben werden soll.

3.3 Ergebnis

Genehmigungsbedürftig nach § 31 Abs. 1 KrW-/AbfG sind solche Anlagen bzw. Einrichtungen, die durch den Betreiber dazu gewidmet wurden, Abfälle zum Zwecke der Beseitigung zu behandeln oder zu lagern. Für das Vorhandensein einer Abfallbeseitigungsanlage kommt es nicht auf die Existenz technischer Ein-

18 Vom 22.4.1993 (BGBl. I S. 466).

19 HÖSEL/V. LERSNER, § 7 AbfG, Rn. 9; FRITSCH, Das neue Kreislaufwirtschafts- und Abfallrecht, Rn. 524; JARASS, BImSchG, § 3 Rn. 61.

20 REIDT, NVwZ 1993, 861 (862).

21 KRACHT, UPR 1993, 369 (369); KUTSCHEIDT, in: LANDMANN/ROHMER, § 3 BImSchG, Rn. 27 und § 4 BImSchG, Rn. 3a; HENKEL, Der Anlagenbegriff nach dem BImSchG, S. 34; SCHMATZ/NÖTHLICHS, § 3 BImSchG, Anm. 14; HÖSEL/ V. LERSNER, § 7 AbfG, Rn. 9; MAYER, ZUR 1997, 201 (202).

22 HANSMANN, in: LANDMANN/ROHMER, § 1 der 4. BImSchV, Rn. 11.

richtungen oder baulicher Anlagen an. Ortsfest werden diese Anlagen betrieben, wenn sie entweder fest mit dem Erdboden verbunden sind oder länger als 6 Monate an demselben Ort betrieben werden.

Sind diese Voraussetzungen erfüllt, bedürfen die Anlagen nach dem Wortlaut des § 31 Abs. 1 KrW-/AbfG einer Genehmigung nach den Vorschriften des BImSchG.

4 Bedeutungsgehalt der Verweisung in das BImSchG

Grundsätzlich wäre aus der Verweisung in § 31 Abs. 1 KrW-/AbfG zu folgern, daß die Genehmigungsbedürftigkeit ortsfester Abfallbeseitigungsanlagen damit hinreichend bestimmt ist und sich das Genehmigungserfordernis bereits zwingend aus dem KrW-/AbfG ergibt. In diesem Fall wäre § 31 Abs. 1 KrW-/AbfG als generelle Rechtsfolgenverweisung auf die Genehmigungstatbestände des BImSchG anzusehen. Dies hätte zur Folge, daß es einer weiteren Prüfung des Genehmigungserfordernisses nicht mehr bedürfte und ortsfeste Abfallbeseitigungsanlagen im Sinne des KrW-/AbfG generell genehmigungspflichtig wären.

Zweifel hieran ergeben sich jedoch schon deshalb, weil das Genehmigungserfordernis im Immissionsschutzrecht nicht auf die abstrakt-generelle Umschreibung genehmigungsbedürftiger Anlagen in § 4 Abs. 1 Satz 1 BImSchG gestützt wird. Maßgeblich ist hier die aufgrund des § 4 Abs. 1 Satz 3 BImSchG erlassene Rechtsverordnung, die im Interesse der Rechtssicherheit den Kreis genehmigungsbedürftiger Anlagen abschließend bestimmt.[23] Demnach handelte es sich bei der Verweisung in § 31 Abs. 1 KrW-/AbfG lediglich um eine Rechtsgrundverweisung. In diesem Fall würde sich nicht nur das „Wie“ sondern auch das „Ob“ der Genehmigung einer ortsfesten Abfallbeseitigungsanlage losgelöst vom KrW-/AbfG nach § 4 Abs. 1 BImSchG i.V.m. der 4. BImSchV richten.

Für eine Rechtsfolgenverweisung spricht, daß sich das Genehmigungserfordernis aller Abfallbeseitigungsanlagen sowohl aus dem Wortlaut des § 31 Abs. 1 KrW-/AbfG als auch aus der Aufnahme der Abfallentsorgungsanlagen[24] in § 4 Abs. 1 BImSchG ergibt.[25] Der Begriff der Abfallbeseitigungsanlage ist hinreichend präzise, um das Genehmigungserfordernis zu bestimmen. Durch die Beschränkung auf ortsfeste Abfallbeseitigungsanlagen läßt sich der Kreis auch von vornherein begrenzen.

Die ursprüngliche Fassung des § 4 Abs. 1 BImSchG erstreckte sich ganz allgemein auf Anlagen, die auf Grund ihrer Beschaffenheit oder ihres Betriebs in besonderem Maße geeignet sind, schädliche Umwelteinwirkungen hervorzurufen

---

23 MAYER, ZUR 1997, 201 (202); KUTSCHEIDT, in: LANDMANN/ROHMER, § 3 BImSchG, Rn. 3a.; KRACHT, UPR 1993, 369 (369); BENDER/SPARWASSER/ENGEL, Rn. 6/121.

24 Da der Begriff der Abfallentsorgung nach § 3 Abs. 7 KrW-/AbfG die Verwertung und Beseitigung von Abfällen umfaßt, mithin weiter als der der Beseitigung ist, sind Abfallbeseitigungsanlagen von § 4 Abs. 1 BImSchG ebenfalls erfaßt.

25 So wohl auch SCHINK, DÖV 1993, 725 (727).

oder in anderer Weise die Allgemeinheit oder die Nachbarschaft zu gefährden, erheblich zu benachteiligen oder erheblich zu belästigen. Angesichts dieser allgemeinen Umschreibung genehmigungsbedürftiger Anlagen war der Erlaß einer entsprechenden Rechtsverordnung aus Gründen der Rechtssicherheit erforderlich, um den Kreis der genehmigungsbedürftigen Anlagen zu bestimmen. Für Abfallbeseitigungsanlagen ist eine derartige Konkretisierung durch eine Rechtsverordnung durch die Definierbarkeit derartiger Anlagen nicht erforderlich.

Hinzu kommt, daß auch die Ausschußbegründung zum Entwurf des § 31 Abs. 1 KrW-/AbfG den Schluß zuläßt, der Gesetzgeber habe die Frage der Genehmigungsbedürftigkeit ortsfester Abfallbeseitigungsanlagen unmittelbar im KrW-/AbfG verankern wollen. So wurde in der Ausschußbegründung unter anderem ausgeführt, daß § 31 bestimme, ob und inwieweit die Errichtung und der Betrieb von ortsfesten Abfallentsorgungsanlagen der Planfeststellung oder der Genehmigung bedürften.[26]

Probleme bereitet allerdings die Tatsache, daß die Bestimmung der Genehmigungsbedürftigkeit alleine aufgrund des Gesetzes offen läßt, wie die ortsfesten Abfallbeseitigungsanlagen zu genehmigen sind. Das Genehmigungsverfahren nach dem BImSchG ist durch die Existenz der 4. BImSchV in der Weise ausgelegt, daß es sich nach der Einordnung des Anlagentyps in Spalte 1 oder 2 des Anhangs zur 4. BImSchV richtet.

Würde man demnach die Verweisung in das BImSchG als reine Rechtsfolgenverweisung ansehen, so stellt sich die Frage, ob ortsfeste Abfallbeseitigungsanlagen im förmlichen oder im vereinfachten Verfahren zu genehmigen sind.

Um dies zu bestimmen, bedarf es nach der Systematik des immissionsschutzrechtlichen Genehmigungsverfahrens jedoch einer Einordnung in den Anlagenkatalog der 4. BImSchV, was wiederum voraussetzt, daß der Weg über § 4 Abs. 1 S. 1 und 3 i.V.m. § 1 Abs. 1 der 4. BImSchV zu beschreiten ist. Dann müßte die Genehmigungsbedürftigkeit der ortsfesten Abfallbeseitigungsanlage jedoch im Einzelfall erneut anhand von § 1 Abs. 1 der 4. BImSchV geprüft werden.

Sieht man in § 31 Abs. 1 KrW-/AbfG dagegen zwingend eine reine Rechtsfolgenverweisung, so bliebe hinsichtlich der Einordnung in eines der beiden immissionsschutzrechtlichen Genehmigungsverfahren nur die Möglichkeit, generell alle ortsfesten Abfallbeseitigungsanlagen - unabhängig ihrer spezifischen Besonderheiten - als Anlagen nach Nr. 8.11 anzusehen und im vereinfachten Verfahren nach § 19 BImSchG zu genehmigen.

Das wiederum hätte im Ergebnis zur Folge, daß die übrigen unter Nr. 8 der 4. BImSchV genannten Anlagen überflüssigerweise im Anhang aufgeführt würden und die Möglichkeit eines unter Umständen im Einzelfall erforderlichen förmlichen Genehmigungsverfahrens abgeschnitten wäre, was umweltpolitisch wenig sinnvoll erscheint.

Dies alles spricht dafür, in § 31 Abs. 1 KrW-/AbfG eine Rechtsgrundverweisung auf die Vorschriften des BImSchG zu sehen, so daß sich die Genehmi-

---

26 BT-Drs. 12/7240, S. 21.

gungsbedürftigkeit ortsfester Abfallbeseitigungsanlagen erst aus § 4 Abs. 1 BImSchG i.V.m. § 1 Abs. 1 der 4. BImSchV ergibt.

Fraglich ist jedoch, ob durch dieses vorläufige Ergebnis nicht ein potentieller Wertungswiderspruch entsteht. Dieser würde sich verwirklichen, wenn die Prüfung nach § 4 Abs. 1 BImSchG i.V.m. § 1 Abs. 1 der 4. BImSchV ergibt, daß die ortsfeste Abfallbeseitigungsanlage aus bestimmten Gründen keiner Genehmigung bedarf. Dieses Ergebnis stünde dann im Widerspruch zu dem zuvor im Rahmen des § 31 Abs. 1 KrW-/AbfG Ermittelten, wonach ortsfeste Abfallbeseitigungsanlagen einer Genehmigung nach dem BImSchG bedürfen.

Diese Gefahr besteht weniger, wenn es um den konkreten Anlagentyp geht, da der Anlagenkatalog im Anhang zur 4. BImSchV unter Nr. 8.11 (Spalte 2) auch ganz allgemein „Abfallentsorgungsanlagen zur Lagerung oder Behandlung von Abfällen" enthält. Diese sind zumindest im vereinfachten Verfahren nach § 19 BImSchG zu genehmigen.

Ein Problem ist vielmehr in der nach § 1 Abs. 1 Satz 1 der 4. BImSchV immissionsschutzrechtlich erforderlichen Mindestbetriebsdauer von 12 Monaten für die im Anhang zur 4. BImSchV genannten Anlagen zu sehen.

Da im Rahmen des § 31 Abs. 1 KrW-/AbfG eine Genehmigungspflicht aufgrund der Ortsfestigkeit einer Anlage nach einer 6 Monate übersteigenden Betriebsdauer angenommen wird, besteht ein erheblicher Wertungswiderspruch, wenn im Rahmen des BImSchG eine Genehmigungspflicht bei dieser Betriebszeit zu verneinen ist.

Diesem Widerspruch kann auch nicht damit entgegengetreten werden, es handele sich bei § 31 Abs. 1 KrW-/AbfG um eine reine Rechtsgrundverweisung. Dies muß nach wie vor deshalb bezweifelt werden, weil sich dann auch die Erwähnung der Ortsfestigkeit von Abfallbeseitigungsanlagen in § 31 Abs. 1 KrW-/AbfG erübrigt hätte. Für eine Rechtsgrundverweisung wäre es ausreichend gewesen, in ähnlicher Weise, wie in § 4 Abs. 1 BImSchG, allgemein von Anlagen zu sprechen, ohne weitere Eingrenzungen hinsichtlich der Ortsfestigkeit vorzunehmen.

Vielmehr läßt die Wortwahl in § 31 Abs. 1 KrW-/AbfG i.V.m. dem zuvor Gesagten den eindeutigen Schluß zu, daß der Gesetzgeber die Frage des „Ob" bereits abschließend im KrW-/AbfG beantworten wollte. Lediglich hinsichtlich des Verfahrens selbst sollte nach dem Willen des Gesetzgebers auf dasjenige des Immissionsschutzrechts zurückgegriffen werden.

In dieser Weise betrachtet, muß es als zulässig und notwendig erachtet werden, sich über die üblicherweise erforderliche Mindestbetriebsdauer von 12 Monaten für die im Anhang zur 4. BImSchV unter Nr. 8 genannten Anlagen hinwegzusetzen. Lediglich der Anhang selbst und die sich daraus ergebende Zuordnung zu den beiden Verfahrensarten sind insoweit von Bedeutung für die Genehmigung ortsfester Abfallbeseitigungsanlagen.

Dieses Ergebnis steht auch nicht im Widerspruch zu den gesetzlichen Regelungen. § 31 Abs. 1 KrW-/AbfG ist im Hinblick auf die Abfallbeseitigung spezieller als das BImSchG, so daß dortige Vorgaben auch für das BImSchG verbindlich sein müssen. Soweit das KrW-/AbfG die Genehmigungspflicht für ortsfeste Abfallbeseitigungsanlagen festlegt, wird durch das BImSchG in Verbindung mit der 4. BImSchV nur noch die Verfahrensart bestimmt.

Handelt es sich bei der Abfallbeseitigungsanlage nicht um eine ortsfeste Anlage, weil die 6 Monatsfrist unterschritten wird, so ist zwar noch kurz zu prüfen, ob die Anlage unmittelbar nach dem BImSchG zu genehmigen ist, weil das spezielle Gesetz für ortsveränderliche Anlagen keine Regelung enthält. Diese Prüfung kann jedoch dem Grunde nach auch unterbleiben, da eine Genehmigungspflicht bei unmittelbarer Anwendung des BImSchG voraussetzt, daß die Anlage mindestens 12 Monate an ein und demselben Ort betrieben wird (vgl. § 1 Abs. 1 der 4. BImSchV).

Nach alledem sind ortsfeste Abfallbeseitigungsanlagen generell genehmigungspflichtig nach dem BImSchG. Die Wahl des Verfahrens richtet sich dabei nach dem Anhang zur 4. BImSchV, auf den ergänzend zurückgegriffen werden kann.

5 Zusammenfassung und Fazit

Zusammenfassend kann folgendes Ergebnis formuliert werden: Ortsfeste Abfallbeseitigungsanlagen zur Behandlung und Lagerung von Abfällen zur Beseitigung bedürfen generell einer Genehmigung nach dem BImSchG. Diese Genehmigungspflicht folgt bereits unmittelbar aus § 31 Abs. 1 KrW-/AbfG. Würde es sich bei § 31 Abs. 1 KrW-/AbfG um eine Rechtsgrundverweisung handeln, so würde dies zu Wertungswidersprüchen zwischen dem KrW-/AbfG, welches grundsätzlich das speziellere Gesetz ist, und dem BImSchG führen. Diesem Wertungswiderspruch, der bei einer reinen Rechtsgrundverweisung nicht aufzulösen wäre, kann nur dadurch begegnet werden, in § 31 Abs. 1 KrW-/AbfG eine Rechtsfolgenverweisung zu sehen, die lediglich die Wahl des Verfahrens den Vorschriften des BImSchG überantwortet.

Die Vorschrift des § 31 Abs. 1 KrW-/AbfG ist äußerst unglücklich ausgestaltet. Durch die fast mit § 4 Abs. 1 BImSchG identische Wortwahl wird der Eindruck erweckt, daß „Ob" der Genehmigungsbedürftigkeit ortsfester Abfallbeseitigungsanlagen würde sich ebenso wie das der übrigen Industrieanlagen unmittelbar nach der 4. BImSchV richten. Derartige Widersprüche wären unproblematisch zu vermeiden gewesen. So hätte es lediglich eines schlichten Hinweises auf die Verfahrensregelung des Immissionsschutzrechts bedurft, um nicht die Frage der Genehmigungsbedürftigkeit vermeintlich in das BImSchG zu verlagern.

Sofern der Gesetzgeber dagegen in der Tat beabsichtigt haben sollte, die Genehmigungsbedürftigkeit der als „ortsfest" bezeichneten Abfallbeseitigungsanlagen vollständig in das BImSchG zu verlagern, so hätte er besser daran getan, Abfallbeseitigungsanlagen insgesamt - unabhängig von der Frage der Ortsfestigkeit - in § 31 KrW-/AbfG zu erwähnen und statt des Begriffs „bedürfen" den Begriff „richten" zu wählen.

In diesem Fall allerdings wäre zu beanstanden gewesen, daß wieder einmal zu Gunsten der Beschleunigung und Vereinfachung der Genehmigungsverfahren der zum Schutz der Umwelt erforderliche Prüfungsaufwand auf der Strecke geblieben wäre. Zwar beinhaltet ein schnelles Verfahren nicht unbedingt mangelhaften Umweltschutz, bei einem Ausfall des Verfahren wegen fehlender Genehmigungsbedüftigkeit besteht diese Gefahr jedoch durchaus.

Gerade im Bereich der Abfallbehandlung kommen häufig sogenannte mobile Anlagen zum Einsatz, da nur ein zeitlich begrenzter Bedarf vorliegt. Solche Anlagen, die zwar keine feste Verbindung mit dem Erdboden aufweisen, können jedoch gleichwohl nach Überschreitung eines sechsmonatigen Zeitraumes unter Umständen erhebliche Auswirkungen auf ihre Umwelt haben, so daß ein förmliches oder vereinfachtes Verfahren zur Prüfung der möglichen Auswirkungen angezeigt zu sein scheint.

Rechtliche Anforderungen an die Zulassung und den Betrieb von Bodenwaschanlagen

Stefan Palaschinski

1 Einführung

Gegenstand dieser Ausführungen ist die Darstellung der Zulassungs- und Betriebsanforderungen von im wesentlichen bei der Altlastensanierung eingesetzten Bodenwaschanlagen, also Anlagen zur Reinigung kontaminierten Erdreichs.

Bodenwaschanlagen sind den chemisch-physikalischen Verfahren in Abgrenzung zu den thermischen und biologischen Verfahren zuzuordnen. Wesentliches Merkmal dieses Reinigungsverfahren ist die Abtrennung der dem Erdreich anhaftenden Schadstoffe unter Einsatz von Wasser mit und ohne Lösungsmitteln sowie durch mechanische Einwirkung. In der eigentlichen Waschphase, dem sogenannten Naßaufschluß, wird der verunreinigte Boden mit der Lösungsflüssigkeit gespült oder einer Hochdruckbestrahlung ausgesetzt. Anschließend wird in einem mechanisch/chemischen Trennprozeß mittels Klassierung und Sortierung das Wasser-Boden-Schadstoffgemisch, welches bei dem Naßaufschluß anfällt, weitestgehend aufgetrennt. Damit wird eine Konzentration des Schadstoffanteils erreicht, der anschließend thermisch- biologisch oder durch Ablagerung beseitigt werden muß.

Mit Bodenwaschanlagen wurden bisher weit über 500.000 Tonnen unterschiedlich kontaminierter Böden gereinigt.[1] Dieses Reinigungsverfahren hat daher im Rahmen der Kontaminationsbeseitigung eine besondere Bedeutung. Der verstärkte Einsatz dieser Verfahren beruht insbesondere darauf, daß Bodenwaschverfahren bei vergleichsweise positiver Wirtschaftslichkeitsbeurteilung eine schadstoff- und bodenbezogen vielseitige Einsetzbarkeit mit hohen Reinigungsergebnissen aufweisen.[2]

Bodenwaschanlagen werden sowohl ex-situ, d.h. on- und off-site, als auch insitu betrieben. Abhängig vom Umfang des Sanierungsprojektes und des eingesetzten Verfahrens handelt es sich bei den eingesetzten Anlagen um auf Lkw

---

1 LANDESANSTALT FÜR UMWELTSCHUTZ BADEN-WÜRTTEMBERG (Hg.), Handbuch Bodenwäsche, S. 205 ff.; WILLE, Bodensanierungsverfahren, S. 84 ff.

2 Ausführliche Angaben bei WILLE, Bodensanierungsverfahren, S. 90 ff.; LANDESANSTALT FÜR UMWELTSCHUTZ BADEN-WÜRTTEMBERG (Hg.), Handbuch Bodenwäsche, S. 6 f., 206 ff. und 235 ff.; LANDESANSTALT FÜR UMWELTSCHUTZ BADEN-WÜRTTEMBERG (Hg.), Emissionen und Umweltauswirkungen von Altlastensanierungsverfahren, S. 4 ff.; HOFFMANN, in: GOSSOW (Hg.), Altlastensanierung, S. 62 ff.

installierte Einrichtungen, die nur kurzfristig am Sanierungsort verweilen, um Module in Containerbauweise, die projektabhängig unterschiedlich fest mit dem Erdboden verbunden werden oder um Einrichtungen, die auf festen Fundamenten ruhen und mit Versorgungsleitungen versehen sind. Diese unterschiedliche Konzeption in der Bauart wirkt sich auch auf die rechtliche Zulassung der Errichtung und des Betriebs der Anlagen aus.

Die rechtlichen Grundlagen für die Zulassung und den Betrieb von Bodenwaschanlagen haben sich in den vergangenen Jahren erheblich verändert. Diese Änderungen sind jedoch für die Analyse der heutigen Rechtslage von erheblicher Bedeutung.

Das vormals gültige Abfallgesetz[3] (AbfG) hatte in seiner Fassung bis zu dem Inkrafttreten des Investitionserleichterungs- und Wohnbaulandgesetzes[4] (InvWoBauLG) ortsfeste Abfallentsorgungsanlagen grundsätzlich der Planfeststellungspflicht unterworfen.

Die Einschlägigkeit dieses Genehmigungserfordernisses war für Bodenwaschanlagen jedoch nicht unumstritten, zumal die Abfalleigenschaft verunreinigter Böden zumindest nach rein abfallrechtlicher Definition als zweifelhaft angesehen werden mußte.

Parallel dazu normierte das Bundes-Immissionsschutzgesetz[5] (BImSchG) in § 4 Abs. 1 die Genehmigungsbedürftigkeit von Anlagen, die auf Grund ihrer Beschaffenheit oder ihres Betriebes in besonderem Maße geeignet sind, schädliche Umwelteinwirkungen hervorzurufen oder in anderer Weise die Allgemeinheit oder die Nachbarschaft zu gefährden, erheblich zu benachteiligen oder erheblich zu belästigen (Anlagen mit Emissionspotential). Die auf Grund der Ermächtigungsgrundlage in § 4 Abs. 1 S. 3 BImSchG erlassene Vierte Verordnung zur Durchführung des Bundes-Immissionsschutzgesetzes[6] (4. BImSchV) führte diese Anlagen auf. Nach der Änderungs-Verordnung vom 28.8.1991 wurden in der 4. BImSchV auch Anlagen aufgeführt, die der Behandlung von verunreinigtem Boden dienen, sofern dabei der Boden vor seiner Behandlung entnommen wird (ex-situ-Anlagen).

Mit Inkrafttreten des InvWoBauLG wurde das Planfeststellungserfordernis für Abfallentsorgungsanlagen aufgehoben und festgelegt, daß diese Anlagen nunmehr ausschließlich einer Genehmigung nach den Vorschriften des BImSchG bedurften.

---

3 Vom 27.8.1986 (BGBl. I S. 1410 ber. S. 1501), zuletzt geändert durch Gesetz vom 12.9.1996 (BGBl. I S. 1354).

4 Vom 22.4.1993 (BGBl. I S. 466).

5 Gesetz zum Schutz vor schädlichen Umwelteinwirkungen durch Luftverunreinigungen, Geräusche, Erschütterungen und ähnliche Vorgänge vom 14.5.1990 (BGBl. I S. 880), zuletzt geändert durch Gesetz vom 19.7.1995 (BGBl. I S. 930).

6 Verordnung über genehmigungsbedürftige Anlagen i.d.F.d.B. vom 14.3.1997 (BGBl. I S. 504).

Diese Rechtsentwicklung hat ebenfalls Eingang in das Kreislaufwirtschafts- und Abfallgesetz[7] (KrW-/AbfG) gefunden. Auch wenn nach wie vor die Qualifikation von verunreinigtem Erdreich als Abfall nicht unproblematisch erscheint, bleiben aufgrund dieser Entwicklungsgeschichte des Zulassungsrechts für Abfallentsorgungsanlagen die Anlagenzulassungsvorschriften des KrW-/AbfG Ausgangspunkt für die Überprüfung der Zulassungspflicht für Bodenwaschanlagen.

So normiert § 27 Abs. 1 S. 1 KrW-/AbfG die Pflicht, daß Abfälle zum Zweck der Beseitigung nur in den dafür zugelassenen Anlagen oder Einrichtungen (Abfallbeseitigungsanlagen) behandelt, gelagert oder abgelagert werden dürfen. Das KrW-/AbfG enthält jedoch nur noch für die Errichtung und den Betrieb von Deponien eine eigene Festlegung der Genehmigungspflichtigkeit und des durchzuführenden Verfahrens. § 31 Abs. 2 KrW-/AbfG legt für diese Anlagen fest, daß ein Planfeststellungsverfahren durchzuführen ist.

Für die Errichtung und den Betrieb aller übrigen Abfallbeseitigungsanlagen statuiert § 31 Abs. 1 S. 1 KrW-/AbfG fest, daß diese der Genehmigung nach den Vorschriften des BImSchG bedürfen, und es einer weiteren Zulassung nach dem KrW-/AbfG nicht bedarf.

Die Entsprechung dieses Verweises auf immissionsschutzrechtliche Genehmigungsvorschriften findet sich auch nach den Novellierungen durch das Gesetz zur Vermeidung, Verwertung und Beseitigung von Abfällen vom 27.9.1994 in unverändertem Wortlaut in § 4 Abs. 1 S. 1 BImSchG.

Seit Inkrafttreten des InvWoBauLG erklärt § 4 Abs. 1 S. 1 BImSchG, daß neben den Anlagen mit besonderem Emissionspotential auch die Errichtung und der Betrieb von ortsfesten Abfallentsorgungsanlagen zur Lagerung oder Behandlung von Abfällen einer Genehmigung bedürfen.

§ 4 Abs. 1 S. 3 BImSchG enthält eine Ermächtigung an den Verordnungsgeber, die Anlagen zu bestimmen, die einer Genehmigung bedürfen. Die in der 4. BImSchV erwähnten Anlagen zur Behandlung verunreinigten Bodens sind nur dann genehmigungspflichtig, wenn der Betrieb für länger als zwölf Monate an demselben Ort geplant ist.

Gegenstand der nachfolgenden Ausführungen ist die Frage, welche Bedeutung die Regelung des § 4 Abs. 1 BImSchG für die Anlagenzulassung generell und insbesondere für Bodenwaschanlagen als Abfallentsorgungsanlagen hat.

Klärungsbedürftig ist, inwieweit sich eine Genehmigungsbedürftigkeit bereits unmittelbar aus dem Gesetz ergibt und welche Folge die Aufnahme der Anlagen in den Katalog zur 4. BImSchV hat.

Der Wortlaut des § 4 Abs. 1 S. 1 BImSchG erlaubt die Annahme, daß sich bereits eine Genehmigungsbedürftigkeit unmittelbar aus dieser Vorschrift ergibt. Die allgemein vertretene Ansicht sieht in § 4 Abs. 1 S. 1 BImSchG im wesentlichen die Umschreibung der Genehmigungsbedürftigkeit als solche und eine inhaltliche Vorgabe an den Verordnungsgeber. Danach ist für die Genehmigungsbedürftigkeit einzig die Aufnahme der Anlage in den Katalog zur 4. BImSchV

---

7 Gesetz zur Förderung der Kreislaufwirtschaft und zur Sicherung der umweltverträglichen Beseitigung von Abfällen vom 27.9.1994 (BGBl. I S. 2705), geändert durch Gesetz vom 12.9.1996 (BGBl. I S. 1354).

ausschlaggebend. Für die neben den Anlagen mit besonderem Emissionspotential ebenfalls in Satz 1 erwähnten ortsfesten Abfallentsorgungsanlagen wird der Regelungsinhalt des § 4 Abs. 1 BImSchG jedoch unterschiedlich beurteilt. In bezug auf diese Anlagen wird teilweise die Ansicht vertreten, daß sich eine Genehmigungsbedürftigkeit bereits unmittelbar aus § 4 Abs. 1 S. 1 BImSchG ergibt.

Diese Unterscheidung ist insofern von Bedeutung, als Bodenwaschanlagen je nach technisch/physikalischer Konzeption und Verweildauer unterschiedliche Emissionsverhalten haben. Sofern eine Genehmigungspflichtigkeit ausschließlich aus der Aufnahme in den Katalog zur 4. BImSchV folgt, werden nur on- und off-site-Bodenwaschanlagen erfaßt, die länger als zwölf Monate an einem Ort betrieben werden sollen. Zwar werden diese Anlagen zumeist auch das besondere Emissionspotential aufweisen, Voraussetzung wäre dies für die Aufnahme in den Katalog jedoch nicht. In-situ arbeitende Anlagen können hingegen unabhängig von ihrem Emissionspotential genehmigungsfrei betrieben werden.

Geht man jedoch bereits von einer unmittelbar aus dem Gesetz folgenden Genehmigungsbedürftigkeit aus, so wären alle ortsfesten Abfallentsorgungsanlagen - also auch die in-situ-Anlagen - genehmigungsbedürftig. In diesem Falle wäre überdies klärungsbedürftig, ob eine Pflicht des Verordnungsgebers zur Ergänzung des Kataloges hinsichtlich der nicht erfaßten in-situ arbeitenden Bodenwaschanlagen besteht.

Auch dem Begriff der Ortsfestigkeit käme eine besondere Bedeutung zu. Dieser ist nur inzident durch die zwölfmonatige Mindestbetriebsdauer in der 4. BImSchV berücksichtigt. Nach der allgemeinen immissionsschutzrechtlichen Definition ist jedoch eine feste Verbindung mit dem Erdboden und/oder eine sechsmonatige Mindestbetriebsdauer bereits für die Ortsfestigkeit ausreichend.[8] Anlagen mit einer beabsichtigten Betriebsdauer zwischen sechs und zwölf Monaten wären daher ebenfalls von der unterschiedlichen Interpretation betroffen.

2 Bedeutung des § 4 Abs. 1 S. 1 BImSchG für die Zulassung von Bodenwaschanlagen

2.1 Regelungsinhalt des § 4 Abs. 1 BImSchG

2.1.1 Gesetzesformulierung und Meinungsstand

§ 4 Abs. 1 S. 1 BImSchG bestimmt, daß die Errichtung und der Betrieb von Anlagen, die auf Grund ihrer Beschaffenheit oder ihres Betriebes in besonderem Maße geeignet sind, schädliche Umwelteinwirkungen hervorzurufen oder in anderer Weise die Allgemeinheit oder die Nachbarschaft zu gefährden, erheblich zu benachteiligen oder erheblich zu belästigen sowie von ortsfesten Abfallentsorgungsanlagen zur Lagerung oder Behandlung von Abfällen einer Genehmigung bedürfen.

Satz 2 dieser Vorschrift schränkt die Genehmigungspflichtigkeit für nicht gewerbliche und nicht wirtschaftlich genutzte Anlagen dahingehend ein, daß diese

---

8 JARASS, BImSchG, § 3 Rn. 61 m.w.N.

Anlagen - sofern es sich nicht um Abfallentsorgungsanlagen handelt - der Genehmigung nur bedürfen, wenn sie in besonderem Maße geeignet sind, schädliche Umwelteinwirkungen durch Luftverunreinigungen oder Geräusche hervorzurufen.

Satz 3 dieser Vorschrift enthält die Ermächtigung an den Verordnungsgeber, die Anlagen zu bestimmen, die einer Genehmigung bedürfen.

Von dem Wortlaut des § 4 Abs. 1 S. 1 BImSchG werden daher zwei Anlagengruppen erfaßt:

Dies sind zum einen die Anlagen mit einem besonderen Beeinträchtigungspotential, das heißt solche, die auf Grund ihrer Beschaffenheit oder ihres Betriebes in besonderem Maße geeignet sind, schädliche Umwelteinwirkungen hervorzurufen oder in anderer Weise die Allgemeinheit oder die Nachbarschaft zu gefährden, erheblich zu benachteiligen oder erheblich zu belästigen.

Zum anderen sind dies seit der Änderung des § 4 Abs. 1 S. 1 BImSchG durch das InvWoBauLG auch die ortsfesten Abfallentsorgungsanlagen zur Lagerung oder Behandlung von Abfällen. Mit diesem Wortlaut führt § 4 Abs. 1 BImSchG die Genehmigungspflichtigkeit für Abfallbehandlungsanlagen so fort, wie sie in § 7 Abs. 1 AbfG in der Fassung nach Inkrafttreten des InvWoBauLG festgelegt wurde.

Die Regelungssystematik des gesamten § 4 Abs. 1 BImSchG wird in der Literatur einheitlich beurteilt. Bei isolierter Betrachtung des § 4 Abs. 1 S. 1 BImSchG werden dieser Vorschrift jedoch unterschiedliche Regelungsinhalte beigemessen.

Die allgemein vertretene Ansicht geht davon aus, daß eine Genehmigungsbedürftigkeit von Anlagen erst dann gegeben ist, wenn diese in die auf Grundlage der Verordnungsermächtigung in § 4 Abs. 1 S. 3 BImSchG erlassene 4. BImSchV aufgenommen wurden. Nach dieser Auffassung wirkt sich erst die Verordnung, respektive die Aufnahme der Anlagen, konstitutiv auf die Genehmigungsbedürftigkeit aus.[9]

Hingegen hat nach wohl herrschender Meinung § 4 Abs. 1 S. 1 BImSchG verschiedene Bedeutungen und Inhalte. Zum einen enthält diese Vorschrift nach JARASS[10] das präventive Verbot mit Erlaubnisvorbehalt der Errichtung und des Betriebes der erfaßten Anlagen, legt aber gleichfalls mit Satz 2 den Rahmen für die Verordnungsermächtigung in Satz 3 fest; zum anderen stellt der Wortlaut eine Legaldefinition der genehmigungsbedürftigen Anlage dar. Auch KRACHT[11] definiert § 4 Abs. 1 S. 1 und 2 BImSchG als abstrakt-generelle Beschreibung der Kategorie genehmigungsbedürftiger Anlagen.

KUTSCHEIDT[12] bezeichnet § 4 Abs. 1 S. 1 BImSchG insoweit auch als Ermächtigungsnorm, aus der die Voraussetzungen für die Aufnahme in die Rechts-

9 JARASS, BImSchG, § 4 Rn. 3; FELDHAUS, Bundes-Immissionsschutzrecht, § 4 BImSchG, Anm. 17; KUTSCHEIDT, NVwZ 1994, 209 (211); MOORMANN, UPR 1993, 286 (286); KRACHT, UPR 1993, 369 (396); KRETZ, UPR 1994, 44 (44); ULE/LAUBINGER, § 4 Rn. 6; ENGELHARDT, BImSchG, § 4 Rn. 10.

10 BImSchG, § 4 Rn. 26.

11 UPR 1993, 369 (369).

12 NVwZ 1994, 209 (212).

verordnung nach Abs. 1 S. 3 entnommen werden können.[13] Dem folgen im Sinngehalt MOORMANN[14], der Satz 1 als Bestandteil der Verordnungsermächtigung durch Beschreibung der Genehmigungstatbestände auffaßt und KRACHT[15], der in dieser Vorschrift die Inhaltsbeschreibung des gesetzlichen Auftrags an den Verordnungsgeber sieht.

Die vorstehend beschriebenen Annäherungen an die Regelungssystematik des § 4 Abs. 1 BImSchG sind außerordentlich mißverständlich. Insbesondere führen die praktizierten Inhaltsanalysen des § 4 Abs. 1 S. 1 BImSchG stets dazu, daß dieser Vorschrift nur unter Überwindung ihres eigentlichen Wortlautes ein vom reinen Verbot abweichender Bedeutungsgehalt beigemessen werden kann.[16]

Die Mißverständlichkeiten entstehen dadurch, daß dem Wortlaut des § 4 Abs. 1 S. 1 BImSchG ein eigener und von Satz 3 quasi unabhängiger Regelungsinhalt beigemessen wird. Diese Verfahrensweise verstößt jedoch gegen die grundlegenden Prinzipien der Rechtsmethodik und läßt sich auch durch Auslegung dieser Vorschrift nicht begründen.

2.1.2 Gesetzliche Methodik zur Bestimmung des Normgehaltes des § 4 Abs. 1 BImSchG

§ 4 Abs. 1 S. 1 BImSchG beinhaltet ein präventives Verbot mit Erlaubnisvorbehalt zur Errichtung und zum Betrieb der genannten Anlagen.

Dieses Verbot kollidiert mit der grundsätzlichen Baufreiheit, die aus Art. 2 Abs. 1 in Verbindung mit Art. 14 Abs. 1 GG folgt, unter Umständen aber auch mit der Freiheit der Berufsausübung nach Art. 12 Abs. 1 S. 2 GG. Beide Grundrechte stehen jedoch unter Gesetzesvorbehalt. Die Einschränkung dieser Freiheit bedarf daher einer ordnungsgemäßen rechtlichen Grundlage.[17] Diese muß dem Bestimmtheitserfordernis genügen, d.h. in ihren Voraussetzungen und in ihrem Inhalt so klar formuliert werden, daß die davon Betroffenen die Rechtslage erkennen und ihr Verhalten danach bestimmen können.[18]

Im Rahmen dieses einfachen Gesetzesvorbehalts gegenüber der allgemeinen Baufreiheit kann der Gesetzgeber die Grundlage für die Einschränkung auch mittels Rechtsverordnung bilden. Dafür ist jedoch nach Art. 80 Abs. 1 S. 2 GG Voraussetzung, daß die Ermächtigungsgrundlage ihrerseits Inhalt, Zweck und Ausmaß der Rechtsverordnung konkret vorgibt.

Genau diese grundlegenden Regelanforderungen an den eigentlichen Gesetzesvorbehalt, der aus Art. 20 Abs. 3 GG folgt, werden mit der Gesamtregelung des § 4 Abs. 1 BImSchG umgesetzt.

§ 4 Abs. 1 S. 1 BImSchG enthält das grundsätzliche Verbot der Errichtung und des Betriebs von Anlagen mit besonderem Emissionspotential und von ortsfesten

---

13 So auch ENGELHARDT, BImSchG, § 4 Rn. 9.
14 UPR 1993, 286 (286).
15 UPR 1993, 369 (369).
16 JARASS, BImSchG, § 4 Rn. 3; KRACHT, UPR 1993, 369 (369); MOORMANN, UPR 1993, 286 (286).
17 So auch ENGELHARDT, BImSchG, § 4 Rn. 2.
18 BVerfG, Beschl. vom 7.4.1964, E 17, 306 (314).

Abfallentsorgungsanlagen. Dem gesetzlichen Bestimmtheitserfordernis entsprechend, mußte der Gesetzgeber die Voraussetzungen und den Inhalt dieses Verbotes festlegen. Dazu hatte der Gesetzgeber folgende Möglichkeiten zur Auswahl: Entweder die Tatbestandsmerkmale - also das Emissionspotential - so konkret zu fassen, daß ein potentieller Anlagenbetreiber daraus indirekt die Genehmigungspflichtigkeit seiner Anlage hätte entnehmen können, oder die Anlagen jeweils einzeln aufzuführen.

Die einzelnen Tatbestandsmerkmale der Anlage mit besonderem Emissionspotential hat der Gesetzgeber jedoch in einem unbestimmten Wortlaut gehalten. Zwar werden die Begriffe der schädlichen Umwelteinwirkung und der Anlage in § 3 BImSchG definiert. Ein potentieller Anlagenbetreiber wäre jedoch ohne Definition des „besonderen Maßes" oder der „Erheblichkeit" der Umwelteinwirkung nicht in der Lage, die Genehmigungsbedürftigkeit seiner Anlage festzustellen.

Der Begriff der ortsfesten Abfallentsorgungsanlage stellt bereits aufgrund seiner späteren Einfügung in § 4 Abs. 1 S. 1 BImSchG einen Sonderfall dar. Er wird daher nachfolgend unter 2.2. gesondert erörtert.

Der Gesetzgeber hat sich insofern bei den Anlagen mit besonderem Emissionspotential kongruent entschieden, die Genehmigungsbedürftigkeit durch Aufführung der einzelnen Anlagetypen in ausreichender Weise zu bestimmen. Auch dabei standen dem Gesetzgeber zwei Alternativen zur Auswahl.

Einerseits bestand die Möglichkeit, die Anlagen unmittelbar enumerativ in § 4 aufzuführen. Zum anderen konnte der Gesetzgeber diese nähere Bestimmung auch der Exekutive mittels Verordnungsermächtigung übertragen. Für den letzteren Fall war in Erfüllung des Konkretisierungsgebotes aus Art. 80 Abs. 1 S. 2 GG, Inhalt und Ausmaß der Verordnungsermächtigung festzulegen.[19]

Mit dem in den §§ 16 ff. der Gewerbeordnung (GewO) von 1869 - der historischen Vorgängervorschrift des § 4 Abs. 1 BImSchG - gewählten und über die Jahre mehrfach geänderten Wortlaut hatte sich der Gesetzgeber ursprünglich für die erste Möglichkeit entschieden und die genehmigungsbedürftigen Anlagen einzeln im Gesetz aufgeführt. Erst durch Änderung der GewO vom 22.12.1959 wurden die vormals im Gesetz aufgeführten genehmigungspflichtigen Anlagen in eine eigene Rechtsverordnung überführt. Erst damit entstand das heute noch geltende System, in welchem der Gesetzgeber eine Verordnungsermächtigung zu schaffen und deren Inhalt und Ausmaß zu konkretisieren hatte.

Während die eigentliche Verordnungsermächtigung in § 4 Abs. 1 S. 3 BImSchG enthalten ist, werden Inhalt und Ausmaß im wesentlichen in § 4 Abs. 1 S. 1 BImSchG festgelegt. § 4 Abs. 1 S. 1 BImSchG beinhaltet damit sowohl das unbestimmte Verbot der Anlagenerrichtung und des Anlagenbetriebes als auch die Konkretisierung der Verordnungsermächtigung. § 4 Abs. 1 S. 1 BImSchG leitet damit zur 4. BImSchV über. Dort werden die übrigen an ihn gestellten Bestimmtheitsanforderungen erfüllt.

§ 4 Abs. 1 BImSchG bildet daher zusammen mit der 4. BImSchV eine einheitliche Vorschrift, die als hinreichend bestimmtes Verbot der Anlagenerrichtung und des Anlagenbetriebes anzusehen ist. Eine Trennung beider Vorschriften

19 Siehe auch Begründung zu § 5 Reg.Entw. (BT-Drs. 7/179, S. 30 ff.).

kann und darf unter verfassungsrechtlichen Wertungskriterien nicht vorgenommen werden. So alleine ist die Äußerung der Bundesregierung zu verstehen, daß sich eine Genehmigungsbedürftigkeit aus § 4 Abs. 1 BImSchG i.V.m. der 4. BImSchV ergebe.[20]

Ein entsprechendes Ergebnis kann auch den Ausführungen von SELLNER[21] entnommen werden, der dem Katalog der 4. BImSchV lediglich die Auskunft darüber entnimmt, ob eine Anlage den Kriterien des § 4 Abs. 1 S. 1 BImSchG entspricht und damit der Genehmigung bedarf. Auch er hält eine Überprüfung der Genehmigungspflicht im Einzelfall - unabhängig von dem Katalog zur 4. BImSchV - weder für geboten, noch für zulässig.

2.1.3 Wortlautanalyse des § 4 Abs. 1 BImSchG

Eine andere Annäherung an den Sinngehalt des § 4 Abs. 1 BImSchG ist nicht möglich und wäre methodisch verfehlt.

Insbesondere bietet der Wortlaut des § 4 Abs. 1 S. 1 BImSchG nicht die Möglichkeit einer anderen Auslegung. Aufgrund der Eindeutigkeit der gewählten Formulierung ist diese Vorschrift der Auslegung überhaupt nicht zugänglich.

Der Wortlaut des § 4 Abs. 1 S. 1 BImSchG enthält zwar verschiedene unbestimmte Rechtsbegriffe. So sind die Tatbestandsmerkmale Errichtung, Betrieb, Anlagen, besonderes Maß etc. isoliert betrachtet der Auslegung zugänglich.

Reduziert man zur besseren Lesbarkeit jedoch die aufgeführten Tatbestandsmerkmale auf den Begriff der „Anlagen mit Emissionspotential", so lautet die Verbotsnorm „Die Errichtung und der Betrieb von Anlagen mit Emissionspotential sowie von ortsfesten Abfallentsorgungsanlagen zur Lagerung oder Behandlung von Abfällen bedürfen einer Genehmigung." Es wird dabei erkennbar, daß § 4 Abs. 1 S. 1 BImSchG in seinem Sinngehalt keinesfalls mehrdeutig ist. Unabhängig von der Frage, ob diese Regelung erst in Verbindung mit der 4. BImSchV die verfassungsmäßig erforderliche Bestimmtheit erlangt, wird bereits mit dem gewählten Wortlaut eindeutig die Genehmigungsbedürftigkeit der (noch unbestimmten) Anlagen festgelegt.

Dies wird auch deutlich, wenn man den vom Gesetzgeber in § 4 Abs. 1 S. 1 BImSchG gewählten Wortlaut beispielsweise mit dem Wortlaut der landesrechtlichen Regelungen vergleicht, die konstitutiv die Genehmigungsbedürftigkeit von baulichen Anlagen festlegen. So legt beispielsweise auch § 60 der Hamburgischen Bauordnung mit den Worten „ist genehmigungsbedürftig" in gleicher Weise die unmittelbar aus dem Gesetz folgende Genehmigungsbedürftigkeit fest.

Dem § 4 Abs. 1 S. 1 BImSchG kann ein über dieses Verbot hinausgehender Inhalt nur mittelbar entnommen werden. Keinesfalls ist es möglich, eine unabhängige Inhaltserweiterung dadurch zu erreichen, indem Satz 1 aus seinem Kontext gelöst wird. Folge dieses Vorgehens wäre, daß die Vorschrift mangels Bestimmtheit als verfassungswidrig anzusehen wäre.

---

20 BT-Drs. 12/4208, S. 27.
21 Immissionsschutzrecht und Industrieanlagen, Rn. 16.

Eine klare Trennung zwischen einer abstrakt-generellen Definition der Genehmigungsbedürftigkeit in § 4 Abs. 1 S. 1 BImSchG und einer konkretkonstitutiven Verordnung ist bei dem gewählten Wortlaut insoweit nicht möglich. Sofern der Gesetzgeber dies beabsichtigte, hätte er den Wortlaut des § 4 Abs. 1 S. 1 BImSchG dahingehend ergänzen müssen, daß sich unbeschadet des § 4 Abs. 1 S. 1 BImSchG die Genehmigungsbedürftigkeit von Anlagen nur durch eine Bestimmung in der Rechtsverordnung ergibt, die aufgrund der Verordnungsermächtigung in Satz 3 zu erlassen ist. Dieser Wortlaut hätte insofern eine vergleichbare Wirkung wie die Bestimmung des Begriffes „Abfall" in § 3 Abs. 1 KrW-/AbfG mit dem Verweis auf die im Anhang aufgeführten Abfallgruppen.

Dem Wortlaut des § 4 Abs. 1 S. 1 BImSchG mittelbar einen legaldefinitorischen Charakter zur Umschreibung der genehmigungsbedürftigen Anlage zu entnehmen, ist zwar ebenfalls zulässig, aber ausschließlich Folge einer jeden Tatbestandsformulierung. Insbesondere kann dieser zwangsläufige Definitionsgehalt nicht als eigenständiger Inhalt der Regelung angesehen werden.

Es ist nur folgerichtig, daß aus der Aufführung der Tatbestandsmerkmale, die zu der Genehmigungsbedürftigkeit einer Anlage führen, auch die Definition der genehmigungsbedürftigen Anlage als solche herzuleiten.

Um dieser Vorschrift jedoch einen eigenständigen Definitionsgehalt entnehmen zu können, hätte auch insofern der Gesetzgeber eine solche Wortlautauslegung durch entsprechende Formulierung ermöglichen müssen. In diesem Falle hätte es sich angeboten, die Wortwahl des § 4 Abs. 1 dem begriffsbestimmenden § 3 BImSchG zumindest anzunähern.

Unproblematisch erscheint es jedoch insbesondere im Hinblick auf die unter 2.1.2 ausgeführten methodischen Erwägungen, in den Tatbestandsmerkmalen des § 4 Abs. 1 S. 1 BImSchG gleichfalls die Ausmaßbestimmung für die nachfolgende Verordnungsermächtigung zu sehen. Insofern kann KUTSCHEIDT[22], MOORMANN[23] und KRACHT[24] inhaltlich zugestimmt werden.

Die Katalogisierung der Anlagen in der 4. BImSchV hat durch den Verordnungsgeber auf der Grundlage der Verbotsnorm des Satzes 1 zu erfolgen. Es ist daher nur konsequent, den Tatbestandsmerkmalen der Verbotsnorm gleichzeitig die Voraussetzungen für die nähere Bestimmung der betroffenen Anlagen durch Rechtsverordnung zu entnehmen. Es ist insofern zwingend, daß sich der Inhalt der Verbotsnorm und deren Bestimmung im Ergebnis decken.

2.1.4 Systematische Analyse des § 4 Abs. 1 BImSchG

Auch systematisch ist die oben dargestellte Lesart des § 4 Abs. 1 S. 1 BImSchG schlüssig.

Aus § 4 Abs. 1 S. 1 BImSchG vorrangig das präventive Verbot mit Erlaubnisvorbehalt zu entnehmen, deckt sich auch mit dem übrigen Wortlaut des § 4 Abs. 1 BImSchG.

---

22 NVwZ 1994, 209 (212).
23 UPR 1993, 286 (286).
24 UPR 1993, 369 (396).

So werden unmittelbar aus § 4 Abs. 1 S. 2 BImSchG die nicht wirtschaftlichen Unternehmungen aus der Genehmigungspflicht entlassen. Diese Vorschrift betrifft ausschließlich die Genehmigungspflicht, nicht aber den Prüfungsmaßstab des Verordnungsgebers.[25] Satz 2 korrespondiert daher systematisch mit Satz 1 nur dann, wenn auch in Satz 1 die Genehmigungspflicht unmittelbar festgelegt wird.

Die Ermächtigung zum Verordnungserlaß in Satz 3 legt fest, daß der Verordnungsgeber die Anlagen bestimmt, die einer Genehmigung bedürfen (genehmigungsbedürftige Anlagen).

Der Wortlaut dieser Regelung läßt zwar auch die Auslegung zu, daß mit „bestimmen" die selbständige und unabhängige konstitutive Festlegung der Genehmigungsbedürftigkeit gemeint sein könnte. Ebenso kann der Inhalt jedoch auch einschränkend dahingehend verstanden werden, daß bereits § 4 Abs. 1 S. 1 BImSchG unmittelbar das Genehmigungserfordernis begründet und dem Verordnungsgeber insoweit lediglich die normkonkretisierende Bestimmung überlassen wird. Auch mit Satz 3 ist es daher gesetzessystematisch vereinbar, das unmittelbare Genehmigungserfordernis in Satz 1 zu verorten.

Dem Wortlaut des § 4 Abs. 1 S. 1 BImSchG indes - wie JARASS[26] - eine Definition der genehmigungsbedürftigen Anlage zu entnehmen, steht nicht im Einklang mit der gewählten Gesetzessystematik.

Es trifft sicherlich zu, daß zahlreiche Regelungen des BImSchG nur für genehmigungsbedürftige Anlagen gelten und dieser Begriff auch feststehend verwendet wird, wie zum Beispiel in § 15 BImSchG.

Systematisch korrekt müßte eine Definition der „genehmigungsbedürftigen Anlage" in § 3 BImSchG innerhalb der allgemeinen „Begriffsbestimmungen" ihren Platz haben. Dies gilt umso mehr, als § 3 BImSchG auch die anderen Tatbestandsmerkmale des § 4 Abs. 1 BImSchG, wie den Anlagenbegriff und den Begriff der schädlichen Umwelteinwirkungen, näher beschreibt.

Die Vorschriften des BImSchG, die sich auf die genehmigungsbedürftigen Anlagen beziehen, wären auch ohne definitorischen Charakter des § 4 Abs. 1 S. 1 BImSchG unproblematisch anwendbar. Da sich die Genehmigungsbedürftigkeit konkret aus § 4 Abs. 1 BImSchG i.V.m. der 4. BImSchV entnehmen läßt, ist eine abstrakt-generelle Definition nicht erforderlich.

2.2 Regelungsinhalt des § 4 Abs. 1 BImSchG hinsichtlich ortsfester Abfallentsorgungsanlagen

2.2.1 Hinreichende Bestimmtheit des Begriffes der ortsfesten Abfallentsorgungsanlage

Aus den Ausführungen zu 2.1 folgt, daß auch die Frage falsch gestellt ist, ob sich § 4 Abs. 1 S. 1 BImSchG hinsichtlich der aufgeführten ortsfesten Abfallentsorgungsanlagen konstitutiv auf deren Genehmigungsbedürftigkeit auswirkt, oder ob

25 So auch JARASS, BImSchG, § 4 Rn. 6.
26 BImSchG, § 4 Rn. 11.

auch deren Genehmigungsbedürftigkeit erst aus einer konstitutiven Aufnahme in die 4. BImSchV ergibt.

Es ist ausschließlich zu klären, ob die Aufführung der ortsfesten Abfallentsorgungsanlagen dem Bestimmtheitserfordernis in ausreichender Weise Rechnung trägt, oder ob auch hier die Konkretisierung durch anlagenspezifische Bezeichnung in der 4. BImSchV erforderlich ist.

Ergibt diese Prüfung eine hinreichende Bestimmtheit, so folgt unmittelbar eine Genehmigungsbedürftigkeit dieser Anlagen aus dem Wortlaut des § 4 Abs. 1 S. 1 BImSchG, ohne daß es einer Ergänzung in Form der Konkretisierung durch die 4. BImSchV bedürfte.

In diesem Falle bliebe nur die Möglichkeit, den Wortlaut teleologisch zu reduzieren, wenn der Wortsinn im Widerspruch zur immanenten Teleologie des Gesetzes stünde.[27]

Nach der herrschenden Ansicht gilt auch für die in § 4 Abs. 1 S. 1 BImSchG aufgeführten ortsfesten Abfallentsorgungsanlagen, daß sich erst die Aufnahme in die Rechtsverordnung nach Abs. 1 S. 3 konstitutiv auf die Genehmigungsbedürftigkeit auswirkt.[28] Abweichend von den übrigen in Satz 1 erwähnten Anlagen mit Emissionspotential gilt für diese Abfallentsorgungsanlagen jedoch das in § 4 Abs. 1 BImSchG statuierte Genehmigungserfordernis durch die kumulative Erwähnung dieses Anlagetyps unabhängig von dem besonderen Emissionspotential.[29] Die herrschende Meinung geht daher nur von einer geänderten Inhalts- und Ausmaßfestlegung für den Verordnungsgeber aus.

MOORMANN[30] erkennt die Ausdehnung des Wortlauts des § 4 Abs. 1 S. 1 BImSchG zwar als „nicht ganz glücklich", da man nunmehr auf eine für ortsfeste Abfallanlagen unmittelbar aus dem Gesetz folgende Genehmigungsbedürftigkeit schließen könnte. Dennoch ist dies nach Ansicht von MOORMANN nicht der Fall, da der Gesetzgeber die im Immissionsschutzrecht hergebrachte Regelungssystematik mit der Verordnungsermächtigung im Gesetz und der Festlegung der einzelnen Genehmigungstatbestände in der Rechtsverordnung nicht durchbrechen wollte. Diese Intention des Gesetzgebers werde dadurch deutlich, daß er im Zuge der Wortlautausdehnung des § 4 Abs. 1 S. 1 BImSchG ebenfalls die Änderung der 4. BImSchV selbst durchführte.

Auch KRACHT[31] stellt in diesem Zusammenhang fest, daß mit der Aufnahme der ortsfesten Abfallentsorgungsanlagen in § 4 Abs. 1 S. 1 BImSchG das gesetzliche System zwischen definierendem Gesetz und konstitutiver Rechtsverordnung

27. LARENZ, Methodenlehre, S. 375.

28 JARASS, BImSchG, § 4 Rn. 21; WEIDEMANN, Immissionsschutzrechtliche Abfallentsorgungsanlagen, S. 76 f.; FELDHAUS, Bundes-Immissionsschutzrecht, § 4 BImSchG, Anm. 8 und 17; KUTSCHEIDT, in: LANDMANN/ROHMER, § 4 BImSchG, Rn. 3a; KRACHT, UPR 1993, 369 (370 f.).

29 JARASS, BImSchG, § 4 Rn. 7; KRACHT, UPR 1993, 369 (371); KUTSCHEIDT, NVwZ 1994, 209 (211 f.); a.A. FELDHAUS, Bundes-Immissionsschutzrecht, § 4 BImSchG, Anm. 8.

30 NVwZ 1993, 268 (268).

31 UPR 1993, 369 (369).

unverändert geblieben ist und lediglich der Auftrag an den Verordnungsgeber verändert wurde.

Diese Ansicht steht damit im Widerspruch zu den Ausführungen von SCHINK[32]. Dieser hält § 4 Abs. 1 S. 1 BImSchG hinsichtlich der ortsfesten Abfallentsorgungsanlagen für konstitutiv. Er begründet seine Ansicht mit der Formulierung des § 7 Abs. 1 S. 1 AbfG (1986) in der Fassung nach dem Inkrafttreten des InvWoBauLG, nach der alle Abfallanlagen der Zulassung nach dem BImSchG bedürften. Diesem Erfordernis hätte der Verordnungsgeber auch mit Einführung eines allgemeinen Auffangtatbestandes in Nr. 8.11 der 4. BImSchV Rechnung getragen.

SCHINK ist insofern - wenn auch mit teilweise abweichender Begründung - zuzustimmen. Wie eingangs dargestellt, richtet sich die Frage unmittelbaren Genehmigungsbedürftigkeit von ortsfesten Abfallentsorgungsanlagen nach der Bestimmtheit dieses Begriffes.

Mit den Worten „Die Errichtung und der Betrieb ... von ortsfesten Abfallentsorgungsanlagen zur Lagerung oder Behandlung von Abfällen bedürfen einer Genehmigung." übernimmt § 4 Abs. 1 S. 1 BImSchG wortgleich die Vorschrift des § 7 Abs. 1 S. 1 AbfG (1986) in der Fassung nach Inkrafttreten des InvWoBauLG. Diese Vorschrift wurde lediglich in ihrer Rechtsfolge durch das InvWoBauLG geändert. Seither bedürfen die genannten Anlagen nicht mehr der Planfeststellung durch die zuständige Behörde, sondern nur noch einer Genehmigung nach den Vorschriften des BImSchG. Die ursprüngliche Fassung dieser konstitutiven Vorschrift wurde jedoch bereits durch das BVerwG[33] als verfassungsrechtlich unbedenklich beurteilt. Es besteht daher kein Grund, die verfassungsrechtlich erforderliche Bestimmtheit in Zweifel zu ziehen.

Demzufolge ist nach dem eindeutigen Wortlaut der Vorschrift von einer unmittelbar und unabhängig von der 4. BImSchV aus § 4 Abs. 1 S. 1 BImSchG folgenden Genehmigungsbedürftigkeit dieser Anlagen auszugehen, sofern nicht die teleologische Reduktion des Wortlautes ein anderes Ergebnis gebietet. Um den von der herrschenden Meinung interpretierten Inhalt zu erreichen, müßte eine solche Restriktion in etwa durch den ergänzenden Wortlaut vorgenommen werden: „ ... soweit diese Anlagen in der aufgrund von Satz 3 erlassenen Rechtsverordnung enthalten sind."

2.2.2 Teleologische Reduktion des § 4 Abs. 1 S. 1 BImSchG

2.2.2.1 Gesetzgeberische Motive

Teleologisch ist eine Restriktion als notwendig anzusehen. - Zur Begründung dieses Ergebnisses kann zum einen auf die gesetzgeberischen Absichten bei Entwurf des BImSchG abgestellt werden. So wird in der amtlichen Begründung[34] hervorgehoben, daß die betrieblichen Besonderheiten der jeweiligen Anlagen so

32 DÖV 1993, 725 (727).
33 BVerwG, Urt. vom 1.12.1982, E 66, 301 (301).
34 BT-Drs. 7/179, S. 30 ff.

vielfältig seien, daß eine Umschreibung des Kreises der genehmigungsbedürftigen Anlagen im Gesetz selbst durch generelle Begriffe nicht möglich sei. Die daraus zwangsläufig folgende Notwendigkeit einer enumerativen Aufzählung der genehmigungsbedürftigen Anlagen hätte als starre gesetzliche Regelung jedoch den Nachteil, daß sie die Anpassung an die technische und wirtschaftliche Entwicklung erschweren würde. Dieser Zweck, der durch die Aufführung der genehmigungsbedürftigen Anlagen in einer Rechts-verordnung erreicht wird, würde jedoch hinsichtlich der ortsfesten Abfallentsorgungsanlagen zunichte gemacht, sofern man hier nicht zur Beurteilung der Genehmigungsbedürftigkeit auf die Aufnahme in die Rechtsverordnung abstellte.

Zum anderen war vorrangiges Ziel des InvWoBauLG die Erleichterung und Beschleunigung von Investitionen zur Erreichung eines wirtschaftlichen Aufschwunges. Da Rahmenbedingungen für die Investitionen jedoch auch die Planungs- und Genehmigungsverfahren sind, sah man es als notwendig an, die Zulassung von Abfallentsorgungsanlagen zu optimieren und zu beschleunigen, um die erforderliche Entsorgungsinfrastruktur aufbauen zu können. Davon erfaßt war auch das immissionsschutzrechtliche Verfahrensrecht, welches beschleunigt aber auch vereinfacht werden sollte.[35]

Das Ziel der Verfahrensvereinfachung würde mit einer unterschiedlichen Genehmigungsstruktur innerhalb des § 4 Abs. 1 BImSchG jedoch vereitelt. Folge wäre eine erneute Rechtsunsicherheit über die Genehmigungsbedürftigkeit von allen ortsfesten Abfallentsorgungsanlagen, die nicht zugleich in der Verordnung aufgeführt wären.

Betrachtet man den Bericht des Ausschusses für Raumordnung, Bauwesen und Städtebau zum Gesetzesentwurf[36], so wird der Ursprung der gesamten Kontroverse sichtbar. In dem ursprünglichen Gesetzesentwurf war eine dem § 7 Abs. 1 AbfG (in seiner Entwurfsfassung nach dem InvWoBauLG) korrespondierende Genehmigungspflicht für ortsfeste Abfallentsorgungsanlagen nicht enthalten. Um diese Lücke auszufüllen, wurde empfohlen, den Wortlaut des § 4 Abs. 1 S. 1 BImSchG um die ortsfesten Abfallentsorgungsanlagen zu ergänzen.

Erklärtes Ziel war die Sicherstellung, daß diese Anlagen in dem bisherigen Umfang zulassungspflichtig blieben. So sollte insbesondere eine Zulassungspflicht unabhängig von dem Vorhandensein eines besonderen Emissionspotentials gegeben sein.

Nicht erklärt wurde, ob sich bei Einführung dieser Worte gerade diese Zulassungspflicht bereits aus § 4 Abs. 1 S. 1 BImSchG ergeben sollte, oder ob damit nur eine Inhalts- und Ausmaßbestimmung für den Verordnungsgeber beabsichtigt war.

Es ist jedoch beachtenswert, daß sich der Bericht des Ausschusses bei der Formulierung auf eine Stellungnahme von KUTSCHEIDT zur Überstellung der Abfallentsorgungsanlagen unter das Regime des BImSchG stützte.

---

35 BT-Drs. 12/3944, S. 1 und 26.
36 BT-Drs. 12/4340, S. 18.

KUTSCHEIDT[37] selbst sieht in der Formulierung jedoch nur eine Ermächtigungsgrundlage für die Aufnahme der ortsfesten Abfallentsorgungsanlagen in die 4. BImSchV.

Es darf daher unterstellt werden, daß die folgende Umsetzung der Empfehlung auch vor dem Hintergrund des ursprünglich gewollten Regelungsinhalts stattfand.

Dafür spricht auch, daß die Bundesregierung bei Gesetzesentwurf ebenfalls davon ausging, „daß sich die Genehmigungsbedürftigkeit von Abfallentsorgungsanlagen - mit Ausnahme von Deponien - nach § 4 Abs. 1 BImSchG i.V.m. der 4. BImSchV ... richtet".[38] Auch aus diesem Umstand kann mit KUTSCHEIDT[39] zulässigerweise geschlossen werden, daß der Gesetzgeber nicht die Absicht hatte, über § 4 Abs. 1 S. 1 BImSchG unmittelbar die Zulassungspflicht für ortsfeste Abfallentsorgungsanlagen zu begründen.

2.2.2.2 Systematik der gesetzlichen Regelung

Systematisch ist eine Restriktion zwar nicht zwingend. Jedoch wird auch aus dem Zusammenwirken verschiedener Vorschriften die teleologisch begründete Restriktion weiter unterstützt.

Es existiert zwar kein übergeordnetes System, welches die konstitutive Aufführung der zu genehmigenden Anlagen in einer Rechtsverordnung gebietet. Allein die Tatsache, daß aufgrund hinreichender Bestimmtheit die Genehmigungsbedürftigkeit von ortsfesten Abfallentsorgungsanlagen im Gegensatz zu den sonstigen Anlagen mit Emissionspotential unmittelbar aus dem Gesetz folgt, stellt jedoch eine Abweichung zum übrigen System dar.

Eine solche unmittelbare Entnahme der Genehmigungsbedürftigkeit ist historisch betrachtet dem Gesetz noch nicht einmal systematisch fremd. So war bei § 16 GewO in seiner Fassung vor dem 22.12.1959, der Vorgängervorschrift des § 4 Abs. 1 BImSchG, eine Genehmigungsbedürftigkeit ohne ergänzende Rechtsverordnung unmittelbar dem Gesetz zu entnehmen. Dieses System ist jedoch aus Praktikabilitäts- und Rechtssicherheitserwägungen aufgegeben worden, so daß eine nur teilweise Abkehr von diesen Zielen tendenziell als Systemdurchbrechung anzusehen wäre.

Die Regelungssystematik der Zulassungsvorschriften zwischen Abfall- und Immissionsschutzrecht liefert nur vage Anhaltspunkte für eine notwendige Restriktion.

Die Aufnahme der ortsfesten Abfallentsorgungsanlagen in § 4 Abs. 1 S. 1 BImSchG durch das InvWoBauLG diente zur Überleitung der abfallrechtlich statuierten Genehmigungspflicht in das BImSchG. Es handelt sich somit um korrespondierende Genehmigungsvorschriften.[40] Das Ziel des § 7 Abs. 1 AbfG,

---

37 NVwZ 1994, 209 (210 f.) und in: LANDMANN/ROHMER, § 4 BImSchG, Rn. 4e und 4 f.

38 BT-Drs. 12/4208, S. 27.

39 NVwZ 1994, 209 (211).

40 KUTSCHEIDT, in: LANDMANN/ROHMER, § 4 BImSchG, Rn. 4e.

in jedem Falle eine Genehmigungspflichtigkeit für die genannten ortsfesten Abfallentsorgungsanlagen - nunmehr jedoch über das weniger zeitaufwendige Verfahren nach BImSchG - zu erreichen, würde eine Restriktion möglicherweise verhindern, sofern die Rechtsverordnung nicht mehr alle ortsfesten Abfallentsorgungsanlagen aufführt.

Das KrW-/AbfG erlaubt es jedoch, sich von dieser Argumentation wieder zu lösen. In § 27 Abs. 1 S. 3 KrW-/AbfG wird nunmehr klargestellt, daß § 31 Abs. 1 KrW-/AbfG als Nachfolgevorschrift zu § 7 Abs. 1 AbfG (1986) einen Rechtsgrundverweis darstellt und insofern auch das tatbestandliche System des BImSchG Vorrang genießt, so daß eine Korrespondenz zwischen § 4 Abs. 1 BImSchG und den abfallrechtlichen Zulassungsvorschriften nur eingeschränkt beabsichtigt war.

Ganz eindeutig spricht jedoch das Zusammenwirken zwischen § 4 Abs. 1 S. 1 BImSchG und der 4. BImSchV für eine Restriktion.

Der Anhang zur 4. BImSchV führt in der Ordnungsgruppe Nr. 8 nämlich die Anlagen zur Verwertung und Beseitigung von Reststoffen und Abfällen auf. Diese Ordnungsgruppe wäre im wesentlichen überflüssig, sofern sich eine Genehmigungspflichtigkeit bereits aus § 4 Abs. 1 S. 1 BImSchG ergäbe.

Zwar kann der Wortlaut einer im Range unter dem Gesetz stehenden Rechtsverordnung nicht zu einer unmittelbaren Restriktion des übergeordneten Gesetzes herangezogen werden. Es ist dabei jedoch zu beachten, daß Art. 9 des InvWoBauLG - also ein Gesetz - den Anhang zur 4. BImSchV in Nr. 8 ganz erheblich verändert und erweitert hat. So wurden erst durch diese Änderung insbesondere die Anlagen zur Verbrennung und Aufbereitung gasförmiger Stoffe in Nr. 8.1 und Nr. 8.4, die Anlagen zur chemischen Behandlung von Abfällen in Nr. 8.8, die Anlagen zur Lagerung oder Behandlung von Autowracks in Nr. 8.9, die Abfallentsorgungsanlagen zur Lagerung oder Behandlung von Abfällen i.S.d. § 2 Abs. 2 AbfG in Nr. 8.10 und die Abfallentsorgungsanlagen zur Lagerung oder Behandlung von Abfällen in Nr. 8.11 aufgenommen.

Auch stellt der Gesetzgeber in Art. 10 InvWoBauLG klar, daß der Verordnungsgeber die auf Art. 9 des Gesetzes beruhenden Teile der 4. BImSchV durch Rechtsverordnung im Rahmen der Ermächtigung des § 4 Abs. 1 in Verbindung mit § 19 Abs. 1 BImSchG wieder zu ändern berechtigt ist. Da Inhalt und Ausmaß der Ermächtigung in Satz 3, wie oben dargestellt, jedoch durch Satz 1 bestimmt werden, hat der Gesetzgeber damit klar zum Ausdruck gebracht, daß die Aufführung der ortsfesten Abfallentsorgungsanlagen nicht der unmittelbaren Genehmigungsbedürftigkeit dienen sollen, sondern lediglich der Konkretisierung der Verordnungsermächtigung. Würde man hingegen dem Wortlaut des Satzes 1 hinsichtlich der ortsfesten Abfallentsorgungsanlagen unmittelbare Genehmigungswirkung entnehmen, so wäre Art. 10 des InvWoBauLG nahezu vollständig sinnentleert.[41]

41 Im Ergebnis auch FELDHAUS, Bundes-Immissionsschutzrecht, § 4 BImSchG, Anm. 8.

3 Ergebnis

Als Ergebnis ist festzuhalten, daß die Genehmigungsbedürftigkeit von Anlagen unmittelbar aus § 4 Abs. 1 S. 1 BImSchG folgt. Die verfassungsmäßig erforderliche Bestimmtheit erlangt § 4 Abs. 1 S. 1 BImSchG jedoch erst in Verbindung mit der Verordnungsermächtigung in Abs. 1 S. 3 und der auf dieser Grundlage erlassenen 4. BImSchV.

Verfassungskonform muß § 4 Abs. 1 S. 1 daher mit Satz 3 und der 4. BImSchV zusammengelesen werden. § 4 Abs. 1 S. 1 BImSchG enthält mit dem in ihm normierten Verbot auch die nach dem Konkretisierungsgebot des Art. 80 Abs. 1 S. 2 GG erforderliche Festlegung des Inhalts und Ausmaßes der Verordnungsermächtigung. Es ist verfassungsrechtlich unbedenklich, systematisch jedoch verfehlt, § 4 Abs 1 S. BImSchG überdies definitorischen Gehalt beizumessen. Dieses Ergebnis gilt für Anlagen mit Emissionspotential ebenso wie für ortsfeste Abfallentsorgungsanlagen.

Die Verankerung ortsfester Abfallentsorgungsanlagen in § 4 Abs. 1 S. 1 BImSchG führt allerdings dazu, daß das normierte Verbot hinsichtlich dieser Anlagen bereits hinreichend bestimmt formuliert ist. Eine unmittelbare Genehmigungspflichtigkeit für ortsfeste Abfallentsorgungsanlagen läßt sich jedoch mit dem erklärten Willen des Gesetzgebers nicht vereinbaren. Der Gesetzgeber hatte die Absicht, diese Anlagen korrespondierend zur ursprünglich abfallrechtlichen Genehmigungspflicht, unabhängig von einem besonderen Emissionspotential nur dann einer Genehmigungspflicht zu unterwerfen, wenn sie auch im Katalog zur 4. BImSchV aufgeführt sind. Eine teleologische Reduktion des Inhalts des § 4 Abs. 1 S. 1 BImSchG ist daher geboten. Diese Restriktion hat zur Folge, daß Satz 1 so gelesen werden muß, als wäre weiteres Tatbestandsmerkmal, daß die zu genehmigenden ortsfesten Abfallentsorgungsanlagen in dem Katalog zur 4. BImSchV aufgeführt sein müssen.

Für Bodenwaschanlagen bedeutet dies, daß eine Genehmigungspflichtigkeit erst dann gegeben ist, wenn sie tatbestandlich im Katalog zur 4. BImSchV erfaßt sind. Da die Ergänzung des Wortlauts des § 4 Abs. 1 S. 1 BImSchG um die ortsfesten Abfallentsorgungsanlagen jedoch eine Konkretisierung der Verordnungsermächtigung darstellt, kann gegebenenfalls eine Pflicht des Verordnungsgebers bestehen, den Katalog zu ergänzen, sofern die Ausmaßbestimmung des § 4 Abs. 1 S. 1 BImSchG nicht eingehalten wurde.

Großhandelsmarkt für Strom contra Gebietsmonopole - Zur Grundrechtskompatibilität eines energiewirtschaftlichen Wettbewerbsmodells

Kristina Köster

1 Problemstellung

Das Energiewirtschaftsgesetz (EnWG) wurde 1935 erlassen und in den sechzig Jahren seines Bestehens nicht grundlegend verändert. Die Diskussion um eine Energierechtsreform hat in den vergangenen Jahren an Intensität erheblich zugenommen und gipfelt in dem Regierungsentwurf für ein neues EnWG.[1] Bei den Novellierungsansätzen stehen einerseits die wirtschaftlichen Interessen der Energieversorger[2] und Kommunen[3] im Vordergrund, andererseits prägen Umweltgesichtspunkte verschiedene Reformpläne.[4] Die Verwirklichung eines einheitlichen europäischen Binnenmarktes ist das Ziel einer Richtlinie der Europäischen Union.[5] Nach Vorstellung der Europäischen Kommission ist Wettbewerb in der Energiewirtschaft einzuführen. Die Umsetzung der Richtlinie könnte durch das seit dem 1.4.1990 in England und Wales praktizierte Pool-Modell erfolgen. Auch in anderen Ländern wie z.B. in Neuseeland und Norwegen ist die Stromversorgung zugunsten eines Wettbewerbssystems umstrukturiert worden. Wettbewerb ermöglicht erhebliche Effizienzgewinne im Bereich der Energiewirtschaft. Die gegenwärtige Monopolstellung der Energieversorger verhindert eine rationelle Elektrizitätserzeugung und -verteilung. Da die dadurch anfallenden Mehrkosten auf den Verbraucher abgewälzt werden können, fehlt ein Anreiz für effizientes Wirtschaften.

Das könnte durch eine Deregulierung gemindert werden. Die Gebietsmonopole müssen durch Wettbewerbsstrukturen ersetzt werden. Dabei sind verschiedene Wettbewerbsmodelle denkbar. Insbesondere das Durchleitungsmodell und das - bereits in England und Wales praktizierte - „Pool-Modell" konkurrieren miteinander.

Der Gesetzentwurf der Bundesregierung sieht ein Durchleitungsmodell vor. Beim Durchleitungsmodell wird auf einen zentralen Strommarkt verzichtet. Auch von der Normierung einer Durchleitungsverpflichtung wurde Abstand genommen, weshalb erhebliche Zweifel bestehen, inwieweit der Reformvorschlag

---

1 Entwurf eines Gesetzes zur Neuregelung des Energiewirtschaftsrechts, (BR-Drs. 806/96).

2 Vgl. z.B. HEITZER, in: BAUR (Hg.), Neue Strukturen der Energieversorgung, S. 99 ff.

3 Vgl. z.B. HARTMANN, in: BAUR (Hg.), Deregulierung und Regulierung, S. 69 ff.

4 BOHNE, DVBl. 1994, 829 (829 ff.); KREUZBERG/SCHULZ, S. 295 ff.

5 Abl. EG, Nr. L 27 vom 30.1.1997, S. 20.

den prognostizierten Wettbewerb einzuführen vermag.[6] Der Gesetzentwurf läuft auf individuell ausgehandelte Durchleitungsverträge hinaus. Eine zentrale Einrichtung, die die Inhalte der Durchleitungsverträge offenlegt, ist nicht vorgesehen. Damit leidet das Durchleitungsmodell unter mangelnder Transparenz. Chancengleicher Wettbewerb ist so in Frage gestellt. Die Bundesregierung deutet indes an, daß das vorgeschlagene Durchleitungsmodell später durchaus in Richtung eines Pool-Modells weiterentwickelt werden könnte.[7]

Im Gegensatz zum Durchleitungsmodell sorgt beim Pool-Modell ein zentraler Großhandelsmarkt für die nötige Transparenz der Abläufe. Für das Pool-Modell spricht darüber hinaus, daß Stromerzeugung aus erneuerbaren Energien gefördert wird. In diesem Ordnungsrahmen setzen sich die Stromerzeuger mit den niedrigsten Preisangeboten durch. Die Preisangebote orientieren sich an den kurzfristigen Grenzkosten. Entscheidend sind damit die Kosten der letzten erzeugten Einheit Strom. Da bei regenerativen Energien nahezu keine Grenzkosten bei der Stromerzeugung anfallen, können Betreiber solcher Technologien Strom zu niedrigen Preisen anbieten und sind beim Wettbewerb am Pool bevorzugt.

Neben dem Anreiz zur rationellen Energieversorgung infolge einer deregulierten Energiewirtschaft spricht daher die Bevorzugung regenerativer Energiequellen für das englisch-walisische Pool-Modell. Seine Einführung in Deutschland erscheint somit wünschenswert. Damit sich die Energieversorger nicht mit Erfolg gegen eine entsprechende Reform wehren können, muß das Pool-Modell mit ihren Grundrechten vereinbar sein. Nach Klärung des Reformbedarfs bei einer Einführung eines deutschen Pool-Modells soll deshalb die Grundrechtskompatibilität des Modells untersucht werden.

2 Reformbedarf für ein deutsches Pool-Modell

Bevor die verfassungsrechtlichen Möglichkeiten und Grenzen eines deutschen Pool-Modells untersucht werden, sind die erforderlichen Neuregelungen zu ermitteln. Aufbauend auf einer kurzen Darstellung des englisch-walisischen Pool-Modells wird daher im folgenden der Regelungsbedarf bei einem deutschen Pool-Modell aufgezeigt.

2.1 Englisch-walisisches Pool-Modell

Das englisch-walisische Pool-Modell wird von drei verschiedenen Märkten geprägt: dem Wettbewerb in der Stromerzeugung, dem Wettbewerb beim Verkauf von Strom und dem Markt für Absicherungskontrakte.

Kernstück des energiewirtschaftlichen Ordnungsrahmens in England und Wales bildet ein Großhandelsmarkt für Strom (Pool). Dieser Markt führt Wettbewerb auf der Stufe der Stromerzeugung ein. Hier entscheidet sich, welche Kraftwerke zur Deckung der Gesamtnachfrage Strom ins Leitungsnetz einspeisen

---

6 Siehe hierzu die Kritik bei LINDEMANN/KÖSTER, DVBl. 1997, 527 (529 f.).
7 Amtliche Begründung (BR-Drs. 806/96, S. 22 f.).

dürfen.[8] Das Angebot der Elektrizitätserzeuger trifft am Pool auf die prognostizierte Nachfrage. Die Reihenfolge der abzurufenden Kraftwerke bestimmt sich dabei nach der „merit order“. Der Stromerzeuger, der Strom am günstigsten anbietet, liegt in der „merit order“ vorne. Seine Elektrizität wird bevorzugt zur Deckung der Stromnachfrage genutzt.

Mitglieder des Pools sind die Anbieter und Nachfrager von Strom. Alle Stromerzeuger und -händler werden über ihre Lizenzen zur Mitgliedschaft im Pool verpflichtet.[9] Darüber hinaus können Endverbraucher als Nachfrager am Pool auftreten und entsprechende Lizenzen erwerben.[10] Geführt wird der Erzeugermarkt von der Übertragungsgesellschaft (National Grid Company).[11]

Auch beim Verkauf von Strom an die Verbraucher herrscht Wettbewerb. Bei den Vertragsabschlüssen mit den Verbrauchern konkurrieren die verschiedenen Stromhändler miteinander.[12]

Schließlich fangen die Stromerzeuger und -händler die Risiken der schwankenden Strompreise des Pools mit Hilfe von gegenseitigen Absicherungskontrakten auf.[13] Auf diesem Markt konkurrieren die Stromerzeuger um die langfristigen Verträge mit den Stromhändlern.[14]

2.2 Regelungen zur Übertragung des Pool-Modells auf Deutschland

Das Pool-Modell stellt einen grundlegend neuen Ordnungsrahmen der Energieversorgung dar. Sowohl in Anbetracht der rechtlichen als auch angesichts der tatsächlichen Vorgaben hängt die Einführung von einer Umstrukturierung der deutschen Energiewirtschaft ab. Die Einführung des Pool-Modells erfordert im wesentlichen vier Veränderungen:

(1) Es muß ein Unbundling vorgenommen werden. Der Bereich des Stromtransportes ist von der Erzeugung und dem Handel mit Strom zu trennen, da er im Gegensatz zu den anderen Bereichen weiterhin monopolistisch zu organisieren ist. Bestünde Wettbewerb auch im Bereich des Stromtransportes, könnte jeder Interessierte Stromleitungen errichten. Es käme zu parallelem Leitungsbau, der zu höheren volkswirtschaftlichen Kosten führte und außerdem eine schwerwiegende Beeinträchtigung der Landschaft darstellte. Wettbewerb im Bereich des Stromtransportes ist daher abzulehnen.

---

8 BARTELS/COHEN/HOEHN, ZfE 1991, 27 (30).

9 KLOPFER/SCHULZ, S. 157.
Im Gegensatz zur in England und Wales praktizierten Zwangsmitgliedschaft plädiert BOHNE für eine freiwillige Mitgliedschaft: BOHNE, DVBl. 1994, 829 ff. In Anbetracht der grundlegenden Vorbehalte der Energiewirtschaft gegen das Wettbewerbsmodell erscheint ein fakultatives Mitwirken am Pool problematisch.

10 ESSER, Umstrukturierung, S. 10.

11 ESSER, Umstrukturierung, S. 10.

12 KLOPFER, VIK-Mitteilungen 1993, 86 (88).

13 ESSER, EW 1991, 1224 (1226).

14 KLOPFER, ZfE 1993, 259 (259).

(2) Ein Großhandelsmarkt für Strom (Pool) muß errichtet werden. Anbietern und Nachfragern von Strom ist die Mitgliedschaft im Pool aufzuerlegen. Die Führung des Pools obliegt dem Betreiber des Übertragungsnetzes. Damit sind in erster Linie die Verbundunternehmen mit der Organisation des Pools zu betrauen, denn sie sind sowohl Stromerzeuger und -händler als auch die Betreiber des deutschen Übertragungsnetzes.

(3) Die Betreiber des Übertragungsnetzes sind weiter zu verpflichten, Strom entsprechend der merit order von den Kraftwerken abzurufen und in ihre Stromnetze einzuspeisen („Durchleitungsverpflichtung").

(4) Schließlich sind die Demarkationsverträge zugunsten von Wettbewerb in der Versorgung der Endverbraucher aufzuheben.

Die vier Kernelemente des Pool-Modells müssen sich im Einklang mit den Grundrechten der Energieversorger befinden. Das ist Grundvoraussetzung für die Realisierung des Wettbewerbsmodells in Deutschland.

Von den vier Elementen stoßen insbesondere die Einführung eines Großhandelsmarktes für Strom und die allgemeine „Durchleitungsverpflichtung" auf den Widerstand der Energieversorger. Während die rechtlichen Fragen der „Durchleitungsverpflichtung" in der Literatur mit unterschiedlichen Ergebnissen gewürdigt wurden[15], haben bisher die Probleme, die aus der Einführung des Pools resultieren, noch keine angemessene Berücksichtigung gefunden. Im folgenden wird untersucht, ob die Einführung eines Erzeugermarktes mit den Grundrechten der Energieversorgungsunternehmen vereinbar ist.

3 Grundrechtskompatibilität

Ausgangspunkt ist eine fiktive Novellierung des Energierechts durch den deutschen Gesetzgeber. Rechtlicher Maßstab bildet daher das Grundgesetz.

Grundrechte der Energieversorger können nur dann der Einführung eines Pool-Modells entgegenstehen, wenn sich die Energieversorgungsunternehmen auf die Schutzwirkungen der Grundrechte berufen können. Sie müssen grundrechtsfähig sein (3.1). Ist dies der Fall, ergeben sich verschiedene Grundrechtsprobleme (3.2).

3.1 Grundrechtsfähigkeit der Energieversorgungsunternehmen

Die vom Pool-Modell vornehmlich betroffenen Verbund- und regionalen Versorgungsunternehmen sind in der Regel als gemischtwirtschaftlich geführte Aktiengesellschaften organisiert. Das Verhältnis zwischen öffentlichen und privaten Anteilseignern divergiert stark.

---

15 BAUR/MORAING, in: HANSEN u.a. (Hg.), Rechtliche Probleme, S. 30 ff.; KOCH, DVBl. 1994, 840 ff.; SCHRÖDER, in: BAUR (Hg.), Die Gemeinschaft, S. 79 (79, 85 ff.); ZINOW, Rechtsprobleme, S. 101 ff.

Die Grundrechtsfähigkeit gemischtwirtschaftlicher Aktiengesellschaften ist eine kontrovers diskutierte Rechtsfrage.[16] Entscheidungskriterium für die Streitfrage sind für das BVerfG[17] und die herrschende Lehre[18] die Beteiligungsverhältnisse: Je geringer der Einfluß privater Anteilseigner, desto eher sei die Grundrechtsfähigkeit zu verneinen. Solche Rechtsauffassung überzeugt nicht. Auch bei erheblicher Beteiligung der öffentlichen Hand sollte vielmehr den Versorgungsunternehmen die Grundrechtsfähigkeit nicht abgesprochen werden.

Der Schutz eines privaten Anteilseigners darf nicht davon abhängen, ob an der Aktiengesellschaft auch noch in ausreichender Zahl andere private Anteilseigner beteiligt sind. Insofern müßte sogar unter Zugrundelegung der „Durchgriffstheorie" des BVerfG[19], nach welcher juristische Personen ihre Grundrechtsfähigkeit ausschließlich von dem Schutzbedürfnis der privaten Anteilseigner ableiten, allen gemischtwirtschaftlichen Aktiengesellschaften Grundrechtsfähigkeit zugebilligt werden.

Juristische Personen genießen nach der hier vertretenen Auffassung jedoch keinen von den privaten Anteilseignern abgeleiteten Schutz. Sowohl der Wortlaut des Art. 19 Abs. 4 GG als auch der Stellenwert der juristischen Personen in unserer Gesellschaft sprechen für ihre selbständige Grundrechtsfähigkeit.[20] Insofern ist für die Annahme der Grundrechtsfähigkeit der Energieversorgungsunternehmen nicht das Schutzbedürfnis der privaten Anteilseigner ausschlaggebend.

Art. 19 Abs. 4 GG geht grundsätzlich von der Grundrechtsfähigkeit juristischer Personen aus. Ihnen ist immer dann Grundrechtsschutz zuzubilligen, wenn sie gleichermaßen wie natürliche Personen in grundrechtstypische Gefährdungslagen geraten können.

Wird dem Staat das Recht eingeräumt, am allgemeinen Wirtschaftsleben teilzunehmen, so muß er auch wie ein privates Unternehmen behandelt werden. Es sind ihm dieselben Rechte und Pflichten aufzuerlegen. Ein einheitliches wirtschaftliches Betätigungsfeld muß auch im Grundrechtsbereich einheitlich behandelt werden. Ansonsten käme es zu Wettbewerbsverzerrungen.[21] Entsprechend der Regelung im Europarecht muß der Bereich der wahrgenommenen Tätigkeit dafür ausschlaggebend sein, ob Grundrechtsschutz gewährt wird.[22] Befindet sich die juristische Person in grundrechtstypischen Gefährdungslagen und tritt dem

---

16 Vgl. BVerfG, Beschl. vom 16.5.1989, NJW 1990, 1783 (1783); BADURA, DÖV 1990, 353 (354); DÜRIG, in: MAUNZ/DÜRIG, Art. 19 Rn. 45; PIEROTH, NWVBl. 1992, 85 ff.; PÜTTNER, Die öffentlichen Unternehmen, S. 150; SCHMIDT-ASSMANN, BB 1990, Beilage 34 zu Heft 27, 10 ff.

17 Beschl. vom 20.12.1979, NJW 1980, 1093 (1093) und Beschl. vom 16.5.1989, NJW 1990, 1783 (1783).

18 BADURA, DÖV 1990, 353 (354); DÜRIG, in: MAUNZ/DÜRIG, Art. 19 GG, Rn. 45; SCHMIDT-ASSMANN, BB 1990, Beilage 34 zu Heft 27, 10 ff.

19 Vgl. Beschl. vom 2.5.1967, E 21, 362 (369); Beschl. vom 8.7.1982, E 61, 82 (101); Beschl. vom 31.10.1984, E 68, 193 (206).

20 PIEROTH, NWVBl. 1992, 85 (86).

21 So auch PÜTTNER, Die öffentlichen Unternehmen, S. 150.

22 Vgl. SCHOLZ/LANGER, S. 244.

Staat aufgrund ihrer Tätigkeit als selbständiges Rechtssubjekt gegenüber, so kann sich das Unternehmen auf Grundrechte berufen.[23]

Hiergegen kann nicht eingewandt werden, der Staat könne nicht gleichzeitig Adressat und Berechtigter der Grundrechte sein.[24] Der Staat agiert nicht nur hoheitlich, sondern kann auch andere Erscheinungsformen wählen. In der Bundesrepublik Deutschland ist z.B. die Energieversorgung kein staatliches Monopol, sondern ein Monopol, das der Privatwirtschaft zugänglich ist. Betätigt sich die öffentliche Hand in diesem Bereich, so wird sie nicht als Staat im hoheitlichen Sinne tätig, sondern nimmt wie jedes private Unternehmen am Wirtschaftsleben teil. Damit kann die öffentliche Hand gleichermaßen in grundrechtstypische Gefährdungslagen geraten.

Schließlich darf nicht einzelnen Unternehmen innerhalb eines Wirtschaftssektors mit dem Hinweis auf eine angebliche Wahrnehmung öffentlicher Aufgaben der Grundrechtsschutz verwehrt werden. Eine solche vom BVerfG[25] zum Teil vorgenommene Abgrenzung bewirkt erhebliche Rechtsunsicherheiten. Die Frage der Grundrechtsfähigkeit wird dann mittels einer schwer nachvollziehbaren Wertung entschieden, indem einige Wirtschaftsbereiche als öffentliche Aufgaben eingestuft werden und andere nicht.

Entsprechend dieser Beurteilung ist den als Aktiengesellschaften organisierten Energieversorgungsunternehmen grundsätzlich Grundrechtsfähigkeit zuzubilligen.

3.2 Potentielle Grundrechtsverletzungen

Immer wieder wird die Beseitigung der energiewirtschaftlichen Monopolstrukturen als verfassungswidriger Eingriff in die Grundrechte der Energieversorger dargestellt.[26] Das vermag nicht zu überzeugen. Auch die Regelung eines Großhandelsmarktes für Strom verletzt keine Grundrechte der Energieversorger.

Richtig ist allerdings, daß insbesondere die Einführung eines Pools in vielfältiger Weise die Situation der Energieversorger verschlechtert. Die Stromerzeuger können ihren Strom nur noch über den Pool veräußern. Eine Garantie für die Abnahme ihres Stroms in gleichem Umfang wie zur Zeit ihrer Monopolstellung besteht nicht. Außerdem betrifft der Pool die Händler. Sie können ihren Strom nur noch über den Pool beziehen. Neu wird weiter sein, daß sowohl Erzeuger als auch Händler zur Mitgliedschaft im Pool verpflichtet sind.

Trotzdem resultiert - wie nachfolgend zu zeigen sein wird - aus der Einführung eines entsprechenden Wettbewerbsmodells, kein Verstoß gegen die Eigentums-, Berufs- und Vereinigungsfreiheit der Energieversorgungsunternehmen.

---

23 So auch PIEROTH, NWVBl. 1992, 85 (88).

24 In diesem Sinne: BVerfG, Beschl. vom 2.5.1967, E 21, 362 (369 f.).

25 Vgl. z.B. den Beschl. vom 31.10.1984, E 68, 193 (213).

26 BAUR/MORAING, in: HANSEN u.a. (Hg.), Rechtliche Probleme, S. 27 (27 ff., 30 ff., 39 ff., 52 ff.). Zum Verstoß entsprechender Regelungen im Gassektor gegen europäische Grundrechte: SCHOLZ/LANGER, S. 241 ff.

3.2.1 Eigentumsfreiheit

Der Einführung eines Erzeugermarktes steht die Eigentumsgarantie der Energieversorger nicht entgegen. Als verletzte Position kommt allenfalls das Recht auf Veräußerung erworbener Eigentumspositionen in Betracht.

Es kann dahingestellt bleiben, ob überhaupt von Eigentum am Strom gesprochen werden kann. Ein Grundrechtseingriff scheidet schon deshalb aus, weil auch beim Pool grundsätzlich die Möglichkeit zur Veräußerung der erzeugten Elektrizität erhalten bleibt. Voraussetzung ist lediglich die Wettbewerbsfähigkeit der Unternehmen. Mit der Einführung eines Großhandelsmarktes für Strom werden nur die Modalitäten des Stromhandels verändert. Dies reicht nicht aus, um von einem Verstoß gegen das von Art. 14 GG geschützte Recht auf Veräußerung der Eigentumsposition zu sprechen. Vor einem mit der Neuregelung möglicherweise verbundenen Rückgang der Verdienstmöglichkeiten bietet die Eigentumsgarantie keinen Schutz.[27]

Die Umstrukturierung des Stromhandels mitsamt der Zwangsmitgliedschaft im Pool betrifft die Art und Weise der wirtschaftlichen Betätigung des Unternehmens. Der Bestand ihrer Vermögensgüter wird nicht angetastet. Insofern sind die betroffenen Interessen nicht der Eigentumsgarantie, sondern - wenn überhaupt - der Berufsfreiheit zuzuordnen.[28]

3.2.2 Berufsfreiheit

Wenn Zweifel an der Grundrechtskompatibilität des Großhandelsmarktes für Strom berechtigt sind, dann im Hinblick auf die Berufsfreiheit der Energieversorger. Die Berufsgruppe der Energieversorger wird komplett neuen Regeln unterworfen.

Drei Elemente des Großhandelsmarktes für Strom werfen verfassungsrechtliche Probleme auf: die Pflicht, Strom ausschließlich über den Pool zu veräußern; die damit verbundenen etwaigen Umsatzrückgänge und der Zwangszusammenschluß der Energieversorger im Pool. Eine Auseinandersetzung mit diesen Punkten ist wichtig, weil sie Gegenstand einer Verfassungsbeschwerde der Energieversorger werden könnten.

3.2.2.1 Eingriff in den Schutzbereich

Nicht alle der drei Elemente beeinträchtigen die Berufsfreiheit der Energieversorger. Nur die Reglementierung des Stromhandels schmälert berufliche Interessen der Energieversorger. Deren Vertragsfreihei wird berührt. Wegen des unmit-

27 BVerfG, Beschl. vom 18.5.1988, E 78, 205 (211).

28 Vgl. BVerfG, Beschl. vom 16.3.1971, E 30, 292 (334 f.); BVerwG, Urt. vom 20.6.1972, E 40, 157 (164 f.); BVerwG, Urt. vom 16.12.1988, E 81, 95 (96); GUBELT, in: V. MÜNCH/KUNIG, Art. 12 Rn. 98.

telbaren Bezugs zur Berufsausübung verdrängt hier Art. 12 Abs. 1 GG auch nach der Rechtsprechung des BVerfG[29] den subsidiären Art. 2 Abs. 1 GG.

Gegen die mit dem Pool einhergehende Konkurrenz können sich die Energieversorger jedoch nicht auf ihre Berufsfreiheit berufen. Allgemein anerkannt ist, daß Art. 12 Abs. 1 GG hiervor keinen Schutz bietet.[30]

Das Problem der Zwangsmitgliedschaft stellt sich, wenn die Mitgliedschaft im Pool ebenso wie in England und Wales zur Pflicht wird. Die Zwangsmitgliedschaft knüpft zwar an die Zugehörigkeit zu bestimmten Berufsgruppen an, sie kann aber gleichwohl nicht der Berufsfreiheit zugeordnet werden. Es muß streng zwischen der verlangten Art und Weise des Stromverkaufs und -erwerbs und der Organisation des Pools unterschieden werden. Während die Geschäftsabwicklung in direkter Weise die Berufsausübung der Stromwirtschaft betrifft, regelt die Organisation des Pools lediglich die Art und Weise, wie die Neugestaltung der Berufsausübung umgesetzt wird. Der Großhandelsmarkt für Strom könnte auch ausschließlich vom Staat betrieben werden, ohne daß sich die reformierte Berufsausübung änderte. Unmittelbarer Bezug ist daher die Freiheit, Zusammenschlüssen fern zu bleiben, also das Grundrecht auf Vereinigungsfreiheit in seiner negativen Ausprägung (Art. 9 Abs. 1 GG).

Auch wenn weder die Gefahr von Umsatzrückgängen noch die Zwangsmitgliedschaft im Pool berufliche Interessen der Energieversorger berührt, können die Energieversorger im Ergebnis einen Eingriff in ihre Vertragsfreiheit geltend machen.

3.2.2.2 Verfassungsrechtliche Rechtfertigung

Der Grundrechtseingriff steht der Einführung eines Pools aber nicht entgegen. Die Neuregelung der Berufsausübung dient der Deregulierung der Energiewirtschaft. Die gegenwärtigen Monopolstrukturen sollen einer kosten- und ressourcenschonenden Energieversorgung weichen. Der geltende Ordnungsrahmen ist nicht effizient genug. So sind zum Beispiel die Wirkungsgrade bei der Stromerzeugung zu niedrig und werden die Kapazitäten der Eigenstromerzeuger unzureichend genutzt. Eine gesteigerte Effizienz bei der Stromerzeugung dient nicht nur der Volkswirtschaft, sondern auch einer umweltverträglicheren Stromversorgung. Das Pool-Modell führt Wettbewerb im Bereich der Stromerzeugung ein. Effiziente Stromerzeugung wird so Voraussetzung für die Wettbewerbsfähigkeit der einzelnen Kraftwerke. Damit verspricht der Reformansatz eine rationellere Stromversorgung und liegt im Interesse der Allgemeinheit. Dies spricht für die Verhältnismäßigkeit der Neuregelung.

Dem kann nicht entgegengehalten werden, Wettbewerb könne mit Hilfe eines anderen Novellierungsansatzes wirkungsvoller und mit größerer Sicherheit für die Versorgung umgesetzt werden. Solche Einwände verkennen, daß dem Ge-

---

29 BVerfG, Beschl. vom 12.11.1958, E 8, 274 (328); BVerfG, Beschl. vom 16.5.1961, E 12, 341 (347); BVerfG, Beschl. vom 4.6.1985, E 70, 115 (123).

30 Vgl. BVerfG, Urt. vom 11.6.1958, E 7, 377 (408); BVerfG, Beschl. vom 16.10.1968, E 24, 236 (251).

setzgeber ein Entscheidungsspielraum zusteht. Im Zuge der Gewaltenteilung müssen politische Entscheidungen dem demokratisch legitimierten Gesetzgeber obliegen.

Der Vollständigkeit halber sei angemerkt, daß es deutliche Stimmen in der Literatur gibt, die das Pool-Modell für einen ungeeigneten Reformansatz halten. Sie sehen die Versorgungssicherheit durch das Pool-Modell gefährdet.[31] Doch hat das englisch-walisische Modell bereits das Gegenteil bewiesen, und auch für Deutschland läßt sich die Versorgungssicherheit vermuten.[32]

Die Beurteilung der Versorgungssicherheit hängt dabei von einer Prognose ab. Bei dieser muß dem Gesetzgeber ein Höchstmaß an Beurteilungsspielraum bleiben. Der Gesetzgeber kann jede ihm sachgerechte Wirtschaftspolitik verfolgen, solange er das Grundgesetz beachtet.[33] Der Entscheidungsspielraum des Gesetzgebers darf nicht mittels einer breiten Überprüfungskompetenz des Bundesverfassungsgerichts unterlaufen werden.

So kann der Gesetzgeber das Pool-Modell als Reformansatz einstufen, der geeignet und erforderlich ist, Wettbewerb in der Energiewirtschaft umzusetzen.

Durch eine solche Entscheidung trifft er auch keine unzumutbare Regelung. Die Umstrukturierung des Stromhandels ist den Energieversorgern wegen ihrer Organisation als Großunternehmen zumutbar. Bei solchen Unternehmen stellt die von Art. 12 Abs. 1 GG geschützte Unternehmensfreiheit nicht mehr eine Ausformung der Persönlichkeit des Menschens dar. Die Befugnis des Gesetzgebers zur Reglementierung ist weitreichender als bei Beschränkungen der Berufsausübung natürlicher Personen.[34] Wegen des eingeschränkten Schutzes der Energieversorger bestehen keine Bedenken an der Einführung eines Großhandelsmarktes für Strom. Die Energieversorger können ihr Grundrecht auf Berufsfreiheit einem Pool demnach nicht mit Erfolg entgegenhalten.

3.2.2.3 Vereinigungsfreiheit

Die Zwangsmitgliedschaft im Pool verletzt die Energieversorgungsunternehmen auch nicht in ihrer Vereinigungsfreiheit.

Die Vereinigungsfreiheit der Energieversorger wirft im Rahmen des Pool-Modells verschiedene Fragestellungen auf.

Wird der Pool als Körperschaft des öffentlichen Rechts organisiert, so spricht nach vorherrschender Ansicht bereits die Organisationsform gegen den Grundrechtsschutz nach Art. 9 GG. Gemeinhin wird die negative Vereinigungsfreiheit zu öffentlich-rechtlichen Zusammenschlüssen der allgemeinen Handlungsfreiheit nach Art. 2 Abs. 1 GG zugeordnet.[35]

---

31 BAUR/MORAING, in: HANSEN u.a. (Hg.), Rechtliche Probleme, S. 44 f.; BÖRNER, RdE 1979, 50 (58).

32 Vgl. ESSER, EW 1991, 1224, (1227, 1229); KREUZBERG/SCHULZ, S. 164.

33 Vgl. BVerfG, Urt. vom 20.7.1954, E 4, 7 (17 f.); BVerfG, Urt. vom 11.6.1958, E 7, 377 (400); BVerfG, Beschl. vom 22.5.1979, E 51, 193 (208).

34 BVerfG, Urt. vom 1.3.1979, E 50, 290 (363 f.).

35 In diesem Sinne äußern sich z.B.: BVerfG, Urt. vom 29.7.1959, E 10, 89 (102); BVerfG, Beschl. vom 25.2.1960, E 10, 354 (362); BVerfG, Beschl. vom 18.12.1974, E 38, 281

Richtig ist, daß die positive Vereinigungsfreiheit nicht das Recht auf Zugang zu Körperschaften des öffentlichen Rechts umfaßt. Die Einschränkung kann aber nicht auf die negative Vereinigungsfreiheit übertragen werden. Letztere ist ein selbständig von Art. 9 Abs. 1 GG geschütztes Recht.[36] Art. 9 Abs. 1 GG schützt zwar nicht die Möglichkeit, Körperschaften des öffentlichen Rechts zu gründen. Trotzdem fällt in den Schutzbereich des Grundrechts die negative Vereinigungsfreiheit, also das Recht solchen öffentlichen Vereinigungen fernzubleiben.[37] Dafür spricht die Schutzfunktion der Vereinigungsfreiheit. Die Vereinigungsfreiheit bezweckt im Bereich sozialer Gruppenbildung ein Höchstmaß an Freiheit von staatlichem Zwang. Staatlicher Zwang besteht aber unabhängig von der Rechtsform der Vereinigung. Außerdem hinge der Rechtsschutz nach Art. 9 Abs. 1 GG ansonsten von der vom Gesetzgeber gewählten Organisationsform ab.

Obwohl zwar der Schutzbereich der Vereinigungsfreiheit berührt ist, ist gleichwohl der Eingriff verfassungsrechtlich zu rechtfertigen.

Die Mitgliedschaftsregelung ist ebenso wie die Beschränkung der Vertragsfreiheit Bestandteil des Pool-Modells. Sie bezweckt die Deregulierung der Energiewirtschaft, um so die Effizienz der Wirtschaftsbranche zu steigern. Damit dient die Reform einer legitimen öffentlichen Aufgabe.[38]

Die Stromerzeuger und -händler weisen die größte Sachnähe zum Stromhandel auf, so daß sie eine verständige Organisation des Pools gewährleisten. Sie verwalten ihren eigenen Tätigkeitsbereich, weshalb die Mitgliedschaft ihnen selber zugute kommt. Insofern ist der Eingriff in die Vereinigungsfreiheit verhältnismäßig und verfassungsrechtlich gerechtfertigt.

4 Schlußbetrachtung

Das Pool-Modell schafft die energiewirtschaftlichen Gebietsmonopole ab. Die Energiewirtschaft wird so dereguliert.

Die Grundrechte der Energieversorger stehen dem nicht entgegen. Das gilt sowohl - wie eben gezeigt - für den Großhandelsmarkt für Strom als auch im

---

(297 f.); BVerwG, Urt. vom 27.6.1967, E 27, 228 (230); BVerwG, Urt. vom 25.11.1971, E 39, 110 (115); JARASS, in: DERS./PIEROTH, Art. 9 Rn. 4 i.V.m. Art. 2 Rn. 5; LÖWER, in: V. MÜNCH/KUNIG, Art. 9 Rn. 17.

36 So auch der Verfassungsgeber, vgl. Darstellung bei DOEMMING/FÜSSLEIN/MATZ, S. 166 ff.

37 So auch BROHM, in: V. MUTIUS (Hg.), FS f. V. UNRUH, S. 777 (790 f.); PIEROTH/SCHLINK, Rn. 819; V. MUTIUS, VerwArch. Bd. 64 (1973), 81 ff.; DERS., JURA 1984, 193 (196 f.); RODE, DÖV 1976, 841 (844 f.); SCHOLZ, in: MAUNZ/DÜRIG, Art. 9 Rn. 89 f.
Das Recht, öffentlichen Vereinigungen fernzubleiben, Art. 2 Abs. 1 GG zuordnend: BVerfG, Urt. vom 29.7.1959, E 10, 89 (102); BVerfG, Beschl. vom 25.2.1960, E 10, 354 (362); JARASS, in: DERS./PIEROTH, Art. 9 Rn. 4 i.V.m. Art. 2 Rn. 5; MAURER, Allgemeines Verwaltungsrecht, § 23 Rn. 43.

38 Vgl. BVerfG, Urt. vom 29.7.1959, E 10, 89 (102); BVerfG, Beschl. vom 25.2.1960, E 10, 354 (364) zu den verfassungsrechtlichen Anforderungen an Zwangsmitgliedschaften im Rahmen der allgemeinen Handlungsfreiheit.

Ergebnis für Unbundling, „Durchleitungsverpflichtung“ und Abschaffung der Demarkationsverträge. Auch hier rechtfertigt das Ziel der Effizienzsteigerung eventuelle Eingriffe in die Grundrechte der Energieversorger. Die Allgemeinheit hat ein legitimes Interesse daran, nicht mit monopolbedingten überhöhten Stromkosten belastet zu werden. Gegenwärtig verhindern die Gebietsmonopole eine kosten- und ressourcenschonende Energieversorgung. Die durch eine ineffiziente Stromerzeugung anfallenden Mehrkosten können auf den Verbraucher abgewälzt werden. Wettbewerb in Form eines Großhandelsmarktes für Strom tritt dem entgegen und sorgt für eine rationelle Stromversorgung.

Die Berücksichtigung von Umweltschutzbelangen bei der Reform des deutschen Ordnungsrahmens für Elektrizität

Herbert Ristau

1 Einleitung

Mit dem Inkrafttreten der EG-Elektrizitäts-Binnenmarktrichtlinie[1] am 19.2.1997 besteht für die 15 Mitgliedstaaten der EU die Verpflichtung, diesen erstrittenen Kompromiß der Wirtschaftsminister innerhalb von zwei Jahren in nationales Recht umzusetzen. Neben dem Hauptanliegen der Richtlinie, die Energieversorgung in marktwirtschaftliche Strukturen unionsweit ohne Binnengrenzen zu überführen, soll zugleich unter Wahrung des *Umweltschutzes* die Effizienz der Elektrizitätserzeugung, -übertragung und -verteilung verbessert werden.[2]

Dem Anliegen, Umweltschutzbelange in eine Richtlinie für den Elektrizitätsmarkt[3] zu integrieren, wie es bereits im Vorschlag der EG-Kommission 1993 vorgesehen war, wurden die bis Oktober 1996 vorgelegten Reformvorschläge der Bundesregierung nicht gerecht. Erst mit der überarbeiteten Vorlage des Entwurfs für ein neues Energiewirtschaftsgesetz[4] (EnWG), unter Berücksichtigung der kritischen Stellungnahme des Bundesrates[5] und mit den notwendigen Ergänzungen im Hinblick auf die Umsetzung der Richtlinie wurden - nach Auffassung der Bundesregierung - auch die umweltspezifischen Defizite behoben. Danach beinhaltet der von der Bundesregierung vorgelegte Entwurf vier wesentliche Neuerungen bzw. Ergänzungen:

- Aufhebung der kartellrechtlichen Zulässigkeit von Demarkationen,
- Aufhebung des ausschließlichen Wegerechts,
- Durchleitung als grundlegendes Wettbewerbsprinzip und
- Aufnahme des Umweltschutzes in den Zielkatalog.

---

1 Richtlinie 96/92/EG des Europäischen Parlamentes und des Rates vom 19.12.1996 betreffend gemeinsame Vorschriften für den Elektrizitätsbinnenmarkt (ABl. EG, Nr. L 27 vom 30.1.1997, S. 20).

2 Art. 5 Abs. 1, 8 Abs. 3 und 11 Abs. 1 und 3 der Richtlinie 96/92/EG.

3 KOM (93) 643 endg., Brüssel 1993, insbesondere gemäß Art. 5 des Richtlinienvorschlages i.V.m. Art. 7 (die Beachtung von Umweltschutzkriterien bei der Genehmigung und Errichtung von Kraftwerken), ebenso nach Art. 13 Abs. 4 (Vorrang für regenerative Energien).

4 BT-Drs. 13/7274, Anlage 1 (Regierungsentwurf).

5 BT-Drs. 13/7274, Anlage 2 (Stellungnahme des Bundesrates).

Nach Auffassung der Bundesregierung sollte der Umweltschutz gemäß § 1 des Entwurfes zur Neuregelung des Energiewirtschaftsrechts, mit der ergänzenden Zweckbestimmung „und *umweltverträglichen* leitungsgebundenen Versorgung mit Elektrizität" bei der Energieversorgung ausreichend vertreten sein. Diesem Anliegen sei - wie in der Begründung der Bundesregierung zum Reformvorhaben (Artikelgesetz) und in der Gegenäußerung der Bundesregierung[6] zur Kritik des Bundesrates ausgeführt wurde - vor allem mit der vorgesehenen wettbewerbskonformen Ausrichtung des neuen Ordnungsrahmens entsprochen worden. Die Position der Bundesregierung läßt jedoch unter dem Eindruck der aktuellen Diskussion über das Stromeinspeisungsgesetz und über den Erhalt der Kraft-Wärme-Kopplung namentlich aus Sicht des Umweltschutzes Zweifel an dem gewählten Wettbewerbsprinzip bei der Durchleitung aufkommen. Das Grundprinzip der Durchleitung besteht darin, daß unabhängig von Ort und Zeit einem Verbraucher die Möglichkeit eingeräumt werden soll, Strom von einem Anbieter seiner Wahl beziehen zu können. Insbesondere die für den Wettbewerb erforderliche diskriminierungsfreie Nutzung der Netze durch Dritte ist mit dem Reformentwurf nicht ausreichend gesichert. Welche weiteren wettbewerblichen Nachteile (z.B. Ineffizienz der Kopplung von Stromerzeugung und -verkauf) mit diesem Prinzip der Stromwirtschaft entstehen, hat SCHULZ bereits 1995 ausreichend dargelegt.[7] Er gelangt letztlich zu dem Ergebnis, daß „ein allgemeiner Netzzugang auf Grundlage der Durchleitung *nicht* möglich ist". Diesen Eindruck verstärkend kommt im vorliegenden Reformentwurf hinzu, daß seitens der Bundesregierung die durch die EU geforderte Trennung von Stromerzeugung und -verteilung/ -übertragung der vertikal strukturierten deutschen Energieversorgungsunternehmen nicht vorgesehen ist. Ganz abgesehen davon, daß für die Durchleitung umweltschutzrelevante Regelungen, wie z.B. Vorrangregelungen für umweltschonende Stromerzeugungsanlagen oder Ermäßigungsregelungen bei den Leitungsnutzungsentgelten für umweltschonende Stromerzeugung, nicht vorgesehen sind.

Nachfolgend sollen deshalb umweltschutzrelevante Defizite des Reformentwurfs aus dem Bundesministerium für Wirtschaft (BMWi) vor allem mit Blick auf die Stromeinspeisung aus regenerativen Energien und hinsichtlich des Erhalts der Kraft-Wärme-Kopplung (KWK) diskutiert und alternative Entwicklungen hervorgehoben werden.

2 Umwelteffekte des Reformentwurfes

In der Gegenäußerung der Bundesregierung zur Kritik des Bundesrates wurde in dreifacher Weise auf den Ausbau der Umwelteffekte Bezug genommen. Zunächst ist der Begriff „umweltverträglich" genauer bestimmt worden.

Dazu heißt es zu § 2 Abs. 4 EnWG-Entwurf (EnWG-E): „Nach der Gesetzesdefinition bedeutet Umweltverträglichkeit, daß die Energieversorgung den Erfordernissen eines rationellen und sparsamen Umgangs mit Energie genügt, eine

---

6 BT-Drs. 13/7274, Anlage 3.

7 SCHULZ, in: HOFFMANN-RIEM/SCHNEIDER, S. 110 (110 f.).

schonende und dauerhafte Nutzung der Ressourcen gewährleistet ist und die Umwelt möglichst wenig belastet wird." Von dieser Definition ist letztlich keine konkrete Umweltschutzmaßnahme abzuleiten, da mit der Belastungsgrenze „wenig" nur ein unbestimmter Zielwert vorgegeben wird.

In einer zweiten Ergänzung wurde die Position der regenerativen Energien als Primärenergie und der KWK im § 3 Abs. 1 und 2 EnWG-E gesetzlich gesichert und geregelt. Gemäß § 3 Abs. 1 EnWG-E unterliegt ab sofort die so bereitgestellte Elektrizität nicht mehr der Genehmigungspflicht durch die Behörden. Unterstützend wird dazu im § 4 Abs. 2 S. 3 EnWG-E die Versorgungs- und Anschlußpflichtverweigerung gegenüber der Erzeugung aus regenerativen Energiequellen (REQ) und aus der KWK (Begrenzung auf Anlagen mit einer elektrischen Leistung bis zu 30 kW) von seiten der zuständigen Energieversorgungsunternehmen aufgehoben. D.h. § 4 Abs. 1 EnWG-E wird für diese Eigenerzeugungsanlagen außer Kraft gesetzt. Damit könnten z.B. in Kommunen erstmals genehmigungsfrei Eigenerzeugungsanlagen betrieben werden, wobei für das zuständige Versorgungsunternehmen nach wie vor die allgemeine Anschluß- und Versorgungspflicht bestehen bliebe. Mit Vorliegen dieser Verpflichtung wird durch das Energieversorgungsunternehmen (EVU), sofern erforderlich, eine Zusatz- bzw. Reserveversorgung für die Eigenversorger gesichert. Diese Regelung zeigt aber nur den Ansatz einer Deregulierungsabsicht, da gemäß § 4 Abs. 3 EnWG-E sogleich ein Eingriffsvorbehalt zugunsten des BMWi gegeben ist.

Das BMWi kann gemäß § 4 Abs. 2 i.V.m. Abs. 3 EnWG-E durch Rechtsverordnung die wirtschaftliche Zumutbarkeit für die Anschluß- und Versorgungspflicht regeln. Das betrifft vor allem die Interessenwahrung der EVU und der Abnehmer unter Beachtung des gesamten Zielkatalogs des EnGW, also auch der Umweltverträglichkeit.

Damit wären die mittelbar umweltrelevanten Regelungen des Regierungsentwurfs erschöpft. Darüber hinaus werden in der Begründung zu dem Reformvorhaben von der Bundesregierung die folgenden unmittelbaren Umwelteffekte hervorgehoben:

(1) Mit der *wettbewerblichen Ausrichtung* des Ordnungsrahmens wird auch die Voraussetzung für „mehr Umweltschutz" geschaffen. Diese Entwicklung wird mit einem *Innovations- und Modernisierungsdruck* begründet, der sich aufgrund des Wettbewerbs verschärfen soll.[8]

Hierdurch von deutschen Energieversorgungsunternehmen einen Impuls zur Modernisierung ihrer Versorgungsanlagen zu erwarten, scheint bereits aufgrund der im Vergleich zu den anderen europäischen Staaten bestehenden hohen Umweltstandards gegenwärtig eher unwahrscheinlich. Ostdeutschland beispielsweise wird sowohl im Bereich der kommunalen Energieversorgungsunternehmen als auch in dem des Verbundunternehmens VEAG demnächst die modernsten Kraftwerksanlagen (z.B. die Kraftwerke Schwarze Pumpe und Boxberg) haben. Demnach werden mit Blick auf die bereits vorhandenen Überkapazitäten und die mäßige industrielle Entwicklung mittelfristig keine nennenswerten neuen Kraft-

---

8 BT-Drs. 13/7274, S. 10.

werksanlagen errichtet. Für die Entwicklung der Kraftwerkstechnik in den alten Bundesländern ist mittelfristig keine andere Tendenz zu erwarten. Die hier vorhandene Anlagentechnik zur Reinigung der Rauchgase (Entschwefelung, Entstickung) ist i.d.R. über eine Laufzeit von bis zu 15 Jahren nutzbar. Somit darf davon ausgegangen werden, daß erst danach der Großteil der heute im Betrieb befindlichen Anlagen zur Disposition stehen wird. Für welche Ersatzvarianten sich dann die EVU entscheiden werden, darüber kann heute nur vage spekuliert werden. Unter dem Eindruck der ersten Erfahrungen mit dem Wettbewerb in anderen Ländern (z.B. Großbritannien) oder aus betriebswirtschaftlicher Sicht, kämen vorrangig Anlagen mit geringem Investitionsvolumen und kurzen Amortisationszeiten, wie z.B. Gasturbinenanlagen, in Betracht. Aber auch Anlagen mit modernen Energieumwandlungstechnologien und hohen Wirkungsgraden auf Kohlebasis, wie z.B. GuD-Anlagen mit integrierter Kohlevergasung (druckaufgeladene Wirbelschichtfeuerung), die vor allem für die Sicherung des Grundlastbedarfs geeignet wären, könnten Altanlagen adäquat ersetzen. Ohne ökologische Steuerungsinstrumente[9] jedoch werden Umweltbelange in dem Wettbewerbssystem bei der Entscheidung für neue Kraftwerksanlagen erst an zweiter Stelle von Bedeutung sein.

Diese Tendenz verstärkend kommt hinzu, daß mit den dann besseren Rahmenbedingungen für die Nutzung der regenerativen Energiequellen, deren stete Näherung an den Wirtschaftlichkeitsbereich und dem zunehmenden Umweltbewußtsein (sparsamer Umgang mit Energie) der Anteil der aus fossilen Primärenergieträgern erzeugten Elektrizität zurückgedrängt würde. Das Ziel eines „Mehr" an Umweltschutz wäre damit verfehlt.

Demgegenüber ist von dem Wettbewerbselement *„Durchleitung"*[10] Druck auf das Preisgefüge (Tarifsystem) für Elektrizität zu erwarten. Hiervon würden aber zunächst - entsprechend dem Stufenplan der Binnenmarktöffnung - nur Großverbraucher profitieren.

(2) In der Aufhebung der *geschlossenen Versorgungsgebiete* sieht der Reformgesetzgeber einen weiteren Beitrag für „mehr Umweltschutz". Der mit dieser Novelle möglich gewordene „freie Leitungsbau" soll zu mehr rationellem Verhalten der EVU führen und somit die Errichtung *„unnötiger Leitungen"* verhindern.

Ausgehend von dem sich verstärkenden Kostendruck auf die Versorgungsunternehmen, ist die oben skizzierte Entwicklung real zu erwarten. Der Wettbewerb zwingt die Unternehmen, alle möglichen Kostensenkungspotentiale auszuschöpfen, um gegenüber den Konkurrenten einen Kostenvorsprung zu erreichen[11]. Dazu gehört auch die Abwägung der Kosten für den Bau neuer Leitungen gegen-

9 Wegen der Selbstverpflichtungserklärung der Stromwirtschaft zur CO_2-Minderung verzichtet die Bundesregierung auf eine ökologische Steuerung des Kraftwerkseinsatzes.

10 Insbesondere die Zulassung ausländischer IPP wird zu einem Preisdruck führen.

11 Einige große Verbundunternehmen haben bereits Rationalisierungsprogramme entwickelt, wie z.B. die VEAG „VEAG 2000 plus" oder das „Wettbewerbssteigerungsprogramm" des RWE.

über möglichen Durchleitungsgebühren. Letztlich werden die EVU sich für die wirtschaftlichere Lösung entscheiden. Somit ist die Anmerkung in der Begründung, daß „der freie Leitungsbau dem Umweltschutz nicht widerspricht", durchaus richtig. Doch dürfte er ihm auch kaum förderlich sein.

Mit dem Wettbewerb werden die Anforderungen an eine verlustarme Stromversorgung weiter in den Vordergrund gedrängt. Das wird zu einem Ausbau der 110-kV-Netze führen. Diese Entwicklung resultiert aus dem Erfordernis, demnächst unmittelbar bis in die Lastschwerpunkte versorgen zu müssen. Dazu trägt bereits heute der zunehmende Anschluß der KWK und regenerative Energieträger verwendender Anlagen bei. Aber allein aufgrund wirtschaftlicher Überlegungen wird es in einem wettbewerbsorientierten Strommarkt keinen „unnötigen Leitungsbau" geben. Somit ist die im Regierungsentwurf angeführte Begründung zur Aufhebung der geschlossenen Versorgungsgebiete nicht zwingend. Die Kostenkalkulation wird letztlich darüber entscheiden, ob parallele Leitungen gebaut werden oder eine Durchleitung in Anspruch genommen wird.

Aus Unternehmenssicht kommt für eine solche Entscheidung erschwerend hinzu, daß im Regierungsentwurf hinsichtlich der Festlegung von Durchleitungstarifen keine verbindlichen Regelungen vorgesehen sind. Noch in der Gegenäußerung war mit § 3a[12] zumindest das Durchleitungsentgelt Gegenstand eines Versuches, „jährliche Richtwerte mit einer Spanne der Durchleitungsentgelte zu veröffentlichen" und den Netzbetreiber zu veranlassen, über die Durchleitungsgebühren Auskunft zu geben.

Dieser Umstand stellt ein entscheidendes Defizit im System der Durchleitung hinsichtlich einer ökologischen Steuerung und Einflußnahme dar. Im Vergleich mit anderen Wettbewerbssystemen, wie z.B. dem „Strombörsen-System"[13], gelingt durch eine zentrale Laststeuerung die effiziente Nutzung des Leitungssystems. Andererseits verfügt der sog. Pool-Vorstand aufgrund von Befreiungs- und Ermäßigungsregeln über ein Instrumentarium zur ökologischen Steuerung und Sicherung der Durchleitung.[14] Zugleich bestünde auch kein Regelungsbedarf mehr gegen eventuelle Diskriminierungen bei der Inanspruchnahme von Leitungsnetzen, wie nach § 22 Abs. 4 und § 26 Abs. 2 des Gesetzes gegen Wettbewerbsbeschränkung (Prüfung auf unbillige Behinderungen des Netzzuganges

12 Vgl. BT-Drs. 13/7274, Anlage 3, S. 33.

13 In einem Poolsystem bleibt das Übertragungsnetz ein reguliertes Monopol durch eine Netzgesellschaft. Damit liegt sowohl der Netzausbau als auch die Koordination des Netzbetriebes in der Hoheit eines Unternehmens. Mit der organisatorischen Entkopplung von Stromerzeugung und -übertragung zielen aufgrund des komplexen Zusammenspiels die unternehmerischen Entscheidungen über die Kraftwerksentwicklung und die Entscheidungen der regulierten Netzgesellschaft über den Netzausbau auf eine Kostenoptimierung. Denn der Anreiz der Netzgesellschaft hinsichtlich einer optimalen Koordination von Kraftwerks- und Netzbetrieb liegt in der Erhebung von Netznutzungsentgelten (vgl. auch SCHULZ, in: HOFFMANN-RIEM/SCHNEIDER, S. 110 (115 f.)).

14 BOHNE, in: HOFFMANN-RIEM/SCHNEIDER, S. 197 ff.

durch Festsetzung der Durchleitungsentgelte). Ebenso wäre das leidige Problem der Beweislast bei Behinderungen für Durchleitungen gegenstandslos.

(3) Gemäß § 4 Abs. 1 EnWG-E bleiben die Verordnungen über die allgemeinen Bedingungen für die Elektrizitätsversorgung der Tarifabnehmer und damit die Ermächtigungen dafür erhalten. Neu ist in dem Zusammenhang beim *Erlaß von Tarifen*, zusätzlich als Zielgröße die Umweltverträglichkeit zu berücksichtigen. Der Gipfel der regulativen Zurückhaltung des Gesetzgebers, die aber insbesondere bei den Tarifen deplaziert scheint, ist die bloße Erwägung einer Genehmigungspflicht[15] der Tarife.

Mit dieser „Verlagerung der Tarifgestaltung in die Zukunft" kann dem Gesetzgeber ein weiteres Versäumnis in Bezug auf die Durchsetzung von „mehr Umweltschutz" bescheinigt werden. Insbesondere der Verzicht auf die *Vorgabe eines Tarifmodells* gemäß § 5 Abs. 1 EnWG-E läßt den Energieversorgungsunternehmen breiten Raum für die Ausgestaltung der Tarife.[16] Mit der in § 4 Abs.1 S. 1 EnWG-E allgemein gehaltenen Verpflichtung, den „*Erfordernissen einer umweltverträglichen Energieversorgung genügen zu müssen*", wurde einmal mehr die Chance vertan, einen zeit- bzw. verbrauchsabhängigen Tarif vorzuschreiben, der gegenüber dem zweigliedrigen Tarif eine wesentlich verbesserte Verbrauchs- und Kostentransparenz für jeden Tarifabnehmer ermöglichen würde. Wenn der Zähler dem Kunden direkt anzeigt, wie hoch sein Verbrauch gegenwärtig ist und damit seine Kosten sind, ist er am ehesten bereit, sparsam mit der Energie umzugehen.[17] Dagegen ist die Inanspruchnahme der Umweltverträglichkeit für die Begründung der tariflichen Regelung vorsichtig formuliert, unpassend, ja, sogar irreführend[18] hinsichtlich des sparsamen Umgangs mit der Elektrizität. Eine erste wesentliche Anpassung des Tarifsystems hätte zumindest die Ausrichtung auf eine zeitvariable Orientierung der Tarife sein können. Danach könnte, sofern die Grundpreiskomponente an elektrizitätswirtschaftlichen Leistungsgrößen

---

15 Vgl. BT-Drs. 13/7274, S. 18.

16 Vgl. BT-Drs. 13/7274, S. 18.

17 SEIFRIED, in: HENNICKE/SEIFRIED, S. 151 ff.

18 Irreführend ist meiner Ansicht nach die ohne Relativierung vertretene dogmatische Auffassung, daß die Ziele einer umweltverträglichen Elektrizitätsversorgung am besten dadurch erreicht werden kann, in dem nach der alten, bestehenden Tarifordnung, jeder Kunde im vollen Umfang die für seine Stromversorgung aufzuwendenden Kosten zu tragen hat. Diese Aussage suggeriert dem Verbraucher, es gäbe keine andere Art der Kostenermittlung und er *müsse* mit dem Leistungspreis für die ständige Erneuerung der Versorgungsanlagen aufkommen. Mit diesen Kostenanteil schaffen die EVU Rücklagen in Milliardenhöhe, die letztlich zum größten Teil erst bei Investitionen für neue Kraftwerksanlagen benötigt werden. Zwischenzeitlich, so der Trend der großen EVU heute, werden damit neue Geschäftsfelder, wie z.B. die Telekommunikation entwickelt, die wiederum die Gewinnzonen der Energieversorgungsunternehmen in neue, höhere Dimensionen heben. Mit der Festschreibung eines zeitabhängigen Tarifgefüges könnte der Gesetzgeber, unabhängig von Wettbewerbsstrukturen, zur deutlichen Entlastung der Tarifkunden, die als Letzte von den Segnungen des Wettbewerbs im Energiemarkt erreicht werden, beitragen.

ausgerichtet wäre, mindestens eine der Preiskomponenten unterschiedliche Belastungszustände des Netzes zu verschiedenen Zeiten zum Ausdruck bringen. Auch in einem solchen Preissystem besteht ein starker Anreiz für den Kunden bei seinem Stromverbrauch auf die abzunehmende Menge und zugleich auf den Zeitpunkt der Abnahme zu achten.

(4) Mit § 5 Abs. 1 S. 3 EnWG-E verfolgt der Gesetzgeber die Absicht, Anreize zur *Energieeinsparung* von seiten der EVU beim Verbraucher zu schaffen. Zunächst wäre aus Sicht des Umweltschutzes eine solche gesetzliche Verpflichtung der EVU uneingeschränkt zu begrüßen. Zu „least cost planning" gab es im Vorfeld der Diskussion um ein EnWG ausreichend Untersuchungen, die auch für Deutschland Einsparpotentiale nachweisen, deren Resultate genutzt werden sollten. Nachfolgend ist aber zu erkennen, daß es sich hierbei um eine Absichtserklärung zur Energieeinsparung handelt, die zudem von zahlreichen Einschränkungen begleitet wird, die insbesondere den Wettbewerb nicht verzerren und vor allem die Strompreise nicht mit zusätzlichen Kosten belasten sollen.[19]

Als Instrumente für solche Einsparungen werden von seiten des Gesetzgebers nur Maßnahmen anerkannt, die von den Unternehmen durch rationelle elektrizitätswirtschaftliche Betriebsführung erreicht werden. In der Erläuterung zu § 5 S. 3 EnWG-E wird kein Hinweis darauf gegeben, daß es sich hierbei um Kosten handelt, die Bestandteil des Tarifs werden könnten.

So lobenswert der Ansatz auch ist, die EVU Einsparpotentiale aufdecken zu lassen (sie wären am ehesten für diese Aufgabe fachlich kompetent), um so fataler ist die Konsequenz, daß mögliche Kosten für Einsparmaßnahmen als Bestandteil des Tarifs anerkannt werden können.

3 Stromeinspeisungsgesetz

Da auch den deutschen EVU klar ist, daß im Bereich des Kraftwerksneubaues der Markt in Europa gesättigt ist, wird im Zuge der Liberalisierung des europäischen Strommarktes sich der Wettbewerb hauptsächlich auf den *Stromhandel* konzentrieren. Um in diesem Verteilungskampf bestehen zu können, d.h. den gegenwärtigen Stromabsatz zu halten und auszubauen, ist letztlich der Strompreis entscheidend, den ein Unternehmen auf dem Markt anbieten kann. Aufgrund der in Deutschland im Vergleich zu anderen EU-Staaten hohen Umweltstandards und insbesondere wegen der Regelungen des Stromeinspeisungsgesetzes[20] (StrEinspG) sehen sich die deutschen Energieversorgungsunternehmen in dem zu erwartenden Preiswettbewerb vor allem durch diese beiden Rahmenbedingungen benachteiligt. Ausdruck dieser Besorgnis sind die bereits seit 1993 angestrengten

---

19 BT-Drs. 13/7274, S. 18.

20 Gesetz über die Einspeisung von Strom aus erneuerbaren Energien in das öffentliche Netz vom 7.12.1990 (BGBl. I S. 2633).

Klagen hinsichtlich der Verfassungsmäßigkeit des StrEinspG.[21] Mit zunehmendem Ausbau vor allem der Windkraftanlagen zunächst im Küstenbereich und nunmehr auch im Binnenland, regt sich verstärkt Widerstand bei den betroffenen Regionalversorgern. Die Vertretung der Regionalversorger, die Arbeitsgemeinschaft regionaler Energieversorgung e.V. -ARE -, stützt diese Position der Regionalversorger. Die mit der Einspeisevergütung gemäß dem StrEinspG beabsichtigte Förderung von Forschung und Entwicklung der regenerativen Energien wären, so der Vorsitzende des Vorstandes der ARE, grundsätzliche Aufgaben der Allgemeinheit und damit in erster Linie aus allgemeinen Haushaltsmitteln zu leisten.[22] Auch die VDEW[23] beteiligt sich an dieser Diskussion mit dem Hinweis auf den verfassungswidrigen „Kohlepfennig". In einem Rechtsgutachten für die VDEW gelangt ARNDT[24] unter Berufung auf die Entscheidung des Bundesverfassungsgerichts (BVerfG) zum „Kohlepfennig" zu dem Ergebnis, daß das StrEinspG vor allem aufgrund des Subventionscharakters als abgabenrechtliche Lösung „im Mantel staatlicher Preisbindung" anzusehen, das Gesetz am Maßstab des Finanzverfassungsrechts zu messen und im Ergebnis das „Finanzierungsmodell" des StrEinspG „für verfassungsrechtlich als nicht unproblematisch" zu erachten sei. SCHOLZ[25] dagegen weist auf den wesensmäßigen Unterschied zwischen dem „Kohlepfennig" und der Einspeisevergütung hin. Das Finanzierungsmodell des Dritten Verstromungsgesetzes als abgabenrechtliche Lösung ist nach der BVerfG-Entscheidung bereits in seinem Regelungsgehalt darauf angelegt, daß der „Kohlepfennig" auf den Endverbraucher überwälzt und unter Mitwirkung der EVU als Kapitalsammelstelle das Finanzaufkommen in einen separaten Fonds außerhalb des Bundeshaushaltes eingezahlt wird (Ein unselbständiges Sondervermögen des Bundes als „Ausgleichsfonds zur Sicherung des Steinkohleneinsatzes"). Die VDEW wehrt sich jedoch gegen das StrEinspG, weil ihrer Ansicht nach lediglich ein anderer gesetzlicher Rahmen für denselben Zweck gewählt wird und eine Subventionierung aus den *allgemeinen Haushaltsmitteln* zu gewähren sei. Das StrEinspG stelle demnach finanzverfassungsrechtlich eine unzulässige *Sonderbelastung* der Stromverbraucher dar. Demgegenüber betont SCHOLZ, daß dem Gesetz keine abgabenrechtliche, sondern eine *preisrechtliche Konstruktion* zugrunde liege. Das StrEinspG regelt für die EVU die Abnahme für Strom aus erneuerbaren Energiequellen innerhalb ihrer Monopolgebiete verbunden mit einer Preisregelung. SCHOLZ weist auf die mögliche staatliche Preislenkung im Rahmen der Bundestarifordnung (BTO Elt) hin, die aufgrund der EVU-Monopolstellung lediglich das wettbewerbrechtliche Korrektiv bzw. den Aus-

---

21 Vgl. BGH, Urt. vom 22.10.1996 - KZR 19/95 - mit den Vorinstanzen OLG Karlsruhe, Urt. vom 22.3.1995 - 6 U 8/94 - und LG Mannheim, Urt. vom 3.12.1993 - 7 O 130/93.

22 CAHN VON SEELEN, et 1996, 430 (430 f.).

23 Vereinigung Deutscher Elektrizitätswerke.

24 RdE 1995, 41 ff.

25 Die Vergütungsregelung des Stromeinspeisungsgesetzes als Mittel verfassungsmäßiger Wirtschaftslenkung und Umweltpolitik, Rechtsgutachten, Mai 1995.

gleich für die kartellrechtlichen Privilegierungen darstellt. Einen Fonds zur Förderung regenerativer Energien im Bundeshaushalt wird indes nicht begründet. Die Prüfung einer etwaigen Verletzung grundrechtlicher Positionen von OSSENBÜHL[26] verdeutlicht, wie verfassungsrechtlich umstritten die Regelungen zur Stromeinspeisung gegenwärtig sind.

Unter dem Eindruck der Entscheidung des LG Karlsruhe vom 29.09.1995[27], das die Vergütungsregelung als verkappte Sonderabgabe einordnet und deshalb für verfassungswidrig erachtet, gelangt auch OSSENBÜHL bei seiner grundrechtlichen Prüfung zu dem gleichen Ergebnis. Insbesondere der Tatbestand, daß mit der Vergütungsregelung die EVU regional ungleich und damit nicht alle Bürger gleich belastet werden, stellt für OSSENBÜHL eine Verletzung des Gleichheitsgrundsatzes gemäß Art. 3 Abs. 1 GG dar. Eine Zuspitzung in der rechtlichen Meinungsbildung zum StrEinspG erfolgte dann durch das Urteil des LG Karlsruhe vom 10.05.1996. Nachdem das BVerfG im seinem Beschluß vom 09.01.1996[28] die Unzulässigkeit des Vorlagebeschlusses des LG Karlsruhe festgestellt hatte, erklärte das LG diesmal das StrEinspG als verfassungsgemäß.[29] Bei dieser Entscheidung hatte das LG die drei weiter oben dargelegten Argumentationen (unzulässige Sonderabgabe, Heranziehung der Finanzverfassung als Prüfungsrahmen, Verletzung etwaiger grundrechtlicher Positionen) in seine Entscheidung einzubeziehen. Dabei distanzierte sich das LG von seiner ursprünglichen Auffassung, der Gesetzgeber habe mit der Einspeisevergütung einen Sonderfond eingerichtet. Ebenso lehnte es Verletzungen grundrechtlicher Positionen ab, die aber in der Begründung etwas dürftig ausfielen.[30]

Eine weitere Diskussion um das StrEinspG wird meines Erachtens mit den Regelungen des Reformentwurfs gegenstandslos. Mit Auflösung der Demarkationen wird die Zuordnung des EVU, welches zur Erstattung der Einspeisevergütung heranzuziehen wäre, aufgehoben. Es sei denn, die jeweiligen EVU eines Versorgungsgebietes werden entsprechend ihrer Versorgungsanteile für dieses Gebiet zur Erstattung herangezogen. Das würde u.a. einen erhöhten Regulierungsaufwand gegenüber der bisherigern Erstattungspraxis bedeuten.[31] Da Letzteres bisher nicht vorgesehen ist, besteht die Gefahr, daß mit Einführung des Wettbewerbs auf Grundlage der Durchleitung und der damit verbundenen Aufhebung der Demarkationen das *StrEinspG ausgehebelt* wird. Insbesondere die Zulassung nur einfacher Wegerechte trägt zu gleichen Zuordnungsfragen in den kommunalen Versorgungsgebieten bei. Damit wäre der Reformvorschlag bereits in sich

26 In: et 1996, 94 (94 ff.).
27 LG Karlsruhe - 2 O 176/95 -, S. 3 und 4.
28 BVerfG - 2 BvL 12/95.
29 LG Karlsruhe - 2 O 176/95 -, S. 7 ff.
30 Vgl. SPEYER, et 1996, S. 593 (594 f.).
31 Oder aber es gilt die im Änderungsentwurf zum StrEinspG vom 4.6.1997 vorgeschlagene Regelung, daß bei der Tätigkeit mehrer Energieversorgungsunternehmen in einem Versorgungsgebiet der Betreiber des Verteilungsnetzes zur Zahlung der Vergütung verpflichtet ist.

gegenüber einer Erweiterung des Zielkatalogs um die Umweltverträglichkeit kontraproduktiv.

Demnach ist ein Wettbewerbssystem auf der Grundlage der unbewerteten Durchleitung, auch wenn diese ausgehandelt wird, für die verstärkte Berücksichtigung von Umweltschutzbelangen nicht ausreichend geeignet.

4 Kraft-Wärme-Kopplung

Eine weitere wesentliche Komponente für die Berücksichtigung von Umweltschutzbelangen im Rahmen der Elektrizitätserzeugung ist die KWK. Auf der Grundlage dieser technologischen Kopplung wird einer der höchsten Ausnutzungsgrade (bis zu 85 % der eingesetzten PET) erreicht. Die KWK stellt damit ein wirksames Instrument zur Reduzierung der Schadstoffemissionen dar. Deshalb sollte aus Sicht der AGFW[32] die in der EU-Richtlinie ermöglichte Präferenz hinsichtlich der KWK auch im nationalen Recht stärker Berücksichtigung finden. Im vorliegenden Entwurf (§ 4 Abs. 2 EnWG-E) ist diese Umsetzung aber nur unzureichend gelungen. Die AGFW erinnert die Politik in diesem Zusammenhang an die bislang ergangene Aufforderung, daß die Kommunen sich verstärkt dem Aufbau von KWK-Systemen widmen sollen. Mit dem im Reformentwurf beabsichtigten reinen Strompreiswettbewerb ist aber davon auszugehen, daß die KWK-Systeme nicht weiter ausgebaut und sich eher rückläufig entwickeln werden.

Dazu tragen insbesondere das Fehlen jeglicher Rahmendingungen bei, die für die weitere Sicherung der KWK unter Wettbewerbsbedingungen erforderlich wären. Ohne Übergangsregelungen für die kommunalen KWK-Anlagen bzw. geeignete Rahmenbedingungen zur Sicherung der gekoppelten Stromerzeugung wird diese umweltschonende Energieumwandlung nicht mehr wirtschaftlich sein. Dazu wird vor allem die mit der Aufhebung der Demarkationen verbunde Durchleitung beitragen. Von seiten der Kommunen werden hinsichtlich des Strompreises von den großen Verbundunternehmen „Dumping-Angebote" an die Großabnehmer erwartet. Aufgrund der dann möglichen Wahl des Versorgungsunternehmens von seiten der Stromverbraucher hätten die kommunalen KWK-Anlagen keine Chancen, ihren Strom abzusetzen. Als Folge wären Lastabsenkungen vorzunehmen. Um zumindest den Bedarf an Wärme weiterhin bereitstellen zu können, müßte der parallel erzeugte Strom, sofern ein Abnehmer gefunden wird, zu Niedrigstpreisen, also mit Verlusten auf einem Spotmarkt verkauft werden. Die Konsequenz wäre letztlich die Verdrängung der kommunalen KWK-Anlagen zu Gunsten von IPP, regionalen Stromerzeugern und dezentralen Wärmeversorgungsanlagen auf Gasbasis. Für die Sicherung des weiteren Bestandes und des Ausbaus der umweltverträglichen KWK in den Kommunen und bei der industriellen Kraftwirtschaft wäre deshalb eine ökologische Bewertung der Energiebereitstellung erforderlich. Nicht eine Schutzklausel, wie sie der Wirt-

32 Arbeitsgemeinschaft Fernwärme e.V., Frankfurt a. Main.

schaftsminister nicht einräumen möchte, sondern die umweltschutzbezogene Schrankenbestimmung im Wettbewerbssystem integriert, wäre die Lösung, um Waffengleichheit bei der Stromerzeugung zu erreichen. Die AGFW vertritt hierzu mit der Lösung „KWK nach tatsächlicher Leistung bewerten“ eine Kompromißformel, die darauf abzielt, die KWK-Anlagen entsprechend ihrer elektrizitätswirtschaftlichen Leistung und Arbeit zu bewerten.[33] Mit dem von seiten des BMU entwickelten „Strombörsenmodell“ wäre auch hierfür ein Wettbewerbssystem gegeben, das insbesondere diesen Anforderungen genügen würde.[34] Die Befürchtung der Regierung mit dieser Schrankenbestimmung wieder regulierend in den Wettbewerb einzugreifen, ist unbegründet, da dieses Instrument Bestandteil eines unabhängigen Wettbewerbssystems der Stromwirtschaft wäre. Ebenso können uneffiziente KWK-Anlagen mit z.B. wirkungsgradbezogenen Kriterien von einer Vermarktung ausgeschlossen werden. Die Bedenken seitens der regionalen EVU, mittels Vorrangregelungen für Strom auf Basis von KWK könnten unwirtschaftliche Anlagen gefördert und zusätzliche Vermarktungschancen erhalten werden, sind in einem „Strombörsensystem“ nicht zutreffend. Es sollte vielmehr die positive Seite der KWK-Systeme, insbesondere der in den neuen Bundesländern, Beachtung geschenkt werden. Die hier mit hohen Investitionen errichteten modernsten KWK-Anlagen genügen höchsten Ansprüchen hinsichtlich der Schadstoffemissionen und stellen damit eine wesentliche Komponente zum Erreichen der Klimaschutzvorgaben der Bundesregierung dar.

5 Zusammenfassung

Grundlage des Reformentwurfs der Bundesregierung zum EnWG ist das Durchleitungsprinzip, mit dem das Preisziel einseitig in den Vordergrund gestellt wird. Bereits weit im Vorfeld der Novellierungsdiskussion[35] und letztlich während der öffentlichen Anhörung zur Novellierung des EnWG am 2.6.1997[36] ist

---

33 Aus einem Interview mit dem Vorsitzenden der Arbeitsgemeinschaft Fernwärme, KARL OTTO ABT (Energiespektrum 3/97, S. 26 f.).

34 BOHNE, in: HOFFMANN/RIEM/SCHNEIDER, S. 110 (140 ff.); RISTAU, Kommunale Elektrizitätsversorgung in den neuen Bundesländern, S. 179 ff.

35 Auf der 24. Jahrestagung des Kölner Energierechtsinstituts (27./28.9.1995) bezeichnete Frau Dr. Merkel das Pool-Modell als „geeignetes Modell“, welches aus ökologischer Sicht durch eine Malus/Bonus-Regelung ergänzt werden solle. Zur Einführung des Pool-Modells könne erforderlichenfalls auch eine Verfassungsänderung ein probates Mittel sein.
BT-Drs. 13/5352, Entwurf eines Gesetzes zur Neuordnung der Energiewirtschaft (EnergieG). Das mit diesem Gesetzentwurf verfolgte Ziel der Fraktion Bündnis 90/Die GRÜNEN ist es, eine strukturelle Neuordnung der Energieversorgung in Deutschland unter Einbeziehung von Vorrangregelungen für umweltschonende Stromerzeugung und -versorgung zu erreichen.

36 U.a. stellen Herr Dr. Dr. Tönnies (Eurosolar), Frau Hamelbeck (NABU), Herr Timpe (Öko-Institut) und Herr Dr. Krawinkel (Energiestiftung Schleswig-Holstein) in ihren Wortmeldungen die Bedeutung von Vorrangregelungen für eine umwelt-

wiederholt darauf hingewiesen worden, daß gerade das „Pool-Modell" in besonderer Weise geeignet sei, den allseits angestrebten umwelt- und wirtschaftsverträglichen Wandel in der Energiepolitik zu erreichen. Die Ablehnung des Pool-Modells, insbesondere des Strombörsenmodells, eine modifizierte Form des Pool-Modells, als Reformansatz geschieht i.d.R. mit dem Hinweis auf die Unvereinbarkeit mit Art. 14 GG (Eigentumsgrundrecht). Diese Argumentation ist unzutreffend und wurde bereits 1995 umfassend widerlegt[37].

Die Konsequenzen solch einseitiger Ausrichtung sind negative Auswirkungen auf das StrEinspG, die Entwicklung der KWK und damit auf den Umweltschutz. Umweltpolitsche Defizite in diesem Reformentwurf bestehen vor allem hinsichtlich der Einräumung von Vorrangregelungen, die es ermöglichen, sowohl die Stromerzeugung aus regenerativen Energiequellen weiter zu entwickeln als auch Sicherheit für den Weiterbetrieb von KWK-Anlagen zu erhalten.

Als entscheidendes Instrument, den Wettbewerb um die (Groß-)Kunden zu gestalten, soll der Bau von Parallelleitungen möglich sein. Da keine Pflicht zur Durchleitung ausdrücklich im Gesetz verankert und die organisatorische Trennung von Erzeugung und Netzbetrieb nicht vorgesehen ist, erfolgt die Gestaltung der Durchleitung im Ermessen des Leitungseigentümers. Aus ökologischen Gründen (erhöhter Landverbrauch) ist aber der Bau von Parallelleitungen abzulehnen, da dieser wirtschaftlich und damit im Interesse der Allgemeinheit unsinnig ist. Die Durchleitung sollte durch die organisatorische Trennung von Erzeugung und Netzbetrieb auch in einem solchen System auf das Verteilungs- bzw. Versorgungsprinzip gerichtet sein. Der Förderung regenerativer Energien wird mit der Aushebelung des StrEinspG die Basis entzogen und widerspricht damit der erweiterten Zielbestimmung des Gesetzes. Dagegen ist offen, ob mit Beibehaltung kommunaler Versorgungsgebiete und dem Alleinabnehmersystem, wie von seiten des VkU gefordert wird, diese umweltrelevanten Defizite auch nur annähernd ausgeglichen werden können. Die Folge davon wäre ein geteilter ungleicher Wettbewerb im deutschen Elektrizitätsmarkt, dem die regionalen und überregionalen EVU nicht zustimmen würden. Die Behebung der hier zum Reformvorschlag der Bundesregierung aufgezeigten Defizite kann nur durch die *Zusammenführung* von *Wettbewerbselementen und Umweltschutz* in einem Wettbewerbsystem, wie z.B. in dem Strombörsenmodell, erfolgen.

6 Ausblick

In Fortführung meiner Überlegungen ist zu fragen, warum das Poolsystem nicht weiterhin in die Reformüberlegungen der Bundesregierung einbezogen wird. Insbesondere die Lösung für die kommunale Ebene bei dem Durchleitungsprinzip unterscheidet sich in keiner Weise von der zum Poolsystem vorgeschlagenen

---

schonende Energieerzeugung heraus, die am ehesten mit einem modifizierten Poolsystem in die Praxis umgesetzt werden könnten.

37 In: BRANDT/ALBRECHT/KÖSTER/RISTAU, S. 193 ff. und 334 ff.

Anpaßlösung. Mit der formalen Aufhebung der ausschließlichen Wegerechte (Umwandlung in das einfache Wegerecht) ist der Reformentwurf gegenüber den Kommunen schlicht konservativ. Eine innovative Lösung, wie z.B. die Entwicklung einer Strombörse unter Einbeziehung kommunaler und regionaler EVU, wird erst gar nicht in Erwägung gezogen.

Die Umweltbelange über Abrufregeln der Kraftwerke mit dem EnWG für alle Versorgungsebenen festzuschreiben, wäre die einzig konsequente Lösung zur Durchsetzung des Umweltschutzes bei der Energieversorgung, sowohl bei der Erzeugung als auch bei der Verteilung.

Für und Wider einer bundesrechtlichen Stellplatzregelung

Ulrich Smeddinck

1 Einleitung

Die Pflicht zur Herstellung von Stellplätzen beim Bau oder der Änderung baulicher Anlagen ist traditionell in den Landesbauordnungen geregelt.[1] Das fast sechzig Jahre alte Rechtsinstitut korrespondiert heute mit einer veränderten Wirklichkeit der Verkehrsverhältnisse, ist konfrontiert mit einer anderen gesellschaftlichen Sicht auf die Verkehrsprobleme und ist eingebettet in einer nach langen Jahrzehnten der Gesetzgebung veränderten und erweiterten Rechtsordnung.

Die Ausgangssituation wird hier als Anlaß genommen, die derzeitige Verortung der Stellplatzregelung im Bauordnungsrecht zu hinterfragen und mit Blick auf eine größere Steuerungswirkung nach Alternativen auszuschauen.

Methodisch liegt es nahe, Ordnungs- und Bewertungsmechanismen der Gesetzgebungslehre einzusetzen. In diesem Rahmen kann jedoch keine fachliche Analyse nach allen Regeln der Kunst geleistet werden. Deshalb wird in dem Beitrag eine der Systematisierungen des Gesetzgebungsprozesses herangezogen, um eher kursorisch, aber beispielhaft die Einbettung der Stellplatzregelung zu analysieren.

Konkret wird dazu das Phasenmodell aufgenommen, das KINDERMANN in Anlehnung an NOLL entwickelt hat.[2] Dort werden Problemimpuls, Problemdefinition, Entwurf von Zielvorstellungen, Entwurf von Regelungsalternativen, Reduktion von Regelungsalternativen und Nachkontrolle unterschieden. Die Ordnung wird auch hier zugrunde gelegt (2 bis 6). Der hier gewählte Ansatz bringt es mit sich, daß die einzelnen Ordnungskategorien in einem entsprechend angepaßten Verständnis verwendet werden. So muß die Nachkontrolle entfallen. An ihre Stelle treten hier Ergebnis und Ausblick (7).

---

1 Z.B. § 52 Brandenburgische Bauordnung vom 1.6.1994 (GBl. II S. 126 ber. S. 404); § 47 Niedersächsische Bauordnung i.d.F. vom 6.6.1986 (GVBl. S. 157), zuletzt geändert durch Art. II des Gesetzes vom 28.5.1996 (GVBl. 1996 S. 252).

2 Vgl. KINDERMANN, in: DERS., Plan und Methode, 229 (230); NOLL, Gesetzgebungslehre, S. 72 ff.; HILL, Einführung in die Gesetzgebungslehre, S. 65.

2 Problemimpuls

Bei der Suche nach geeigneten Instrumenten der Verkehrssteuerung ist zunehmend der Parkraum ins Blickfeld geraten. Er beeinflußt den Umfang des Autoverkehrs, der Stadtstruktur und Flächennutzung sowie der Verkehrsmittel und Zielwahl. Kann der Verkehrsteilnehmer am Ziel seiner Fahrt mit genügend Parkplätzen rechnen, wird er in der Regel auch bei günstigen Alternativen das Auto wählen.

In Reaktion auf die seit langem zu beobachtende Zunahme der Motorisierung, die anwachsenden Verkehrsleistungen der einzelnen Kraftfahrzeuge, die Überlastung der bestehenden Verkehrsinfrastruktur, insbesondere in den Städten und Agglomerationen, sowie der gestiegene Stellenwert des Umweltschutzes haben Verkehrswissenschaftler veranlaßt, nicht die Ausweitung des Parkraumbestandes, sondern dessen Begrenzung und Verknappung zu fordern.[3] Der Ansatz folgt der einfachen ökonomischen Überlegung, daß bei einer Verminderung des Angebots in der Folge die Nachfrage sinkt. Notfalls ist durch adäquate Aufklärung und Information die Strategie zu unterstützen.

Entsprechend ist in den bundesdeutschen Kommunen Parkraumbewirtschaftung mit Kurzparkbereichen und Anwohnerparkbevorrechtigungen als Instrument der Verkehrssteuerung weitgehend akzeptiert und wird von der Mehrzahl der Kommunen auch praktiziert. Der öffentliche Parkraum wird nur noch einem besonders bevorrechtigten Personenkreis zur Verfügung gestellt oder darf nur kostenpflichtig benutzt werden. Zugunsten des Umweltverbundes (ÖPNV, Fahrrad, Fußgänger) können günstige Umstiegseffekte erwartet werden, wenn die bewirtschafteten Gebiete flächenhaft ausgedehnt werden und Parkraumüberwachung in ausreichender Weise betrieben wird.[4]

Der Zugriff auf öffentlichen Parkraum ist für die Kommunen vergleichweise einfach. Soll Parkraumbewirtschaftung als Stellschraube zur Beeinflussung der Verkehrsmittelwahl - in Verbindung mit Angebotsverbesserungen für den Umweltverbund - genutzt werden, ist es notwendig auch im privaten Bereich umzusteuern. Der Rechtsrahmen für den privaten Stellplatzbau wird maßgeblich gerade durch die Stellplatzregelung in den Landesbauordnungen bestimmt. Deren traditionelle Regelungsstruktur läßt jedoch deutlich weniger Steuerungsimpulse zu.[5]

3 Problemdefinition

Die relevanten Rechtsgrundlagen für den Stellplatzbau, aber auch für die Parkraumbewirtschaftung und erst recht für die Verkehrsabwicklung und -steuerung

---

3 Statt aller TOPP, HKVp, Ziff. 3.4.12.1, S. 3.

4 LEHMBROCK, Wege, S. 145.

5 Umfassend dazu SMEDDINCK, Stellplatzpflicht und umweltpolitische Steuerung (im Erscheinen).

sind in einer Vielzahl unterschiedlicher Gesetzeswerke verteilt. Das macht die Materie schwer faßbar und schlecht handhabbar. Dabei erscheint die jeweilige Verortung der einzelnen Regelungen und Instrumente oft keineswegs zwingend. So ist etwa die Anbindung der Stellplatzregelung im Bauordnungsrecht aus heutiger Sicht nicht mehr selbstverständlich. Das dokumentiert die Entstehung der Musterbauordnung (MBO):

Die MBO 1960 stand am Ende eines Jahrzehnts vergeblicher Bemühungen um ein einheitliches Baurecht für die Bundesrepublik, das Bauplanungs- und Bauordnungsrecht vereinigt hätte. Entsprechende Vorarbeiten gab es z.B. mit dem Entwurf eines Deutschen Baugesetzbuchs, der im Dritten Reich zwischen 1937 und 1942 entstanden war. Aufgrund eines Gutachtens des Bundesverfassungsgerichts[6], das zur Klärung der Rechtslage bemüht wurde, kam es in den fünfziger Jahren zu einer Zweiteilung. Als Rechtsmaterie sui generis fällt danach das damalige Baupolizeirecht in die Gesetzgebungszuständigkeit der einzelnen Länder.

Mittlerweile stößt das Gutachten auf Kritik. Ein Teil der Aufgaben der Baupolizei sind faktisch niemals materielles Baupolizeirecht gewesen, auch wenn sie in alten Bauordnungen geregelt waren. Das unübersichtliche System von städtischen und Landesbauordnungen wurde weder durch die Rahmenbauordnung vom 25.4.1919 noch durch die Preußische Einheitsbauordnung vom 7.2.1938 einheitlich und umfassend den Ländern zugewiesen.[7] Im Bereich der Stellplatzregelung wurde nur bei der Umsetzung des Reichsmusters - quasi einem Vorläufer der MBO - auf die Zuständigkeit der Länder Rücksicht genommen. Der Inhalt war aber mit seinen Anforderungen an die Sicherheit von Einstellräumen noch eindeutig polizeirechtlicher Natur. Dagegen erging die Stellplatzpflicht selbst bereits als Reichsregelung und konnte daher ebenfalls nicht dem Baupolizeirecht im bisher gebräuchlichen Sinne zugeordnet werden.

Die Sonderstellung der Stellplatzregelung, die in der rechtshistorischen Entwicklung deutlich wird, bestätigt sich bei einer näheren Betrachtung der Funktion des Bauordnungsrechts: Es ist Aufgabe des Bauordnungsrechts, die Gefahren abzuwehren, die für den einzelnen oder die Gemeinschaft von einer Bautätigkeit oder von Gebäuden ausgehen können.[8] Die BO NRW enthält in § 19 Abs. 2 eine Regelung, die die Wirkung baulicher Anlagen auf die Sicherheit oder Ordnung des öffentlichen Verkehrs thematisiert. Dieser darf durch bauliche Anlagen und andere Anlagen und Einrichtungen im Sinne des § 1 Abs. 1 S. 2 BO NRW oder ihre Nutzung nicht gefährdet werden. Die Reichweite der Norm ist eher gering. So kann sie nicht dazu dienen, eine nach planungsrechtlichen Festsetzungen zulässige Anlage überhaupt zu untersagen. Ohne entsprechende Festsetzung im Bebauungsplan können an Eckgrundstücken keine Sichtdreiecke freigehalten, und somit kann die Bebaubarkeit des Grundstücks nicht beschränkt werden. Konkret kann dagegen von der Gefährdung der Sicherheit oder Ordnung des

---

6 BVerfG, Rechtsgutachten vom 16.6.1954, E 3, 407 (407 ff.).
7 WAGNER, Harmonisierungsbedürftigkeit, S. 53 ff.
8 Statt aller SCHMIDT-EICHSTAEDT, Städtebaurecht, S. 77.

öffentlichen Verkehrs durch bauliche Anlagen ausgegangen werden, wenn Bauteile zu weit herausragen (Fensterbänke, Gesimse, Sockel, Warenautomaten und Werbeanlagen). Auch dürfen Fenster und Türen regelmäßig nicht in den Straßenraum hinein aufschlagen. Ebenso müssen Kellerschächte und Betriebsschächte sicher abgedeckt sein.[9]

Dies mag typische Gefahrenlagen im Bauordnungsrecht charakterisieren. Dagegen reagiert die Stellplatzpflicht auf eine Gefahr, die nicht selbst von dem Bau und seinen Teilen ausgeht.[10] Ihr kommt insofern eine Sonderstellung zu. Denn es soll auf diese Weise verhindert werden, daß Benutzer und Besucher einer Anlage ihre Kraftfahrzeuge auf der Straße abstellen. An den Bau als lediglich mittelbarem Verursacher dieser Gefahr wird angeknüpft, um von hier aus den Versuch zu unternehmen, mit den Mitteln des Bauordnungsrechts das Entstehen verkehrlicher Gefahren zu verhindern.[11] GRAF kam deshalb zu dem Schluß, daß es sich bei der Stellplatzpflicht um eine Regelung des Verkehrspolizeirechts handelt.[12] Dieser Ansatz wird von der neueren Entwicklung der Stellplatzpflicht unterstrichen, wenn Vermeidungsstrategien für den Individualverkehr als Mittel der Gefahrenabwehr gleichwertig neben den Bau von Parkeinrichtungen treten.[13]

Dagegen hat das Bundesverwaltungsgericht in den frühen fünfziger Jahren die Stellplatzpflicht als Bauordnungsrecht bewertet.[14] Gegenstand der Regelung sei das Bauwerk als solches. Die Instanzgerichte schlossen sich dieser Haltung an. Die Stellplatzpflicht habe den Sinn, Gefährdungen zu vermeiden, die sonst von dem ruhenden Verkehr ausgehen können, der von dem jeweiligen Bauvorhaben verursacht wird.

Dabei wurde nicht bedacht, daß die geschilderten Gefahren für die Sicherheit und Leichtigkeit des Verkehrs nicht nur entstehen, wenn der ruhende Verkehr auf der öffentlichen Straße abgewickelt wird, sondern möglicherweise auch dann, wenn Stellplätze auf dem Grundstück geschaffen werden und gerade dadurch fließender Verkehr entsteht, der das Straßennetz über seine Kapazität belastet.[15] Für ihre das Verkehrsaufkommen fördernde Wirkung bleibt die Stellplatzpflicht blind. Ungebremst droht ein Weiterwuchern der Stellflächen bis zum Erreichen faktischer Grenzen. Die Position des Bundesverwaltungsgerichts verkennt darüberhinaus, daß die weitere Flächenversiegelung aufgrund des Stellplatzbaus zu einer Gefahr für die Bodenfunktionen wird.[16] Die Bekämpfung dieser Gefahrenlage durch Bauordnungsrecht dürfte noch näherliegen als die Einflußnahme auf die Verkehrssituation.

---

9 Vgl. THIEL/RÖSSLER/SCHUMACHER, § 19.
10 Statt aller PEINE, Baurecht, S. 91.
11 GRABIS/KAUTHER/DIECKMANN, S. 106; RABE/STEINFORT, S. 215.
12 GRAF, ZMR 1978, 353 (354); kritisch auch KEIPINGER, VZ 4/1996, 9 (12).
13 Vgl. KÜPPERS, BauR 1996, 604 (605); LEHMBROCK, Wege, S. 145 (148).
14 BVerwG, Urt. vom 26.5.1955, E 2, 122 (125); vgl. auch PLATE, Neues Landesbauordnungsrecht, S. 179.
15 FUGMANN-HEESING, Parkvorsorge, S. 164.
16 Vgl. ENGEL, ZUR 1997, 30 (33).

Derzeit zeichnet sich das Bauordnungsrecht durch ein fortschreitendes Auseinanderdriften der einzelnen Landesregelungen gegenüber der Musterbauordnung aus. Die Rechtseinheit schmilzt kontinuierlich ab.[17] Die Tendenz läßt sich insbesondere an der Entwicklung der Stellplatzregelungen ablesen.[18] Dabei handelt es sich nicht mehr um die Ausschöpfung des Spielraums für Abweichungen im Rahmen des Üblichen.[19] Denn die Neuordnung der Stellplatzregelung resultiert nicht aus den unterschiedlichen Gegebenheiten in den einzelnen Bundesländern. Vielmehr ist sie Ausdruck eines kleinen Paradigmenwechsels.

Die wachsende Zersplitterung und Unübersichtlichkeit ist auch im gesamten verkehrsrelevanten Recht beobachtbar.[20]

4 Entwurf von Zielvorstellungen

Angesichts der Vielzahl verkehrsrelevanter Rechtsgrundlagen in ganz unterschiedlichen Rechtsbereichen wäre eine „große Lösung" für die Ordnung der einschlägigen Rechtsgrundlagen sachgerecht. Dazu bietet sich die Verlagerung der Stellplatzregelung in ein neuartiges Regelungssystem „Umweltverkehrsrecht" an.[21]

Idealerweise wäre dessen Regelungsziel an folgendem Katalog ausgerichtet:

1. Verringerung des Kraftfahrzeugbestandes;
2. Verringerung der Kraftfahrzeugbewegungen;
3. Verringerung der Umweltbelastungen und der Gefahren, die von Kraftfahrzeugbewegungen ausgehen;
4. Verringerung der Umweltbelastung bei der Herstellung und Entsorgung von Autowracks.

Die einzelnen Normierungen wären in einem einheitlichen Gesetzeswerk übersichtlich gegliedert, hinreichend aufeinander abgestimmt und mit einem deutlichen Akzent auf der Vorsorge versehen, zu bündeln. Die versammelten Instrumente ständen paßgerecht und griffbereit bereit, um den umweltschädlichen Auswirkungen des Verkehrs adäquat zu begegnen. Als „kleine Lösung" wäre eine bundeseinheitliche Stellplatzregelung denkbar.

Als Vorbild für das Regelungsmodell bietet sich die neue hessische Stellplatzregelung[22] an. § 50 HessBO hat mit dem gesetzlich bestimmten Junktim zwischen Errichtung einer baulichen Anlage und der Pflicht zur Herstellung von

---

17 ORTLOFF, NVwZ 1995, 112 (119); FISCHER, Verrechtlichung im öffentlichen Baurecht, S. 23; KOCH/HENDLER, 3. Teil Rn. 16.

18 Vgl. SMEDDINCK/SCHOMERUS, ZUR 1995, 72 (73 ff.).

19 Zur Leitbildfunktion der MBO: BÖCKENFÖRDE/TEMME/KREBS, S. XVI; siehe auch FISCHER, Verrechtlichung, S. 22 f.

20 STEINER, in: ESER (Hg.), FS f. Salger, S. 567 (567).

21 Grundlegend zur Problematik: BRANDT, tuc-uw 1/93, S. 18 f.; DERS., in: SMEDDINCK (Hg.), Ansätze, S. 113 (116).

22 § 50 Hessische Bauordnung i.d.F. vom 20.12.1993 (GVBl. S. 655).

Stellplätze gebrochen. Kennzeichnend ist ein ganzes System von Satzungsermächtigungen an die Gemeinden. Diese legen in Zukunft dezentral und selbständig fest, ob und in welchem Umfang Stellplätze oder Garagen und Abstellplätze für Fahrräder errichtet werden müssen, um den Erfordernissen des ruhenden Verkehrs zu genügen (Abs. 6 S. 1). Bauvorhaben lösen also grundsätzlich die Stellplatzpflicht nicht mehr automatisch aus. Die hessische Regelung gewährt einen großen Gestaltungsspielraum und überläßt es den Gemeinden, flexibel auf die örtliche Situation des Verkehrs zu reagieren.

5 Entwurf von Regelungsalternativen

Das Bauordnungsrecht zur Verkehrsminderung und damit zur Verminderung von Belastungen der Umwelt zu nutzen, erscheint ungewöhnlich. Denn das Bauordnungsrecht wird als die Gesamtheit derjenigen Vorschriften bezeichnet, die für die Errichtung, Erhaltung und Änderung, für die Nutzung und für den Abbruch von baulichen Anlagen, insbesondere von Gebäuden, gelten.[23] Naheliegender ist es zunächst, an spezielle Gesetze zur Verkehrssteuerung zu denken.

Der Bund hat von seiner Kompetenz zur Regulierung des Straßenverkehrs Gebrauch gemacht. Das Straßenverkehrsrecht regelt den Straßenverkehr unter ordnungsrechtlichen Gesichtspunkten mit dem Ziel, Sicherheit und Leichtigkeit des Verkehrs zu gewährleisten. Eben mit dieser Zielsetzung wird auch die bauordnungsrechtliche Stellplatzpflicht gerechtfertigt.[24] Problematischer noch ist, daß das Straßenverkehrsrecht nicht nur auf Gefahren abzielt, die dem Verkehr und den Verkehrsteilnehmern von anderen Verkehrsteilnehmern drohen oder die vom Verkehr für Dritte ausgehen (z.B. Umweltschäden), sondern zusätzlich auf solche Gefahren, die von außerhalb des Verkehrs auf den Verkehr einwirken. Als eine solche Rückwirkung ließe sich der Zirkulationsverkehr, der von Bauten ausgeht, begreifen. Der Konflikt wird noch dadurch verschärft, daß von der zugrundegelegten Kompetenznorm Art. 74 Abs. 1 Nr. 22 GG angeblich erschöpfend Gebrauch gemacht wurde.[25] Somit könnte sich aufgrund der bundesgesetzlichen Regelung eine Sperrwirkung für eine landesrechtliche Nutzung der Stellplatzpflicht ergeben, die auf die Verkehrsentwicklung einwirkt. Im Bereich der konkurrierenden Gesetzgebung sind Landesgesetze dann ausgeschlossen, wenn die bundesrechtlichen Materien erschöpfend sind und die Rechtsmaterie abschließend geregelt ist.[26]

---

23 OLDIGES, in: STEINER (Hg.), Besonderes Verwaltungsrecht, S. 475 (610).

24 Vgl. statt vieler IMIG/KIESS/HORNUNG, § 39 Rn. 1; SCHLEZ, Landesbauordnung Baden-Württemberg, § 39 Rn. 1.

25 STEINER, in: DERS. (Hg.), Besonderes Verwaltungsrecht, S. 649 (653); BVerwG, Urt. vom 4.3.1966, E 23, 325 (328).

26 BVerfG, Beschl. vom 9.2.1972, E 32, 319 (327); STEIN, Staatsrecht, S. 123. Eine solche Sperrwirkung könnte sich auch aus der konkurrierenden Gesetzgebung in Art. 74 Abs. 1 Nr. 18 GG (Bodenrecht, Wohnungswesen, Siedlungs- und Heimstät-

Die Beurteilung der Zuordnung wird durch die Ambivalenz des Sachbereichs erschwert:[27] wegen der engen Wechselwirkung zwischen Stellplätzen und Verkehrsentwicklung blieb die Einordnung der Stellplatzpflicht als Materie des Verkehrspolizeirechts nicht aus.[28]

Somit ist zu klären, ob sich nicht aus der Ausschöpfung von Bundeskompetenzen eine Sperrwirkung für den Einsatz der Stellplatzregelung als Instrument der Verkehrssteuerung ergibt.[29]

Es stellt sich die Frage, ob die Verkehrssteuerung nicht ausschließlich durch das Straßenverkehrsrecht geregelt wird. Als Teil des Ordnungsrechts bezweckt es, Gefahren, Behinderungen und Belästigungen von Verkehrsteilnehmern und Dritten durch den Verkehr entgegenzuwirken und einen optimalen Ablauf zu gewährleisten.[30] Dem Bund ist nach Art. 74 Abs. 1 Nr. 22 GG die konkurrierende Gesetzgebungskompetenz für den Straßenverkehr eingeräumt.[31] Sie umfaßt die Benutzung öffentlicher Straßen zu Verkehrszwecken und das Kraftfahrwesen mit den von der Herstellung bis zur Benutzung von Fahrzeugen entstehenden Rechts- und Wirtschaftsfragen. Vom BVerfG wird zu dem Regelungsbereich eine Position vertreten, die darüber noch hinausgeht. Das sogenannte *erweiterte Verständnis* von der Gesetzgebungskompetenz reicht so weit, daß nicht nur der Unbeteiligte, sondern der Kraftfahrer selbst vor Einwirkungen von außen und durch den Verkehr zu schützen ist.[32]

Das Straßenverkehrsgesetz ermächtigt den Bundesverkehrsminister unter hinreichend bestimmten Voraussetzungen u.a. zum Erlaß von Rechtsverordnungen nach Maßgabe des Ermächtigungskatalogs gemäß § 6 StVG, insbesondere zur Erhaltung der Ordnung und Sicherheit auf den öffentlichen Verkehrsflächen, um den Verkehr vor nachteiligen äußeren Wirkungen zu schützen (z.B. Verbot ab-

---

tenwesen) ergeben: Immerhin wird für Stellplätze Boden verbraucht, sind Stellplätze typische Nebenanlagen des Wohnungsbaus. Des weiteren könnte sich die Sperrwirkung aus der Ausfüllung der Gesetzgebungskompetenz zur Luftreinhaltung und zum Lärmschutz ergeben (Art. 74 Abs. 1 Nr. 24 GG). Schließlich ist neuerdings die Diskussion eröffnet worden, ob eine Begrenzung der Verkehrsmenge nicht über § 41 BImSchG zu erreichen ist. So könnten verkehrsbedingter Lärm oder verkehrsbedingte Luftverunreinigungen in erheblichem Umfang reduziert werden.

27 Vgl. STEINER, in: DERS. (Hg.), Besonderes Verwaltungsrecht, S. 649 (653); DEGENHART, in: SACHS, Grundgesetz, Art. 74 Rn. 86 f.

28 GRAF, ZMR 1978, 353 (354).

29 Einer eingehenden Prüfung bedarf insbesondere das Bauplanungsrecht, da es eine Vielzahl von Regelungen aufweist, die sich auf private Stellplätze beziehen. Auf die entsprechende Darstellung muß hier verzichtet werden.

30 BVerfG, Beschl. vom 10.12.1975, E 40, 371 (380); V. MÜNCH, in: DERS./KUNIG, Art. 74 Rn. 108; JARASS/PIEROTH, Art. 74 Rn. 52; DEGENHART, in: SACHS, Grundgesetz Art. 74 Rn. 8; SMEDDINCK, HKVp, Ziff. 3.4.13.2, S. 3.

31 BVerfG, Urt. vom 10.12.1975, NJW 76, 559 (559).

32 BVerfG, Beschl. vom 10.12.1975, E 40, 371 (379 f.); V. MÜNCH, in: DERS./KUNIG, Art. 74 Rn. 108; SCHMIDT-BLEIBTREU/KLEIN, Art. 74 Rn. 44.

lenkender Werbung außerorts, § 6 Abs. 1 Nr. 3g StVG) und zum Umweltschutz gegen Verkehrseinwirkungen (Bsp. § 6 Abs. 1 Nr. 3, 5a StVG).[33] Der Schutz vor den ökologischen Folgen des Verkehrs wie der Schutz vor nachteiligen äußeren Einflüssen sind Gesichtspunkte, die gerade bei der Wirkung des Stellplatzbestands auf das Verkehrsaufkommen virulent werden. Die Wechselwirkung zwischen bestimmten baulichen Anlagen und den Wirkungen auf den Verkehr[34] hat das BVerfG bereits zu einer Abgrenzung der Materien Bauordnungsrecht und Straßenverkehrsrecht genötigt.[35]

Konkret bezog sich die Auseinandersetzung auf die Verkehrsgefährdung durch Werbeanlagen. Das Gericht stand vor der Frage, inwieweit zur Gefahrenabwehr auf Bauordnungsrecht (§ 15 BO NRW) zurückgegriffen werden konnte. Die zuständige Behörde hatte von einer Regelung auf Grundlage der Ermächtigung des § 6 Abs. 1 Nr. 3g StVG i.V.m. § 42 Abs. 1 StVO a.F. Gebrauch gemacht. Letztlich wurde dem Landesgesetzgeber ein Gestaltungsspielraum bescheinigt, da die Bundeskompetenz sich nur auf Werbung außerhalb geschlossener Ortschaften bezog.

Wichtig sind im aktuellen Zusammenhang die Ausführungen zu der Schnittmenge der Größen „bauliche Anlage“, „Verkehr“ und „deren rechtliche Regulierung“. Das Gericht betonte den unmittelbaren Zusammenhang der straßenverkehrsrechtlichen Sachmaterie „Abwehr von Gefahren, die von außen auf den Verkehr einwirken“ nicht nur mit dem Verkehr, sondern mit dem originären Zweck, den ordnungsgemäßen Ablauf des Straßenverkehrs sicherzustellen. Die Werbetafel wirkt auf den Verkehr gefährdend. Obwohl ihre Anbringung einen bauordnungsrechtlich relevanten Vorgang darstellt[36] - und das Bauordnungsrecht in die Zuständigkeit der Länder fällt -, schließt das eine Kompetenz zur Regulierung im Straßenverkehrsrecht nicht aus.

Das wesentliche Argument seiner Begründung sah das BVerfG darin, daß Werbeanlagen nicht aus Gründen der Bausicherheit oder Baugestaltung, sondern ausschließlich im öffentlichen Interesse des Verkehrs verboten werden können.[37]

Stellplätze sind nach Bauordnungsrecht ebenfalls bauliche Anlagen. Aber bereits die Präambel zur Reichsgaragenordnung[38] formulierte das Erfordernis, daß die öffentlichen Verkehrsflächen aufgrund der Zunahme der Kraftfahrzeuge für den fließenden Verkehr frei gemacht werden müßten und möglichst wenig durch ruhende Kraftfahrzeuge belastet werden dürften (S. 2 der Präambel). Der Ansatz wird nach wie vor mit der Stellplatzpflicht verfolgt.[39]

---

33 JAGUSCH/HENTSCHEL, Einl. Rn. 4.

34 Vgl. FINKELNBURG/ORTLOFF II, S. 44.

35 BVerfG, Beschl. vom 9.2.1972, E 32, 319 (326 f.).

36 Vgl. nur § 13 Abs. 2 Hamburgische Bauordnung.

37 BVerfG, Beschl. vom 9.2.1972, E 32, 319 (327).

38 Vom 17.2.1939 (RGBl. 1939 I S. 219) i.d.F. vom 13.9.1944 (RABl. 1944 I S. 325).

39 Stellvertretend SCHLEZ, Landesbauordnung Baden-Würtemberg, § 39 Rn. 1; FINKELNBURG/ORTLOFF II, S. 44.

Demnach erscheint die Regelungskompetenz für den Straßenverkehr als die geeignetere Grundlage für eine Verkehrs- und Belastungsminderung anhand des privaten Stellplatzbestands.

Dagegen spricht die engere Verknüpfung der Stellplätze mit dem baulichen Bestand auf einem Grundstück. Während Werbetafeln auch freistehend an jedem beliebigen Platz errichtet werden können, ohne daß sich ihre gefährdende Wirkung verändert, ist die Stellplatzpflicht und die Bedeutung des Stellplatzbestands sowie die verkehrsauslösende Wirkung maßgeblich mit der jeweiligen Nutzung eines Gebäudes verbunden.[40] Denn die Stellplatzpflicht ist ausgerichtet am Bedarf, der bei baulichen Anlagen sowie anderen Anlagen, bei denen ein Zugangs- oder Abgangsverkehr zu erwarten ist, entsteht. Stellplätze oder Garagen müssen dann in hinreichender Größe oder Beschaffenheit hergestellt werden.[41] Anzahl und Größe richten sich nach Art und Zahl der vorhandenen und zu erwartenden Kraftfahrzeuge der ständigen Benutzer der Anlagen.[42]

Wie sehr in der Stellplatzregelung auf die verkehrliche Wirkung abgestellt wird, verdeutlicht die Grundregel, daß die notwendigen Stellplätze und Garagen zuallererst auf dem Baugrundstück oder in zumutbarer Entfernung davon herzustellen sind (§ 48 Abs. 5 S. 1 MBO).[43] Es geht also nicht um die allgemeine Verkehrssteuerung auf öffentlichen Straßen, sondern um objektbezogene Wirkung. Trotz der verkehrsbeeinflussenden Folgen handelt es sich nicht um die durchnormierten Kernbereiche des Straßenverkehrsrechts.

STEINER[44] konstatiert zwar die umfassende Ausschöpfung des Art. 74 Abs. 1 Nr. 22 GG durch den Bund, schränkt sein Urteil aber sogleich selbst wieder ein, wenn er als Referenzgrößen lediglich Verkehrsverhaltens- und Verkehrszulassungsrecht anführt. Nun ist der Stellplatzbestand zwar bedeutsam und mitverantwortlich für das Verkehrsverhalten. Zunächst handelt es sich aber um eine privat realisierte Verkehrsinfrastrukturmaßnahme, die einem privaten Bauherren aufgegeben oder in Form einer Ablösung abverlangt wird. Darin erschöpft sich die Bedeutung der ordnungsbehördlichen Bestimmungen zur Erfüllung der Stellplatzpflicht noch nicht. Daneben können sie eingesetzt werden, um baugestalterische und sozialpflegerische Zwecke zu verwirklichen. Die Gemeinde kann Stellplatzbeschränkungen festschreiben, wenn die Gestaltung des Ortsbilds, der Verkehr, der Schutz künstlerisch oder historisch besonders wertvoller Gebäude das erfordern.[45]

---

40 Die Abwehr von Gefahren, die von der Errichtung, Änderung und Nutzung baulicher Anlagen ausgeht, ist aber gerade der Gegenstand des Bauordnungsrechts.

41 Statt aller RABE/STEINFORT, S. 216.

42 Vgl. § 48 Abs. 1 MBO.

43 FUGMANN-HEESING, Parkvorsorge, S. 162 weist darauf hin, daß bei Schaffung von Stellflächen in unmittelbarer Nähe des Bauvorhabens die Verbesserung der Verkehrslage in dem Bereich nicht zu erwarten ist.

44 In: DERS. (Hg.), Besonderes Verwaltungsrecht, S. 649 (653 Fn. 22).

45 BATTIS, Baurecht, S. 238; FINKELNBURG/ORTLOFF II, S. 46; HOPPE/GROTEFELS, § 14 Rn. 43; BROHM, Öffentliches Baurecht, § 5 Rn. 25.

Der Ansatzpunkt des Straßenverkehrsrechts ist jedoch ein anderer. Dabei geht es um die Ordnung der Benutzungsregeln für öffentliche Verkehrsflächen. Erfaßt werden zwar auch Gefahren, die von außen auf den Verkehr einwirken. Wenn man den Zirkulationsverkehr, der vom Stellplatzbestand einer baulichen Anlage ausgeht, als negative Verkehrsbelastung auffaßt, so kann darin jedoch keine der Gefahrenwirkung einer Werbetafel vergleichbare Fallgestaltung erblickt werden. Denn die Rückwirkung der Stellplätze auf den Verkehr selbst ist ja nicht anderes als beginnender oder endender Verkehr. Die Autos, die einen Stellplatz verlassen, wollen sich vielmehr in den fließenden Verkehr einreihen. Nicht der Vorgang an sich, erst sein massenhaftes Auftreten wird zum Problem. Anhaltspunkte, daß das Straßenverkehrsgesetz auf derartige Problemlagen hin ausgestaltet ist, sind aber nicht ersichtlich.

Vielmehr stellen die für den motorisierten Individualverkehr relevanten politischen Entscheidungen - und in deren Gefolge die Gesetzgebung - nur Reaktionen auf den zunehmenden Verkehr dar, ohne daß je ein kollektiver politischer Wille über den Motorisierungsgrad der Gesellschaft herbeigeführt worden wäre. Die jetzige Situation ist Folge einer Masse individueller Einzelentscheidungen, die von Politik und Gesetzgebung lediglich kanalisiert, nicht aber ausdrücklich gesteuert wurde.[46] Es gibt keinen Anlaß, für das Straßenverkehrsrecht eine Sonderentwicklung anzunehmen.

Aufgrund der engen Verknüpfung mit der baulichen Anlage und ihrer Nutzung hat die Ausfüllung des Art. 74 Abs. 1 Nr. 22 GG keine Sperrwirkung für die umweltpolitisch motivierte Weiterentwicklung der Stellplatzregelung im Bauordnungsrecht zur Folge.[47]

Demnach sind folgende Regelungsalternativen möglich:

- Integration der Stellplatzregelung als Instrument der Verkehrssteuerung in ein umfassendes Umweltverkehrsrecht;
- Kontinuierliche Weiterentwicklung der Stellplatzregelung im derzeitigen Regelungsumfeld Bauordnungsrecht;
- Zentrale Vereinheitlichung der Stellplatzregelung über ein bundesrechtliches Gesetz.

6 Reduktion von Regelungsalternativen

Der Einführung eines bundesrechtlichen Umweltverkehrsrechts dürfte zum einen die Vielgestaltigkeit der Sachbereiche entgegenstehen, auf die die jeweiligen Rechtsgrundlagen zugeschnitten sind.

46 Vgl. MEYER-ABICH, Individualverkehr, S. 26 (28).

47 BVerfG, Rechtsgutachten vom 16.6.1954, E 3, 407 (431); im Ergebnis ebenso FUGMANN-HEESING, Parkvorsorge, S. 165 f.; GROSSE-SUCHSDORF/SCHMALZ/WIECHERT, § 47 Rn. 2; MÜHL-JÄCKEL, DVBl. 1986, 545 (549).

Zum anderen dürfte sich die angestrebte Kodifikation eines Umweltgesetzbuches als hinderlich erweisen. Sie zielt auf eine umfassende, vor allem auch zwischen den einzelnen Gesetzen stattfindende Harmonisierung des Umweltrechts.

Wesentliche Auslöser dieser Bestrebungen waren die Unzufriedenheit mit dem geltenden Recht, die hinreichende wissenschaftliche Vorarbeit sowie eine aufgeschlossene politische Situation.[48]

Damit besteht ein wissenschaftliches und umweltrechtspolitisches Großprojekt, daß mit erheblichem Aufwand betrieben eine erhebliche Eigendynamik entfaltet, Ressourcen und Aufmerksamkeit bindet.

Eine auf zeitgemäße Anforderungen ausgerichtete Kodifikation beschränkt sich auf die Kernbestände des Umweltrechts, um ein unnötiges Zerreißen anderer Sachgebiete zu vermeiden. Die abschließende und erschöpfende Vollständigkeit wird zugunsten einer praktischen Abgrenzung aufgegeben. Ein Fortbestehen umweltrechtlicher Normen außerhalb des Umweltgesetzbuches wird ohne weiteres akzeptiert.[49] Mittlerweile ist die Zielsetzung der Sachverständigenkommission zum Umweltgesetzbuch von ihrem Vorsitzenden SENDLER[50] dahingehend konkretisiert worden, daß die Zahl von Umweltgesetzen reduziert und das Umweltrecht möglichst in einem Umweltgesetzbuch zusammengefaßt werden soll.[51]

Neben laufenden Veränderungen der Vorgaben des Europarechts und schwindenden Kompetenzen des Bundes in bestimmten Umweltrechtsbereichen ist das Großprojekt mit einer veränderten politischen Großwetterlage konfrontiert, die auch für andere umweltpolitisch relevante Gesetzgebungsvorhaben von Bedeutung ist: Das Augenmerk des Gesetzgebers ist mittlerweile grundsätzlich auf Deregulierung orientiert.

Für gesetzgeberische Maßnahmen im Zusammenhang mit der Stellplatzregelung lassen sich daraus Folgerungen ableiten:

Einer einheitlichen Kodifikation in einem Umweltverkehrsrecht wird auf absehbare Zeit die politische Unterstützung versagt bleiben. Darin können aber auch Chancen liegen. Zum einen ist die wissenschaftliche Durchdringung der für Umweltwirkungen relevanten Normen, die das Verkehrsgeschehen beeinflussen, ungleich geringer als im Zugriffsbereich des Umweltgesetzbuchs. Deshalb können umweltpoltisch motivierte Konzepte wachsen und entwickelt werden. Zum anderen bleibt Raum für Detailanpassungen, die eben nicht durch eine ratenweise Außenanpassung die Binnenharmonisierung des Umweltrechts gefährden[52], sondern unter Beachtung umweltrechlicher Prinzipien die einschlägigen Rechtsgrundlagen zunehmend ökologisch tönen.[53]

---

48 STORM, Auf dem Weg zum Umweltgesetzbuch, S. 9 (9).

49 STORM, Auf dem Weg zum Umweltgesetzbuch, S. 9 (18).

50 ENGEL, ZUR 1997, 30 (30).

51 Zitiert nach SCHWEITZER, UPR 1997, 19 (21).

52 So aber KLOEPFER/REHBINDER/SCHMIDT-ASSMANN, S. 2.

53 Vgl. STORM, Auf dem Weg zum Umweltgesetzbuch, S. 9 (9); BRANDT, in: SMEDDINCK (Hg.), Umweltverkehr, S. 113 (124 f.).

Folglich ist hier der Blick weg von einem umfassenden einheitlichen Normwerk hin zu einer eingeschränkten Veränderung der Stellplatzregelung zu richten.

Bereits beim Vorläufer der Stellplatzregelung, der Verordnung über die Einstellung von Kraftfahrzeugen, war eine reichsweite Regelung erörtert worden. Eine geeignete Rechtsgrundlage hätte Art. 9 der Reichsverfassung geboten. Danach hatte das Reich die Gesetzgebung über den Schutz der öffentlichen Ordnung und Sicherheit, soweit ein Bedürfnis für den Erlaß einheitlicher Vorschriften vorhanden war (Bedarfsgesetzgebung). Es stand außer Frage, daß ein einheitliches Garagenbaurecht notwendig sei. Da die Zuständigkeit für baupolizeiliche Belange, die vorrangig für die Garagenordnung in Betracht kamen, den Ländern oblag, sah man von einem Reichsgesetz ab. Denn die materiell-rechtliche Übereinstimmung ließ sich auch durch ein Reichsmuster erreichen, das von den einzelnen Ländern dem wesentlichen Inhalt nach übernommen würde.

Demnach bestehen für eine Vereinheitlichung der bauordnungsrechtlichen Stellplatzpflicht zwei Alternativen: der Erlaß eines entsprechenden Bundesgesetzes oder die Anpassung der Musterbauordnung.

Die Kommission, die auf Initiative der zuständigen Länderminister und des Bundeswohnungsbauministeriums zur Erarbeitung einer Musterbauordnung im Jahre 1955 gebildet worden war, formulierte das Ziel seiner Tätigkeit so: Die zu schaffende Bauordnung sollte das Streben nach Einheitlichkeit vereinigen mit der Fähigkeit, sich dem ständig wandelnden Fortschritt der Technik möglichst dauerhaft anzupassen. Konsequenterweise sollten kaum starre Vorschriften enthalten sein, die schnell veralten.[54] Zu regeln waren Anforderungen an die Bauten des einzelnen Grundstücks und den einzelnen Bau in Beziehung zur engeren Nachbarschaft, also sowohl zum privaten Nachbarn als auch zum öffentlichen Raum.[55] Unter Mitwirkung von Sachverständigen aus Bund und Ländern sowie unter Beteiligung von Spitzenverbänden wurde ein Entwurf erarbeitet, der den Ländern als Grundlage für die von ihnen zu erlassenden Bauordnungen dienen konnte. Der Entwurf wurde am 30. Oktober 1959 fertiggestellt.[56]

Nach wie vor ist die Musterbauordnung ein Mittel, um die Einheitlichkeit des Bauordnungsrechts zu wahren. Sie fungiert als Leitbild, ist aber selbst kein Gesetz. Stets ging die ARGEBAU-Ministerkonferenz bei der jeweiligen Verabschiedung einer neuen Fassung davon aus, daß die Länder bei der Neufassung oder Novellierung ihrer Landesbauordnungen die MBO zugrunde legen. Es wurde aber nie versäumt, darauf hinzuweisen, daß den Landesparlamenten Spielraum für Abweichungen verbleibt, um unterschiedlichen Gegebenheiten in den einzelnen Ländern Rechnung zu tragen.[57] Die Vorgaben sind also nicht verbind-

---

54 BUFF, Bauordnung, S. 91; THIEL/FROHBERG, S. 67.

55 BUFF, Bauordnung, S. 93.

56 FELDTMANN, Bremische Landesbauordnung, S. 4; FISCHER, Verrechtlichung, S. 22.

57 BÖCKENFÖRDE/TEMME/KREBS, S. XVI.

lich, so daß derzeit eine einheitliche Rechtslage nicht besteht und sich erst ergeben kann, wenn ein allgemein überzeugendes Regelungsmodell präsentiert wird.

Gegen ein bundesrechtliches Stellplatzgesetz streitet dagegen, solange der Bund - etwa im Rahmen der konkurrierenden Gesetzgebung (Bodenrecht mit Verfahrensrecht als Annex oder zur Wahrung der Rechts- oder Wirtschaftseinheit im gesamtstaatlichen Interesse) - eine bundeseinheitliche Regelung nicht für notwendig hält (Art. 72 Abs. 2 GG), daß das ohnehin schon als unübersichtlich empfundene Baunebenrecht noch weiter ausgedehnt würde. Denn außer dem Bauplanungsrecht und dem Bauordnungsrecht existieren sowohl bundesrechtlich wie auch landesrechtlich eine Reihe anderer Kodifikationen, die teilweise gleichfalls für das öffentliche Baurecht bedeutsame Rechtsvorschriften enthalten.[58] Dieses Baunebenrecht beeinflußt das Bauen zusätzlich und ist im Baugenehmigungsverfahren zu beachten.

Insofern ist es angeraten, die derzeitigen Regelungsstrukturen in Richtung einer größeren Umweltverträglichkeit weiterzuentwickeln. Dafür spricht aus baurechtlicher Sicht die als unübersichtlich kritisierte Ausweitung der Anforderungen im Bereich Gesundheits- und Umweltschutz in den vergangenen Jahren.[59] Die Irritationen rühren insbesondere daher, daß die Rechtsvorschriften anderer Rechtsbereiche sich nicht systematisch in das Bauordnungsrecht einfügen. Vielmehr sind sie auf andere Bezugspunkte ausgerichtet und verwenden Begriffe, die entweder dem Bauordnungsrecht fremd sind oder dort eine andere Bedeutung aufweisen.[60]

Ein weiteres einschlägiges Gesetz würde die Zahl der Normkomplexe weiter anschwellen lassen, die Beurteilung der Zulässigkeit einer baulichen Anlage nur erschweren und die Genehmigungsverfahren zusätzlich belasten.

Im Vorfeld der Reform der Hessischen Bauordnung ist kritisiert worden, daß die Bauordnung nicht der Platz sei, um Verkehrspolitik zu betreiben.[61] Für eine Steuerungsmöglichkeit über den privaten Stellplatzbestand spricht dennoch das vorrangige Ziel der bauordnungsrechtlichen Bestimmungen. Das Rechtsgebiet dient der Abwehr von Gefahren, die sich im Zusammenhang mit Baumaßnahmen ergeben oder typischerweise von Bauwerken ausgehen.[62] Bauten sind für gewöhnlich Ausgangspunkt und Ziel von Zirkulationsverkehr. Insofern ist eine Beeinflussung des konkreten Verkehrsaufkommens mit bauordnungsrechtlichen Mitteln nicht ausgeschlossen.

---

58 FISCHER, Verrechtlichung, S. 24.

59 Vgl. FISCHER, Verrechtlichung, S. 51; sowie ENGEL, ZUR 1997, 30 (30).

60 BERNSTORFF/EHM, BauBl. 1985, 72 (72).

61 HERBERT/KECKEMETI/DITTRICH, ZfBR 1995, 67 (72).

62 OLDIGES, Baurecht, S. 475 (610); HOPPE/GROTEFELS, § 14 Rn. 10; PEINE, Baurecht, S. 246; BATTIS, Baurecht, S. 236; FINKELNBURG/ORTLOFF II, S. 5; BROHM, Öffentliches Baurecht, § 1 Rn. 10.

7 Ergebnis und Ausblick

Nach der kursorischen Betrachtung zeichnet sich eine Lage ab, auf die die Gesetzgebungslehre mit einem Höchstmaß von Selbstdisziplin reagiert: Nicht alles muß und kann der Gesetzgeber regeln. Die Erkenntnis eines bestimmten Problems hat noch nicht immer zugleich die Feststellung eines normativen Defizits zur Folge. Vielmehr ist die Notwendigkeit eines Gesetzes gewissenhaft zu prüfen, auch unter dem Gesichtspunkt, ob nicht innerhalb des Rechts eine andere Lösung möglich ist.[63]

Die politischen Rahmenbedingungen wie der Stand der umweltrechtswissenschaftlichen Diskussion signalisieren den fehlenden Spielraum für einen großen Wurf.

Deshalb erscheint die Übernahme des Hessischen Regelungsmodells in allen Bundesländern als eine Möglichkeit der Rechtsvereinheitlichung, die ein hohes Maß an Flexibilität mit vielfältigem Gestaltungspotential zugunsten umweltpolitischer Steuerung verknüpft.

Denkbar ist, daß die ARGEBAU diese Koordinationsaufgabe zu leisten vermag. Zwingend ist dies jedoch nicht.

Die Vielgestaltigkeit des Regelungsfeldes aber auch der zugehörigen Regelungsstruktur legt es deshalb nahe, flankierende Maßnahmen einzusetzen. Denn häufig empfielt sich bei einer Vielzahl von Ursachen und/oder Zielen nicht nur ein Mittel, sondern ein kombinierter Einsatz von Instrumenten.[64]

Ökologische tönende Akzente lassen sich in bezug auf Stellplätze auch noch anders setzen: Bereits die Stellplatzpflicht selbst ist Ausfluß des Versursacherprinzips. Ein hohes Maß an Verantwortung für den Gebrauch eines Fahrzeugs trägt auch der Eigner. Nach der Anschaffung eines Pkw kippt das Gesamtmobilitätsverhalten in der Regel vollständig um. Neben dem Auto bleiben die alternativen Verkehrsträger dann häufig ungenutzt. Sachgerecht ist es daher die Schwelle für den Autokauf hochzusetzen.[65] Konkret besteht die Möglichkeit, bei der Fahrzeugzulassung den Nachweis eines Stellplatzes zu verlangen.[66] Ein Anrecht auf Pkw-Stellplätze im Straßenraum besteht schon nach derzeitiger Rechtslage nicht.

Dazu ist die Straßenverkehrs-Zulassungsordnung zu reformieren. Dies wäre auch der geeignete Ort, um bestimmte umweltfreundliche Fahrzeugnutzungen wie Car-sharing zu fördern, da sich diese Maßnahmen vom Anknüpfungsobjekt „bauliche Anlage“ zunehmend entfernen. So sollten Car-sharing-Plätze im öffentlichen Straßenraum wie Taxistände ausgewiesen werden können.[67]

Die Anpassungen dazu fallen in die Kompetenz des Bundesgesetzgebers.

---

63 HILL, Gesetzgebungslehre, S. 72.

64 Statt aller HILL, Gesetzgebungslehre, S. 78.

65 KUTTER, in: BEHRENDT/KREIBICH (Hg.), S. 253 (275).

66 Statt aller APEL u.a., Steuerung des Flächenverbrauchs, S. 190 ff.

67 LEHMBROCK, in: SMEDDINCK (Hg.), Umweltverkehr, S. 145 (174).

Das Umweltbundesamt (UBA) im Spannungsfeld zwischen Wissenschaft und Politik

Heike Bruns

1 Die wissenschaftliche Politikberatung durch das UBA

Das 1974 durch Gesetz[1] errichtete UBA spielt für die Entwicklung der Umweltpolitik der Bundesregierung eine zentrale Rolle. Gemäß § 2 Abs. 1 Nr. 1 des UBAG ist das Amt für die wissenschaftliche Unterstützung des Bundesumweltministeriums bei der Erarbeitung von Rechts- und Verwaltungsvorschriften, bei der Erforschung und Entwicklung von Grundlagen für geeignete Maßnahmen sowie bei der Prüfung und Untersuchung von Verfahren und Einrichtungen in allen Angelegenheiten des Immissions- und Bodenschutzes, der Abfall- und Wasserwirtschaft und der gesundheitlichen Belange des Umweltschutzes zuständig.

Das UBA soll das Bundesumweltministerium also durch Vorarbeiten auf wissenschaftlichem Gebiet bei der Wahrnehmung seiner Aufgaben unterstützen. Die Erarbeitung von Rechts- und Verwaltungsvorschriften sowie sonstiger politischer Maßnahmen im Bereich des Umweltschutzes ist zum Teil ohne Kenntnis bestimmter naturwissenschaftlicher Zusammenhänge überhaupt nicht möglich. Insbesondere die Rechtsetzung auf untergesetzlicher Ebene erfordert technische und wissenschaftliche Kenntnisse, die im Bundesumweltministerium selbst nicht vorhanden sind. Das UBA als hauptsächlich mit Wissenschaftlern besetzte Behörde hat die Aufgabe, dem Bundesumweltministerium das nötige Wissen zur Verfügung stellen, wobei der Schwerpunkt der Arbeit des UBA mehr auf der Sammlung, Aufbereitung, Auswertung und Beurteilung fremder Forschungen und Forschungsergebnisse als auf eigener Forschungsarbeit liegt.[2]

Der Wortlaut des § 2 Abs. 1 Satz 1 des UBAG läßt bereits das Spannungsfeld deutlich werden, innerhalb dessen das UBA aktiv wird. Einerseits soll es wissenschaftlich tätig werden, andererseits soll es das Ministerium bei dessen politischer Tätigkeit unterstützen. Konflikte sind voraussehbar, wenn wissenschaftliche Untersuchungen und Ergebnisse des UBA mit den politischen Vorstellungen des Ministeriums und der Bundesregierung nicht in Einklang stehen und das

---

1 Gesetz über die Errichtung eines Umweltbundesamtes (UBAG) vom 22.7.1974 (BGBl. I S. 1505).

2 FÜLGRAFF, in: UMWELTBUNDESAMT (Hg.), Wissenschaften im ökologischen Wandel, S. 69 (71).

Ministerium sich daher durch die Arbeit des Amtes nicht unterstützt sondern vielmehr behindert sieht. Es stellt sich dann die Frage, ob das UBA sich auf seine wissenschaftliche Aufgabenstellung berufen und gegen jede Einmischung durch die politische Ebene - etwa bei der Entscheidung über die Veröffentlichung wissenschaftlicher Ergebnisse - verwahren kann, oder ob das Ministerium Unterstützung für seine politischen Ziele auch dann verlangen kann, wenn das UBA entgegenstehende wissenschaftliche Erkenntnisse hat.

Ausgangspunkt für die Beantwortung dieser Frage muß die Auslegung des § 2 Abs. 1 Nr. 1 des UBAG und insbesondere der Begriff der „wissenschaftlichen Unterstützung" sein. In einem zweiten Schritt ist das gefundene Auslegungsergebnis an den Vorgaben der Verfassung zu überprüfen.

2 Auslegung des Begriffs „wissenschaftliche Unterstützung" in § 2 Abs. 1 Nr. 1 des UBAG

Der Wortlaut des § 2 Abs. 1 Nr. 1 des UBAG bestimmt, daß das UBA das Ministerium durch wissenschaftliche Tätigkeit unterstützen soll. Es stellt sich damit die Frage, welche Anforderungen an eine wissenschaftliche Tätigkeit im Sinne des Gesetzes zu stellen sind, und welche Einschränkungen sich gegebenenfalls aus der Unterstützungsfunktion der Aufgabe ergeben.

2.1 Übertragbarkeit des Wissenschaftsbegriffs des Art. 5 Abs. 3 GG auf § 2 Abs. 1 Nr. 1 des UBAG

Festzuhalten ist zunächst, daß das UBA sich trotz der Zuweisung wissenschaftlicher Aufgaben nicht auf das Grundrecht der Wissenschaftsfreiheit berufen kann. Als staatliche Behörde ohne eigene Rechtspersönlichkeit ist das UBA nicht Grundrechtsträger.[3]

---

3 So die ständige Rechtsprechung, die grundsätzliche Bedenken gegen die Grundrechtsfähigkeit juristischer Personen des öffentlichen Rechts im Bereich der Wahrnehmung öffentlicher Aufgaben hat (vgl. z.B. BVerfG, Beschl. vom 2.5.1967, E 21, 362 (369 f.); BVerfG, Beschl. vom 31.10.1984, E 68, 193 (205 f.); BVerfG, Beschl. vom 14.4.1987, E 75, 192 (196)) und nur für den Fall, daß eine juristische Person des öffentlichen Rechts von ihren Aufgaben her unmittelbar einem geschützten Lebensbereich zugeordnet ist, insoweit deren Grundrechtsfähigkeit bejaht (vgl. BVerfG, Beschl. vom 16.1.1963, E 15, 256 (262); BVerfG, Beschl. vom 2.5.1967, E 21, 362 (373 ff.); BVerfG, Urt. vom 10.3.1992, E 85, 360 (384) für Universitäten und Fakultäten; BVerfG, Urt. vom 27.7.1971, E 31, 314 (322); BVerfG, Beschl. vom 13.1.1982, E 59, 231 (254) für Rundfunkanstalten; BVerfG, Beschl. vom 14.4.1987, E 75, 192 (196). Voraussetzung ist jedoch stets, daß es sich um eigenständige, vom Staat unabhängige oder jedenfalls distanzierte Einrichtungen handelt, deren Funktion es ist, wissenschaftliche Betätigung zu ermöglichen. Besteht dagegen die Funktion einer Einrichtung in der Wahrnehmung gesetzlich zugewiesener öffentlicher Aufgaben, so ist sie insoweit nicht grundrechtsfähig, denn innerhalb des

Der Wortlaut des UBAG gibt jedoch mit der ausdrücklichen Verwendung des Begriffs „wissenschaftlich" einen deutlichen Hinweis darauf, daß dem Amt eine mit den Mitteln der Wissenschaft im Sinne des Art. 5 Abs. 3 GG zu erledigende Aufgabe übertragen wurde und es innerhalb des sachlichen Schutzbereichs des Grundrechts tätig werden soll. Dem steht grundsätzlich nicht entgegen, daß der Tätigkeit des UBA gleichzeitig eine Unterstützungsfunktion für das Ministerium zukommt.

Unter den Begriff der Wissenschaft im Sinne des Art. 5 Abs. 3 GG fällt auch die Zweck- und Auftragsforschung. Der Bereich wissenschaftlicher Tätigkeit ist erst verlassen, wenn die Wissensproduktion untrennbar im politischen oder administrativ-bürokratischen Handlungsvollzug aufgeht und die Wissenserzeugung Bestandteil politischer oder administrativer Tätigkeiten ist und allein von diesen bestimmt wird.[4]

Die wissenschaftliche Tätigkeit des UBA soll nach dem UBAG zwar politische und administrative Entscheidungen vorbereiten, sie ist von diesen aber deutlich getrennt. Für die Umsetzung der wissenschaftlichen Erkenntnisse des UBA es in politische Maßnahmen ist allein das Ministerium zuständig. Durch diese Trennung von wissenschaftlicher und politischer Tätigkeit macht das UBAG deutlich, daß die unterstützende Tätigkeit des UBA allein von wissenschaftlichen Kriterien bestimmt werden soll.

Ebensowenig steht der Ansicht, daß dem UBA im UBAG eine wissenschaftliche Tätigkeit im Sinne des Art. 5 Abs. 3 GG übertragen wurde, entgegen, daß es sich wegen der Unterstützungsfunktion seiner Tätigkeit vorwiegend um angewandte Forschung handelt. Auch die angewandte Forschung fällt unter den Begriff der Wissenschaft, solange nicht ausschließlich bereits bekannte Ergebnisse angewandt werden.[5] Die dem UBA übertragene Aufgabe geht mit der Bewertung, Beurteilung, Übertragung und Aufbereitung fremder Forschungsergebnisse oder wissenschaftlicher Meinungen über die reine Anwendung bereits bekannter Forschungsergebnisse hinaus und beinhaltet eine eigene wissenschaftliche Leistung. Dem Amt kommt eine Vermittlerfunktion zwischen staatlicher Politik und Wissenschaft zu.[6] Seine besondere wissenschaftliche Aufgabe besteht darin, wissenschaftliche Aussagen, die von ihrer Form und Struktur her kaum je auf konkrete

---

hoheitlichen Gesamtaufbaus des Staates kann es keine Grundrechte als subjektive öffentliche Rechte geben (so BVerfG, Beschl. vom 2.5.1967, E 21, 362 (370); BVerfG, Beschl. vom 31.10.1984, E 68, 193 (207 f.); BVerfG, Beschl. vom 14.4.1987, E 75, 192 (197); BVerfG, Urt. vom 10.3.1992, E 85, 360 (385)). Aus der Literatur siehe dazu SCHMIDT-ASSMANN, in: BECKER/BULL/SEEWALD, S. 697 (insbes. S. 706 ff.) mit zahlreichen weiteren Nachweisen und THIEME, DÖV 1994, 150 (150 ff.).

4 TRUTE, Die Forschung, S. 102 und 118; PIEROTH, Störung, Streik und Aussperrung an der Hochschule, S. 114 ff.; DENNINGER, in: AK GG, Art. 5 Abs. 3 Rn. 19.

5 BAG, Beschl. vom 21.6.1989, E 62, 156 (165).

6 TRUTE, Die Forschung, S. 100; RONGE, ZfRSoz 9 (1988), 161 (174).

Problemstellungen übertragen werden können[7], in Interdisziplinarität an die Entscheidungs- und Implementationsbedingungen der Politik anzupassen.[8]

Die Wortlautinterpretation, wonach das UBA Wissenschaft im Sinne des Art. 5 Abs. 3 GG betreiben soll, wird bestätigt, durch eine Entschließung des Deutschen Bundestages, die dieser anläßlich der Verabschiedung des Gesetzes über die Neuordnung zentraler Einrichtungen des Gesundheitswesens gefaßt hat und die insbesondere auch das UBA betrifft. Darin heißt es:

„Durch die organisatorische Umstrukturierung des Bundesgesundheitsamtes im Rahmen dieses Gesetzes wird die Freiheit der Nachfolgeinstitute in Fragen der Wissenschaft und Forschung nicht beeinträchtigt. Dies bezieht sich insbesondere auf die Methoden und die Ergebnisse wissenschaftlicher Arbeit."[9]

Der Gesetzgeber bringt damit zum Ausdruck, daß auch die staatlichen Behörden, soweit ihnen wissenschaftliche Aufgaben übertragen wurden, eine wissenschaftsadäquate Unabhängigkeit zukommt. Schließlich ist diese Auslegung auch vom Zweck der Vorschrift her geboten.

Ihrer Funktion nach dient die wissenschaftliche Politikberatung dazu, das Sachwissen der politischen Entscheidungsträger zu erweitern.[10] Darüber hinaus soll die wissenschaftliche Untermauerung politischer oder administrativer Absichten aber auch dazu beitragen, diese gegenüber anderen Fachressorts oder gegenüber der Öffentlichkeit besser begründen und durchsetzen zu können.[11] Schließlich wird wissenschaftliche Beratung auch veranlaßt, um politisch kontroverse Fragen zu neutralisieren und damit zur Konsensbildung beizutragen.[12]

Zur optimalen Erfüllung all dieser Funktionen muß die wissenschaftliche Behörde vor allem glaubwürdig sein und sie sollte ein möglichst hohes wissenschaftliches Ansehen genießen. D.h. sie muß möglichst interessenneutral, objektiv und nur zur Wissenschaftlichkeit verpflichtet arbeiten und forschen können.[13]

Der Wert der wissenschaftlichen Untersuchung als Argument zur Überzeugung der Öffentlichkeit oder anderer Ressorts nimmt zu, je objektiver und unabhängiger die wissenschaftliche Untersuchung abgelaufen ist. Wird die wissenschaftliche Behörde durch zahlreiche Einzelweisungen, die den Ablauf der Untersuchung beeinflussen, zur Marionette des Ministeriums, so werden ihre Untersuchungsergebnisse kaum noch eigenen Überzeugungs- oder Integrationswert haben.[14]

---

7 BECK/BONSS, S. 9 (9 ff.).

8 TRUTE, Die Forschung, S. 101; V. LERSNER, in: UMWELTBUNDESAMT (Hg.), Wissenschaften im ökologischen Wandel, S. 7 (9).

9 BR-Drs. 362/94, S. 2.

10 Begründung zum UBAG, BT-Drs. 7/2012, S. 5.

11 BROHM, in: ISENSEE/KIRCHHOF, § 36 Rn. 17.

12 BUNDESUMWELTMINISTER TÖPFER in einer Rede anläßlich der Gründung des BfS am 1.11.1989 in Salzgitter, abgedruckt in Umwelt 1989, 502 (502).

13 V. LERSNER, in: UMWELTBUNDESAMT (Hg.), Wissenschaften im ökologischen Wandel, S. 7 (9).

14 KÖSTLIN, Die Kulturhoheit des Bundes, S. 169; BVerfG, Beschl. vom 1.3.1978, E 47, 327 (370).

Auch das BVerfG geht davon aus, daß gerade eine von gesellschaftlichen Nützlichkeits- und politischen Zweckmäßigkeitsvorstellungen befreite Wissenschaft dem Staat und der Gesellschaft im Ergebnis am besten dient.[15]

Aus dem Zweck, den die „wissenschaftliche Unterstützung“ des BMU erfüllen soll, ergibt sich daher, daß das UBA, soweit es für die wissenschaftliche Tätigkeit erforderlich ist, auch einer wissenschaftstypischen Organisation und damit einer gewissen Unabhängigkeit bedarf.[16]

Die Auslegung ergibt damit, daß mit dem Begriff der „wissenschaftlichen Unterstützung“ in § 2 Abs. 1 Nr. 1 des UBAG eine Tätigkeit umschrieben wird, die mit den Mitteln der Wissenschaft im Sinne des Art. 5 Abs. 3 GG zu erledigen ist.[17] Wenn der Staat sich wissenschaftliche Einrichtungen leistet und ihnen durch seine politischen Organe wissenschaftliche Aufgaben erteilt, wie das nach dem bisher gesagten mit dem UBAG für das UBA geschehen ist, so muß er bei der Organisation die der Wissenschaft immanenten Sachgesetzlichkeiten beachten.[17]

2.2 Folgerungen aus der Übertragbarkeit des Wissenschaftsbegriffs für die Aufgabenerfüllung des UBA

Zu prüfen ist nunmehr, welche Anforderungen sich aus dem Wissenschaftsbegriff für die Aufgabenerfüllung des UBA ableiten lassen. Die Definition des Wissenschaftsbegriffs bereitet erhebliche Schwierigkeiten.[18] Anerkannt ist jedoch jedenfalls, daß Wissenschaft einer Eigengesetzlichkeit folgt, die einer Beeinflussung von außen entzogen ist.[19] Kennzeichen der Wissenschaft ist ihre Ausrichtung auf Wahrheitserkenntnis. Um dies zu ermöglichen, ist sie zu einem von staatlicher Fremdbestimmung freien Bereich autonomer Verantwortung erklärt worden.[20] Bereits der Wissenschaftsbegriff verlangt daher, daß wissenschaftlichen Behörden ein gewisses Maß an Unabhängigkeit zu gewähren ist.[21] Ohne eine entsprechende Unabhängigkeit kann schon sachlich nicht von Wissenschaft, sondern muß von „unwissenschaftlicher Legitimationsforschung“ gesprochen

---

15 BVerfG, Beschl. vom 1.3.1978, E 47, 327 (370).

16 Grundlegend dazu TRUTE, Die Forschung, S. 289 ff., der von einem Gebot aufgabenadäquater staatlicher Institutionalisierung spricht (S. 293).

17 THIEME, DÖV 1994, 150 (154).

18 Siehe zum Begriff der Wissenschaft ausführlich TRUTE, Die Forschung, S. 54 ff. mit zahlreichen weiteren Nachweisen.

19 Der Begriff der Eigengesetzlichkeit der Wissenschaft geht zurück auf SMEND, VVDStRL 4 (1928), 44 (61).

20 BVerfG, Urt. vom 29.5.1973, E 35, 79 (112 f.); BVerfG, Beschl. vom 1.3.1978, E 47, 327 (367 f.); BVerfG, Beschl. vom 11.1.1994, NJW 1994, 1781 (1781).

21 THIEME, DÖV 1994, 150 (154); CLASSEN, Wissenschaftsfreiheit außerhalb der Hochschule, S. 350; DI FABIO, VerwArch. 81 (1990), 193 (211).

werden.[22] Auch die Ressortforschung, soll sie Forschung sein, kann nur unter Geltung des Wissenschaftsfreiheitsrechts erfüllt werden, das zugleich die Neutralität der wissenschaftlichen Erkenntnis trotz staatlicher Erfüllungsverantwortung sichert.[23]

Dabei sind nicht an alle Forschungseinrichtungen die gleichen Organisationsanforderungen zu stellen. Ein Prinzip der institutionellen Staatsfreiheit, wie es im Rundfunkbereich besteht, läßt sich als allgemeines Organisationsprinzip des staatlich eingerichteten und unterhaltenen Wissenschaftsbetriebs nicht begründen.[24] Vielmehr ist je nach dem Funktionszusammenhang in dem die wissenschaftliche Tätigkeit steht, zu bestimmen, welche Anforderungen an die Unabhängigkeit gestellt werden müssen.

Die hier behandelte Ressortforschung ist nicht ohne weiteres mit der akademischen Forschung gleichzusetzen. Wegen des Zusammenhangs der wissenschaftlichen Tätigkeit mit der zu erfüllenden öffentlichen Aufgabe ist nicht pauschal jede Einflußnahme durch die politische Ebene ausgeschlossen.[25] Vielmehr ist für jede Phase der wissenschaftlichen Tätigkeit im Einzelnen zu prüfen, inwieweit Steuerungen durch das Ministerium ausgeschlossen sein müssen, weil sie die Erfüllung der dem UBA übertragenen wissenschaftlichen Aufgaben unmöglich machen würden.

Daher wird im Folgenden zwischen dem Kernbereich der wissenschaftlichen Arbeit, der das eigentliche wissenschaftliche Erkennen, die wissenschaftliche Methodik, die wissenschaftliche Analyse sowie das Ergebnis umfaßt[26], und der Vorbereitungs- und Nachbereitungsphase der wissenschaftlichen Arbeit unterschieden.

2.2.1 Kernbereich der wissenschaftlichen Arbeit

Die Ausrichtung der Wissenschaft auf die Wahrheitserkenntnis beinhaltet, daß sich das Ergebnis wissenschaftlicher Forschung allein aus der wissenschaftlichen Untersuchung in nachvollziehbarer Weise ergeben muß.[27]

Unter den Begriff der Wissenschaft und der wissenschaftlichen Forschung fällt daher zum Beispiel Zweck- und Auftragsforschung dann nicht mehr, wenn der Auftraggeber auf die inhaltlichen Ergebnisse wesentlichen Einfluß hat.[28]
Eine Beeinflussung des Ergebnisses durch Weisung des Bundesumweltministeriums ist daher ausgeschlossen. Verlangen nach einem bestimmten Ergebnis oder

---

22 CLASSEN, Wissenschaftsfreiheit außerhalb der Hochschule, S. 350; DI FABIO, VerwArch. 81 (1990), 193 (211); V. ARNIM, Gemeinwohl und Gruppeninteressen, S. 326.
23 TRUTE, Die Forschung, S. 293.
24 TRUTE, Die Forschung, S. 292.
25 THIEME, DÖV 1994, 150 (154).
26 RUPP, WissR 17 (1984), 1 (1 ff.).
27 BVerfG, Beschl. vom 11.1.1994, NJW 1994, 1781 (1782).
28 JARASS, in: DERS./PIEROTH, Art. 5 Rn. 77; SCHOLZ, in: MAUNZ/DÜRIG, Art. 5 Rn. 84.

einer Abänderung gewonnener Erkenntnisse sind mit dem Wissenschaftsbegriff unvereinbar.[29]

Darüber hinaus ist aber auch eine Einflußnahme des Ministeriums auf die Definition der wissenschaftlichen Fragestellung (die nicht identisch ist mit dem erteilten Auftrag, sondern erst erarbeitet werden muß) und auf den Gang der Untersuchung, insbesondere auf die Auswahl der anzuwendenden wissenschaftlichen Methoden und die Art der wissenschaftlichen Analysen „unwissenschaftlich".

Für eine als wissenschaftlich zu bezeichnende Tätigkeit ist nicht nur im Hinblick auf das Forschungsergebnis sondern auch im Hinblick auf die Erkenntnisgewinnung konstitutiv, daß jede verfälschende Einflußnahme zu unterbleiben hat.[30] Neben dem Ergebnis muß auch die darauf gerichtete Verfahrensweise frei von wissenschaftsfremder Beeinflussung gewählt werden können.[31]

Einzelweisungen, die bestimmte Methoden vorschreiben, die Einbeziehung einzelner Aspekte in die Untersuchung untersagen, die wissenschaftliche Fragestellung vorgeben oder ähnliches, sind daher mit dem Anspruch eines wissenschaftlichen Vorgehens nicht vereinbar.[32] Dagegen sind Einflußnahmen des BMU auf das UBA, die ein „wissenschaftliches" Vorgehen sichern sollen, zulässig.

Da Wissenschaftlichkeit nicht von der „Richtigkeit" des Vorgehens und der Methoden abhängig ist, beschränkt sich die Aufsichtsbefugnis des Ministeriums darauf, zu verhindern, daß vorgefaßten Meinungen oder Ergebnissen lediglich der Anschein wissenschaftlicher Gewinnung oder Nachweisbarkeit verliehen wird.[33]

Zu diesem Zweck kann das BMU Informationsverlangen an das UBA richten, die z.B. den Stand der Untersuchung, Zwischenergebnisse oder angewandte Methoden betreffen. Solche Auskunftspflichten beeinflussen die „Wissenschaftlichkeit" der Tätigkeit nicht.

Darüber hinaus kann das BMU allgemeine Verwaltungsvorschriften erlassen, die die Einhaltung allgemein anerkannter wissenschaftlicher Standards bezwecken.

---

29 THIEME, DÖV 1994, 150 (154); SCHOLZ, in: MAUNZ/DÜRIG, Art. 5 Rn. 98; JARASS, in: DERS./PIEROTH, Art. 5 Rn. 77; TRUTE, Die Forschung, S. 293.

30 BVerfG, Urt. vom 29.5.1973, E 35, 79 (112).

31 LOSCH, Wissenschaftsfreiheit, S. 74.

32 Ebenso gehen BRANDT/HENNING, VR 1982, 181 (181 ff., 186) davon aus, daß bei der Erarbeitung wissenschaftlicher Grundlagen das Ministerium nach Erteilung des Auftrags an die Bundesoberbehörde grundsätzlich das Ergebnis abwarten müsse, da ansonsten die organisatorische Selbständigkeit der Bundesoberbehörde unsachgemäß beschnitten werde.

33 BVerfG, Beschl. vom 11.1.1994, NJW 1994, 1781 (1782); JARASS, in: DERS./PIEROTH, Art. 5 Rn. 76.

2.2.2 Auswahl der Untersuchungsgegenstände

Fraglich ist, ob die Verpflichtung zur Wissenschaftlichkeit in § 2 Abs. 1 Nr. 1 des UBAG auch im Vorfeld der wissenschaftlichen Tätigkeit, d. h. insbesondere bei der Auswahl der Untersuchungsgegenstände, eine Freistellung des UBA von Einflußnahmen der politischen Ebene beinhaltet.

Zwar fallen auch vorbereitende Tätigkeiten und insbesondere die Forschungsplanung in den Schutzbereich des Art. 5 Abs. 3 GG[34], für die Anerkennung einer Tätigkeit als wissenschaftlich ist jedoch eine Autonomie auch im vorbereitenden Bereich nicht konstitutiv.

Daher wird auch die Zweck- und Auftragsforschung von der Wissenschaftsfreiheit umfaßt, selbst wenn keinerlei Mitbestimmung des Wissenschaftlers hinsichtlich des Auftrags besteht.[35]

Die Verwendung des Begriffs „wissenschaftlich" im UBAG läßt mithin nicht zwingend darauf schließen, daß das UBA bei der Auswahl der Untersuchungsgegenstände frei sein muß.

Dagegen spricht vielmehr, daß die wissenschaftliche Tätigkeit des Amtes in erster Linie das BMU bei seiner politischen Arbeit unterstützen soll. Aus dieser Formulierung im Gesetz läßt sich schließen, daß die Behörde nicht wahllos und ungesteuert wissenschaftliche Sachkenntnis anhäufen soll, sondern ihre wissenschaftliche Arbeit auf das Ziel der Unterstützung des BMU ausrichten muß. Daraus ergibt sich, daß das BMU gezielt Einfluß auf die Auswahl der Untersuchungsgegenstände nehmen kann. Es kann solche Gegenstände selbst bezeichnen und sie jederzeit dem politischen Programm anpassen.[36] Die Prioritätensetzung, die aufgrund der nur begrenzt zur Verfügung stehenden sachlichen und personellen Mittel erforderlich ist, ist demnach Sache des Ministeriums.[37]

Das Ministerium ist also, soweit es sich für seine politische Arbeit der wissenschaftlichen Unterstützung des UBA bedient, befugt, bei der Auswahl der Untersuchungsgegenstände durch Aufsichtsmaßnahmen erheblichen Einfluß zu nehmen.[38]

2.2.3 Veröffentlichung der Forschungsergebnisse

Aus der Unterstützungsfunktion, die die wissenschaftliche Arbeit des UBA hat, ergibt sich, daß das Amt nach Beendigung der wissenschaftlichen Untersuchung einen Bericht zu fertigen und ihn an das Ministerium weiterzuleiten hat.

Aufgrund der Berichtspflicht eröffnet sich für das BMU die Möglichkeit, bereits im Vorwege die Veröffentlichung der wissenschaftlichen Ergebnisse zu

---

34 STARCK, in: V. MANGOLDT/KLEIN, Art. 5 Rn. 229.

35 SCHOLZ, in: MAUNZ/DÜRIG, Art. 5 Rn. 98.

36 KÖSTLIN, Kulturhoheit des Bundes, S. 169; HAILBRONNER, Die Freiheit von Forschung und Lehre als Funktionsgrundrecht, S. 88 ff.; BRANDT/HENNING, VR 1982, 181 (181 ff., 186).

37 So auch TRUTE, Die Forschung, S. 101 und 293.

38 Ebenso THIEME, DÖV 1994, 150 (154).

beaufsichtigen und gegebenenfalls Änderungen zu verlangen oder eine Veröffentlichung durch Weisung zu untersagen. In der Praxis werden geplante Veröffentlichungen regelmäßig mit dem BMU abgestimmt und unter Umständen vom Ministerium untersagt.

Eine Normierung hat diese Praxis, insbesondere in der gegenwärtig gültigen Geschäftsordnung des UBA, allerdings nicht erfahren, die Geschäftsordnung enthält keine Vorgaben für das Vorgehen im Falle einer geplanten wissenschaftlichen Veröffentlichung.

In dem neuesten Entwurf einer Geschäftsordnung für das UBA[39] wird allerdings deutlich, daß die Frage des Vorgehens bei wissenschaftlichen Veröffentlichungen zwischen UBA und Ministerium durchaus umstritten ist. Geplant war zunächst, daß sich ein eigener Abschnitt der Geschäftsordnung dem Problem der Veröffentlichung von wissenschaftlichen Ergebnissen widmet. Auf eine inhaltliche Regelung konnte man sich in dem Entwurf dann jedoch zwischen UBA und Ministerium nicht einigen, so daß die Regelung auf eine spätere Hausanordnung verschoben wurde.[40]

Aus der Verpflichtung des UBA auf Wissenschaftlichkeit könnte sich auch für die Entscheidung über die Veröffentlichung der Forschungsergebnisse eine Einschränkung der Einflußmöglichkeiten des Ministeriums ergeben.

Zu den Kennzeichen der akademisch-disziplinären Wissenschaft gehört die prinzipielle Transparenz und Öffentlichkeit der Forschungsergebnisse sowie die prinzipielle Kommunikationsbereitschaft über sie.[41] Dementsprechend wird die Veröffentlichung von Forschungsergebnissen zu den Dienstpflichten eines Universitätsprofessors gerechnet.[42]

Die Veröffentlichung dient unterschiedlichen Funktionen, die alle zentrale Elemente der autonomen Entwicklung der Wissenschaft sind. Hierzu rechnen die Absicherung und Überprüfung der Ergebnisse sowie die Verbreitung und Speicherung des Wissens; außerdem bildet die Publikation den Ansatzpunkt der Reputationszuteilung innerhalb des Wissenschaftssystems.[43]

Fraglich ist, ob die interne Ressortforschung, wie sie § 2 des UBAG regelt, ebenfalls auf Transparenz und Öffentlichkeit angelegt ist und eine Verpflichtung des UBA zur Veröffentlichung wissenschaftlicher Ergebnisse besteht, die für Weisungen des Ministeriums allerhöchstens in Ausnahmefällen Raum beläßt.

TRUTE[44] vertritt die Ansicht, daß Ressortforschung nicht im gleichen Umfang an die allgemeinen wissenschaftlichen Kommunikationsvorgänge angeschlossen sei, wie ressortfreie Forschung. Zwar sei die vollständige Abschottung der Res-

---

39 Stand 10.11.1995.

40 Nr. 6.2.1 des Entwurfs einer Geschäftsordnung für das Umweltbundesamt, Stand 10.11.1995.

41 DENNINGER, in: AK GG, Art. 5 Abs. 3 Rn. 16 f.; TRUTE, Die Forschung, S. 112 f.; KIMMINICH, WissR 18 (1985), 116 (116 ff.); BVerfG, Urt. vom 29.5.1973, E 47, 327 (375 f.).

42 BVerfG, Beschl. vom 1.3.1978, E 47, 327 (375 f.).

43 TRUTE, Die Forschung, S. 113.

44 TRUTE, Die Forschung, S. 103.

sortforschung von den allgemeinen wissenschaftlichen Kommunikationszusammenhängen nicht erlaubt, aber diese Beziehungen seien erheblich gelockert.

Zur Begründung seiner Auffassung verweist TRUTE darauf, daß die Ergebnisse der Ressortforschung im Gegensatz zur akademisch-disziplinären Forschung einer Diskussion innerhalb der scientific community nicht oder nur in geringerem Maße bedürften. Er führt das darauf zurück, daß Ressortforschung der Umsetzung der Wissensbestände verschiedener Disziplinen diene und daher nicht auf die Normen, Grundorientierungen und Standards einer Disziplin verpflichtet sei.[45] Eine Sicherung der Standards und Normen der einzelnen Disziplinen durch Publikation, wie sie für die akademisch-disziplinäre Forschung essentiell sei[46], sei daher für die interdisziplinäre Ressortforschung unnötig.

Darüber hinaus bedürften die Ergebnisse der Ressortforschung nicht notwendig einer Absicherung im Diskurs mit anderen Wissenschaftlern, da sie eine Überprüfung in ihrer erfolgreichen Umsetzung und Implementation erführen.[47]

Dieser Auffassung kann zumindest für die Ressortforschung im Umweltbereich nicht zugestimmt werden. Es ist zwar richtig, daß das UBA die oft unterschiedlichen Voten verschiedener Disziplinen auf einen Nenner bringen muß und die Aufgabe hat, für die Politik ein wissenschaftliches Gesamturteil zu erarbeiten.[48] Diese Interdisziplinarität enthebt das Amt allerdings nicht davon, die Standards und Normen der einzelnen Disziplinen zu beachten. Die Zusammenführung der Ergebnisse verschiedener Fachrichtungen erfordert eine besondere Transformationsleistung, die die Einzelergebnisse nicht verfälschen darf. Daher ist gerade die interdisziplinäre Arbeit auf eine ständige Kontrolle durch Vertreter der disziplinären Wissenschaften angewiesen, die überprüfen, ob dem Gesamtergebnis eine den wissenschaftlichen Standards entsprechende Einbeziehung der Ergebnisse verschiedener Disziplinen zugrundeliegt. Eine Lösung interdisziplinärer Wissenschaft aus dem wissenschaftlichen Kommunikationszusammenhang liefe in besonderem Maße Gefahr, den Boden der Wissenschaftlichkeit zu verlassen, indem Erkenntnisse, die aufgrund völlig verschiedener Methoden und Annahmen nicht direkt kompatibel sind, einfach in einen Topf geworfen werden, um daraus ein Gesamtergebnis zu destillieren. Daher ist gerade aus der Interdisziplinarität der Ressortforschung darauf zu schließen, daß eine Publikation der Ergebnisse aus wissenschaftlichen Gründen zumindest wünschenswert ist.

Auch die Tatsache, daß Ressortforschung in der Regel nicht in erster Linie der Weiterentwicklung wissenschaftlicher Erkenntnis dient, sondern sich an den aktuellen Erfordernissen der Regierungsarbeit zu orientieren hat und auf die Umsetzung in politische Maßnahmen angelegt ist, spricht nicht ohne weiteres dagegen, das Transparenzgebot, das für die akademisch-disziplinäre Forschung gilt, auf die Ressortforschung des UBA zu übertragen.

---

45 TRUTE, Die Forschung, S. 103.

46 TRUTE, Die Forschung, S. 97.

47 TRUTE, Die Forschung, S. 103 f.

48 So V. LERSNER, in: UMWELTBUNDESAMT (Hg.), Wissenschaften im ökologischen Wandel, S. 7 (9 f.).

Erstens ist die wissenschaftliche Aufgabe des UBA nicht so konkret anwendungsbezogen, daß die wissenschaftlichen Ergebnisse des Amtes für eine Diskussion in Wissenschaftskreisen untauglich wären. Die wissenschaftliche Arbeit im Umweltbereich beinhaltet zum Teil auch Grundlagenarbeit[49], die nicht nur für die beratenen Politiker von Interesse ist, sondern auch für Wissenschaftskreise. Im Umweltbereich hat das UBA in den zwei Jahrzehnten seiner Existenz eine solche Fülle von Wissen und Kompetenzen angesammelt, daß es in dieser Hinsicht schon als Monopolist bezeichnet wurde.[50] Es ist ein Gebot der Wissenschaftlichkeit, dieses Wissen, das wiederum in den Veröffentlichungen anderer Wissenschaftler seine Grundlagen hat, der scientific community zur Verfügung zu stellen.

Zweitens kann die Umsetzung und Implementation in politische Maßnahmen nicht die Überprüfung und Absicherung der Ergebnisse im wissenschaftlichen Diskurs ersetzen. Vielmehr erfordert der direkte Politikbezug der wissenschaftlichen Tätigkeit des UBA eine besonders eingehende Überprüfung auch unter wissenschaftlichen Aspekten. Negative Auswirkungen einseitiger oder fehlerhafter wissenschaftlicher Untersuchungen sind im Bereich der Ressortforschung gerade wegen des unmittelbaren Anwendungsbezuges eher zu erwarten, als bei der akademischen Forschung.

Es ist daher für die Ressortforschung im Bereich des Umweltschutzes besonders wichtig, die Resultate wissenschaftlicher Forschung zu veröffentlichen und der allgemeinen Kritik zugänglich zu machen, weil ohne die Publizität der Forschung die wissenschaftliche Diskussion nicht geführt werden kann, die der einzige Schutz vor vielleicht lebensgefährlichen Irrtümern ist.[51]

Allein die Tatsache, daß das UBA Ressortforschung betreibt, rechtfertigt es daher nicht, das für die akademische Forschung geltende Transparenzgebot grundsätzlich für unanwendbar zu erklären.

Als Zwischenergebnis ist daher festzuhalten, daß die Verwendung des Wissenschaftsbegriffs im UBAG darauf hindeutet, daß auch das UBA als wissenschaftlich tätige Behörde ihre Ergebnisse grundsätzlich zu veröffentlichen hat.

Etwas anderes könnte sich jedoch daraus ergeben, daß die wissenschaftliche Tätigkeit des Amtes ausdrücklich und ausschließlich der „Unterstützung" des Ministeriums dient. Diese Tatsache legt den Schluß nahe, daß die „wissenschaftliche" Tätigkeit des UBA mit Ablieferung eines internen Berichts an das Ministerium beendet ist. Eine Veröffentlichung der Ergebnisse durch das Amt unterfiele dann allenfalls noch der Aufgabe, die Öffentlichkeit in Umweltfragen aufzuklären (§ 2 Abs. 1 Nr. 2 UBAG), so daß eine aus dem Wissenschaftsbegriff abzuleitende Unabhängigkeit sich nicht auf die Frage der Veröffentlichung erstreckte.

---

49 Vgl. § 2 Abs. 2 Nr. 1 UBAG (Erforschung und Entwicklung von Grundlagen); ebenso FÜLGRAFF, in: UMWELTBUNDESAMT (Hg.), Wissenschaften im ökologischen Wandel, S. 69 (79); TRUTE, Die, S. 101.

50 FÜLGRAFF, in: UMWELTBUNDESAMT (Hg.), Wissenschaften im ökologischen Wandel, S. 69 (70).

51 So PICHT/BRECH/HÄFELE/KRIELE, in zu BT-Drs. VI/2710, S. 565 ff. (571).

Zu prüfen ist also, ob es Bestandteil einer „wissenschaftlichen Unterstützung" ist, nicht nur das Ministerium intern über die Ergebnisse der wissenschaftlichen Arbeit zu informieren, sondern diese auch in jedem Fall zu veröffentlichen.

Aufgabe des UBA ist es, dem Ministerium die wissenschaftlichen Hilfen zu geben, die für eine Politik zu einer umweltgerechten und nachhaltigen Entwicklung notwendig sind. Dies geschieht in erster Linie durch die Ablieferung eines internen Berichts an das Ministerium. Dabei hält man auch von politischer Seite eine fachlich kompetente, vorausschauende und von politischen Opportunitäten freie Stellungnahme für die unverzichtbare Voraussetzung einer erfolgreichen Umweltpolitik.[52]

Die fachliche Qualität der wissenschaftlichen Aussagen läßt sich nur durch deren kritische Überprüfung feststellen. Hierzu wird das BMU, dessen Mitarbeiter in erster Linie Generalisten sind, oftmals nicht in der Lage sein. Die Veröffentlichung, die die Kritik durch andere Wissenschaftler ermöglicht, ist daher der beste und oft einzige Schutz gegen Fehler oder eine unzulängliche Expertise, ohne die das Ministerium den Experten des UBA ausgeliefert wäre.[53]

Darüber hinaus vergrößert die wissenschaftliche Diskussion, die durch eine Veröffentlichung des UBAes ausgelöst wird, den Beratungseffekt für das Ministerium, da auf diese Weise Schwächen des behördlichen Gutachtens aufgedeckt und andere wissenschaftliche Meinungen herausgefordert werden, so daß dem Ministerium schließlich wesentlich differenziertere wissenschaftliche Informationen zur Verfügung stehen, als sie das behördliche Gutachten alleine liefern könnte.

Eine Veröffentlichung der Forschungsergebnisse erhöht mithin die Rationalität staatlicher Entscheidungsprozesse und entspricht daher dem Zweck dem die wissenschaftliche Politikberatung dient.

Die teilweise geäußerte Befürchtung, das UBA könnte seinen eigenen Ruf und den des Ministeriums beschädigen, indem es Unfertiges oder Voreiliges verbreite, oder den Boden der Wissenschaftlichkeit verlasse, ist dagegen eher übertrieben. Die Überprüfung der Ergebnisse im anschließenden wissenschaftlichen Diskurs dürfte ein mindestens so effizientes Disziplinierungsmittel sein, wie eine Aufsicht durch das Ministerium, das unter wissenschaftlichen Aspekten für eine solche Kontrolle nur unzureichend ausgestattet ist.

Nach alledem ist davon auszugehen, daß die wissenschaftliche Unterstützung des Ministeriums objektiv ihre höchste Effektivität entfaltet, wenn die Ergebnisse der Forschung regelmäßig veröffentlicht werden.

Der Begriff der Unterstützung ist jedoch auch durch eine subjektive Seite gekennzeichnet. Derjenige, dessen Tätigkeit unterstützt oder gefördert wird, hat in der Regel, wenn ausdrücklich nichts anderes gesagt ist, das Recht, Umfang und Art der Unterstützung selbst zu bestimmen. Indem die wissenschaftliche Arbeit des UBA nicht ausschließlich der autonomen Weiterentwicklung der Wissen-

---

52 GENSCHER, in: UMWELTBUNDESAMT (Hg.), Wissenschaften im ökologischen Wandel, S. 5 (6).

53 TENBRUCK, in: MAIER/RITTER/MATZ (Hg.), S. 323 (323 ff., 326); CLASSEN, Wissenschaftsfreiheit außerhalb der Hochschule, S. 352.

schaft dient, sondern der Unterstützung des Ministeriums, wird sie aus dem rein wissenschaftlichen Funktionskontext herausgelöst und in das politisch-administrative System eingeordnet.[54] Damit kommt der politischen Ebene das Recht zu, nach Abschluß der eigentlichen wissenschaftlichen Arbeit über die Verwertung derselben zu entscheiden und damit die Art, wie das Ministerium durch die wissenschaftliche Vorarbeit unterstützt werden soll, zu bestimmen.

Daher gehört es zu den Aufgaben des BMU, über die Verwertung der Forschungsergebnisse zu entscheiden. Das gibt dem Ministerium einerseits das Recht, über die Umsetzung der wissenschaftlichen Erkenntnisse in konkrete politische Maßnahmen zu befinden, andererseits aber auch die Befugnis zu entscheiden, ob eine Veröffentlichung, die ja ebenfalls durchaus politische Wirkungen haben kann, zur Unterstützung der politischen Ziele des Ministeriums geeignet ist.[55] Wenn das Ministerium der Ansicht ist, die Veröffentlichung eines vom UBA erstellten Gutachtens stelle keine adäquate Unterstützung der ministeriellen Tätigkeit dar, sondern behindere diese, kann es daher eine Veröffentlichung untersagen.

Der Auslegung des UBAG ist demnach zu entnehmen, daß das UBA nicht wie ein Universitätsprofessor zur Veröffentlichung seiner Forschungsergebnisse verpflichtet ist, sondern daß die Veröffentlichungsentscheidung an den politischen Zielen, die durch das BMU bestimmt werden, auszurichten ist, und daher von diesem beeinflußt werden kann.

Wie oben gezeigt, ist zumindest langfristig eine effektive Nutzbarmachung des wissenschaftlichen Sachverstandes des UBA für das Ministerium jedoch am besten gewährleistet, wenn die Ergebnisse wissenschaftlicher Forschungen regelmäßig veröffentlicht werden. Das Ministerium sollte daher Veröffentlichungen nicht aus politisch-taktischen Erwägungen verhindern. Auf Dauer würde es damit den für die Durchsetzung umweltpolitischer Ziele geschaffenen Verwaltungsapparat schwächen.

Eine Veröffentlichung sollte durch Weisung des Ministeriums daher nur dann verhindert werden, wenn entweder ernsthafte Bedenken gegen die wissenschaftliche Haltbarkeit des Gutachtens bestehen, oder einer Veröffentlichung im Einzelfall Geheimhaltungspflichten[56] entgegenstehen.

---

54 Vergleichbar ist sie insofern mit der Industrieforschung, die sich durch ihre Einbindung in ökonomische Funktionskontexte auszeichnet. Siehe dazu LUNDGREEN u. a., Staatliche Forschung, S. 19; TRUTE, Die Forschung, S. 104.

55 Ebenso THIEME, DÖV 1994, 150 (155).

56 Siehe dazu z.B. SCHOLZ, NJW 1973, 481 (481 ff.); PIEROTH, JuS 1981, 625 (625 ff.). Vgl. auch §§ 7 und 8 UIG. Geheimhaltungsgründe können sich z.B. aus dem Zweck der übertragenen Aufgabe ergeben (BVerwG, Urt. vom 25.2.1969, NJW 1969, 1131 (1132)). So ist vorstellbar, daß wissenschaftliche Veröffentlichungen in Einzelfällen die Umwelt eher gefährden als schützen und insofern der Aufgabe des UBA, die den Schutz der Umwelt impliziert, zuwiderläuft.

2.3 Zwischenergebnis

Die Auslegung des Begriffs der „wissenschaftlichen Unterstützung" in § 2 Abs. 1 Nr. 1 des UBAG ergibt, daß das UBA im Kernbereich seiner wissenschaftlichen Tätigkeit unabhängig und frei von Einflußnahmen durch das Ministerium sein muß, während bei der Auswahl der Untersuchungsgegenstände und bei der Verwertungsentscheidung Weisungsrechte des Ministeriums bestehen.

3 Die wissenschaftliche Unabhängigkeit des UBA aus verfassungsrechtlicher Sicht

Unter verfassungsrechtlichen Gesichtspunkten stellt sich die Frage, ob die hier gefundene Auslegung des UBAG, die für den Kernbereich der wissenschaftlichen Arbeit des UBA einen sogenannten „ministerialfreien Raum" entstehen läßt, mit dem Grundsatz der Ministerverantwortlichkeit vereinbar ist.

Art. 65 S. 2 GG bestimmt, daß jeder Bundesminister seinen Geschäftsbereich selbständig und unter eigener Verantwortung leitet. Gemäß § 1 Abs. 1 des UBAG gehört das UBA zum Geschäftsbereich der Bundesumweltministerin. Es ist daher zu prüfen, ob die Verantwortlichkeit der Ministerin für ihren Geschäftsbereich der wissenschaftlichen Unabhängigkeit des UBA entgegensteht. Dafür ist zunächst Inhalt und Bedeutung der Ministerverantwortlichkeit zu klären.

3.1 Der verfassungsrechtliche Grundsatz der Ministerverantwortlichkeit

Sinn der in Art. 65 S. 2 GG geregelten und in den Art. 43, 38 GG ausgestalteten Verantwortlichkeit der Minister gegenüber dem Parlament und seinen Abgeordneten[57] ist es, dem Parlament eine Kontrolle der gesamten Exekutivtätigkeit zu ermöglichen.

Da im parlamentarischen Regierungssystem, wie es das Grundgesetz ausgestaltet hat, kein direkter Zugriff des Parlaments auf die gesamte Verwaltung vorgesehen ist, kann nur die - von der Volksvertretung abhängige und über die Kanzlerwahl durch sie kreierte - Regierung[58] durch Rechenschaftspflichten dem Parlament die Kontrolle über die Exekutivtätigkeit ermöglichen.[59]

Die parlamentarische Kontrolle der Exekutivtätigkeit ist ihrerseits wiederum eine Ausprägung des Grundsatzes der Gewaltenteilung, dessen Bedeutung in der politischen Machtverteilung, dem Ineinandergreifen der drei Gewalten und der

---

57 Nach herrschender und zutreffender Auffassung besteht demnach eine Verantwortlichkeit des einzelnen Ministers gegenüber dem Parlament, nicht nur eine Verantwortlichkeit des Bundeskanzlers gegenüber dem Parlament und der Minister gegenüber dem Bundeskanzler. OLDIGES, Die Bundesregierung als Kollegium, S. 448; SCHRÖDER, in: ISENSEE/KIRCHHOF, § 51 Rn. 52; SCHNEIDER, in: AK GG, Art. 65 Rn. 8.

58 Vgl. Art. 63 Abs. 1, 64 Abs. 1, 67 Abs. 1, 69 Abs. 2 GG.

59 DREIER, Hierarchische Verwaltung, S. 132.

daraus resultierenden Mäßigung der Staatsgewalt liegt.[60] Ohne eine wirksame parlamentarische Kontrolle der Regierung bestünde eine Machtkonzentration bei der Exekutive vor allem überall dort, wo es an gesetzlichen Vorgaben, die die Verwaltung binden, fehlt. Die Bedeutung der Ministerverantwortlichkeit und der Mechanismen parlamentarischer Kontrolle ist deshalb um so höher, je geringer die materiellrechtliche Determinierung der Exekutive ausfällt.[61]

Darüber hinaus ist das Bestehen eines Verantwortlichkeitszusammenhanges zwischen der Exekutivtätigkeit und dem Parlament auch eine Ausprägung des Demokratieprinzips (Art. 20 Abs. 2 GG).[62] Die Autorisation der Leitungsorgane erfolgt in einem demokratischen System nicht nur einmal und sich dabei entäußernd; es bedarf vielmehr einer stetigen politischen Rückbeziehung des Handelns der Leitungsorgane auf das Volk. Legitimation erhält die exekutivische Tätigkeit daher nicht nur, weil die Leitungsorgane mittelbar vom Volk berufen werden, sondern auch, weil sie über die Kontrolle durch das Parlament einen Rückbezug auf das Volk erfährt.[63]

Aus dem Bezug der parlamentarischen Kontrolle zum Demokratieprinzip und zum Gewaltenteilungsgrundsatz ergibt sich, daß prinzipiell jede Ausübung von Staatsgewalt durch die Exekutive der Kontrolle durch das Parlament unterliegen muß.[64] Dabei besteht die Verantwortlichkeit der Minister ohne Rücksicht auf die persönliche Zurechenbarkeit für alle Vorkommnisse des Zuständigkeitsbereichs.[65]

Da das UBA im Geschäftsbereich der Bundesumweltministerin errichtet ist und damit in ihren Zuständigkeitsbereich fällt, muß sie dem Parlament gegenüber auch über die Tätigkeit des UBA Rechenschaft ablegen und dafür einstehen.[66]

Wenn die Umweltministerin vor dem Parlament auch die Tätigkeit des UBA verantworten muß, kann das nicht ohne Auswirkungen auf das Verhältnis zwischen Ministerium und Bundesoberbehörde sein.

Verantwortung kann nur auf der Grundlage eigener Entscheidungsmacht übernommen werden.[67] Daher bedingt die Ministerverantwortlichkeit eine Befugnis

---

60 BVerfG, Urt. vom 17.7.1984, E 67, 100 (130); BVerfG, Beschl. vom 1.10.1987, E 77, 1 (43); BVerfG, Beschl. vom 2.8.1978, E 49, 70 (85); PIEROTH, in: JARASS/PIEROTH, Art. 65 Rn. 1 und Art. 20 Rn. 17.

61 DREIER, Hierarchische Verwaltung, S. 140.

62 BRANDNER, DÖV 1990, 966 (967).

63 BÖCKENFÖRDE, in: ISENSEE/KIRCHHOF, § 30 Rn. 15; PIEROTH, in: JARASS/PIEROTH, Art. 20 Rn. 8.

64 SCHRÖDER, in: ISENSEE/KIRCHHOF, § 51 Rn. 54.

65 BADURA, ZParl. 11 (1980), 573 (581); KRÖGER, Die Ministerverantwortlichkeit, S. 19.

66 Ebenso HART, Die Sicherheit von Blutarzneimitteln: Arzneimittelrecht - Haftungsrecht - Organisationsrecht, in: Schlußbericht des 3. Untersuchungsausschusses des Deutschen Bundestages zum Blutpräperate-Skandal, BT-Drs. 12/8591, S. 510 ff. (595 f.) für das Verhältnis von Bundesgesundheitsamt und Bundesgesundheitsministerium.

auch zur Steuerung des verantworteten Bereichs. Die Ministerin kann die Verantwortung für die Staatsverwaltung in ihrem Geschäftsbereich nur dann wirklich tragen, wenn sie die Möglichkeit hat, sie ihrerseits maßgeblich zu bestimmen.[68] Es ist daher mit Rechtsprechung und Schrifttum davon auszugehen, daß die Bundesverwaltung grundsätzlich durch die Bundesregierung und innerhalb der Bundesregierung durch den zuständigen Ressortminister geleitet werden muß.[69]

Dieser Grundsatz der Leitung der Bundesverwaltung durch die Bundesregierung bedeutet, daß die gesamte Exekutive prinzipiell in ein System der Anweisungsbefugnisse von oben nach unten eingebunden sein muß.[70]

Für nachgeordnete Behörden wie das UBA, die eigene Zuständigkeiten besitzen, für die dem Ministerium daher nicht die Letztentscheidungsbefugnis zusteht, drückt sich die Leitungsbefugnis des übergeordneten Ministeriums in Aufsichtsrechten aus. Die Aufsicht ist das Mittel, um nachgeordnete Behörden dem politischen Willen der Minister zu unterstellen, so daß sie die Verantwortung für deren Tätigkeit tragen können.[71]

Generell fordern und legitimieren also der administrative, hierarchische Zusammenhang zwischen oberster und oberer Bundesbehörde sowie die demokratische Verantwortlichkeit der Ressortspitze für den gesamten Geschäftsbereich eine Aufsicht der vorgesetzten Behörde gegenüber den nachgeordneten Organen.[72] Das Bestehen einer umfassenden Rechts- und Fachaufsicht innerhalb eines Geschäftsbereiches ist daher der verfassungsrechtliche Grundtatbestand.[73]

3.2 Wissenschaftliche Unabhängigkeit des UBA und Ministerverantwortlichkeit

Nach der hier erfolgten einfachgesetzlichen Auslegung des § 2 Abs. 1 Nr. 1 des UBAG ist die Aufsichtsbefugnis des Ministeriums für die wissenschaftliche Tätigkeit des UBA jedoch erheblich eingeschränkt. Teilweise ist die Tätigkeit des

---

67 BVerfG, Urt. vom 27.4.1959, E 9, 268 (280 f.); BVerfG, Urt. vom 18.12.1984, E 68, 1 (84 ff.); SCHRÖDER, in: ISENSEE/KIRCHHOF, § 51 Rn. 49.

68 DREIER, Hierarchische Verwaltung, S. 135.

69 BVerfG, Urt. vom 27.4.1959, E 9, 268 (281 ff.); BVerfG, Urt. vom 18.12.1984, E 68, 1 (84 ff.); BVerwG, Urt. vom 23.5.1958, E 7, 66 (73); BVerwG, Urt. vom 30.5.1984, DÖV 1985, 358 (359); BÖCKENFÖRDE, Die Organisationsgewalt, S. 47 und S. 144 ff.; HERZOG, in: MAUNZ/DÜRIG, Art. 65 Rn. 30; OEBBECKE, Weisungs- und unterrichtungsfreie Räume in der Verwaltung, S. 24 ff.; BULL, in: AK GG, Art. 86 Rn. 26.

70 Vgl. statt vieler, BULL, in: AK GG, Art. 86 Rn. 26; DREIER, Hierarchische Verwaltung, S. 134.

71 OSSENBÜHL, Verwaltungsvorschriften und Grundgesetz, S. 456.

72 WOLFF/BACHOF, § 77 II m.w.N.

73 So auch HART, in: Schlußbericht des 3. Untersuchungsausschusses des Deutschen Bundestages zum Blutpräperate-Skandal, BT-Drs. 12/8591, S. 510 ff. (596).

UBA damit aus dem gewaltenteiligen Verantwortungssystem herausgenommen und ein „ministerialfreier Raum" geschaffen worden.

Damit ist die Frage aufgeworfen, ob die Weisungsfreiheit des UBA, soweit sie bei der wissenschaftlichen Tätigkeit besteht, die Verantwortlichkeit der Ministerin gegenüber dem Parlament und ihre Leitungsbefugnis unzulässig beschränkt.

Da die Aufsichtsbefugnisse des Ministeriums durch das UBAG selbst beschnitten werden, spitzt sich die Prüfung auf die Frage zu, ob das Parlament durch gesetzliche Regelungen auf eine direkte Kontrollmöglichkeit verzichten kann.[74]

Der Gesetzgeber kann jedenfalls über das Maß seiner eigenen Kontrolle an Exekutiventscheidungen nicht völlig frei entscheiden. Nach dem BVerfG hängt die Zulässigkeit eines solchen Verzichts von Art und Umfang der übertragenen Aufgabe, insbesondere von ihrer politischen Tragweite, ab.[75] Aufgaben aus dem Bereich der politischen Gestaltung müssen stets der Regierungsverantwortung überlassen bleiben.[76]

Mit der wissenschaftlichen Aufgabe wurde dem UBA eine rein vorbereitende Tätigkeit übertragen. Das Amt wirkt an der Entscheidungsfindung des Ministeriums unterstützend mit, es hat jedoch keinen bestimmenden Einfluß auf die politische Gestaltungsarbeit.[77] Die Durchführung des politischen Abwägungsprozesses, bei dem die wissenschaftlichen Erkenntnisse des UBA nur eine zu berücksichtigende Größe unter vielen darstellt, verbleibt in der Verantwortung der Ministerin.[78] Diese ist dabei frei, den Stellenwert, den die wissenschaftlichen Erkenntnisse des UBA bei der Entscheidungsfindung bekommen sollen, selbst zu bestimmen. Sie kann auch darauf verzichten, die Untersuchungsergebnisse überhaupt in ihre Entscheidung einzubeziehen.

Das UBAG enthebt die Ministerin ausschließlich der Verantwortung für die angewandten Methoden und die Ergebnisse der wissenschaftlichen Untersuchungen des UBA, für die mit Hilfe oder entgegen dem wissenschaftlichen Rat des Amtes getroffenen politischen Entscheidungen bleibt die Ministerin dem Parlament jedoch in vollem Umfang verantwortlich.

Die politische Gestaltungsarbeit erfolgt daher unter voller Verantwortung der Ministerin und unter der Kontrolle des Parlaments.

---

74 DI FABIO, VerwArch 81 (1990), 193 (220 f.).

75 BVerfG, Urt. vom 27.4.1959, E 9, 268 (281 f.); BVerfG, Beschl. vom 20.6.1967, E 22, 106 (113); BVerfG, Urt. vom 27.11.1990, E 83, 130 (150).

76 BVerfG, Beschl. vom 20.6.1967, E 22, 106 (113).

77 Das UBA soll in multidisziplinärem Austausch grundsätzliche Probleme für die Umweltpolitik so aufbereiten, daß Handlungsebenen erkennbar und Entscheidungen möglich werden, so FÜLGRAFF, in: UMWELTBUNDESAMT (Hg.), Wissenschaften im ökologischen Wandel, S. 69 (79).

78 Daher kann es sich das UBA leisten, als Anwalt der Umwelt seine Beratung nicht in erster Linie an einem Kompromiß mit anderen politischen Forderungen auszurichten, sondern an dem nach wissenschaftlicher Erkenntnis ökologisch Notwendigen.

Eine weitergehende Verantwortlichkeit der Ministerin auch für die vorbereitende wissenschaftliche Arbeit ist nach dem Zweck, den der Grundsatz der Ministerverantwortlichkeit erfüllen soll, nicht erforderlich.[79]

Wie oben gezeigt, dient die Kontrolle der Exekutive durch das Parlament der Verwirklichung von Gewaltenteilung und Demokratieprinzip. Sowohl Gewaltenteilung als auch Demokratieprinzip gelten nach Art. 20 Abs. 2 GG nur im Bereich der Ausübung von Staatsgewalt. Rein vorbereitende und konsultative Tätigkeiten sind aber keine Ausübung von Staatsgewalt.[80] Daher ist wissenschaftliche Politikberatung weder traditionell noch typischerweise eine Aufgabe, die von Behörden, die der staatlichen Hierarchie unterstehen, erledigt wird.[81]

Die wissenschaftliche Beratungstätigkeit verlangt vielmehr auch unter dem Gesichtspunkt der Kontrolle politischer Entscheidungen eine gewisse Unabhängigkeit des Beraters. Erst die Unabhängigkeit des Beraters von der beratenen Exekutive ermöglicht letztendlich dem Parlament eine effektive Kontrolle der politischen Gestaltungstätigkeit.

Würde man der Ministerin eine Weisungsbefugnis auch für wissenschaftliche Methoden oder die Ergebnisse wissenschaftlicher Arbeiten einräumen, ermöglichte man ihr, von der Behörde ein bestimmtes Ergebnis zu verlangen, das sie in die Lage versetzte, eine von ihr aus anderen Gründen getroffene Entscheidung zu begründen und damit die wahren Beweggründe unter Verweis auf die „Sachzwänge“ zu verschleiern.

Eine echte parlamentarische Kontrolle ist nur möglich, wenn die Ministerin gezwungen ist, sich mit einer Erkenntnis, die auf Grundlage wissenschaftlicher Regeln gewonnen wurde, auseinanderzusetzen. Auf diese Weise wird der gesamte Entscheidungsprozeß auch für das Parlament transparent und befähigt es, die von der Verfassung vorgesehene Kontrolle der Exekutive auszuüben.

Da die vorbereitende wissenschaftlichen Tätigkeit des UBA damit nicht in die Verantwortlichkeit der Ministerin fällt, ist auch ein Weisungsrecht insoweit verfassungsrechtlich nicht erforderlich.

Zur Verantwortlichkeit der Ministerin gehört es lediglich, das Innenverhältnis zum nachgeordneten Bereich so zu gestalten, daß sie in der Lage ist, ihre politischen Entscheidungen sachgerecht zu treffen. Sie muß selbst die Plausibilität der wissenschaftlichen Untersuchungen überprüfen und daraufhin deren Stellenwert für die politische Entscheidung beurteilen können. Diese Voraussetzungen sind durch die verbleibenden Aufsichtsbefugnisse, wie Informationsverlangen und die Möglichkeit des Erlasses allgemeiner Verwaltungsvorschriften, die die Einhaltung wissenschaftlicher Standards gewährleisten sollen, erfüllt. Der Ministerin

---

79 Auf die Tatsache, daß Organisationsprinzipien kein Zweck an sich sind, sondern Mittel und Instrumente zur Erreichung der Gewährleistung demokratischer verfaßter Staatlichkeit, weist zu Recht hin: SCHUPPERT, Der Staat 32 (1993), 581 (606).

80 BVerfG, Urt. vom 31.10.1990, E 83, 60 (74); BVerfG, Beschl. vom 15.2.1978, E 47, 253 (273).

81 So hat der Deutsche Bundestag verlangt, daß die Möglichkeiten einer Überführung von Tätigkeiten der wissenschaftlichen Bundesinstitute in die Hand privatrechtlicher Unternehmen geprüft werden (BR-Drs. 362/94, S. 2).

wird damit ermöglicht, die wissenschaftlichen Ergebnisse nachzuvollziehen und sicherzustellen, daß sie nicht durch unwissenschaftliche Untersuchungen des UBA in ihren politischen Entscheidungen manipuliert wird. Ebenso verhindert die Möglichkeit der Veröffentlichung der wissenschaftlichen Ergebnisse und ihre öffentliche Diskussion, daß das Ministerium dem wissenschaftlichen Sachverstand des UBA ausgeliefert ist.

Der Ministerin verbleibt für die von ihr zu verantwortenden politischen Entscheidungen die volle Entscheidungsgewalt. Die teilweise Einschränkung ihrer Aufsichtsbefugnisse im Kernbereich der wissenschaftlichen Tätigkeit des UBA beeinträchtigt die Erfüllung der Regierungsaufgabe nicht und ist daher verfassungsrechtlich nicht zu beanstanden.

4 Zusammenfassung

Eine umfassende Aufsichtsbefugnis steht dem Ministerium dagegen für die Zusammenfassend ist festzuhalten, daß die dem UBA übertragene Aufgabe der „wissenschaftlichen Unterstützung" des Bundesumweltministeriums eine Freistellung des Amtes von Aufsichtsmaßnahmen, die Methode und Ergebnis der wissenschaftlichen Tätigkeit betreffen, impliziert. Dieser Kernbereich wissenschaftlichen Arbeitens ist von jeder Einflußnahme freizuhalten, da es sich andernfalls nicht mehr um „Wissenschaft" handeln würde und damit eine „wissenschaftliche Unterstützung", wie sie das UBAG fordert, nicht gegeben wäre.

Auswahl der Forschungsgegenstände und die Veröffentlichungsentscheidung zu. Die Begrenzung der wissenschaftlichen Unabhängigkeit auf den Kernbereich der wissenschaftlichen Tätigkeit ergibt sich aus der unterstützenden Funktion, die diese Tätigkeit nach dem UBAG hat.

Die partielle Freistellung des UBA von der Aufsicht durch das BMU verstößt weder gegen den Grundsatz der Ministerverantwortlichkeit noch schränkt er die Leitungsbefugnis der Ministerin unzulässig ein.

Kriterien zur Beurteilung der Leistungsfähigkeit umweltpolitischer Instrumente

Susana Röckseisen

1 Einleitung

Die Leistungsfähigkeit umweltpolitischer Instrumente bedarf einer Prüfung, wenn zur Lösung eines Umweltproblems ein sinnvolles Instrumentarium entwickelt werden soll. Dabei geht es regelmäßig nicht nur um die völlige Neukonstruktion und -einführung eines Instrumentes. Vielmehr muß auch der vorhandene Bestand von Instrumenten darauf untersucht werden, ob und welche Wirkungsdefizite zu beklagen sind, wo ihre Ursachen liegen und ob eine Optimierung durch eine andere Ausgestaltung des Instrumentes in Betracht kommt. Die Beurteilung der Leistungsfähigkeit eines umweltpolitischen Instrumentes ist also nicht nur die prognostische Einschätzung eines erst zu entwickelnden Instrumentes, sondern oft auch die kritische Überprüfung bereits praktizierter Instrumente auf ihren bisherigen Erfolg.

Wirkungsdefizite können zum einen durch die Auswahl eines bestimmten Instrumententyps, zum anderen durch die konkrete inhaltliche Ausgestaltung begründet sein. Steht ein umweltrechtliches Instrument[1] in Frage, kann Quelle von Wirkungsdefiziten außerdem die konkrete rechtstechnische und -sprachliche Instrumentenausgestaltung sein.

Die Leistungsfähigkeit und die Erfolgsbilanz eines umweltpolitischen Instrumentes ist damit nicht nur Sache der Umweltpolitik und Umweltverwaltung, sondern auch des Rechts und des jeweiligen Rechtsnormgebers. Das Recht kann einerseits Ursache für Wirkungsdefizite sein oder der Instrumentenausgestaltung Grenzen setzen, fordert andererseits aber auch ein bestimmtes Maß an Leistungsfähigkeit von einem Instrument.

Um die Leistungsfähigkeit eines Instrumentes beurteilen und mit der Leistungsfähigkeit anderer Instrumente vergleichen zu können, bedarf es der gleichmäßigen Anwendung bestimmter Beurteilungskriterien.

Bei der Zusammenstellung eines Kriterienkataloges ist auf die Erkenntnisse der Umweltökonomie, der Implementationsforschung und der Gesetzgebungslehre zurückzugreifen. Jede dieser Wissenschaftsdisziplinen beschäftigt sich mit Fakto-

---

1 Ein umweltrechtliches Instrument ist gegeben, wenn sich der Staat der Form einer Rechtshandlung bedient, seine Handlung in Rechtsvorschriften geregelt ist und Rechtsfolgen begründen soll (vgl. HARTKOPF/BOHNE, S. 172, 183).

dem Problem mit jeweils unterschiedlichen Perspektiven, Ansatzpunkten und Zielrichtungen:

Die *Umweltökonomie*, ein Teilgebiet der Volkswirtschaftslehre, konzentriert sich auf die Untersuchung instrumenten*typ*bedingter Vorzüge und Wirkungsdefizite von umweltpolitischen Instrumenten. Die Auswahl, Gewichtung und Bezeichnung der Beurteilungskriterien ist vom Ziel der Umweltökonomie beherrscht, den gesellschaftlichen Wohlstand zu maximieren unter Ausgleich von Umweltschutz-, wirtschaftspolitischen und gesellschaftspolitischen Zielen.[2] Funktion der umweltökonomischen Instrumentendiskussion ist, umweltpolitische und normgeberische Ziele empfehlend zu beeinflussen.[3] Die Umweltökonomie stellt folglich bei der Instrumentenbeurteilung eine ex-ante-Betrachtung an, auch wenn sie die Instrumentenwirkungen aufgrund von Erfahrungen prognostiziert.

Die *Implementationsforschung* untersucht Wirkungsdefizite, die bei der praktischen Umsetzung und Anwendung von Instrumenten auftreten. Maßstab der Leistungsfähigkeit ist die jeweilige normgeberische Zielsetzung des Instrumentes.[4] Die Implementationsforschung ermittelt und bewertet ex post die tatsächlichen Auswirkungen von Instrumenten und nutzt die gewonnenen Daten zur Beurteilung der Instrumente in anderen, noch nicht untersuchten Bereichen, indem sie empirische, verallgemeinerungsfähige Wirkungsfaktoren bestimmt.[5]

Die *Gesetzgebungslehre* betrachtet vornehmlich Wirkungsdefizite, die auf der rechtstechnischen und rechtssprachlichen Ausgestaltung des Instrumentes beruhen (Wahl der Rechtsform, Systematik, Formulierung). Da Ziel die weitestgehende Verwirklichung des normgeberischen Zieles ist, werden die Normtexte ex ante einem Gesetzestest unterzogen. Eine bestimmte Gewichtung der verschiedenen Kriterien findet nicht statt.[6]

Aufgrund der verschiedenen Perspektiven, Ansatzpunkte und Zielrichtungen setzen sich die in der Umweltökonomie, Implementationsforschung und Gesetzgebungslehre aufgestellten Kriterienlisten auch unterschiedlich zusammen. Außerdem werden die darin ausgewählten Beurteilungskriterien verschieden gewichtet, systematisiert und bezeichnet. Hinzu kommen Abweichungen in der Terminologie, Kategorisierung, Gewichtung und Definition von Beurteilungskriterien auch in den Kriterienkatalogen von Vertretern derselben Fachdisziplin.[7]

Geht es darum, ein leistungsfähiges Instrumentarium zur Lösung eines Umweltproblems zu entwickeln, ist eine beschränkte Betrachtung nur der Instrumententypbedingten Wirkungsfaktoren, die automatische Dominanz ökonomischer

---

2 HOPPE/BECKMANN, § 1 Rn. 64 ff.; BARTEL, in: DERS./HACKE (Hg.), S. 33 (37).

3 CANSIER, Umweltökonomie, Vorwort; HARTKOPF/BOHNE, S. 237; STAMER, Orientierungsleitlinien, S. 37; SIEBERT, Analyse, S. 112.

4 MAYNTZ, in: DIES. (Hg.), Implementation I, S. 236 (240).

5 MAYNTZ, in: DIES. (Hg.), Implementation I, S. 236 (239) und UEBERSOHN, Effektive Umweltpolitik, S. 104.

6 FRICKE/HUGGER, S. 172.

7 HOLZINGER, Umweltpolitische Instrumente, S. 276 und SPRENGER, in: DERS./SCHNEIDER (Hg.), S. 41 (44).

Auswahlkriterien bzw. die Verengung des Beurteilungsmaßstabes auf das normgeberische Ziel nicht sachgerecht. Funktion einer Instrumentenbeurteilung im Hinblick auf die Leistungsfähigkeit zur Lösung eines Umweltproblems muß vielmehr sein, auszuloten, welchen Beitrag das Instrument in seiner konkreten Ausgestaltung zur Zielverwirklichung leisten kann. Auch dürfen - anders als bei der Instrumentenbeurteilung durch die Umweltökonomie[8] - ökonomische Gesichtspunkte nicht per se dominieren. Primär kommt es auf die Verwirklichung eines ökologischen Zieles mit rechtlich zulässigen Mitteln an. Wirtschaftliche Aspekte sind dabei lediglich relevant.

Soweit ersichtlich, ist bislang noch nicht der Versuch unternommen worden, die Erkenntnisse der genannten drei Wissenschaftsdisziplinen zusammenzuführen und für die Beurteilung der Leistungsfähigkeit umweltpolitischer Instrumente in bezug sowohl auf den Instrumententyp als auch die jeweilige inhaltliche, rechtstechnische und -sprachliche Ausgestaltung des Instrumentes nutzbar zu machen. Das soll daher im folgenden geschehen.

2 Anzuwendende Beurteilungskriterien

2.1 Effektivität

Das Kriterium der Effektivität umschreibt das Ausmaß, in dem ein Instrument zur Zielerreichung beiträgt.[9] Dazu ist der Ist-Zustand mit dem Zustand zu vergleichen, der durch den Instrumenteneinsatz bewirkt wird. Die Effektivität bestimmt sich nach folgenden Unterkriterien:

Zunächst muß das Instrument überhaupt geeignet sein, irgendeinen zielförderlichen Beitrag zu leisten (*Eignung zur Zielförderung*).[10] Das hängt maßgeblich von seiner inhaltlichen Ausgestaltung ab (z.B. technische, physische und wirtschaftliche Möglichkeit des abverlangten Verhaltens).[11] Ein Instrument ist demnach zur Zielförderung ungeeignet, wenn es etwa die Verwertung eines Abfallstoffes verlangt, für den noch kein entsprechendes Verfahren existiert oder das nicht finanzierbar ist. Erforderlich ist auch die potentielle Kausalität zwischen dem vom Adressaten verlangten Verhalten und dem Instrumentenziel.

Wirkungsdefizite können durch die Einräumung angemessener Übergangsfristen (z.B. zur Anschaffung erforderlicher Maschinen), Ausnahmen und Befreiungsmöglichkeiten abgemildert oder ausgeräumt werden. Erfolgen die Dispense jedoch zu großzügig, kommt es zu unnötigen Zieleinbußen.[12] Das „Versagen" eines Instrumentes im Hinblick auf das zu verfolgende Umweltziel kann aber

---

8 RAT VON SACHVERSTÄNDIGEN FÜR UMWELTFRAGEN, Umweltgutachten 1994, Tz. 341.

9 UEBERSOHN, Effektive Umweltpolitik, S. 3; HARTKOPF/BOHNE, S. 237.

10 SPRENGER, in: DERS./SCHNEIDER (Hg.), S. 41 (47); WICKE, Umweltökonomie, S. 438.

11 HUGGER, Gesetze, S. 100; NOLL, Gesetzgebungslehre, S. 156 f.; HOLZINGER, Umweltpolitische Instrumente, S. 134.

12 BÖHM, ZG 1993, 132 (137).

auch darauf zurückzuführen sein, daß das ihm ursprünglich vom Normgeber gesetzte Ziel nicht anspruchsvoll genug ist.[13]

Als besonders leistungsfähig ist ein Instrument einzustufen, wenn es nicht nur zur Zielerreichung geeignet ist, sondern darüberhinaus sogar dynamische Anreize zu Umweltschutzbemühungen ausüben kann, die über das rechtlich verlangte Maß hinausgehen (*dynamische Effektivität*).[14]

Des weiteren kommt es darauf an, mit welcher Genauigkeit die gewünschten Wirkungen erzielt werden können (*Zielgenauigkeit*).[15] Negativ zu bewerten ist, wenn ein Großteil der erzeugten Wirkungen fehlgeht, ins Leere läuft oder anderen (wenn auch begrüßenswerten) Zwecken dient.

Eng verwandt damit ist der Aspekt, inwieweit *die Gefahr unerwünschter Neben- und Folgewirkungen* besteht, die erwünschte Wirkungen des Instrumentes selbst kompensieren oder die Effekte anderer Instrumente beeinträchtigen (z.B. durch bloße Problemverlagerung) oder sonstige negative Wirkungen haben (z.B. auf die Wettbewerbs- oder Arbeitsplatzsituation).[16] Umgekehrt ist besonders positiv zu beurteilen, wenn das Instrument unerwünschte Wirkungen anderer Instrumente korrigieren oder in kombiniertem Einsatz mit anderen Instrumenten sogar Synergieeffekte entfalten kann.

Die Effektivität eines Instrumentes hängt außerdem von seiner *Flexibilität* ab. Entscheidend ist, wie flexibel das Instrument auf Veränderungen reagieren und sie kompensieren kann. Gefragt ist die Anpassungsfähigkeit an neue Anforderungen (z.B. höhere Umweltbelastungen), an die Fortentwicklung des wissenschaftlichen Kenntnisstandes (z.B. wenn sich ein bislang als unbedenklich geltender Stoff als höchstgiftig erweist) oder der Umwelttechnologien (z.B. Entwicklung eines Verwertungsverfahrens) sowie wirtschaftliche Entwicklungen (z.B. Preisschwankungen).[17] Die Flexibilität eines Instrumentes kann Wirkungsausfälle, -verzögerungen oder unerwünschte Wirkungen vermeiden.[18]

Soweit ein Instrument nicht flexibel ist, kommt seiner *Reversibilität* hohe Bedeutung für die Effektivität zu.[19] Eine nachträgliche Korrigierbarkeit kann aber auch bei flexiblen Instrumenten unabdingbar sein, wenn ihm Fehler anhaften (z.B. Unzulässigkeit).

---

13 SPRENGER, in: DERS./SCHNEIDER (Hg.), S. 41 (45); HOLZINGER, Umweltpolitische Instrumente, S. 98; UEBERSOHN, Effektive Umweltpolitik, S. 532; HOPFMANN, Umweltstrategie, S. 186.

14 RAT VON SACHVERSTÄNDIGEN FÜR UMWELTFRAGEN, Umweltgutachten 1994, Tz. 341; ENDRES, Umwelt- und Ressourcenökonomie, S. 65, 95.

15 ENDRES, Umwelt- und Ressourcenökonomie, S. 85; HILL, Einführung, S. 100 f.

16 SPRENGER, in: DERS./SCHNEIDER (Hg.), S. 41 (48); STAMER, Orientierungsleitlinien, S. 35.

17 UEBERSOHN, Effektive Umweltpolitik, S. 534; HOPFMANN, Umweltstrategie, S. 186.

18 STAMER, Orientierungsleitlinien, S. 102; SPRENGER, in: DERS./SCHNEIDER (Hg.), S. 41 (55).

19 WICKE, Umweltökonomie, S. 442; HOLZINGER, Umweltpolitische Instrumente, S. 101.

Besonders wichtig ist schließlich auch, wie schnell und wie sicher das Instrument die erwünschten Wirkungen entfalten kann.[20] Auf die *Schnelligkeit und Sicherheit des Wirkungseintritts* kommt es besonders bei Instrumenten zum Schutz hochwertiger Güter vor schwerwiegenden und irreversiblen Schäden an.

2.2 Effizienz

Die Leistungsfähigkeit eines Instrumentes bestimmt sich aber nicht nur nach dem Ausmaß seines Zielerreichungsbeitrages, sondern auch danach, welcher Aufwand zu seiner Bewirkung erforderlich ist.[21] Je geringer dieser Aufwand ist, desto effizienter ist das Instrument. Dazu sind in einer umfassenden Kosten-Nutzen-Analyse alle volkswirtschaftlichen Kosten und Nutzen des Instrumenteneinsatzes gegenüberzustellen. Dazu zählen insbesondere auf der Nutzenseite die erzielbaren Umweltentlastungseffekte und auf der Kostenseite der Verwaltungsaufwand (z.B. Personaleinsatz, Finanzmittel) für die Umsetzung oder Durchsetzung des Instrumentes sowie der Umsetzungsaufwand für den Adressaten (z.B. Umschulung, Anschaffung neuer Anlagen).

Zu berücksichtigen sind nicht nur die anfänglichen Kosten und Nutzen des Instrumenteneinsatzes, sondern auch eventuelle Kostenverringerungen im Zuge längerer Anwendung oder sogar Kosteneinsparungen. Für den erforderlichen Kostenaufwand spielt in besonderem Maße eine Rolle, inwieweit sich das Instrument in vorhandene Strukturen (Sozial-, Rechts-, Wirtschaftssystem) einpaßt oder Umstellungen und Anpassungen erfordert und inwieweit es mit vorhandenen Mitteln (z.B. personelle Ausstattung) um- und durchgesetzt werden kann.[22]

Besonders positiv zu bewerten ist, wenn das Instrument dynamische Anreize zur effizienteren Erfüllung der Verhaltensanforderungen ausübt, also etwa Unternehmen veranlaßt, Umweltschutztechnologien so fortzuentwickeln, daß entweder ein höheres oder dasselbe Umweltschutzniveau mit geringerem Aufwand erreicht werden kann (*dynamische Effizienz*).[23]

2.3 Vermeidung von Vollzugsdefiziten

Eng mit den Kriterien der Effektivität und Effizienz hängt die Eignung des Instrumentes zur Vermeidung von Vollzugsdefiziten zusammen.[24] Vollzugsdefizite treten auf, wenn der Adressat oder Vollzugsträger das Instrument entweder nicht (vollständig) umsetzen *kann* oder das nicht *will*. Die Leistungsunfähigkeit oder eine vollzugsabgeneigte Motivation von Adressaten oder Vollzugsträgern können entweder im Instrument und seiner Ausgestaltung begründet sein (z.B. überhöhte

---

20 SPRENGER, in: DERS./SCHNEIDER (Hg.), S. 41 (55); ENDRES, Umwelt- und Ressourcenökonomie, S. 85 f. und 91.

21 WICKE, Umweltökonomie, S. 440; HARTKOPF/BOHNE, S. 237.

22 HOLZINGER, Umweltpolitische Instrumente, S. 102.

23 SPRENGER, in: DERS./SCHNEIDER (Hg.), S. 41 (69); ENDRES, Umwelt- und Ressourcenökonomie, S. 65.

24 HOPFMANN, Umweltstrategie, S. 185.

Anforderungen) oder auf instrumentenexternen Umständen beruhen (z.B. unzureichende Qualifikation des Behördenpersonals).[25]

Nur die erste Ursache kann durch Modifikation des Instrumentes beseitigt werden. Im zweiten Fall kommt allenfalls eine Vermeidung des Symptoms „Vollzugs- und Wirkungsdefizit" durch eine bestimmte Instrumentenausgestaltung in Betracht. Da aber die wahren Ursachen der instrumentenextern begründeten Vollzugsdefizite (z.B. Personalknappheit, Zuständigkeitsverteilung) auf absehbare Zeit wohl erhalten bleiben, muß die Leistungsfähigkeit eines Instrumentes auch danach beurteilt werden, inwieweit es bestehende und voraussehbare Vollzugsdefizite mitberechnen und vermeiden kann.[26]

Ein Instrument ist nach alledem zur Vermeidung von Vollzugsdefiziten geeignet, wenn es zum einen instrumentenbedingten Vollzugsdefiziten durch seine besondere Wirkungsweise oder Ausgestaltung vorbeugt und das Auftreten instrumentenextern bedingter Vollzugsdefizite weitestmöglich vermeidet.

Ob ein Instrument zur Vermeidung von Vollzugsdefiziten geeignet ist, kann nach folgenden Unterkriterien beurteilt werden: Zunächst müssen den Akteuren das Instrument und sein Verhaltensappell bekannt und verständlich sein. Die *Verständlichkeit* kann beeinträchtigt werden einerseits durch *Rechtsnormflut*, die die Rechtslage schwer überschaubar macht, andererseits durch *Rechtsnormmangel*, bei dem das Fehlen von Konkretisierungs- und Ausführungsvorschriften die Handhabung des Instrumentes behindert.[27]

Die Fähigkeit und Bereitwilligkeit zur Instrumentenumsetzung hängt auch maßgeblich davon ab, wie stark die Umsetzung die Akteure finanziell, personell, zeitlich, sachlich und informationell belastet. Es kommt damit wesentlich auf den *Umsetzungsaufwand*, die *Praktikabilität* und *Vollziehbarkeit* des Instrumentes an.[28] Von besonderer Bedeutung ist der Informationsbedarf des Instrumentes und der Aufwand zur Beschaffung der erforderlichen Informationen. Viele Vollzugsdefizite beruhen darauf, daß Adressaten oder Vollzugsträger über Informationen nicht verfügen, die zur Erfüllung der Verhaltensanforderungen erforderlich sind (z.B. Kenntnisse vom neuesten Stand der Umwelttechnologie).[29]

Für den Fall vollzugsabgeneigter Einstellung der Akteure müssen dem Vollzugsträger angemessene und *ausreichende Kontroll- und Durchsetzungsmittel* zur Verfügung stehen. Vorteilhaft ist, wenn das Instrument an ein gut sichtbares und damit auch gut kontrollierbares Verhalten anknüpft (z.B. an das Inverkehrbringen von Produkten anstelle von innerbetrieblichen Vorgängen). Schließlich bedarf der Vollzugsträger für den Fall eines Verstoßes Sanktionierungsmöglichkeiten mit ausreichender Abschreckungswirkung.

---

25 MAYNTZ/HUCKE, ZfU 1978, 217 (219); HUCKE/WOLLMANN, in: HdUR, Bd. II, Sp. 2694 (Sp. 2696).

26 UEBERSOHN, Effektive Umweltpolitik, S. 544.

27 LÜBBE-WOLFF, in: ENQUETE-KOMMISSION DES DEUTSCHEN BUNDESTAGES „SCHUTZ DES MENSCHEN UND DER UMWELT" (Hg.), Umweltverträgliches Stoffstrommanagement Bd. 2, S. 79 (91, 101 ff.).

28 SIEBERT, Analyse, S. 111 f.

29 HANSMEYER/SCHNEIDER, S. 53.

Die Durchsetzung der Verhaltensanforderung gegenüber dem Adressaten hängt auch von der Durchsetzungsfähigkeit des Vollzugsträgers gegenüber widerläufigen Interessen ab (z.B. von Adressaten, politischen Entscheidungsträgern, übergeordneten Behörden).[30]

Vollzugsdefizite sind regelmäßig auch maßgeblich auf vollzugsabgeneigte Motivationen der Akteure zurückzuführen. Nur wenn der Adressat bzw. Vollzugsträger dem Instrument gegenüber positiv eingestellt ist, wird er seine Verhaltensvorgaben befolgen bzw. durchsetzen. Die *Akzeptanz* des Instrumentes hängt ab von der jeweiligen Interessenlage der Vollzugsakteure, der Be- oder Entlastungswirkung des Instruments und den Möglichkeiten der einzelnen Akteure, ihre Interessen gegenüber anderen Akteuren durchzusetzen.[31]

2.4 Politische Durchsetzbarkeit

Ob ein Instrument überhaupt eingesetzt werden und Wirkungen entfalten kann, hängt davon ab, ob es politisch durchsetzbar, also realisierbar ist.[32] Die politische Durchsetzbarkeit hängt von der Interessenlage der politischen Entscheidungsträger, den konkreten Machtverhältnissen, aber auch von zahlreichen schwer faßbaren Faktoren (z.B. „Wahlkampf-Scheingefechte", Abhängigkeit von der öffentlichen Meinung) ab. Das Kriterium ist damit Pendant zur Akzeptanz des Instrumentes durch die Vollzugsakteure in der vorgelagerten Phase der Instrumentenentwicklung und -einführung durch die politischen Entscheidungsträger.

Tendenziell höhere Durchsetzungschancen bestehen, wenn sich das Instrument weitgehend in vorhandene, bewährte Strukturen einpaßt. Dazu zählt insbesondere die Kompatibilität mit dem System einer ökologisch orientierten sozialen Marktwirtschaft[33] und dem geltenden Rechtssystem sowie mit zu erwartenden Neustrukturierungen. Damit müssen leistungsfähige Instrumente zur Stoffstromsteuerung eine schwierige Gratwanderung bewältigen: Einerseits erhöht die Kompatibilität mit vorhandenen Strukturen ihre Einführungschancen, andererseits müssen sie aber meistens zur Zielverwirklichung umweltrelevante Verhaltensweisen radikal verändern, was nicht ohne Änderungen sozialer, wirtschaftlicher und rechtlicher Strukturen erreichbar ist.

Das Instrument hat außerdem größere Durchsetzungschancen, wenn es den Prinzipien folgt, die der Umweltpolitik zugrundeliegen: Das Vorsorge-, Verursa-

30 UEBERSOHN, Effektive Umweltpolitik, S. 553 (557); LÜBBE-WOLFF, in: ENQUETE-KOMMISSION DES DEUTSCHEN BUNDESTAGES „SCHUTZ DES MENSCHEN UND DER UMWELT" (Hg.), Umweltverträgliches Stoffstrommanagement Bd. 2, S. 57 (80).

31 ENDRES, Umwelt- und Ressourcenökonomie, S. 99 f. und HOLZINGER, Umweltpolitische Instrumente, S. 104.

32 WICKE, Umweltökonomie, S. 441.

33 Vgl. zu Begriff und Inhalt der ökologisch-sozialen Marktwirtschaft BRENCK, ZfU 1992, 379 (379 ff.).

cher- und Kooperationsprinzip (*Kompatibilität mit den Grundprinzipien der Umweltpolitik*).[34]

Das Vorsorgeprinzip zielt auf die vorausschauende Vermeidung möglicher Umweltbelastungen im Vorfeld einer Umweltgefährdung und auf die langfristige Sicherung der ökologischen Grundlagen durch Ressourcenschonung ab. Damit wird dem Wissensdefizit und Prognoserisiko im Zusammenhang mit Umweltschäden und der Erkenntnis um die Schutzbedürftigkeit der endlichen Ressourcenvorkommen im Hinblick auf die Entwicklungsfähigkeit zukünftiger Generationen Rechnung getragen.

Das Verursacherprinzip fordert, denjenigen zur Vermeidung oder Beseitigung von Umweltgefahren und -schäden in Anspruch zu nehmen, der sie verursacht hat. Das Kooperationsprinzip ist auf eine möglichst umfassende Zusammenarbeit des Staates mit allen betroffenen und interessierten gesellschaftlichen Akteuren gerichtet, um Vollzugsdefiziten vorzubeugen, Informationsaustausch zu fördern und Innovationspotentiale zu nutzen.

Neben höheren Durchsetzungschancen läßt die Konformität mit den genannten Prinzipien auch positive Rückschlüsse für die Beurteilung des Instrumentes nach anderen Kriterien zu. So bieten etwa Instrumente, die vorsorgend wirken, regelmäßig höhere Wirkungssicherheit als nachsorgend wirkende Instrumente, weil sie schon früh in der Ursachenkette ansetzen.[35]

Für die politische Durchsetzbarkeit ist angesichts der überbeanspruchten Staatskassen und der wirtschaftlich angespannten Gesamtlage außerdem relevant, wie hoch der Aufwand zur Umsetzung und Durchführung des Instrumentes insbesondere für die Vollzugsträger und Adressaten ist.

Dem Kriterium der politischen Durchsetzbarkeit kommt besondere Bedeutung zu, wenn es um die Lösung dringlicher Umweltprobleme geht. Denn dann kommt es darauf an, daß die Instrumente in angemessenem Zeitraum realistische Chancen für eine Einführung haben. Allerdings darf ein ungünstiges politisches Klima auch nicht jedenfalls zur Verwerfung eines ansonsten sehr leistungsfähigen Instrumentes führen. Sinnvoll ist, leistungsfähige, aber aktuell nicht durchsetzbare Instrumente „in der Hinterhand zu behalten", bis sich ein umweltpolitisch bessereres Klima einstellt, um dann sofort Lösungen bereithalten zu können.

2.5 Rechtskonformität

Ein Instrument kann nur in den Grenzen leistungsfähig sein, in denen es zulässigerweise eingesetzt werden darf.[36] Das Instrument muß daher mit dem geltenden und den zu erwartenden rechtlichen Grenzen vereinbar sein.

Durch Recht kann zum einen die zeitliche und sachliche Reichweite sowie die Wirkungsintensität eines Instrumentes beschränkt sein. Rechtliche Grenzen für den Instrumenteneinsatz können sich aus dem höherrangigen einfachen Recht,

34 KLOEPFER, Umweltrecht, § 3 Rn. 5 ff.
35 LOOSS/KATZ, S. 22.
36 BÖHRET/HUGGER, S. 23.

dem Verfassungsrecht, dem europäischen Gemeinschaftsrecht und dem internationalen Völkerrecht ergeben.

Soweit die Einführung eines Instrumentes zu Rechtsnormkollisionen führt, sind lediglich die Grenzen des Verfassungsrechts, des EU-Rechts und des internationalen Rechts als gegeben, weil nahezu unabänderlich, zu betrachten. Soweit sich erhebliche Wirkungsdefizite der Instrumente aus den Grenzen des EU- und internationalen Rechts ergeben, können lediglich ggf. Empfehlungen für das Hinwirken der Bundesrepublik auf grenzüberschreitende Aktivitäten auf Gemeinschafts- oder internationaler Ebene gegeben werden. Aus dem feststehenden rechtlichen Rahmen für die Ausgestaltung und den Einsatz von Instrumenten kann sich also das Dilemma ergeben, daß ein Wirkungsdefizit aus rechtlichen Gründen nicht durch Modifizierung des Instrumentes ausgeräumt werden kann.[37]

Soweit dagegen Regelungen des einfachen Rechts zu nicht hinnehmbaren Defiziten ansonsten leistungsfähiger Instrumente führen, ist eine Rechtsänderung zu erwägen.[38]

Aus dem Recht ergeben sich nicht nur Grenzen für den Instrumenteneinsatz bzw. für die konkrete Ausgestaltung von Instrumenten. Vielmehr stellt das Recht auch selbst Anforderungen an die Leistungsfähigkeit von Instrumenten und verlangt für einzelne Beurteilungskriterien ein Mindestmaß an Erfüllung. So fordert etwa das verfassungsrechtliche Verhältnismäßigkeitsprinzip ein Mindestmaß an Effektivität (Geeignetheitspostulat) und Effizienz (Angemessenheitspostulat).[39]

3 Gewichtung und Kategorisierung der einzelnen Kriterien

Die Beurteilung eines Instrumentes kann ergeben, daß es im Vergleich zu einem anderen Instrument ein Kriterium in hohem, ein anderes Kriterium nur in geringerem Maße erfüllt. Auch folgt aus den Wechselbeziehungen zwischen den Kriterien, daß die Optimierung einer Instrumenteneigenschaft zur Verbesserung der Beurteilung nach einem Kriterium die Beurteilung nach einem anderen Kriterium verschlechtern kann. Es bedarf daher der Klärung, inwieweit es sich bei den Kriterien um Konformitäts- oder bloße Optimierungskriterien handelt, und in welchem Verhältnis sie zueinander stehen.

Jedenfalls zwingend ist die Forderung nach Rechtskonformität des Instrumentes, zumindest soweit es mit Verfassungs- und internationalem Recht kollidiert. Soweit das Recht Mindestanforderungen an die Leistungsfähigkeit des Instrumentes stellt, die die Erfüllung eines anderen Beurteilungskriteriums betreffen (z.B. kann die staatliche Schutzpflicht und die verfassungsrechtliche Geeignetheit im Falle der Gefahrenabwehr absolute Wirkungssicherheit des Instrumentes fordern), strahlt die zwingende Forderung nach Rechtskonformität auch auf die Bedeutung anderer Kriterien aus. Aufgrund der zahlreichen Wechselbeziehungen zwischen den Kriterien (die Rechtskonformität fordert ein Mindestmaß

37 MAYNTZ, in: DIES. (Hg.), Implementation I, S. 236 (241).

38 SPRENGER, in: DERS./SCHNEIDER (Hg.), S. 41 (49).

39 UEBERSOHN, Effektive Umweltpolitik, S. 573 f.

an Effektivität, die ihrerseits von der Effizienz und der Akzeptanz abhängt) kann so die Forderung nach Rechtskonformität weitreichende Bedeutung haben.

Auch für das Kriterium der politischen Durchsetzbarkeit ist ein Mindestmaß an Wahrscheinlichkeit zwingend zu fordern. Rechtskonformität und politische Durchsetzbarkeit sind Einsatzvoraussetzungen des Instrumentes und wiegen damit bei der Beurteilung schwerer als alle anderen Kriterien. Im übrigen handelt es sich um Optimierungskriterien.

4 Unterscheidung zwischen den verschiedenen Defizitebenen

Bei der Beurteilung der Leistungsfähigkeit von Instrumenten zur Stoffstromsteuerung ist zu beachten, daß Wirkungsdefizite ihre Ursache auf drei verschiedenen Ebenen haben können: Sie können durch den Instrumententyp und seine spezifische Wirkungsweise, die konkrete inhaltliche Ausgestaltung des Instrumentes und durch die konkrete rechtstechnische und -sprachliche Ausgestaltung der zugrundeliegenden Rechtsnorm verursacht werden. Wie das Beispiel des Vollzugsdefizits zeigt, kann die Ursache für Wirkungsdefizite aber auch extern angesiedelt sein.

Überwiegend sind Wirkungsdefizite auf mehreren Ebenen gleichzeitig angelegt. Eine präzise Beurteilung der Leistungsfähigkeit eines Instrumentes darf keine dieser Ebenen außer Acht lassen, zumal sich Defizite auf verschiedenen Ebenen gegenseitig weiter beeinträchtigen aber auch korrigieren können. Zwischen den verschiedenen Defizitebenen ist zu unterscheiden, da die genaue Identifizierung der Defizitursache und -ebene eine erfolgreiche Korrektur bedingt. Sie kann Aussagen über die Reichweite des Defizits zulassen, insbesondere inwieweit das Defizit auch bei der Anwendung des Instrumentes in anderen Bereichen zu erwarten ist.

So muß ein bestimmter Instrumententyp nicht gänzlich verworfen werden, wenn die Ursache für auftretende Wirkungsdefizite in der inhaltlichen Ausgestaltung (z.B. überhöhte Forderungen) oder der rechtstechnischen Ausgestaltung (z.B. zu lange Übergangsfristen) liegt und eine alternative Ausgestaltung möglich ist.

Wirkungsdefizite können schon durch die Auswahl des jeweiligen Instrumententyps und seiner spezifischen Wirkungsweise bedingt sein. So bergen etwa Instrumente der indirekten Verhaltenssteuerung durch die Belassung von (mehr oder weniger großen) Entscheidungsfreiräumen tendenziell zwar weniger Vollzugsprobleme und lassen effizientere Lösungen zu als ordnungsrechtliche Instrumente, wenn diese starre Verhaltensvorgaben machen. Kehrseite ist aber, daß sie dadurch auch geringere Wirkungssicherheit gewährleisten.

Wirkungsdefizite können ihre Ursache auch in der *konkreten inhaltlichen Ausgestaltung* des Instrumentes haben. So hängt die Leistungsfähigkeit etwa von Emissionsbeschränkungen von der konkreten Höhe des Grenzwertes ab. Wichtig ist auch, welcher Anknüpfungspunkt für das Instrument gewählt wird (präventiv/ nachsorgend).

Auch die *rechtstechnische und -sprachliche Ausgestaltung* einer Rechtsnorm, auf deren Grundlage das Instrument umgesetzt wird, kann Wirkungsdefizite begründen. So kann die rechtstechnische Verankerung des Instrumentes in einer Rechtsverordnungsermächtigung einerseits bedingen, daß das Instrument erst mit dem Erlaß einer Rechtsverordnung zur Wirkung gelangen kann. Anderseits erlaubt die Wahl der Rechtsform einer Rechtsverordnung regelmäßig, flexibler und schneller als mit einem Gesetz auf tatsächliche Veränderungen und Erfordernisse reagieren zu können. Eine ungünstige sprachliche und systematische Ausgestaltung des Rechtsnormtextes programmiert Vollzugsdefizite durch Verständnisprobleme vor.

5 Probleme bei der Anwendung der Beurteilungskriterien

Die Anwendung der Beurteilungskriterien auf ein konkretes Instrument ist nicht problemlos möglich.[40] So setzt das Kriterium der Effektivität voraus, den Zustand vor dem Instrumenteneinsatz mit dem danach zu vergleichen. Eine umfassende Ermittlung aller Unterschiede zwischen beiden Zuständen ist aber angesichts der unzureichenden Daten- und Informationslage nur schwer möglich, zumal oftmals schon nicht einmal der Ist-Zustand exakt beschrieben werden kann. Hinzu kommen Prognoseschwierigkeiten, wenn ein erst zu entwickelndes Instrument in Frage steht.

Selbst wenn alle Abweichungen in so einer Vergleichsbetrachtung feststellbar sind, können sie dem Instrument nicht zweifelsfrei auch als Wirkungen kausal zugeordnet werden, geschweige denn verschiedenen Instrumentendosierungen.[41] Menschlichen Verhaltensweisen liegen regelmäßig komplexe Motivbündel zugrunde, bei denen der Impuls durch das Instrument nicht unbedingt entscheidend sein muß. Ob das Instrument tatsächlich einen Zielerreichungsbeitrag bewirkt und welches Ausmaß er hat, läßt sich daher kaum prognostizieren oder nachträglich nachweisen.

Bei dem Kriterium der Effizienz kommt hinzu, daß auch nicht monetäre Kosten und Nutzen des Instrumenteneinsatzes in den Kosten-Nutzen-Vergleich einzustellen sind und dafür quantifizierbar sein müssen. Das ist aber gerade bei Umweltauswirkungen schwierig.[42] Außerdem kann dabei das aus der Ökobilanzierung bekannte Problem auftreten, daß Effekte auf verschiedene Umweltmedien zu vergleichen sind (z.B. Anfall von hochkonzentrierten, giftigen Sonderabfällen bei Maßnahmen der Luftreinhaltung), was nach wie vor enormen methodischen Schwierigkeiten begegnet.

Die Einschätzung der Akzeptanz und der politischen Durchsetzbarkeit eines Instrumentes ist schwierig: Die Interessenlage einer Person wird durch eine Vielzahl veränderlicher individueller Faktoren (z.B. Wertvorstellungen, Umweltbewußtsein) und externer Umstände (z.B. Wirtschaftssituation) beeinflußt. Auch können die Auswirkungen eines Instrumentes individuell stark differieren oder unterschiedlich empfunden werden. Zudem beruht die Reaktion auf dem Steuerungsimpuls des Instrumentes (Befolgung oder Umgehung) auf einer persönli-

40 HARTKOPF/BOHNE, S. 238.
41 MAYNTZ/HUCKE, ZfU 1978, 217 (220).
42 HARTKOPF/BOHNE, S. 237 f.

chen Entscheidung, der regelmäßig ein schwer definierbares Motivbündel zugrundeliegt. Ebenso hängt die Durchsetzungsfähigkeit der Interessen des jeweiligen Akteurs von vielen wechselhaften Faktoren ab (z.B. Position im politischen Machtgefüge, Marktmacht).[43]

Die Einstellung der Akteure dem Instrument gegenüber und damit die Wahrscheinlichkeit von Vollzugsdefiziten aufgrund kontraproduktiver Motivation bzw. die politischen Durchsetzungschancen eines Instrumentes können daher nicht endgültig bestimmt werden. Möglich sind immerhin vorsichtige Trendaussagen sowie Benennungen der jeweiligen Einschätzungsparameter, die eine spätere Korrektur der Einschätzung erlauben. Auch können regelmäßig nur typisierende Aussagen getroffen werden, die nicht jede irrationale Reaktion im Einzelfall erfassen.

Eine Anwendung aller Beurteilungskriterien wird außerdem dadurch erschwert, daß sie untereinander zahlreiche Überschneidungen und damit Wechselwirkungen aufweisen.[44] So verzögert etwa ein hoher Umsetzungsaufwand für das Instrument den Wirkungseintritt und verteuert gleichzeitig den Instrumenteneinsatz. Die Wechselwirkungen sind insbesondere dann relevant, wenn Instrumente modifiziert werden. Die Korrektur eines Instrumentes zur Verbesserung der Beurteilung nach einem Kriterium kann gleichzeitig die Beurteilung nach einem anderen Kriterium verschlechtern. So kann die Eröffnung weitreichenderer Entscheidungsfreiräume ein Instrument zwar einerseits flexibler und effizienter machen, jedoch drohen gleichzeitig Einbußen bei der Wirkungssicherheit und -rechtzeitigkeit.

Diese Anwendungsprobleme dürfen aber nicht zu dem resignativen Befund führen, daß eine Beurteilung der Leistungsfähigkeit umweltpolitischer Instrumente unmöglich ist. Da die Probleme gleichermaßen bei allen Instrumenten bestehen, ist ihre Beurteilung und der Vergleich ihrer Leistungsfähigkeit anhand der genannten Kriterien dennoch sinnvoll. Wichtig ist nur, den Beurteilungsanspruch entsprechend zurückzuschrauben, Probleme bei der Beurteilung jeweils offenzulegen und die Ergebnisse der Beurteilung im Licht der genannten Probleme zu sehen.

Außerdem ist bei der Instrumentenbeurteilung zu beachten, daß die isolierte Betrachtung eines einzelnen Instrumentes oftmals zu nicht sachgerechten Ergebnissen führt. Denn auch verschiedene Instrumente stehen zueinander in Wechselbeziehung. Defizite eines Instrumentes können daher auch auf Blockade- und Störeffekte eines anderen Instrumentes zurückzuführen sein. Oftmals kann die Kombination mehrerer Instrumente erfolgreicher sein als die Auswahl eines anderen oder die Modifikation des einzelnen defizitären Instrumentes. Die Instrumentenbeurteilung darf daher keine isolierte Betrachtung bleiben, sondern muß das Instrument in seinem bestehenden und möglichen Kontext sehen.

---

43 MAYNTZ, in: DIES. (Hg.), Implementation I, S. 236 (246 f.); SPRENGER, in: DERS./SCHNEIDER (Hg.), S. 41 (64).

44 STAMER, Orientierungsleitlinien, S. 48; MAYNTZ, in: DIES. (Hg.), Implementation I, S. 236 (247).

6 Fazit

Der oben dargelegte Kriterienkatalog führt die Erkenntnisse der Umweltökonomie, Implementationsforschung und Gesetzgebungslehre zu Wirkungsfaktoren und -defiziten umweltpolitischer Instrumente zusammen, um bei der Beurteilung der Leistungsfähigkeit zur Lösung eines Umweltproblems Defizite auf allen drei möglichen Defizitebenen (Instrumententyp, inhaltliche und rechtliche Ausgestaltung) identifizieren zu können. Die überschaubare Zahl von übergeordneten Kriterien, die in sich vielzählige Kriterien vereinigen, die bislang überwiegend gesondert behandelt wurden, ermöglicht eine Instrumentenbeurteilung mit vertretbarem Aufwand. Für die Anwendung der Kriterien ist der Rückgriff auf die in den genannten Wissenschaftsdisziplinen gewonnenen Erfahrungen mit einzelnen Instrumententypen und -ausgestaltungen erforderlich.

Umweltpolitik kann nicht ernsthaft betrieben werden und umweltrechtliche Prüfungen, insbesondere des verfassungsrechtlichen Geeignetheitspostulats geraten zu Leerformeln, wenn der Wirkungsanalyse eines Instrumentes und der Beurteilung seiner Leistungsfähigkeit nicht die ihnen gebührende Bedeutung beigemessen wird.

Außenwirkung von Verwaltungsvorschriften aufgrund der Anhörung beteiligter Kreise?

Claus Leitzke

1 Einleitung

Die Anhörung beteiligter Kreise wirft einige bislang noch wenig erörterte Fragen auf. Hierzu gehört der Gesichtspunkt, ob diese Art der Anhörung, wie sie z.B. in § 51 BImSchG vorgesehen ist, legitimierende oder zumindest die Legitimation erhöhende Wirkung für die im Anschluß daran erlassenen Vorschriften hat. Der nachfolgende Beitrag befaßt sich in diesem Zusammenhang namentlich mit den möglichen Auswirkungen des Anhörungsprocederes auf Verwaltungsvorschriften. Insbesondere der Einfluß der Anhörung beteiligter Kreise auf eine über die normalerweise nur interne Bindungswirkung von Verwaltungsvorschriften hinausgehende Außenverbindlichkeit soll anschließend näher beleuchtet werden.

2 Begriffliche Vorklärungen

Auszugehen ist von einem normativen Legitimationsbegriff. Dieser hat einen formellen und einen materiellen Gehalt. Die formelle Legitimität ist gleichzusetzen mit der Verfassungs- und Rechtmäßigkeit, weil eine illegal zustande gekommene Entscheidung kaum Anerkennungswürdigkeit für sich beanspruchen kann. Staatliche Entscheidungen die auf Grundlage der Verfassung und der Gesetze ergehen, sind damit als formell legitimiert anzusehen. Darüber hinaus müssen die Entscheidungen aber in gewissen Grenzen zumindest auch inhaltlich überzeugen können. Es bedarf daher auch einer Überzeugung von der Richtigkeit der Herrschaftsausübung (materielle Legitimität). Das bedeutet nicht, daß jedermann positiv mit allen Entscheidungen des politischen Systems übereinstimmen muß. Die gefällten Entscheidungen müssen jedoch als Ergebnis eines erkennbar abwägenden Prozesses verstehbar sein. Opponenten mögen weiterhin anderer Ansicht sein, müssen aber zugeben, daß die gefällten Entscheidungen - ebenso wie die eigenen Optionen - Rationalitätsansprüchen standhalten können.[1] Um dies zu bewirken, ist erforderlich, daß Politik und Wissenschaft unter Vermittlung der Öffentlichkeit in einen kommunikativen Prozeß zueinander treten.[2] Dabei trägt die Wissenschaft zur Sachlegitimation, Rationalität und Reflexion

---

1 HEIDORN, Legitimität und Regierbarkeit, S. 86.
2 Vgl. HABERMAS, in: DERS., Technik und Wissenschaft, S. 127 (127).

und die Politik zur politischen Legitimation bei.[3] Die Partizipation der Öffentlichkeit an den Entscheidungen kann dabei als „gelebte Demokratie“[4] eine Mittlerfunktion einnehmen.

3 Begründung der Außenwirkung

Unter Hinweis auf das in § 48 BImSchG vorgeschriebene „qualifizierte Verfahren für ihr Zustandekommen“ nach § 51 BImSchG sieht das OVG Lüneburg die Bindungswirkung der auf Grundlage von § 48 BImSchG erlassenen Verwaltungsvorschriften darin, daß der Gesetzgeber der Exekutive einen von den Gerichten zu respektierenden Beurteilungsbereich überlassen habe.[5] Demnach liegt die Begründung für die Außenwirkung von Verwaltungsvorschriften in der besonderen Gestalt der Ermächtigung. Auch in der Rechtslehre wird von zahlreichen Autoren aus der „Verfaßtheit ihrer gesetzlichen Grundlage“[6] bzw. der „Tatbestandsstruktur“[7] ein Indiz bzw. ein Grund für die Außenverbindlichkeit von Verwaltungsvorschriften hergeleitet.[8]

In die gleiche Richtung deutet die nunmehr sehr weit verbreitete Ansicht, nach welcher Verwaltungsvorschriften „normkonkretisierenden“ Charakter haben können.[9] Als grundlegend dafür kann die „Whyl“-Entscheidung des BVerwG angesehen werden. Darin wird die Außenwirkung von Verwaltungsvorschriften damit begründet, daß die Exekutive gegenüber den Verwaltungsgerichten über rechtliche Handlungsformen verfüge, die sie für die Verwirklichung des Grund-

3 HÖFFE, Strategien der Humanität, S. 309.

4 ROLLER, in: ROSSNAGEL/NEUSER (Hg.), S. 190 (190).

5 OVG Lüneburg, Beschl. vom 28.2.1985, NVwZ 1985, 357 (357 ff.)

6 ERBGUTH, DVBl. 1989, 473 (477).

7 SCHMIDT-ASSMANN, in: MAUNZ/DÜRIG, Art. 19 IV Rn. 206.

8 OVG Lüneburg, Beschl. vom 28.2.1985, NVwZ 1985, 357 (358); BADURA, in: PÜTTNER (Hg.), FS f. Bachof, S. 172 ff.; BIRN, KrW-/AbfG, § 60 S. 2; ERBGUTH, DVBl. 1989, 473 (477); DEGENHART, Kernenergierecht, S. 231; GERHARDT, NJW 1989, 2233 (2237); JARASS, BImSchG, § 48 Rn. 13; DERS., NJW 1987, 1225 (1229); KUTSCHEIDT, in: SALZWEDEL (Hg.), Grundzüge des Umwelt-rechts, S. 245 (260); DERS., NVwZ 1983, 581 (584); SCHMIDT-ASSMANN, in: MAUNZ/DÜRIG, Art. 19 IV Rn. 206; SELLNER, Immissionsschutzrecht, Rn. 48; DERS., in: MINISTERIUM FÜR UMWELT, RAUMORDNUNG UND LAND-WIRTSCHAFT DES LANDES NRW (Hg.), Neuere Entwicklungen im Immissionsschutzrecht, S. 24 (27 ff.).

9 BVerwG, Urt. vom 19.12.1985, E 72, 300 (320); OVG Münster, Urt. vom 9.7.1987, DVBl. 1988, 152 (152 f.); DI FABIO, DVBl. 1992, 1338 (1338); GERHARDT, NJW 1989, 2233 (2237); GUSY, DVBl. 1987, 497 (497); DERS., in: KOCH/LECHELT (Hg.), S. 190 (204); HILL, NVwZ 1989, 401 (401); PAPIER, in: LESSMANN/GROSSFELD/VOLLMER (Hg.), FS f. Lukes, S. 159 (162); REINHARDT, DÖV 1992, 102 (107); SALZWEDEL, NVwZ 1987, 276 (278); SELLNER, NVwZ 1986, 616 (619); DERS., Immissionsschutzrecht, Rn. 48; SENDLER, UPR 1993, 33 (33 ff.); WALLERATH, NWVBl. 1989, 153 (153 ff.); WAHL, NVwZ 1991, 409 (409 ff.).

satzes bestmöglicher Gefahrenabwehr besser ausrüsten.[10] Allerdings wird eine Verfahrensanordnung, wie die Anordnung zur Anhörung der beteiligten Kreise in der Entscheidung nicht ausdrücklich betont. Sie bezog sich auf das Atomrecht. Darin finden sich keine dem § 51 BImSchG vergleichbaren Verfahrensregelungen. Daß aber im allgemeinen die Art des Zustandekommens der Verwaltungsvorschriften auch für deren Außenwirkung Bedeutung haben soll, läßt sich aus der Entscheidung gleichwohl schließen.

Auch in der Lehre wird (u.a.) die Möglichkeit der Exekutive betont, für die Beurteilung besonders komplexer Sachbereiche pluralistischen Sachverstand einzubeziehen. Dieser Umstand wird als Überlegenheit der Exekutive gewertet, die eine begrenzte Bindungswirkung von Verwaltungsvorschriften gegenüber den Gerichten rechtfertigen soll.[11]

Die Übertragung der atomrechtlichen Entscheidung auf Verwaltungsvorschriften nach § 48 BImSchG ist indes zweifelhaft.[12] Es finden sich eher gegenteilige Indizien im Wortlaut: So wird in den Verordnungsermächtigungen des BImSchG der Begriff der Emissions*grenz*werte verwendet (vgl. § 7 Abs. 1 Nr. 2, § 23 Abs. 1 Nr. 2, § 38 Abs. 2 S. 1, § 43 Abs. 1 Nr. 1 BImSchG). Demgegenüber ist in § 48 BImSchG nur der Begriff der Emissions*werte* enthalten. Sofern also die Außenverbindlichkeit eindeutig gewollt ist (also bei Rechtsverordnungen), werden auch sprachlich andere Begriffe verwendet.[13] Gleiches läßt sich auch aus der Verwendung des Begriffs der Immissionswerte erkennen (vgl. §§ 42, 43 BImSchG). Diese sprachlichen Differenzierungen können zumindest als Indiz dafür angesehen werden, daß die Verwaltungsvorschriften nach § 48 BImSchG keine, auch keine begrenzte Bindungswirkung haben sollen. Auch gibt es keinerlei Hinweise auf eine mögliche Außenwirkung der Verwaltungsvorschriften in den Gesetzgebungsmaterialien.[14] Allerdings gibt es aus systematischen Erwägungen einen Hinweis darauf, daß die auf Grund von § 48 BImSchG erlassenen Verwaltungsvorschriften Außenwirkung haben könnten. Denn immerhin wird in § 48 BImSchG ebenso wie in den „zentralen"[15] Verordnungsermächtigungen des BImSchG die Anhörung beteiligter Kreise angeordnet. Es ist daher nicht von vornherein ausgeschlossen, daß in bezug auf § 48 BImSchG der Verfahrensdurchführung eine legitimierende Funktion zukommen kann.

---

10 BVerwG, Urt. vom 19.12.1985, E 72, 300 (317).

11 BREUER, NVwZ 1988, 104 (111); DERS., NVwZ 1990, 211 (222); REINHARDT, DÖV 1992, 102 (107); WAHL, NVwZ 1991, 409 (412); WIEGAND, VR 1991, 110 (114).

12 So auch BÖNKER, Umweltstandards, S. 48 f.; BENDER/SPARWASSER/ENGEL, Rn. 6/80 f. Diese Frage wird ausdrücklich offengelassen. BVerfG, Beschl. vom 21.6.1989, E 80, 257 (265).

13 Vgl. HANSMANN, in: LANDMANN/ROHMER, § 48 BImSchG, Rn. 46.

14 Vgl. BT-Drs. 7/179, S. 31; GUSY, in: KOCH/LECHELT (Hg.), S. 190 (190 f.).

15 GUSY, in: KOCH/LECHELT (Hg.), S. 190 (191).

4 Kompensation fehlender Verfahrensdurchführung?

Daß das Verfahren des Zustandekommens für die Außenwirksamkeit von Verwaltungsvorschriften Bedeutung haben kann, ist fraglich. Richtig ist zwar, daß besonders umfassende Regelungsermächtigungen (wie die in § 48 BImSchG) eine Einbeziehung von Fachleuten, aber auch von interessierten Kreisen erforderlich macht, weil ohne eine solche Einbeziehung höchst unwahrscheinlich ist, ob die maßgeblichen Quellen überhaupt ausreichend ausgeschöpft worden sind.[16] Das ist aber kein Gesichtspunkt, der zugleich die Außenverbindlichkeit nahelegt. Zwingend zu erschließen ist aus der Bedeutung des Verfahrens lediglich die umgekehrte Wirkung: *Wenn* man die Außenwirkung von bestimmten allgemeinen Verwaltungsvorschriften grundsätzlich bejaht, muß man sie gleichwohl verneinen, wenn nicht in möglichst umfassender Weise die relevanten Informationen und Interessen auch mittels Anhörungen ermittelt worden sind. Ob aber die Anhörung die Außenwirkung von Verwaltungsvorschriften *begründet*, ist nicht zwingend aus der Gestaltung der Vorschriftenermächtigung herzuleiten.

Denn die eigentliche Frage ist, ob die Verwaltung auch mittels anderer Instrumentarien als nur mittels Rechtsverordnungen[17] Standards festlegen darf, an die die Gerichte (teilweise) gebunden sind.[18] Das führt zu der Frage, ob die Anhörung beteiligter Kreise das Verhältnis zwischen Rechtsverordnung und Verwaltungsvorschrift dergestalt beeinflußt, daß beide nahezu gleich zu behandeln sind. Das kann anhand eines Vergleichs der Normung durch förmliches Gesetz mit der Normung durch Rechtsverordnung näher erläutert werden.

4.1 Verhältnis förmliches Gesetz - Rechtsverordnung

Staatliche untergesetzliche Normen sind für einen Großteil der möglichen Regelungsbereiche formell legitimiert. Lediglich die wesentlichen Grundentscheidungen müssen vom Parlament getroffen werden (sog. Wesentlichkeitstheorie des BVerfG).[19] Soweit also eine Entscheidung nicht als in diesem Sinne „wesentlich“

---

16 GERHARDT, NJW 1989, 2233 (2238); GUSY, DVBl. 1987, 497 (501); KUNERT, NVwZ 1989, 1018 (1021).

17 Hinsichtlich Rechtsverordnungen ist ein gewisser enger Beurteilungsspielraum des Verordnungsgebers anerkannt, sofern die Ermächtigung nur dessen Grenzen klar genug bestimmt; vgl. BVerfG, Beschl. vom 23.7.1963, E 16, 332 (339); BVerfG, Beschl. vom 14.5.1969, E 26, 16 (30); BVerfG, Beschl. vom 13.10.1970, E 29, 198 (211); BVerfG, Beschl. vom 9.6.1971, E 31, 145 (176); BVerfG, Beschl. vom 4.2.1975, E 38, 348 (363); BVerfG, Beschl. vom 12.10.1976, E 42, 374 (387); MAUNZ, in: MAUNZ/DÜRIG, Art. 80 Rn. 34.

18 Vgl. RITTSTIEG, Konkretisierung, S. 204 f.; WOLF, DÖV 1992, 849 (856); ähnlich LADEUR, UPR 1987, 253 (257).

19 BVerfG, Beschl. vom 9.5.1972, E 33, 125 (158 f.); BVerfG, Beschl. vom 8.8.1978, E 49, 89 (126); BVerfG, Beschl. vom 20.10.1982, E 61, 260 (275); BVerfG, Urt. vom 18.12.1984, E 68, 1 (109); BVerfG, Beschl. vom 14.5.1986, E 72, 200 (266 f.); BVerfG, Beschl. vom 29.10.1987, E 77, 170 (231); BVerfG, Beschl. vom 6.6.1989, E 80, 124 (132); umfassend dazu STAUPE, Parlamentsvorbehalt und Delegationsbefugnis.

anzusehen ist, kann auch ein zusätzliches Anhörungsverfahren die formelle Legitimität der Norm nicht steigern. Sie ergibt sich vielmehr daraus, daß die Organe der vollziehenden Gewalt aus der Entscheidung des Verfassungsgebers in Art. 20 Abs. 2 GG neben der gesetzgebenden und der rechtsprechenden Gewalt ihre institutionelle und funktionelle Legitimation beziehen.[20] Darüber hinaus wird mittels der Verfahren und Ernennungsakte zur Bestellung der Regierung nach Art. 38, 63, 64 GG eine mittelbare personelle Legitimation geschaffen.[21] Obwohl also die Bundesregierung bzw. der Bundesminister weiter entfernt ist von der unmittelbaren Legitimation durch das Volk als das Parlament[22], ist sie bzw. er verfassungsrechtlich (also formell) vollständig legitimiert, untergesetzliche Normen zu erlassen. Ein zugeschaltetes Anhörungsverfahren hat insoweit keine legitimierende Bedeutung.

Eine Ausnahme davon könnte aber dann gegeben sein, wenn auf der untergesetzlichen Normungsebene „wesentliche" Entscheidungen getroffen werden.

4.2 „Wesentliche" Entscheidungen in untergesetzlichen Normen

Sofern untergesetzliche Normen Grundentscheidungen enthalten, die so „wesentlich" sind, daß sie nur vom Parlament getroffen werden dürften, sind sie grundsätzlich verfassungswidrig.[23] Folglich wäre dabei ein Anhörungsverfahren auch insoweit für die formelle Legitimation der Norm ohne Bedeutung. Zu bedenken ist jedoch, daß das BVerfG im Hinblick auf bestimmte technische Regelungen zum Zwecke der Dynamisierung des Grundrechtsschutzes den Parlamentsvorbehalt eingeschränkt hat.

4.2.1 Einschränkungen durch das BVerfG

Es wird als ausreichend angesehen, daß der Gesetzgeber technisch-wissenschaftlich komplexe Probleme mittels unbestimmter Rechtsbegriffe lediglich global vorwegnimmt und die eigentlichen Detailregelungen dem Verordnungsgeber bzw. der Genehmigungsbehörde überläßt.[24] Die wesentliche Grundentscheidung des Gesetzgebers ist hingegen oftmals so allgemein gehalten, daß für den Bürger kaum vorhersehbar ist, auf welche Weise sie konkretisiert wird. So wird im Atomrecht die Exekutive zwar normativ auf den Grundsatz der bestmöglichen

---

20 BVerfG, Beschl. vom 8.8.1978, E 49, 89 (125); BVerfG, Urt. vom 18.12.1984, E 68, 1 (88).

21 BVerfG, Beschl. vom 8.8.1978, E 49, 89 (125); BVerfG, Urt. vom 18.12.1984, E 68, 1 (88).

22 Vgl. V. DANWITZ, Gestaltungsfreiheit, S. 66; HENSELER, ZG 1986, 76 (78); LÜBBE-WOLFF, ZG 1991, 219 (238); QUARITSCH, Das Parlamentslose Parlamentsgesetz, S. 7.

23 Vgl. BVerfG, Beschl. vom 28.10.1975, E 40, 237 (249); BVerfG, Beschl. vom 27.1.1976, E 41, 251 (260); BVerfG, Beschl. vom 22.6.1977, E 45, 400 (418); BVerfG, Beschl. vom 21.12.1977, E 47, 46 (47); BVerfG, Urt. vom 16.6.1981, E 57, 295 (321); BVerfG, Beschl. vom 20.10.1981, E 58, 257 (268).

24 BVerfG, Beschl. vom 8.8.1978, E 49, 89 (134 ff.).

Gefahrenabwehr und Risikovorsorge festgelegt.[25] Wie aber die Exekutive bestimmt, ob alle Möglichkeiten sehr großer Schäden „praktisch ausgeschlossen" sind, hängt von der Methode ab, mit der sie das Risiko einer Anlage feststellt und bewertet. Die Art und Weise der Risikodefinition, -ermittlung und -bewertung kann als die Sicherheitsphilosophie der Behörde angesehen werden. Hier geht es also nicht mehr um die bloße Ausführung eines gesetzlichen Programms, sondern um die Entwicklung eines Bewertungsrahmens durch die Exekutive. Eine so weitreichende Ermächtigung läßt den Gedanken naheliegend erscheinen, daß auch der Exekutive die Bearbeitung „wesentlicher" Fragen übertragen wurde.[26]

Gerechtfertigt wird die mit der Verwendung unbestimmter Rechtsbegriffe eintretende Rechtsunsicherheit mit der Notwendigkeit der schnellen Anpassung an sich wandelnde technische Standards:[27]

„Die gesetzliche Fixierung eines bestimmten Sicherheitsstandards durch die Aufstellung starrer Regeln würde demgegenüber, wenn sie sich überhaupt bewerkstelligen ließe, die technische Weiterentwicklung wie die ihr jeweils angemessene Sicherung der Grundrechte eher hemmen als fördern. Sie wäre ein Rückschritt auf Kosten der Sicherheit."

Das BVerfG schränkt hier also die Wesentlichkeitstheorie aus pragmatischen Gründen - zugunsten einer Dynamisierung des Grundrechtsschutzes - ein bzw. es relativiert die verfassungsrechtlichen Anforderungen an die formell-gesetzliche Regelungsdichte.[28] Die Folge ist, daß untergesetzliche Normen, soweit sie ausnahmsweise auch wesentliche Entscheidungen enthalten, zwar nicht verfassungswidrig, wohl aber formell weniger legitimiert sind.

Zwar besteht in Art. 80 Abs. 1 GG ein verfassungsrechtliches Recht des Parlaments, bestimmte Fragen nur nach Inhalt, Zweck und Ausmaß zu umreißen, ansonsten aber dem Verordnungsgeber zu überlassen. Es ist jedoch nicht die Funktion der Rechtsverordnung, dem Parlament die Flucht aus der politischen Regelungsverantwortung zu ermöglichen.[29] Daher sind Grenzbereiche denkbar, in denen sich die verfassungsrechtliche Legitimität der Delegation auf „dünnem Eis" befindet, ohne daß mit letzter Eindeutigkeit die verfassungsrechtliche Notwendigkeit der Regelung durch das Parlament erkennbar wäre. Denn die Frage, ob eine Entscheidung so „wesentlich" ist, daß das Parlament sie treffen müßte, ist denkbar schwierig zu beantworten.[30] Es lassen sich zwar vor allem die Kriterien

---

25 BVerfG, Beschl. vom 8.8.1978, E 49, 89 (139).

26 Vgl. ROSSNAGEL, in: KOCH/SCHEUING (Hg.), § 7 Rn. 65.

27 BVerfG, Beschl. vom 8.8.1978, E 49, 89 (137 ff.).

28 LÜBBE-WOLFF, ZG 1991, 219 (240).

29 STAUPE, Parlamentsvorbehalt und Delegationsbefugnis, S. 264 f.

30 Kritisch insbes. ERICHSEN, VerwArch 67 (1976), 93 (100 f.); DERS., VerwArch 69 (1978), 387 (395 f.); KISKER, NJW 1977, 1313 (1317); DERS., Verhandlungen des 51. Deutschen Juristentages II, S. M 82; KLOEPFER, in: HILL (Hg.), Zustand und Perspektiven, S. 187 (195 f.); KREBS, Jura 1979, 304 (308); NEVERMANN, VerwArch, 1980, 241 (248 f.); PIESKE, DVBl. 1977, 675 (675 ff.); optimistischer über die Möglichkeiten der Bestimmung der „Wesentlichkeit": OPPERMANN, Gutachten C, S. 52; SCHMIDT-ASSMANN, in: STÄDTER u.a. (Hg.), FS f. Ipsen, S. 333 (346); ferner V. ARNIM, DVBl. 1987, 1241 (1241 ff.); BATTIS/GUSY, Rn. 356.

der Grundrechtsrelevanz[31] und der besonderen Bedeutung für das Gemeinwesen[32] erkennen. Aber auch die Bestimmung dieser Kriterien dürfte hinreichend problematisch sein. Daher liegt der Gedanke nahe, daß in Grenzbereichen das Anhörungsverfahren auch für die formelle Legitimität untergesetzlicher Normen an Bedeutung gewinnt.

4.2.2 Ausgleich durch Anhörungen

Damit stellt sich die Frage nach der Kompensation des Mangels an formeller Legitimation.[33] Sie könnte mittels Anhörungsverfahren erreicht werden.[34] Insbesondere ist zu bedenken, daß im Rahmen des Erlasses untergesetzlicher Normen auf die für das Gesetzgebungsverfahren typische Publizität verzichtet wird. Kennzeichnend für das Gesetzgebungsverfahren ist die Mitwirkung mehrerer Beteiligter, insbesondere auch der Opposition und des Bundesrates, ein tiefgestaffelter Willensbildungsprozeß, der sich in mehrere Lesungen im Plenum, in Ausschußberatungen und sonstige Abschnitte unterteilen läßt und vor allem durch Diskussion, durch Öffentlichkeit der Verhandlungen im Bundestag (Art. 42 Abs. 1 GG) und im Bundesrat (Art. 52 Abs. 3 GG).[35] Eine derart weitgehende Teilhabe der Öffentlichkeit findet bei dem Erlaß untergesetzlicher Regelungen nicht statt. Zwar sieht die gemeinsame Geschäftsordnung der Bundesministerien (GGO II)[36] in §§ 67, 78 i.V.m. § 24 vor, daß die beteiligten Fachkreise und Verbände angehört werden. Eine solche Anhörung steht jedoch im Ermessen des Normgebers, und es ist nicht klar, auf welche Weise die Anhörung vorgenommen werden soll. Das Verfahren zum Erlaß untergesetzlicher Normen stellt sich daher im Vergleich zum Gesetzgebungsverfahren als wesentlich unkomplizierter dar.[37]

---

31 BVerfG, Beschl. vom 21.12.1977, E 47, 46 (79); Beschl. vom 20.10.1981, E 58, 257 (274); BUSCH, Verhältnis, S. 43 ff.; ERICHSEN, in: WILKE (Hg.), FS Juristische Gesellschaft, S. 122; SCHULZE-FIELITZ, Theorie und Praxis, S. 164 ff.; STAUPE, Parlamentsvorbehalt, S. 113 ff.

32 BUSCH, Verhältnis, S. 48 ff.; SCHULZE-FIELITZ, Theorie und Praxis, S. 166 f.; STAUPE, Parlamentsvorbehalt, S. 126 ff.

33 BATTIS/GUSY, Rn. 349 ff., insbes. Rn. 356; KUNIG, in: KOCH (Hg.), Auf dem Weg zum Umweltgesetzbuch, S. 135 (159); LÜBBE-WOLFF, ZG 1991, 219 (242); SCHULZE-FIELITZ, in: HOFFMANN-RIEM/SCHMIDT-ASSMANN (Hg.), Innovation und Flexibilität des Verwaltungshandelns, S. 195 (195).

34 SCHMITT GLAESER, in: LERCHE/SCHMITT GLAESER/SCHMIDT-ASSMANN (Hg.), S. 49 (49); DERS., VVDStRL 31 (1973), 214 ff. und SCHMIDT-ASSMANN, Das Allgemeine Verwaltungsrecht als Ordnungsidee und System, S. 46 f. lehnen die Möglichkeit der Legitimationsfunktion kategorisch ab.

35 V. ARNIM, DVBl. 1987, 1241 (1243).

36 GMBl. 1976, 550 ff.

37 So zum Erlaß von Rechtsverordnungen V. DANWITZ, Gestaltungsfreiheit, S. 67; LEPA, AöR 105 (1980), 337 (340).

4.2.2.1 Kompensation fehlender Publizität

Im Falle besonders „wesentlicher" Entscheidungen scheint es daher erforderlich zu sein, zusätzliche Verfahren zu institutionalisieren, mit welchen Transparenz und offene Diskussion hergestellt werden können.[38] Auch im Hinblick auf die rechtsstaatlich notwendige Kalkulierbarkeit staatlichen Handelns[39] liegt die zusätzliche Verfahrensdurchführung nahe. Das normalerweise übliche informelle Verfahren der untergesetzlichen Normgebung würde dem nicht genügen.[40] Zusätzliche Verfahrensmaßgaben können wegen des Legitimationsdefizits bei untergesetzlicher Entscheidung wesentlicher Fragen sogar als verfassungsrechtlich notwendig angesehen werden.[41] Um aber hier kompensierend wirken zu können, muß das Anhörungsverfahren einen erheblichen Grad an Publizität und Offenheit für oppositionelle Aussagen erreichen. Denn es gilt, den Publizitäts- und Diskussionsmangel, der gegenüber dem Gesetzgebungsverfahren besteht, auszugleichen. Die Kompensation des Mangels an formeller Legitimität untergesetzlicher „wesentlicher" Entscheidungen stellt daher hohe Anforderungen an die Publizität des Normierungsverfahrens.

4.2.2.2 Fazit

Erfüllt das Verfahren die notwendigen Bedingungen der Publizität, Oppositionsoffenheit und Repräsentation, so ist das Anhörungsverfahren im Falle „wesentlicher" Entscheidungen durch untergesetzliche Regelwerke als geeignet und erforderlich anzusehen, die formelle Legitimation der Normen zu steigern bzw. deren formelles Legitimationsdefizit auszugleichen.

4.2.3 Übertragung auf die Außenwirkung von Verwaltungsvorschriften?

Die Durchführung eines Anhörungsverfahrens durch den Verordnungsgeber kann also auch deshalb mögliche „wesentliche" Entscheidungen legitimieren, die „eigentlich" vom Gesetzgeber zu treffen wären, weil der Parlamentsvorbehalt maßgeblich mit dem Erfordernis des Gesetzgebungsverfahrens begründet wird. Daher besteht ein Verfahrensersatz, wenn auch der Verordnungsgeber ein hinreichend umfassendes Verfahren durchführt. Die Frage aber, ob die Verwaltung selbst eine Rechtsverordnung oder eine Verwaltungsvorschrift erläßt, hängt davon nicht ab. Generelle Unterschiede im Hinblick auf die notwendige Verfahrensdurchführung gibt es zwischen dem Erlaß von Rechtsverordnungen und dem von Verwaltungsvorschriften jedenfalls nicht.[42] Die Verfahrensmaßgaben der

---

38 DENNINGER, Verfassungsrechtliche Anforderungen, S. 168 ff.; LÜBBE-WOLFF, ZG 1991, 219 (243 f.).

39 Vgl. BVerfG, Beschl. vom 20.10.1981, E 58, 257 (277); BVerfG, Beschl. vom 12.12.1984, E 68, 319 (333); Nds. StaatsGH, Beschl. vom 10.4.1985, 561 (561 f.).

40 V. DANWITZ, Gestaltungsfreiheit, S. 131.

41 FÜHR, ZUR 1993, 99 (100); LÜBBE-WOLFF, ZG 1991, 219 (244).

42 Vgl. BÖNKER, DVBl. 1992, 804 (810 f.); ERBGUTH, DVBl. 1989, 473 (482); GERHARDT, NJW 1989, 2233 (2237); KOCH, in: DERS./SCHEUING (Hg.), § 48

GGO II gelten für Rechtsverordnungen und Verwaltungsvorschriften gleichermaßen. Eine Kompensation eines Verfahrensmangels beim Erlaß von Verwaltungsvorschriften, weil ein Verfahren zum Erlaß einer Rechtsverordnung nicht durchgeführt wurde, kann es mithin nicht geben. Die Anordnung zur Durchführung einer Anhörung beteiligter Kreise dient daher *aus diesem Grund* nicht der Legitimation einer wie auch immer zu begründenden Außenwirkung von Verwaltungsvorschriften.[43]

4.2.4 Kompensation fehlender Kontrolldichte

Es wurde aber schon festgestellt, daß die Außenwirkung verneint werden muß, wenn die Anhörung nicht ordnungsgemäß durchgeführt wurde.

Das führt auf den wohl zutreffenden Grund für einen gewissen Konkretisierungsspielraum der Exekutive bei Erlaß (auch) von Verwaltungsvorschriften zurück. Eine Letztentscheidung durch den Richter ist dann nicht sinnvoll, wenn Rechtsbegriffe derart unbestimmt und komplex sind, daß der Richter lediglich seine eigene Unsicherheit an die Stelle der Verwaltung (die ihm gegenüber zur Entscheidungsfindung besser ausgerüstet ist) setzen würde.[44] Dann erscheint es durchaus naheliegend, in derartigen Fällen eine gesetzgeberische Ermächtigung an die Exekutive zur verbindlichen Entscheidung zu vermuten.

Indem aber die Norm somit einer materiellrechtlichen Überprüfung entzogen wird, gewinnt das Verfahren, das zur abschließenden Entscheidung führt, an Bedeutung.[45] Da es also an der Überprüfbarkeit der materiellen Anforderungen mangelt, muß das Verfahren überprüfbar werden. Nur so ist dem auch für die Legitimation staatlicher Entscheidungen wichtigen Erfordernis der Transparenz Rechnung zu tragen. Transparenz bezeichnet den Grad der Nachvollziehbarkeit durch Offenlegung und Durchschaubarkeit und bildet eine entscheidende Voraussetzung für Kontrolle.[46] Kann aber das politische System und die Entscheidungen, die darin gefällt werden, nicht bis zu einem gewissen Grad nachvollzogen und kontrolliert werden, weil die Entscheidungsbedingungen nicht durchschaubar sind, so entsteht Entfremdung, wodurch schließlich auch die Akzeptanz staatlicher Entscheidungen beeinträchtigt wird.[47] Wenn also die Stelle, die die Verwaltungsvorschrift erläßt, weiterhin mit einer richterlichen Kontrolle des Verfahrens rechnen muß, erhöht sich die Legitimation der Verwaltungsvorschrift[48], die mangels Überprüfbarkeit der materiellen Aussagen (zu einem ge-

---

Rn. 76; HAGENAH, in: UMWELTBUNDESAMT (Hg.), Verfahren zur Festlegung von Umweltstandards, S. 4 (9).

43 So auch BÖNKER, DVBl. 1992, 804 (809); DERS., Umweltstandards, S. 53.

44 Das räumt selbst LÜBBE-WOLFF, DÖV 1987, 896 (900 Fn. 25), ein, die sich ansonsten sehr kritisch gegenüber der Letztentscheidungskompetenz der Exekutive mittels Verwaltungsvorschriften äußert.

45 GRIMM, NVwZ 1985, 865 (866).

46 STEFFANI, Parlamentarische und präsidentielle Demokratie, S. 144.

47 Vgl. LENK/BRÜGGEMEIER/HEHMANN/WILLMS, S. 7; LÜBBE, in: SCHMIDT (Hg.), Das Umweltrecht der Zukunft, S. 248 (248).

48 Vgl. SCHMIDT-ASSMANN, in: MAUNZ/DÜRIG, Art. 19 IV Rn. 1.

wissen Teil) ansonsten verlorengegangen wäre. Dazu ist aber von entscheidender Bedeutung, daß es überhaupt gesetzliche Verfahrensmaßgaben gibt, und daß es sich dabei auch um überprüfbare Bestimmungen handelt. Daher muß es klare Maßstäbe zur Auswahl der Beteiligten und zur Verfahrensdurchführung geben.

Es ist daher zu prüfen, ob die Anordnung zur Anhörung der beteiligten Kreise in den Ermächtigungen zum Erlaß von Verwaltungsvorschriften (§§ 48 BImSchG, 12 KrW-/AbfG) derartig bestimmt sind, daß eine gerichtliche Kontrolle der Verfahrensdurchführung möglich ist. Das sei am Beispiel des § 51 BImSchG näher untersucht.

4.2.4.1 Die gesetzliche Ausgestaltung des § 51 BImSchG

Es gibt nur eine sehr grobe Bestimmung über die Anhörung beteiligter Kreise in § 51 BImSchG. Danach ist ein jeweils auszuwählender Kreis von Vertretern der Wissenschaft, der Betroffenen, der beteiligten Wirtschaft, des beteiligten Verkehrswesens und der für den Immissionsschutz zuständigen obersten Landesbehörden zu hören. Es mangelt an einer Bestimmung über die Art und Weise der Verfahrensdurchführung. Uneindeutig bleibt auch, ob immer Vertreter aller Kreise anzuhören sind.

Trotz der nur sehr spärlichen gesetzlichen Vorgaben ist der Normgeber nicht frei in der Auswahl der Anzuhörenden und in der Verfahrensdurchführung. Er ist auch bei Durchführung der Anhörung als vollziehende Gewalt gemäß Art. 20 Abs. 3 GG an die verfassungsmäßige Ordnung und an Gesetz und Recht gebunden.[49] Damit hat das Verfahren frei von Willkür zu erfolgen. Das insofern „pflichtgemäße" Verfahrensermessen des Normgebers hat sich an die durch den Normzweck gesetzten Maßgaben zu halten.[50]

4.2.4.2 Der Normzweck

Bei den Vorschriften über die Anhörung beteiligter Kreise handelt es sich um Regelungen über eine besondere Art und Weise der Informationsbeschaffung. Leitgedanke der Anordnung zur Anhörung ist das von DENNINGER so bezeichnete Prinzip der Erkenntnisförderung durch Kontrastinformation.[51] Er nennt zwar auch die Grundsätze der Gegenmachtbildung und des Minderheitenschutzes. Es geht jedoch primär um eine besondere Art und Weise der *Informations*beschaffung.

Als Beleg dafür, daß die Anhörungsvorschriften des BImSchG die Erkenntnisförderung durch Kontrastinformation gewährleisten sollen, kann auf einige andere Probleme verwiesen werden, die im Rahmen sachverständiger Beratung bei staatlichen Entscheidungen auftreten können, und die mittels Kontrastinformation u.U. gelöst werden können. Darauf ist im folgenden einzugehen.

---

49 HERZOG, in: MAUNZ/DÜRIG, Art. 20 III Rn. 15.

50 BVerwG, Urt. vom 27.9.1978, NJW 1979, 1112 (1113). Vgl. LERCHE, Verfahren als staats- und verwaltungsrechtliche Kategorie, S. 115.

51 Vgl. DENNINGER, Verfassungsrechtliche Anforderungen, Rn. 179.

- *Zweifel an Objektivität durch Wissenschaft*

Eine „kontrastreiche" Anhörung rechtfertigt sich insbesondere daraus, daß auch wissenschaftliche Erkenntnisse nicht immer als objektiv ermittelt anzusehen sind. Eine wissenschaftliche Aussage ist nicht von dem aussagenden Subjekt trennbar.[52] Und wie jeder Mensch kann auch jeder Wissenschaftler Probleme nur von der Warte aus lösen, auf der er sich selbst befindet.[53] Daher spielen in die wissenschaftlichen Aussagen zahlreiche subjektive Erwägungen hinein. So ist beispielsweise angesichts einer Vielzahl luftverunreinigender Stoffe eine Auswahl darüber zu treffen, für welche der Stoffe Grenzwerte oder auch Filtertechniken anzuordnen sind. Die Auswahl hängt von Kriterien ab, die kaum „wissenschaftlich" begründet werden können. Vielmehr wird pragmatisch u. a. danach entschieden, welche Stoffe ohne Probleme analytisch erfaßt werden können, und ob bereits Erkenntnisse über akute Überexpositionen existieren. Auch die Zufälligkeit, ob sich der einzelne Wissenschaftler zuvor bereits mit einem Stoff befaßt hat, ist relevant.[54]

Es wäre daher als übersteigerte Erwartung an die Wissenschaft zu werten, wenn davon ausgegangen würde, daß sie nicht von einem bestimmten Standpunkt aus betrieben wird. Sie enthält immer zumindest zu einem Teil subjektive Elemente.[55] Um hier ein für die Normgebung ausreichendes Verständnis von den zu regelnden Problemen zu erhalten, müssen im Rahmen der Beratung daher auch andere Stimmen gehört werden - wissenschaftlich fundierte ebenso wie die Stimmen von Laien. Erstere sind zu beteiligen, um mögliche (ggf. durch subjektive Vorverständnisse verursachte) Irrtümer aufzudecken.[56] Letztere können insoweit sehr hilfreich sein, weil sie nicht fachlich gebunden sind und deshalb Schwachstellen und Risikopotentiale besser erahnen können, und weil sie eher ganzheitlich vernetzt betrachten und deshalb unbefangener urteilen.[57]

- *Strukturelle Probleme moderner Wissenschaft*

Eine weitere Problematik, die gegen eine einseitige Berücksichtigung wissenschaftlicher Erkenntnisse spricht, ist durch wissenschaftlichen Fortschritt selbst zutage gefördert worden. Mit zunehmender Genauigkeit wissenschaftlicher Erkenntnismethoden wurde die Komplexität möglicher Wechselwirkungen verschiedener Umwelteinflüsse auf den Menschen und generell auf biologische Organismen offenbar. Insbesondere die Wiederholbarkeit von Ereignissen unter gleichen Bedingungen verliert an Wahrscheinlichkeit, je genauer die Ereignisse beobachtet werden können.[58] Die Einsicht in die Komplexität natürlicher Vor-

---

52 KUTSCHERA, Die falsche Objektivität, S. 278.
53 LENK, Pragmatische Vernunft, S. 15.
54 SCHMÖLLING, in: WINTER (Hg.), Grenzwerte, S. 73 (74).
55 BROHM, in: ISENSEE/KIRCHHOF, Bd. II, § 36 Rn. 13 ff.
56 BECK, in: BECKMANN (Hg.), Risiko und Gesellschaft, S. 305 (325).
57 KREIBICH, in: HESSE/KREIBICH/ZOPEL, S. 41 (41).
58 LADEUR, Das Umweltrecht der Wissensgesellschaft, S. 85; ferner DENNINGER, in: HONETH u.a. (Hg.), Zwischenbetrachtungen, S. 627 (637).

gänge zwingt dazu, das an Kausalität orientierte Naturmodell aufzugeben bzw. zu korrigieren und einen Paradigmenwechsel zu vollziehen.[59] Es ist daher bei natürlichen Vorgängen von Nicht-Linearität und Irreversibilität auszugehen.[60] Angesichts dieser Unsicherheiten liegt es nahe, daß die Wissenschaft für viele umweltrechtlich zu regelnde Komplexe keine abschließenden Hinweise geschweige denn verbindliche Antworten bieten kann. Technische Vorgänge, mit denen Umwelteinwirkungen von gewisser Komplexität verursacht werden, können mithin allein wissenschaftlich nicht bewältigt werden. Die Naturwissenschaft ist vielmehr nicht selten gezwungen, mit nicht belegbaren Annahmen zu arbeiten.[61] So sind die angesichts der Unsicherheiten oftmals anzutreffenden Formulierungen „konservativer“ Annahmen[62] sicher als pragmatische Richtungsweisungen nachvollziehbar. Sie stellen aber letztlich nur „Notlösungen“ dar angesichts der niemals vollständig zu ermittelnden Datenbasis, die zumindest auch subjektive Einschätzungen erforderlich macht.[63] Auch die „konservativen“ Annahmen reichen im übrigen nicht immer aus, um ein Risiko zu minimieren, da oftmals nicht einmal die Schwankungsbreite möglicher Stoffwirkungen abgeschätzt werden kann.[64] Zudem beinhaltet die Übertragung der Wirkungsweisen von Stoffen und anderen Einflüssen bei Tieren auf den Menschen erhebliche Unwägbarkeiten.[65] Daß Tierversuche gleichwohl Anwendung finden, ist daher gleichfalls eher mit Pragmatismus denn mit wissenschaftlichen Gründen zu erklären.[66] Es ist insofern nicht abwegig, daß von einer „Explosion des Nichtwissens“[67] gesprochen wird. Wenn trotz dieser Probleme wissenschaftlichen Erkenntnisvermögens von Wissenschaftlern verbindliche Antworten über Grenzwerte, technische Standards, sonstige Anforderungen zum Schutze der Umwelt gefordert werden, so nötigt das die Wissenschaftler dazu, auch andere Gesichts-

---

59 PRIGOGINE/STENGERS, S. 234 ff.; KÜPPERS, in: KIPPERS (Hg.), Chaos und Ordnung, S. 7 ff. und S. 149 ff.

60 LADEUR, Das Umweltrecht der Wissensgesellschaft, S. 84.

61 Vgl. SCHMÖLLING, in: WINTER (Hg.), Grenzwerte, S. 73 (74); GRIMME/FAUST/ALTENBURGER, in: WINTER (Hg.), Grenzwerte, S. 35 ff., insbes. S. 38.

62 Vgl. z.B. die Begründung für den Grenzwert für PCBs im Altöl in § 3 AltölV: 6 Arten PCB sind erforscht. Insgesamt sind 209 PCBs bekannt. Unterstellt wird, daß die Gesamtmenge an PCB ökologisch und toxikologisch dem Fünffachen der analytischen Menge der 6 Verbindungen entspricht (dazu V. LERSNER, NuR 1990, 193 (194)).

63 FRITZSCHE, Wie sicher leben wir?, S. 368 (382); LADEUR, Das Umweltrecht der Wissensgesellschaft, S. 95.

64 LADEUR, in: BÖHRET/HILL (Hg.), S. 75 (77 f.) - das dürfte vorwiegend bei den krebserzeugenden Stoffen der Fall sein. Vgl. BEYERSMANN, in: WINTER (Hg.), Grenzwerte, S. 86 (91); WILDAVSKY, Searching for Safety, S. 9.

65 So schon der RAT VON SACHVERSTÄNDIGEN FÜR UMWELTFRAGEN, Umweltgutachten 1974, Tz. 64; FRITZSCHE, Wie sicher leben wir?, S. 374 f.

66 GRIMME/FAUST/ALTENBURGER, in: WINTER (Hg.), Grenzwerte, S. 35 (45 f.); sehr kritisch BECK, in: BECKMANN (Hg.), Risiko und Gesellschaft, S. 316 ff.

67 DENNINGER, KritV 1992, 123 (131); WOLF, in: ROSSNAGEL/NEUSER (Hg.), S. 57 (75).

punkte - politische und ökonomische - zu berücksichtigen.[68] Je weiter sich dabei die geforderte wissenschaftliche Beurteilung von technischen Detailfragen entfernen und sich mehr auf die Beurteilung ganzer Technologien beziehen muß, um so mehr verwischen sich die Grenzen zwischen rein wissenschaftlichen und forschungspolitischen Aussagen.[69] Es handelt sich daher insbesondere bei der Erarbeitung von Umweltstandards um die Entwicklung von pragmatischen Kompromißformeln politisch-ökonomischer Art[70], also um eher „transwissenschaftlich" zu lösende Probleme.[71] Insofern sind Kontrastinformationen nicht nur durch Beteiligung unterschiedlich vorgeprägter Wissenschaftler, sondern auch durch Einbeziehung von Vertretern anderer Gesellschaftsbereiche zu ermitteln.

- *Übersteigerte Skepsis gegenüber der Technik*

Des weiteren besteht die Gefahr eines übersteigerten Skeptizismus gegenüber der Verwendung von Technik. Hier gilt es ebenso, Gegengewichte zu schaffen. Die Legitimierung von Technik setzt gleichfalls einen auf Einsatz und Umfang der Technik bezogenen Dialog voraus.[72]

- *„Strategischer" Einsatz der Wissenschaft*

Schließlich ist zu bedenken, daß die Einsetzung von Sachverständigen zur Beratung bei politischen Entscheidungen nicht selten von der Hoffnung geprägt ist, sie strategisch-taktisch für die eigenen politischen Ziele verwenden zu können. Die Sachverständigen übernehmen insofern oftmals lediglich einen Part in einem Spiel mit vorgeklärten Spielregeln. Es wird nicht zwingend tatsächlich nach einer sachverständigen Information und Analyse gefragt. Und je mächtiger sonstige, meist nicht offen artikulierte Zielsetzungen in die konkrete Arbeit hineinwirken, um so schwieriger wird es für die Sachverständigen, sich an dem „offiziellen" Auftrag der Analyse und Beratung zu orientieren.[73]

Auch eine übermäßige Instrumentalisierung einzelner Wissenschaftler dürfte nur durch Beteiligung zusätzlicher und möglichst auch konträr eingestellter Wissenschaftler verhindert werden können.

---

68 BEYERSMANN, in: WINTER (Hg.), Grenzwerte, S. 86 (94).

69 WAGNER, ZRP 1985, 192 (196).

70 GRIMME/FAUST/ALTENBURGER, in: WINTER (Hg.), Grenzwerte, S. 35 (48).

71 LADEUR, Das Umweltrecht der Wissensgesellschaft, S. 87; SALZWEDEL, in: BENDER u.a., FS f. Redeker, S. 421 ff.

72 LOMPE, in: BRAUN (Hg.), Technischer Wandel im öffentlichen Dienst, S. 14 (23 f.).

73 HOFFMANN-RIEM, Jahrbuch der Rechtssoziologie und Rechtstheorie 13 (1988), 350 (357).

- *Bestätigung durch die Regelungsgegenstände im BImSchG*

Es erscheint also durchaus naheliegend, daß eine kontrastreiche Vielzahl von „Informationsquellen" bei Vorbereitung der Normen angehört werden muß.

Dafür spricht im übrigen auch, daß im BImSchG die Anhörung beteiligter Kreise überwiegend in Regelungsermächtigungen angeordnet ist, die technisch-wissenschaftlich sehr komplex und darüber hinaus von erheblicher Interessenrelevanz sind (insbesondere §§ 7, 19, 33-35, 48). Umgekehrt fehlt eine Anordnung zur Anhörung beteiligter Kreise dort, wo überwiegend Verfahrensfragen relevant sind (§ 10 Abs. 10 BImSchG), oder wo dem Normgeber nur ein geringer eigener Regelungsspielraum verbleibt, weil er lediglich internationale Standards umzusetzen hat (§§ 7 Abs. 4, 37, 39, 48a BImSchG). Es läßt sich somit vermuten, daß im BImSchG das Problem hochkomplexer technischer und wissenschaftlicher Fragen und der daraus folgenden notwendigen Wertungen so gelöst wird, daß in solchen Fällen ein bestimmter Weg der Sachverhaltsermittlung vorgezeichnet ist. Die Komplexität des Themenspektrums soll auch durch Wahrnehmung der Komplexität möglicher Informationen erfaßt werden.[74] Es geht in der Tat um die Ermittlung von Kontrastinformation.[75]

4.2.4.3 Verfahrensmaßgaben

Es ist nun zu prüfen, welche Anforderungen an die Auswahl der Anzuhörenden und an die Durchführung des Verfahrens aus der Zwecksetzung der Erkenntnisförderung durch Kontrastinformation herzuleiten sind.

- *Auswahl der Anzuhörenden*

Bei der Auswahl der Anzuhörenden hat man es insofern leicht, als ein „Kontrastprogramm" bereits in der Norm angelegt ist.

Die in 51 BImSchG genannten Gruppen lassen erkennen, daß mindestens ein Vertreter aus jeder Gruppe anzuhören ist:

- Vertreter der Wissenschaft zum Zweck der umfassenden Faktenermittlung,
- Vertreter der Wirtschaft hinsichtlich Informationen aus dem Bereich der Normadressaten,
- Vertreter der obersten Landes-Immissionsschutzbehörden hinsichtlich Informationen über die Durchsetzung der Norm und
- Vertreter der Betroffenen - als diejenigen, die zwar regelmäßig nicht Adressaten der Norm sind, aber betroffen sein können von den Auswirkungen ihrer Ver- und Gebote - hinsichtlich ihrer Bedenken gegenüber der mit der Norm zu erlaubenden Aktivitäten.

Lediglich bei den Vertretern des beteiligten Verkehrswesens erscheint eine Anhörung nicht in jedem Fall zwingend. Sie sind vielmehr als Untergruppe der

---

74 Vgl. für das Verwaltungsverfahren HOFFMANN-RIEM, AöR 119 (1994), 602 ff.
75 So auch KOCH, in: DERS./SCHEUING (Hg.), § 60 Rn. 30.

beteiligten Wirtschaft anzusehen, und nur dann anzuhören, wenn Anforderungen an Fahrzeuge oder auch der Verkehrswegebau[76] zur Debatte stehen.

Bis auf die Vertreter des Verkehrswesens sind also grundsätzlich immer alle Vertreter der in § 51 BImSchG genannten Kreise anzuhören. Eine Ausnahme ist allerdings zu machen, wenn unbedeutende Detailfragen durch den Normgeber zum Regelungsgegenstand gemacht werden. So ist beispielsweise davon auszugehen, daß das Verfahren der Bauartzulassung nach § 33 Abs. 1 Nr. 3 BImSchG ohne Beteiligung der Wissenschaft geregelt werden kann. Es wäre übertriebener Formalismus, würde man hier die Anhörung aller in § 51 BImSchG genannten Vertreter verlangen. Im Grundsatz jedoch muß der Erkenntnisgewinnung durch Kontrastinformation im Wege der Anhörung aller in § 51 BImSchG genannten Vertreter der beteiligten Kreise entsprochen werden.

Darüber hinaus müssen die Anzuhörenden in einem angemessenen Verhältnis zueinander ausgewählt werden. Willkürlich wäre die Ladung von nur solchen Vertretern, die das Vorhaben mutmaßlich unterstützen.[77] Auch dürfen bestimmte Betroffenheiten nicht in einer so geringen Zahl ausgewählt werden, daß sie sich in einer ausweglosen Minderheitenposition wiederfinden.[78]

- *Verfahrensdurchführung*

Hinsichtlich der Verfahrensdurchführung läßt sich trotz des Fehlens gesetzlicher Vorgaben immerhin herleiten, daß in der Regel eine Zusammenkunft des Normgebers mit den Anzuhörenden erforderlich ist. Nur so können etwaige kontrastierende Positionen auch direkt aufeinandertreffen. Um aber die Vertreter gegensätzlicher Ansichten zu ermitteln, muß die Anhörung in einem schriftlichen Verfahren vorbereitet werden. Das wiederum erfordert die Zuleitung des Entwurfes der Verwaltungsvorschrift und einen Hinweis auf die damit verfolgte Zwecksetzung. Zudem muß den Anzuhörenden ausreichend Zeit für die Vorbereitung ihrer Stellungnahmen gegeben werden.

- *Verfahrensfehler?*

Trotz der Möglichkeit, gewisse Verfahrensgrundsätze anhand des Wortlautes und des Zwecks der Norm zu ermitteln, läßt sich kaum eindeutig feststellen, in welchem Fall ein „Verstoß" dagegen zu bejahen wäre. Es ist, mit anderen Worten, nicht eindeutig zu klären, was als Verletzung des Verfahrensermessens zu bewerten ist. Dies kann daher nicht generell, sondern immer nur anhand des jeweiligen Einzelfalles entschieden werden. Ein Hilfsmittel dabei ist die Rechtsprechung des BVerwG zu der Frage, wann die Verletzung von Verfahrensvorschriften zur Unwirksamkeit untergesetzlicher Normen führt. Es soll nach der Schwere des Verstoßes, dem Sinn und Zweck der Mitwirkung und dem Gewicht des jeweili-

---

76 Vgl. HANSMANN, in: LANDMANN/ROHMER, § 51 BImSchG, Rn. 13; KOCH, in: DERS./SCHEUING (Hg.), § 51 Rn. 28.

77 SCHUTT, NVwZ 1991, 10 (11).

78 KOCH, in: DERS./SCHEUING (Hg.), § 51 Rn. 31.

gen Mitwirkungsrechts differenziert werden.[79] Insbesondere die Schwere des Verstoßes kann als Richtschnur dafür dienen, wann eine Verfahrensverletzung so zu verstehen ist, daß die Verwaltungsvorschrift keine Außenwirkung mehr haben kann.

Unterlassen der Anhörung - Wenig problematisch dürfte dies sein, wenn überhaupt keine Anhörung beteiligter Kreise durchgeführt wird. Wird die Anhörung der beteiligten Kreise gänzlich unterlassen, obwohl sie gesetzlich vorgesehen ist, so liegt darin ein Verstoß des Normgebers gegen höherrangiges Recht.[80] Ein hoheitlicher Rechtsakt (etwa eine Rechtsverordnung), der gegen höherrangiges Recht verstößt, ist grundsätzlich unwirksam.[81] Dementsprechend kann auch einer Verwaltungsvorschrift keine Außenwirkung mehr zukommen, wenn die Anhörung entgegen der gesetzlichen Verpflichtung unterlassen wurde.

Andere „Verstöße" - Soweit jedoch lediglich die Auswahl der Anzuhörenden oder einzelne Fragen der Verfahrensdurchführung auf „Willkür" zu prüfen sind, wird man nur bei sehr gravierenden Verstößen einen Einfluß auf die Außenwirkung der Verwaltungsvorschriften bejahen können. Als gravierende Verstöße gegen die Vorschriften über die Anhörung beteiligter Kreise ist es zu bewerten, wenn offensichtlich nur solche Kreise angehört werden, die dem Vorhaben positiv gegenüber eingestellt sind.[82] Insbesondere, wenn nicht alle in § 51 BImSchG genannten Kreise angehört werden, und es sich um einen sehr interessenrelevanten und komplexen Regelungsgegenstand handelt, wird dies anzunehmen sein.

Bei der Art und Weise der Verfahrensdurchführung wird sich hingegen kaum noch ein Verstoß als derart gravierend qualifizieren lassen, weil es insofern gänzlich an Maßgaben in § 51 BImSchG fehlt.

- *Geltendmachung der Verfahrensverletzung im Prozeß*

Die soeben skizzierten Verfahrensverletzungen können im Wege einer Anfechtungs- oder Verpflichtungsklage gegenüber einer Einzelfallregelung angegriffen werden. Das ist möglich, wenn sich der Verwaltungsakt (z.B. die Erteilung oder Versagung einer Anlagengenehmigung) aus Voraussetzungen ergibt, die zwar gesetzlich durch unbestimmte Rechtsbegriffe festgelegt sind, aber in einer Verwaltungsvorschrift konkretisiert werden. Behandelt das Gericht die Verwaltungsvorschrift als „normkonkretisierende" Verwaltungsvorschrift, so beschränkt es dadurch seine Prüfungskompetenz. Die Außenwirkung kann bestritten werden mit der Behauptung, daß die in der Verwaltungsvorschrift enthaltenen Standards nicht willkürfrei ermittelt wurden.[83] Ist die Außenwirkung der Verwaltungsvor-

---

79 BVerwG, Beschl. vom 25.10.1979, E 59, 48 (51).

80 Vgl. HANSMANN, in: FRANSSEN (Hg.), FS f. Sendler, S. 295 (295).

81 ACHTERBERG, Allgemeines Verwaltungsrecht, § 21 Rn. 28; HUFEN, Fehler im Verwaltungsverfahren, Rn. 464; OBERMAYER, in: MAUNZ/OBERMAYER u.a., S. 275 (275); OSSENBÜHL, in: ISENSEE/KIRCHHOF, § 64 Rn. 73; PAPIER, DÖV 1980, 292 (299); DERS., Der verfahrensfehlerhafte Staatsakt, S. 26 ff.

82 KOCH, in: DERS./SCHEUING (Hg.), § 51 Rn. 31.

83 SALZWEDEL, NVwZ 1987, 276 (278); WAHL, NVwZ 1991, 409 (412); bezüglich des Handelns der Verwaltungsbehörden BVerfG, Beschl. vom 8.8.1978, E 49,

schrift wegen der Verfahrensverletzung zu verneinen, muß das Gericht wie bei einer norminterpretierenden Verwaltungsvorschrift eine eigene Interpretation der streitentscheidenden gesetzlichen Regelung vornehmen[84] und den Verwaltungsakt allein daran messen.

5 Abschließende Würdigung

Es ist nur in außerordentlich engen Grenzen möglich, die Anordnung zur Anhörung beteiligter Kreise als Begründung für eine begrenzte Außenwirkung von Verwaltungsvorschriften heranzuziehen. Eine Verfahrenskompensation findet dadurch nicht statt, da zwischen Verwaltungsvorschriften und Rechtsverordnungen keine verfahrensmäßigen Unterschiede bestehen. Eine Kompensation der beschränkten Kontrolldichte findet nur in dem Maße statt, wie Verfahrensmaßgaben aus den Anhörungsvorschriften überhaupt herleitbar sind. Das aber ist nur in sehr geringem Maße möglich.

Es ist sicher sehr attraktiv, Verwaltungsvorschriften eine gewisse Bindungswirkung für die Gerichte zuzuschreiben. Sie sind gegenüber Rechtsverordnungen insofern im Vorteil, als letztere erst geändert werden müssen, um neuen technischen Entwicklungen angepaßt zu werden. Gegenüber Verwaltungsvorschriften genügt es hingegen, eine tatsächliche Neuerung nachzuweisen.[85] Ist das möglich, kann die Verwaltungsvorschrift insoweit nicht mehr angewandt werden. Ob aber dieser Aspekt es rechtfertigt, von dem grundgesetzlich vorgegebenen System abzuweichen, nach dem die Verwaltung ausschließlich durch Rechtsverordnungen ermächtigt ist, Rechtsnormen verbindlich durch eigene abstrakt-generelle Regelungen zu konkretisieren, muß bezweifelt werden. Vielmehr wird hierdurch die Verantwortung des Verordnungsgebers offenbar, die existierenden Rechtsverordnungen regelmäßig auf ihre Aktualität hin zu überprüfen.[86]

Die Anhörung beteiligter Kreise kann jedenfalls die Außenwirkung von Verwaltungsvorschriften nur dann hinreichend rechtfertigen, wenn die Auswahl der Anzuhörenden und die Verfahrensdurchführung gesetzlich hinreichend genau ausgestaltet sind. Das ist gegenwärtig nicht der Fall.

---

89 (140); BVerwG, Urt. vom 19.12.1985, E 72, 300 (317). Auf die Willkürfreiheit der Ermittlung und Bewertung des Risikos „auf den einzelnen Normkonkretisierungs-stufen" stellt SELLNER, NVwZ 1986, 616 (619) ab

84 Vgl. OSSENBÜHL, in: ERICHSEN (Hg.), Allgemeines Verwaltungsrecht, § 6 Rn. 47.

85 REINHARDT, DÖV 1992, 102 (108).

86 Vgl. SCHULZE-FIELITZ, in: HOFFMANN-RIEM/SCHMIDT-ASSMANN (Hg.), S. 195 ff.

Verfassungsrechtliche Grenzen der Haftung des Zustandsverantwortlichen unter besonderer Berücksichtigung der Altlastenproblematik

Helmut Fouquet

1 Einleitung

Die Zustandsverantwortlichkeit zählt zu den in ihrer prinzipiellen Berechtigung nicht bestrittenen Grundbestandteilen des altehrwürdigen Polizeirechts. Gleichwohl widerspricht die mit ihr verbundene nicht nur verschuldens-, sondern auch verhaltensunabhängige und grundsätzlich unbegrenzte Haftung in ihrer konsequenten Durchführung immer wieder dem Gerechtigkeitsgefühl.

In der Nachkriegszeit entzündete sich das Unbehagen ganz besonders an dem Einstehenmüssen der Eigentümer für die Abwehr der von den durch Kriegseinwirkungen zerstörten Häusern ausgehenden Gefahren (Trümmergrundstücke).[1] Nachdem diese Problematik in der Praxis abgearbeitet war, wurde es lange Zeit ruhig um die Zustandshaftung. Die in der Literatur noch diskutierte Haftung des Grundstückseigentümers für die Beseitigung ölverschmutzten Erdreichs aufgrund eines Tankwagenunfalls, kam praktisch nicht zur Anwendung.[2] Man hätte daher die empfundenen Unbilligkeiten der Zustandshaftung auf die seither einmalige kriegsbedingte Ausnahmesituation zurückführen und für ein im übrigen vorwiegend theoretisches Problem halten können. Spätestens seit Beginn der 80er Jahre gewinnt es aber wieder immer mehr an praktischer Relevanz im Zusammenhang mit der rechtlichen Bewältigung von Altlasten.

Nachfolgend soll deshalb untersucht werden, inwieweit der anscheinend unbegrenzten Inanspruchnahme des Zustandsverantwortlichen nicht doch etwa Grenzen gezogen sind und wo diese anzusetzen wären. Das Schwergewicht wird dabei auf verfassungsrechtliche Anforderungen gelegt. Zum einen, weil sich dem primär auf die Schaffung staatlicher Eingriffsgrundlagen gerichteten Sicherheits- und Ordnungsrecht (Polizeirecht) kaum eigenständige Grenzen einer Inanspruchnahme entnehmen lassen; diese ergeben sich - wenigstens ihrer inneren Begründung nach - vielmehr erst aus den Abwehrgrundrechten des Bürgers. Zum anderen lassen sich die so gezogenen Grenzen auch nicht durch die teils schon

---

1 Auf diesen Problemkreis ist unten (3.1) noch einzugehen.

2 In dem der Diskussion zugrundeliegenden, vom OVG Münster, Urt. vom 3.10.1963, DVBl. 1964, 683 (683) entschiedenen Fall wurde der Eigentümer des Tanklastzuges, nicht aber der betroffene Grundstückseigentümer in Anspruch genommen.

bestehenden, teils im Entstehen begriffenen spezialgesetzlichen Regelungen zum Altlastenproblem[3] überwinden.

Bevor auf die verfassungsrechtliche Begrenzung selbst eingegangen werden kann (3), sind die einfach-gesetzlichen Grundlagen der Zustandshaftung im allgemeinen Polizeirecht und den bestehenden speziellen Regelungen des Altlastenproblems sowie des im Gesetzgebungsverfahren befindlichen Regierungsentwurfs eines Bundes-Bodenschutzgesetzes (BBodSchGE)[4] kurz darzustellen (2). Nach der Bestimmung der verfassungsrechtlichen Grenzen ist zu klären, wie diese sich auf das einfache Recht auswirken (4).

2 Gesetzliche Grundlagen der Zustandshaftung

2.1 Allgemeines Polizeirecht

Nach § 14 Abs. 1 NWOBG sowie den entsprechenden Ermächtigungen in den allgemeinen Polizeigesetzen der anderen Bundesländer können die Ordnungsbehörden die notwendigen Maßnahmen treffen, um eine im Einzelfall bestehende Gefahr für die öffentliche Sicherheit[5] abzuwehren. Die Maßnahmen sind primär gegen den Verhaltens- (§ 17 NWOBG) oder Zustandsverantwortlichen zu richten; eine Inanspruchnahme nicht verantwortlicher Dritter kommt nur subsidiär in Betracht (§ 19 NWOBG). Die Frage, ob und welche Maßnahmen getroffen und gegen wen sie gerichtet werden, steht im pflichtgemäßen Ermessen der Behörde.[6] Die Kosten der Maßnahmen sind grundsätzlich von dem zu ihrer Durchführung in Anspruch genommenen Verantwortlichen selbst zu tragen[7], unbeschadet etwaiger zivilrechtlicher Ausgleichsansprüche. Gleiches gilt für die Kosten einer behördlichen Ersatzvornahme (§ 11 Abs. 2 S. 1, Alt. 1. NWKostO, § 77 NWVwVG) sowie für die Erstattung der an einen Dritten geleisteten Entschädigung für die polizeiliche Inanspruchnahme (§ 42 Abs. 2 NWOBG).

Zustandsverantwortlich ist der Eigentümer sowie der Inhaber der tatsächlichen Gewalt über eine Sache, von der eine Gefahr für die öffentliche Sicherheit ausgeht (§ 18 Abs. 1, 2 NWOBG). Grund der Gefahrenzurechnung ist die tatsächliche oder rechtliche Inhaberschaft über die Sache, von der die Gefahr ausgeht. Dementsprechend besteht die Zustandsverantwortlichkeit unabhängig davon,

---

3 Dazu unten 2.2.

4 BR-Drs. 702/96.

5 Dem in der Vorschrift ebenfalls genannten Schutz der öffentlichen Ordnung kommt in der Praxis kaum noch eigene Bedeutung zu (vgl. BRANDT/SMEDDINCK, JURA 1994, 225 (225)).

6 GÖTZ, Allgemeines Polizei- und Ordnungsrecht, Rn. 265; SCHOCH, JuS 1994, 754 ff.

7 GÖTZ, Allgemeines Polizei- und Ordnungsrecht, Rn. 325.

wodurch die Sache in den gefahrenträchtigen Zustand versetzt wurde, mithin auch bei schuldhafter Verursachung durch Dritte oder in Fällen höherer Gewalt.[8]

Die Verantwortlichkeit des jeweiligen Eigentümers bzw. Inhabers der tatsächlichen Gewalt endet mit der Übertragung des Eigentums auf einen anderen bzw. der Beendigung der tatsächlichen Gewalt.[9] Nach einem Beschluß des VGH Mannheim vom 4.8.1995[10] gilt dies selbst dann, wenn der Eigentümer das Grundstück an einen ansonsten vermögenslosen Erwerber überträgt, gerade um seine Inanspruchnahme als Zustandsverantwortlicher zu vermeiden. In einem solchen Fall kommt allenfalls die Unwirksamkeit der Übertragung wegen Sittenwidrigkeit (§ 138 Abs. 1 BGB) in Betracht.

Auch die Eigentumsaufgabe (Dereliktion) führt nach h.M. grundsätzlich zu einem Wegfall der Eigentümerverantwortlichkeit.[11] Jedoch ordnen inzwischen die meisten Landes-Polizeigesetze ausdrücklich den Fortbestand der Zustandsverantwortlichkeit in diesem Fall an (vgl. § 18 Abs. 3 NWOBG).

2.2 Altlastenbezogene Spezialregelungen

Während die altlastenbezogenen spezialgesetzlichen Regelungen der meisten Bundesländer keine besonderen Regelungen der Verantwortlichkeit treffen oder ausdrücklich auf die Vorschriften des allgemeinen Polizeirechts verweisen (§ 74 Abs. 2 HessWG, § 31 Abs. 2 S. 1 NWLAbfG, § 28 Abs. 1 S. 2 RhPfLAbfWAG), dehnen einige Gesetze unter im einzelnen unterschiedlichen Voraussetzungen die Zustandsverantwortlichkeit auch auf ehemalige Grundstückseigentümer oder Inhaber der tatsächlichen Sachherrschaft an dem Grundstück aus. So ist nach § 13 Abs. 4 BlnBodSchG verantwortlich, wer Eigentümer des Grundstücks oder Inhaber der tatsächlichen Sachherrschaft an dem Grundstück in dem Zeitraum gewesen ist, in dem die Bodenverunreinigung entstanden ist, es sei denn, daß ihm die entstandene Bodenverunreinigung während der Zeit des Eigentums oder Besitzes weder bekannt wurde noch bekannt sein mußte. Nach § 12 Abs. 1 Nr. 6 HessAltlastG sind ehemalige Eigentümer zur Durchführung der Sanierung verpflichtet, es sei denn, daß ihnen eine während der Zeit des Eigentums entstandene oder bestehende Verunreinigung weder bekannt wurde noch bekannt sein mußte. Auch § 20 Abs. 1 S. 1 Nr. 5 ThAbfAG verpflichtet den ehemaligen Grundeigentümer zur Sanierung, es sei denn, der Inhaber der tatsächlichen Gewalt hat während der Zeit der Verursachung der Altlast diese gegen den Willen des Grundeigentümers ausgeübt.

---

8 DREWS/WACKE/VOGEL/MARTENS, S. 319 f.; KNEMEYER, Polizei- und Ordnungsrecht, Rn. 256; FRIAUF, in: SCHMIDT-ASSMANN (Hg.), Besonderes Verwaltungsrecht, Rn. 90.

9 FRIAUF, in: SCHMIDT-ASSMANN (Hg.), Besonderes Verwaltungsrecht, Rn. 88.

10 BB 1996, 393 (394). Allerdings reichten im (vorläufig) entschiedenen Einzelfall dem Gericht die genannten Umstände nicht aus, um die Sittenwidrigkeit der Übertragung zu bejahen. Zustimmend KNOPP, BB 1996, 389 (391 f.).

11 GÖTZ, Allgemeines Polizei- und Ordnungsrecht, Rn. 226; kritisch FRIAUF, in: SCHMIDT-ASSMANN (Hg.), Besonderes Verwaltungsrecht, Rn. 89.

Zur Begrenzung der Zustandsverantwortlichkeit schreibt § 14 Abs. 2 S. 1 BlnBodSchG die Nachrangigkeit der Inanspruchnahme des Zustandsverantwortlichen nach dem Verhaltensverantwortlichen nach § 13 Abs. 1 und 2 BlnBodSchG vor. Für den derzeitigen Eigentümer oder Inhaber der tatsächlichen Gewalt ist im Rahmen der Auswahlentscheidung darüber hinaus zu berücksichtigen, ob er bei Erwerb des Eigentums oder der tatsächlichen Sachherrschaft wußte oder hätte wissen müssen, daß eine Bodenverunreinigung vorlag (§ 14 Abs. 2 S. 2 BlnBodSchG).

2.3 Entwurf eines Bundes-Bodenschutzgesetzes

Demgegenüber beläßt es § 4 Abs. 3 S. 1 BBodSchGE bei der Haftung des Grundstückseigentümers und des Inhabers der tatsächlichen Gewalt und übernimmt insoweit die Regelungen des allgemeinen Polizeirechts.

Eine Haftungsbegrenzung erfolgt auf der Ebene der Kosten. Nach § 25 Abs. 2 BBodSchGE ist der Grundstückseigentümer oder Inhaber der tatsächlichen Gewalt, der weder Verursacher der schädlichen Bodenveränderung oder Altlast ist noch bei der Begründung des Eigentums Kenntnis von ihr oder den sie begründenden tatsächlichen Umständen hatte oder hätte haben können, insoweit nicht kostenpflichtig, als die Kosten der angeordneten Maßnahmen die Nutzung des Grundstücks mit den sich daraus ergebenden wirtschaftlichen Vorteilen ausschließen. Dies ist beim Eigentümer der Fall, soweit die zur Durchführung der Maßnahmen erforderlichen Kosten den Verkehrswert des Grundstücks gemäß § 194 BauGB unter Berücksichtigung der durchgeführten Maßnahmen übersteigen. Beim Inhaber der tatsächlichen Gewalt ist der Nutzen individuell anhand der ihm vom Eigentümer eingeräumten Rechtsposition zu bestimmen.[12]

3 Verfassungsrechtliche Grenzen der Zustandshaftung

3.1 Meinungsstand

3.1.1 Rechtsprechung

In der früheren Rechtsprechung der Oberverwaltungsgerichte zu dem Problem der Trümmergrundstücke wurde, soweit das pr PVG Anwendung fand, eine Begrenzung der Haftung des Zustandsverantwortlichen überwiegend abgelehnt.[13] Die Pflicht, das Eigentum in einem solchen Zustand zu erhalten, daß es die Gesamtheit nicht gefährdet, sei eine gesetzliche Last des Eigentums selbst, die zu

---

12 Amtl. Begründung, BR-Drs. 702/96, S. 146.

13 Vgl. OVG Münster, Urt. vom 8.3.1955, MDR 1955, 762 (762); OVG Lüneburg, Urt. vom 15.5.1952, JZ 1952, 437 (437); OVG Berlin, Urt. vom 4.3.1953, DÖV 1954, 214 (214). Die abweichende Auffassung des VGH Freiburg, Urt. vom 28.4.1955, NJW 1956, 76 (76); Urt. vom 16.9.1952, NJW 1952, 1311 (1311) hatte nicht das pr PVG zur gesetzlichen Grundlage und ist aus diesem Grunde für die Anwendung der geltenden Polizeigesetze nur von sehr begrenzter Aussagekraft.

den Schranken gehöre, welche gemäß Art. 14 Abs. 1 und 2 GG dem Eigentum von vornherein begriffsmäßig gesetzt seien und die zugleich der sozialen Bindung des Eigentums entspreche.[14] Lediglich das OVG Koblenz befürwortete aus Billigkeitserwägungen eine Haftungsbegrenzung in Fällen der wirtschaftlichen Unmöglichkeit auf Seiten des Pflichtigen, zu deren Bestimmung seine gesamten Einkommens- und Vermögensverhältnisse heranzuziehen waren.[15]

Demgegenüber hat sich der VGH München in einem Beschluß aus jüngerer Zeit im Zusammenhang mit der Altlasten-Problematik für die Berücksichtigung einer wie auch immer zu bestimmenden Opfergrenze bei der Zustandshaftung ausgesprochen. Zwar begegne die Zustandsverantwortlichkeit als Ausdruck der Sozialbindung des Eigentums (Art. 14 Abs. 2 GG) in ihrem Kern keinen verfassungsrechtlichen Bedenken. Jedoch könne die Sozialbindung wie jede Grundrechtsschranke ihrerseits nicht schrankenlos sein und werde insbesondere durch das Übermaßverbot begrenzt. Unter Berufung auf die Sozialbindung könnten dem Eigentümer nicht unbegrenzte Opfer zugunsten der Allgemeinheit zugemutet werden.[16]

Zurückhaltender gegenüber einer Haftungsbegrenzung für den Zustandsverantwortlichen bei Altlasten äußert sich das BVerwG in dem Beschluß vom 14.12.1990:[17] Es möge zu erwägen sein, ob aus verfassungsrechtlichen Gründen eine Eingrenzung der Verantwortlichkeit in Betracht kommen könne, wenn eine Heranziehung zur Gefahenbeseitigung, insbesondere die Belastung mit deren Kosten, den privatnützigen Gebrauch der Sachen ausschalten würde. Allerdings schieden derartige Überlegungen von vornherein aus, wenn der Zustandsverantwortliche bei Begründung des Eigentums bzw. der Sachherrschaft vom ordnungswidrigen Zustand der Sache gewußt oder zumindest Tatsachen gekannt habe, die auf das Vorhandensein eines solchen Zustands schließen ließen. Wer dieses Risiko eingehe, müsse auch die gesetzliche Folge der ordnungsrechtlichen Verantwortlichkeit tragen.

---

14 OVG Münster, Urt. vom 8.3.1955, MDR 1955, 762 (763).

15 Vom 13.3.1953, DÖV 1954, 216 (217). Zustimmend BVerwG, Urt. vom 9.5.1960, E 10, 282 (283); BGH, Urt. vom 15.12.1954, Z 16, 12 (15).

16 Vom 13.5.1986, NVwZ 1986, 942 (944 f.).

17 NVwZ 1991, 475 (475); zustimmend SEIBERT, DVBl. 1992, 664 (672).

3.1.2 *Literatur*

3.1.2.1 Begründung der Haftungsbegrenzung

In der jüngeren Literatur wird unter dem Eindruck der Altlasten-Problematik eine Begrenzung der Zustandsverantwortlichkeit des Grundstückseigentümers unter Berufung auf Art. 14 GG ganz überwiegend befürwortet.[18]

Zur Begründung wird vielfach auf eine gestörte Privatnützigkeit des Eigentums verwiesen, wenn der Eigentümer mit Sanierungskosten belastet werden soll, die den Wert des Grundstücks übersteigen, ohne daß er nach Durchführung der Sanierung in die Lage versetzt wäre, sein Eigentum wirtschaftlich zu nutzen.[19] PAPIER[20] sieht den Grund für die Begrenzung in einem Ausschluß oder einer Verhinderung jeder privatnützigen Eigentumsverwendung, auf der die von der Sache ausgehende Gefahr oder Störung der öffentlichen Sicherheit basiert.

SCHMIDT-JORTZIG[21] wendet sich gegen eine Herleitung der Einschränkung der Zustandsverantwortlichkeit aus der Institutsgarantie des Art. 14 GG. Die Haftung des Eigentümers für die Nichtschädlichkeit seines Gutes sei nun einmal Inhalt der Sozialpflichtigkeit des Eigentums nach Art. 14 Abs. 2 GG, und dem Einzelnen werde durch die aufwendige Gefahrenbeseitigungsaufgabe auch nicht das Eigentum entzogen, sondern eine separate, es ggf. bloß wertmäßig übersteigende Handlungspflicht auferlegt, die dann auch eigenständig zu beurteilen sei. Selbst wenn die Schädigungstendenz seines Grundbesitzes für den Eigentümer durch dritte und für ihn nicht beeinflußbare Ursachen hervorgerufen werde, bleibe seine Verantwortlichkeit im übrigen Ausdruck der personalen Selbstbestimmungs- und Freiheitswidmung seines Eigentums, wenn auch nun nicht im Guten durch Nutzenziehung und Unabhängigkeitsgenuß, sondern im Schlechten durch die Ertragung von Risiko und Konkurs. Wirtschaftliche Überforderungen des Einzelnen könnten deshalb systematisch erst beim Übermaßverbot Berücksichtigung finden. Dort freilich griffen sie sehr wohl Platz, denn natürlich schließe

---

18 GÖTZ, Allgemeines Polizei- und Ordnungsrecht, Rn. 221; BRANDT, Altlastenrecht, Rn. IV 70; PAPIER, DVBl. 1985, 873 (878); DERS., NVwZ 1986, 256 (261); BREUER, NVwZ 1987, 751 (756); SCHINK, VerwArch 82 (1991), 357 (379 f.); DERS., GewArch 1996, 50 (57); OERDER, NVwZ 1992, 1031 (1037); DERS., DVBl. 1992, 691 (695); PAPE, NJW 1992, 2661 (2666); FRIAUF, in: SCHMIDT-ASSMANN (Hg.), Besonderes Verwaltungsrecht, Rn. 92; BENDER/ SPARWASSER/ENGEL, Rn. 5/147 ff.; SPARWASSER/GEISSLER, DVBl. 1995, 1317 (1317). Vgl. auch SCHMIDT-JORTZIG, DÖV 1991, 753 (757); KNOPP, BB 1996, 389 (391); KUNIG, in: DERS./SCHWERMER/VERSTEYL, Anh. §§ 10, 10a Rn. 29. - HALLER, ZUR 1996, 21 (24) lehnt eine derartige Begrenzung aus rechtspolitischen Gründen ab, ohne allerdings auf das Problem der „Opferposition" einzugehen.

19 SCHINK, VerwArch 82 (1991), 357 (380); DERS., GewArch 1996, 50 (57); OERDER, NVwZ 1992, 1031 (1037); DERS., DVBl. 1992, 691 (695); PAPE, NJW 1992, 2661 (2666).

20 DVBl. 1985, 873 (878); DERS., NVwZ 1986, 256 (261).

21 DÖV 1991, 753 (757).

dann die individuelle Unzumutbarkeit eines Zugriffs seine rechtliche Verhältnismäßigkeit aus.

3.1.2.2 Beschränkung auf Opferposition

Eine Haftungsrestriktion wird von der h.L. allerdings nur für solche Fälle angenommen, in denen sich der Grundstückseigentümer oder Inhaber der tatsächlichen Gewalt in einer „Opferposition" befindet, weil sein Grundstück allein durch Fremdeinwirkung in Mitleidenschaft gezogen und dadurch zu einer Gefahr für die öffentliche Sicherheit und Ordnung geworden ist.[22]

Demgegenüber hält vor allem SPARWASSER eine generelle Begrenzung der Haftung des Zustandsverantwortlichen auf die Gefahrenquelle bzw. ihren Wert für geboten. Die Haftung des Zustandsstörers mit seinem gesamten Vermögen sei mit Art. 14 GG als verfassungsrechtlicher Gewährleistung des Eigentums kaum vereinbar. Die Gefahrenquelle sei in anderer Weise von der Sozialbindung des Eigentums erfaßt als das übrige Vermögen des Zustandsstörers. Sie sei vom Eigentümer im Rahmen der Sanierung voll einzusetzen. Die Sozialpflichtigkeit erfasse aber nur den konkreten Eigentumsgegenstand in seiner jeweiligen Gestalt, nicht aber das übrige Vermögen des Eigentümers.[23] Die Haftung des Zustandsstörers nach dem allgemeinen Polizeirecht beruhe allein auf seiner Nähe zur Gefahrenquelle und seiner tatsächlichen oder rechtlichen Möglichkeit, auf diese einzuwirken und damit die Gefahr für die Allgemeinheit zu beseitigen bzw. ihrem Entstehen vorzubeugen. Daraus ergebe sich, daß die Einwirkungsmöglichkeit zugleich die äußerste Grenze der Einwirkungspflicht sein müsse. Weiter könne dann auch die Kostentragungspflicht nicht gehen. Die Haftung des Zustandsstörers sei also auf den Wert der Gefahrenquelle beschränkt.[24] Durch das Anknüpfen der h.L. an eine Opferposition des Zustandsstörers werde in das Gefahrenabwehrrecht eine subjektive Komponente eingeführt, die systemfremd sei.[25]

3.1.2.3 Haftungsbegrenzung nach Risikosphären

Eine Begrenzung der Zustandshaftung durch die Ausgrenzung von Risiken, die in die Risikosphäre der Allgemeinheit fielen, aus der Zustandsverantwortlichkeit des Eigentümers bzw. Gewaltinhabers vertritt FRIAUF[26]. Danach habe der Eigentümer für die aus dem Grundstück hervorgegangenen Gefahren, z.B. Unwet-

---

22 BRANDT, Altlastenrecht, Rn. IV 72; KLOEPFER, NuR 1987, 7 (17); BREUER, NVwZ 1987, 751 (756); SCHINK, VerwArch 82 (1991), 357 (380); DERS., GewArch 1996, 50 (56 f.).

23 BENDER/SPARWASSER/ENGEL, Rn. 5/147 f.

24 SPARWASSER/GEISSLER, DVBl. 1995, 1317 (1320); BENDER/SPARWASSER/ENGEL, Rn. 5/149.

25 BENDER/SPARWASSER/ENGEL, Rn. 5/152; SPARWASSER/GEISSLER, DVBl. 1995, 1317 (1323 ff.).

26 In: SCHMIDT-ASSMANN (Hg.), Besonderes Verwaltungsrecht, Rn. 91 f.

terfolgen, Überschwemmungen, Felssturz usw. voll einzustehen. Andererseits sei es nicht gerechtfertigt, ihm auch die Gefahren aufzubürden, die sich aus einer nicht ihn, sondern die Allgemeinheit treffenden Gefahrenlage, z.B. Krieg, moderner Massenverkehr usw., ergäben oder ihm aus anderen Gründen wertungsmäßig nicht zugerechnet werden könnten.

Ähnlich, allerdings mit stärker einschränkender Tendenz, folgert SPANNOWSKY[27] aus dem Charakter des Art. 14 Abs. 1 GG als Abwehrgrundrecht, daß eine die Sozialpflichtigkeit übersteigende Inanspruchnahme nur angenommen werden könne, wenn der Zustandsstörer für eine Gefahr in Anspruch genommen werden solle, die dem Verantwortungsbereich des Staates entspringe. Daß der Zustandsstörer durch einen Dritten in eine „Opferlage" geraten sei, genüge für sich allein nicht, weil der Staat von Verfassungs wegen nicht gehalten sei, dem Einzelnen jedes Lebensrisiko abzunehmen.

3.2 Stellungnahme

3.2.1 Grundrechtlicher Schutzbereich

Zutreffend setzt das jüngere Schrifttum bei Art. 14 GG zur Bestimmung der Grenzen der Haftung des Zustandsverantwortlichen an. Gänzlich unproblematisch ist der zivilrechtliche Eigentümer vom Schutzbereich der Vorschrift umfaßt.

Fraglich ist, inwieweit dies auch für den Inhaber der tatsächlichen Gewalt gilt. In dem Beschluß vom 26.5.1993 hat das BVerfG[28] anerkannt, daß auch das aus dem Mietvertrag folgende Besitzrecht des Mieters an der gemieteten Wohnung Eigentum im Sinne dieser Freiheitsgewährleistung ist. Unter den Schutz der Eigentumsgarantie im Bereich des Privatrechts fallen alle vermögenswerten Rechte, die ihrem Inhaber von der Rechtsordnung in der Weise zugeordnet sind, daß er die damit verbundenen Befugnisse nach eigenverantwortlicher Entscheidung zu seinem privaten Nutzen ausüben darf. In der weiteren Begründung wird auf das Nutzungsrecht des Mieters (§§ 535 S. 1, 536 BGB), den zivilrechtlichen Schutz des Besitzes (§§ 858 ff., 823 Abs. 1, 1004 BGB) sowie den Fortbestand der Berechtigung aus dem Mietvertrag bei Veräußerung der Sache abgestellt. Die nur sehr eingeschränkte Verfügungsbefugnis des Mieters sowie die Kündbarkeit des Mietvertrags hindern die Anerkennung seines Besitzrechts als Eigentum i.S.d. Art. 14 Abs. 1 S. 1 GG nicht. Nach diesen Kriterien ist auch der Inhaber der tatsächlichen Gewalt durch Art. 14 GG geschützt, wenn seine Beziehung zur Sache auf einer mietrechtlichen oder einer vergleichbaren Rechtsposition beruht.

Anderenfalls ist der Inhaber der tatsächlichen Gewalt nur durch die allgemeine Handlungsfreiheit gemäß Art. 2 Abs. 1 GG geschützt. Soweit gegenüber der staatlichen Inanspruchnahme zur Gefahrenabwehr eine dem Eigentümer oder im soeben besprochenen Sinne berechtigten Inhaber der tatsächlichen Gewalt entsprechende Interessenlage besteht, werden aber auch hier die gleichen, im folgenden zu erörternden Kriterien heranzuziehen sein.

---

27 DVBl. 1994, 560 (563).
28 E 89, 1 (5 ff.).

3.2.2 Grundrechtseingriff

Die Zustandsverantwortlichkeit knüpft an die Innehabung des Eigentums bzw. der tatsächlichen Gewalt Pflichten zum Wohl der Allgemeinheit, nämlich die Vornahme, Duldung und grundsätzlich auch Kostentragung von Maßnahmen zur Abwehr von Gefahren für Schutzgüter der öffentlichen Sicherheit, d.h. für Rechtsgüter privater Dritter, des Staates oder der Allgemeinheit. Sie trifft damit eine Inhaltsbestimmung des Eigentums i.S.d. Art. 14 GG.

Ob durch die Inanspruchnahme einzelner Eigentümer zur Gefahrenabwehr die Institutsgarantie bzw. der Wesensgehalt des Grundrechts überhaupt tangiert sein kann, muß in der Tat bezweifelt werden. Beides setzt nach herrschender Auffassung voraus, daß das Grundrecht als solches und nicht bloß für einzelne Grundrechtsinhaber beseitigt wird.[29] Auch sonst ist der objektive Grundrechtsgehalt nur von Bedeutung, soweit es um Ansprüche gegen den Staat, nicht aber um die Abwehr staatlicher Eingriffe geht.

Nachdem in der Rechtsprechung des BVerfG geklärt ist, daß auch eine unverhältnismäßige Beeinträchtigung des Eigentums allein nicht eine Enteignung i.S.d. Art. 14 Abs. 3 GG begründet[30], ist der Eingriff in den Schutzbereich des Art. 14 GG durch die Heranziehung zur Gefahrenabwehr ausschließlich an den für Inhalts- und Schrankenbestimmungen geltenden verfassungsrechtlichen Anforderungen und Grenzen zu messen.

3.2.3 Verhältnismäßigkeit der Inanspruchnahme

Diese werden vor allem durch den Grundsatz der Verhältnismäßigkeit bestimmt, der die Relation zwischen dem eingesetzten Mittel zum angestrebten Zweck den drei Teilgeboten der Geeignetheit, Erforderlichkeit und Verhältnismäßigkeit i.e.S. unterwirft.[31]

3.2.3.1 Zweck der Inanspruchnahme

Der danach zunächst zu ermittelnde Zweck der Inanspruchnahme des Grundstückseigentümers besteht im Hinblick auf die tatsächliche Gefahrenabwehr darin, der Behörde die rechtliche oder tatsächliche Einwirkung auf die gefährliche Sache, in der Regel im Wege der Anordnung von Maßnahmen zur Gefahrenabwehr gegenüber dem Eigentümer oder Inhaber der tatsächlichen Gewalt, zu ermöglichen.[32]

Unter Lastenverteilungsgesichtspunkten kann die Zustandshaftung auch der Finanzierung der Gefahrenbeseitigung zum allgemeinen Wohl dienen. Besondere Bedeutung mag dabei der Zugriff auf die Sache als Haftungsgegenstand für die

---

29 Vgl. PIEROTH/SCHLINK, Rn. 86 ff., 1047 f.; JARASS, in: DERS./PIEROTH, Vorb. vor Art. 1 Rn. 5, Art. 19 Rn. 7.

30 JARASS, in: DERS./PIEROTH, Art. 14 Rn. 28, 52, 56 mit Nachweisen der Rechtsprechung des BVerfG.

31 JARASS, in: DERS./PIEROTH, Art. 20 Rn. 58.

32 Vgl. DREWS/WACKE/VOGEL/MARTENS, S. 319.

öffentliche Hand haben. Mißbräuchlichen Gestaltungen, etwa derart, daß sich ein Verantwortlicher, insbesondere als juristische Person, der Sache unter Wert entäußert und so mangels sonstigem Vermögen seiner Haftung faktisch entzieht, kann auf diese Weise begegnet werden; es steht nunmehr der Erwerber der Sache als neuer Eigentümer für eine behördliche Inanspruchnahme zur Verfügung.[33]

Darin, daß die Zustandsverantwortlichkeit unabhängig von der Ursache des gefährlichen Zustands der Sache eintritt (oben 2), zeigt sich, daß sie nicht zum Zweck hat, rechtliche Folgen an ein pflichtwidriges Verhalten des Eigentümers, insbesondere die Herbeiführung des Zustands oder das Unterlassen von hinreichenden Vermeidungsmaßnahmen, zu knüpfen. Ein derartiges pflichtwidriges Verhalten kann allenfalls eine (zusätzliche) Verhaltensverantwortlichkeit begründen, deren Voraussetzungen allerdings gesondert zu prüfen sind.[34] Die tatbestandliche Anknüpfung an das Eigentum und die tatsächliche Sachherrschaft ermöglichen keine weitergehende Aussage über den inneren Zurechnungsgrund der Zustandshaftung, die Frage also weshalb derjenige, der die Sache rechtlich oder tatsächlich beherrscht, für ihren Zustand einstehen soll.[35]

3.2.3.2 Erforderlichkeit

Für die tatsächliche Vornahme von Maßnahmen zur Gefahrenabwehr ist lediglich der behördliche Zugriff auf die Sache erforderlich, nicht aber die wirtschaftliche Belastung des Eigentümers mit den Kosten der Maßnahmen. Die Gefahrenbeseitigung könnte auch im Wege der behördlichen Vornahme, ggf. sogar unter Entschädigung des Eigentümers für die von ihm in jedem Falle vorzunehmende Duldung, erfolgen.

Die Notwendigkeit der kostenmäßigen Belastung des Eigentümers besteht daher ausschließlich im Hinblick auf den Zweck der Finanzierung der Gefahrenabwehr. Dabei dürfte zur Verhinderung von mißbräuchlichen Gestaltungen bereits eine auf die gefährliche Sache als Haftungsgegenstand beschränkte Haftung ausreichen.

3.2.3.3 Verhältnismäßigkeit i.e.S.

Das Gebot der Verhältnismäßigkeit i.e.S. verlangt, daß der Eingriff in angemessenem Verhältnis zu dem Gewicht und der Bedeutung des Grundrechts steht, m.a.W. daß bei einer Gesamtabwägung zwischen der Schwere des Eingriffs und

---

33 Vgl. auch VGH Mannheim, Beschl. vom 4.8.1995, BB 1996, 394 (394).

34 Der VGH Mannheim lehnt in summarischer Prüfung in dem Beschl. vom 4.8.1995 eine derartige Begründung einer Verhaltensverantwortlichkeit für ein Unterlassen allerdings schon wegen der mangelnden Abgrenzbarkeit zur Zustandsverantwortlichkeit ab. Zustimmend KNOPP, BB 1996, 389 (392). Richtigerweise dürfte es in dem entschiedenen Fall aber nicht an der Abgrenzbarkeit zur Zustandsverantwortlichkeit, sondern an der insbesondere zur Begründung der Verhaltensverantwortlichkeit notwendigen unmittelbaren Verursachung der Gefahr gefehlt haben.

35 FRIAUF, in: DERS., FS f. Wacke, S. 293 (298).

dem Gewicht und der Dringlichkeit der ihn rechtfertigenden Gründe die Grenze der Zumutbarkeit gewahrt sein muß.[36] Speziell für Eigentumsbindungen i.S.d. Art. 14 Abs. 1 S. 2 GG und darauf beruhenden Eingriffen hat das BVerfG[37] wiederholt ausgesprochen, daß sie sowohl der grundgesetzlichen Anerkennung des Privateigentums durch Art. 14 Abs. 1 S. 1 GG als auch dem Sozialgebot des Art. 14 Abs. 2 GG in gleicher Weise zu genügen haben. Das Maß und der Umfang der dem Eigentümer von der Verfassung zugemuteten Bindung hängt wesentlich davon ab, ob und in welchem Ausmaß das Eigentumsobjekt in einem sozialen Bezug und in einer sozialen Funktion steht. Eigentumsbindungen dürfen, gemessen am sozialen Bezug und an der sozialen Bedeutung des Eigentumsobjekts sowie im Blick auf den Regelungszweck insbesondere nicht zu einer übermäßigen Belastung führen und den Eigentümer im vermögensrechtlichen Bereich unzumutbar treffen. Darüber hinaus ist der Gleichheitssatz als allgemeines rechtsstaatliches Prinzip zu beachten.[38] Innerhalb dieses Rahmens ist auch eine vollständige Entziehung des Eigentums aufgrund der Sozialbindung gemäß Art. 14 Abs. 2 GG möglich.

Keine Probleme weist insoweit der tatsächliche behördliche Zugriff auf die Sache auf. Gerade der Umstand, daß von der Sache Gefahren für Rechtsgüter anderer - Dritter oder der Allgemeinheit - ausgehen, macht den starken sozialen Bezug der Sache deutlich, der in der Inanspruchnahme zur Gefahrenabwehr seine Entsprechung findet.

Dieser soziale Bezug erstreckt sich auch auf den mit dem Eigentum verbundenen Wert der Sache. Insoweit besteht gerade der vom BVerwG genannte enge Zusammenhang zwischen der Nutzung der Sache und den sich daraus ergebenden wirtschaftlichen Vorteilen auf der einen Seite und den sich aus der Gefährdung der öffentlichen Sicherheit ergebenden wirtschaftlichen Lasten auf der anderen Seite. Der Wert der Sache ist daher - ebenso wie ihre Substanz - vom Eigentümer zur Gefahrenabwehr voll einzusetzen.

Für den Inhaber der tatsächlichen Gewalt ist an dieser Stelle zu beachten, daß er - anders als der zivilrechtliche Eigentümer - keinen Zugriff auf den Wert der Sache hat. Seine Beziehung zu der Sache ist auf die tatsächliche Einwirkung beschränkt. Insoweit besteht aber auch für ihn eine Sonderbeziehung zu der das Gemeinwohl gefährdenden Sache, die seine Inanspruchnahme zur Gefahrenbeseitigung rechtfertigt. Dementsprechend ist eine kostenmäßige Belastung nur im Rahmen der Vorteile, die ihm aus der Nutzung der Sache erwachsen, zumutbar.

Die Sozialpflichtigkeit erfaßt aber, worauf SPARWASSER zutreffend hinweist, nur den Eigentumsgegenstand in seiner konkreten Gestalt, nicht aber das gesamte übrige Vermögen des Eigentümers. Für eine darüber hinausgehende Haftung

---

36 JARASS, in: DERS./PIEROTH, Art. 20 Rn. 61, m.w.N. insbesondere der Rechtsprechung des BVerfG.

37 Vgl. Beschl. vom 17.11.1966, E 20, 351 (361).

38 Urt. vom 14.7.1981, E 58, 137 (147 f. m.w.N.).

des Eigentümers fehlt es an einem inneren Zurechnungsgrund.[39] Ihm würden aufgrund seiner bloßen Innehabung von Eigentum besondere Lasten und Risiken zugunsten der Allgemeinheit aufgebürdet.

Die Haftung des Zustandsstörers ist daher auf den Wert der Gefahrenquelle bzw. ihrer Nutzung beschränkt. Eine Haftung mit seinem gesamten Vermögen ist mit der Eigentumsgewährleistung des Art. 14 GG nicht vereinbar.

3.2.4 Abgrenzung von Risikosphären

Dem Ansatz einer Ausgrenzung von bestimmten der Sphäre der Allgemeinheit zuzuordnenden Risiken aus der Zustandshaftung mangelt es, wie schon die von FRIAUF selbst angeführten Beispiele zeigen, an trennscharfen Kriterien zur Abgrenzung der Risikosphären.[40] So leuchtet nicht ohne weiteres ein, warum etwa Naturkatastrophen nicht ebenso wie Kriegseinwirkungen den die Allgemeinheit treffenden Gefahrenlagen zugeordnet oder umgekehrt beide dem Eigentümer zugerechnet werden sollen. Denkbares Unterscheidungskriterium wäre nur die soziale (Mit-)Verursachung. Sämtliche sozial mitverursachten Gefahren gänzlich aus der Zustandshaftung auszuscheiden, erscheint allerdings in einer komplexen Gesellschaft als zu weit gehend. So ist es wohl kein Zufall, daß er gerade für die Altlastenproblematik zwar die Notwendigkeit einer sachgerechten Begrenzung der Zustandshaftung fordert, den Verlauf dieser Grenze aber nicht näher bezeichnet.

SPANNOWSKY auf der anderen Seite nimmt die einfachgesetzlich getroffene Inhaltsbestimmung im wesentlichen hin, gerade ohne nach ihrer inneren Rechtfertigung zu fragen und scheidet nur solche Fälle aus, in denen ein zusätzlicher (zweiter) Eingriff durch den Staat erfolgt.

3.2.5 Keine Beschränkung auf „Opferposition“

Soweit die h.M. die Haftungsbegrenzung dadurch einschränkt, daß der Zustandsverantwortliche zur Verursachung der Gefahr nicht beigetragen noch sie geduldet haben darf, kann diesem Kriterium nur klarstellende Bedeutung zukommen. Die (Mit-)Verursachung der Gefahr durch ein derartiges Tun oder Unterlassen kann eine zusätzliche Verhaltensverantwortlichkeit des Eigentümers bzw. Gewaltinhabers begründen. Diese bleibt von der Haftungsbegrenzung unberührt.[41]

Es verbleibt die Frage, ob die Kenntnis vom ordnungswidrigen Zustand der Sache bei Begründung des Eigentums die Haftungsbegrenzung für den Eigentümer nach Art. 14 GG einschränkt. Das Ausmaß der Gefährdung für die öffentliche Sicherheit wird durch die Kenntnis des Eigentümers nicht erhöht. Soweit die Sache selbst für die Gefahrenabwehr wertmäßig verhaftet bleibt, tritt aufgrund

---

39 Auch GÖTZ, Allgemeines Polizei- und Ordnungsrecht, Rn. 223 weist darauf hin, daß die Zustandsverantwortlichkeit sich nicht nur aus der Innehabung der Sache herleitet, sondern auch durch diese begrenzt ist.

40 So auch DREWS/WACKE/VOGEL/MARTENS, S. 320.

41 Vgl. DREWS/WACKE/VOGEL/MARTENS, S. 326.

der allgemeinen Haftungsbegrenzung für den Zustandsverantwortlichen durch ihre Übertragung selbst auf einen ansonsten wirtschaftlich nicht leistungsfähigen Erwerber und auch bei einer Übertragung zu einem wegen der Belastung erheblich reduzierten Preis keine Verschlechterung der Position der öffentlichen Hand ein. Eine Einschränkung der Haftungsbegrenzung aufgrund der bloßen Kenntnis von dem ordnungswidrigen Zustand der Sache ist deshalb nicht gerechtfertigt. Eine über den Wert des Grundstücks hinausgehende Haftung des Eigentümers als bloßem Zustandsverantwortlichen verstieße daher auch in diesem Fall gegen das Übermaßverbot und wäre daher mit Art. 14 GG nicht vereinbar.

Die Haftungsbegrenzung für den (ausschließlich) Zustandsverantwortlichen setzt daher nicht voraus, daß dieser sich in einer „Opferposition" befindet.

3.2.6 Ergebnis

Im Ergebnis ist eine Begrenzung der Haftung des Zustandsstörers in der Regel dann geboten, wenn die Kosten der Gefahrenabwehr den Wert des Grundstücks übersteigen.[42] Aber auch schon unterhalb dieser Grenze kann eine Haftungsrestriktion in Frage kommen, wenn anderenfalls der Verantwortliche schwer und unzumutbar wirtschaftlich belastet würde.[43] In jedem Falle wird die Durchführung der Gefahrenabwehrmaßnahme entschädigungslos zu dulden sein.[44]

4 Folgen für das einfache Recht

Hinsichtlich der Folgen für das einfache Recht ist zunächst die allgemeine Zustandshaftung zu erörtern (4.1). Sodann ist auf die Haftung des ehemaligen Eigentümers oder Inhabers der tatsächlichen Gewalt (4.2) sowie die vorgesehene Kostenregelung des § 25 BBodSchGE einzugehen (4.3).

4.1 Allgemeine Zustandshaftung

Für die Begrenzung der allgemeinen Zustandshaftung kommen drei gesetzliche Anknüpfungspunkte in Betracht:

1. Die Haftungsbegrenzung kann bereits auf der Tatbestandsebene ansetzen, d.h. schon die Störereigenschaft ist bei bestimmten Fallkonstellationen ausgeschlossen.
2. Sie kann auf der Ebene der Störerauswahl eingreifen, indem der Verhaltensverantwortliche vorrangig heranzuziehen ist, während der Eigentümer oder

42 Speziell bei den Altlasten-Fällen ist dabei noch eine Wertsteigerung zu Lasten des Eigentümers zu berücksichtigen (PAPE, NJW 1992, 2661 (2666)).

43 Vgl. auch KUNIG, in: DERS./SCHWERMER/VERSTEYL, Anh. §§ 10, 10a Rn. 30.

44 BRANDT, Altlastenrecht, Rn. IV 72; PAPIER, DVBl. 1985, 873 (878); DERS., NVwZ 1986, 256 (262); SCHINK, VerwArch 82 (1991), 357 (380 f.); OERDER, NVwZ 1992, 1031 (1037); DERS., DVBl. 1992, 691 (695).

Inhaber der tatsächlichen Gewalt nur zur Duldung von Einwirkungen auf sein Grundstück verpflichtet ist.

3. Die Inanspruchnahme des Zustandsverantwortlichen scheidet allgemein auf der Ebene der Ermessensausübung aus, so daß die Kosten der Gefahrenabwehr ggf. von der Allgemeinheit zu tragen sind.

Eine vollständige Freistellung des Grundstückseigentümers bzw. seine Behandlung als u.U. entschädigungsberechtigter Nichtstörer für durch die Sanierungsmaßnahmen erlittenen Beeinträchtigungen durch das Ansetzen am Rechtsgrund der Verantwortlichkeit ist - wie gezeigt - aufgrund der Sozialbindung des Eigentums (Art. 14 Abs. 2 GG) von Verfassungs wegen nicht geboten.[45] Sie würde auch dem Umstand nicht gerecht werden, daß der Grundstückseigentümer ja nicht erst durch die staatlichen Gefahrenabwehrmaßnahmen in seiner Eigentümerposition beeinträchtigt wird, sondern schon durch die Altlast selbst. Durch eine „kostenlose“ Sanierung würde er damit u.U. sogar einen Wertzuwachs auf Kosten der Allgemeinheit erhalten.[46] Darüber hinaus erscheint eine Begrenzung der Zustandsverantwortlichkeit auf der Tatbestandsebene mit den entsprechenden gesetzlichen Bestimmungen als nur schwer vereinbar.[47]

Eine Konfliktlösung auf der Störerauswahlseite ist nur dann möglich, wenn ein Verhaltensverantwortlicher greifbar, zu einer effektiven Gefahrenabwehr in der Lage und sonst zahlungsfähig ist.[48] Sie würde daher nur eine unvollkommene Umsetzung der verfassungsrechtlichen Anforderungen erreichen.

Vorzuziehen ist daher die Haftungsrestriktion im Rahmen der Verhältnismäßigkeitsprüfung auf der Ebene der behördlichen Ermessensausübung im Einzelfall. Sie ermöglicht eine differenzierte Lastenverteilung, etwa indem dem Zustandsverantwortlichen zumindest die entschädigungslose Duldung von Gefahrenabwehrmaßnahmen und - je nach den Umständen des Falles - auch Beiträge zur Gefahrenabwehr selbst oder den durch sie verursachten Kosten aufgegeben werden können.[49]

Sollen dem Zustandsverantwortlichen weitergehende Maßnahmen auferlegt werden, so ist er insoweit nach den Regeln des polizeilichen Notstands als nicht verantwortlicher Dritter zu behandeln und für eventuelle Vermögenseinbußen zu entschädigen.[50]

---

45 VGH München, Urt. vom 13.5.1986, NVwZ 1986, 944 (945).

46 BRANDT, Altlastenrecht, Rn. IV 71; SEIBERT, DVBl. 1985, 328 (328).

47 SCHINK, VerwArch 82 (1991), 357 (380 f.); SCHOCH, JuS 1994, 1026 (1026); OERDER, NVwZ 1992, 1031 (1036).

48 BRANDT, Altlastenrecht, Rn. IV 69; VGH München, Urt. vom 13.5.1986, NVwZ 1986, 944 (945).

49 BRANDT, Altlastenrecht, Rn. IV 71; SEIBERT, DVBl. 1985, 328 (329); DREWS/WACKE/VOGEL/ MARTENS, S. 321; SCHOCH, JuS 1994, 1026 (1026 f.); im Ergebnis ebenso auch OERDER, DVBl. 1992, 691 (695); KUNIG, in: DERS./SCHWERMER/VERSTEYL, Anh. §§ 10, 10a Rn. 30; VGH München, Urt. vom 13.5.1986, NVwZ 1986, 944 (945).

50 FRIAUF, in: SCHMIDT-ASSMANN (Hg.), Besonderes Verwaltungsrecht, Rn. 93.

4.2 Haftung des ehemaligen Eigentümers oder Inhabers der tatsächlichen Gewalt

Kritischer ist die verfassungskonforme Anwendbarkeit der Regelungen über die Verantwortlichkeit des ehemaligen Eigentümers oder Inhabers der tatsächlichen Gewalt aufgrund spezialgesetzlicher Regelungen sowie der Einbeziehung der Dereliktion in die Zustandsverantwortlichkeit im Hinblick auf die dargestellten Grenzen der Zustandshaftung zu beurteilen.

Die rechtliche und tatsächliche Möglichkeit, auf die gefährliche Sache einzuwirken, besteht für den ehemaligen Eigentümer oder Inhaber nach der Veräußerung oder sonstigen Aufgabe der Sache nicht mehr[51], so daß dieser Zweck zur Begründung der Verantwortlichkeit ausscheiden muß. Hinsichtlich des Finanzierungszwecks bleibt das Grundstück durch die originär entstehende Zustandsverantwortlichkeit des neuen Eigentümers weiterhin gefahrenabwehrrechtlich verhaftet, so daß durch die Übertragung auch sonst keine Verschlechterung der wirtschaftlichen Position der öffentlichen Hand eintritt. Hingegen betrifft den ehemaligen Eigentümer auch die Sozialbindung des Eigentums nach Art. 14 Abs. 2 GG nicht mehr. Die Inanspruchnahme bloß aufgrund einer früheren Stellung als Eigentümer oder Inhaber der tatsächlichen Gewalt ist - unbeschadet anderer Zurechnungsgründe - stets unverhältnismäßig.

Dies gilt insbesondere für die Fälle der Dereliktion, in denen ggf. der Fiskus im Wege der Aneignung (§ 928 Abs. 2 BGB, § 958 BGB) Zugriff auf den in der Sache verkörperten Wert nehmen kann. Im Rahmen der oben (3) dargestellten Grenzen der Zustandshaftung besteht die befürchtete Regelungslücke, die zur Einbeziehung des ehemaligen Eigentümers in den Kreis der Zustandsverantwortlichen führte, nicht.[52]

Ebenso ist die Haftung des früheren Eigentümers oder Inhabers der tatsächlichen Gewalt nach den altlastenrechtlichen Vorschriften des § 12 Abs. 1 Nr. 6 HessAltlastG sowie des § 20 Abs. 2 ThAbfAG zu beurteilen. Die thüringische Regelung enthält sich insoweit jeder weiteren Eingrenzung des Kreises der verantwortlichen ehemaligen Grundeigentümer. Die hessische Regelung schreibt die oben (3.2.5) abgelehnte „Opferposition" als Voraussetzung für eine Entlastung fest.

Vorsichtiger ist allerdings die Berliner Regelung (§ 13 Abs. 4 BlnBodSchG) zu bewerten: Sie beschränkt sich auf die Verantwortlichkeit desjenigen, der Eigentümer oder Gewaltinhaber in dem Zeitraum gewesen ist, in dem die Bodenverunreinigung entstanden ist, betrifft aber nicht nachfolgende Zwischenerwerber. Zudem erlaubt sie eine Entlastung für den Fall, daß ihm die entstandene Bodenverunreinigung in dem maßgeblichen Zeitraum weder bekannt war noch hätte bekannt sein müssen. Möglicherweise läßt sich diese Regelung als eine typisierte Verhaltensverantwortlichkeit rechtfertigen.[53]

---

51 KOTHE, DÖV 1994, 716 (724).

52 Kritisch dazu auch GÖTZ, Allgemeines Polizei- und Ordnungsrecht, Rn. 224.

53 Dazu wären allerdings zunächst die Grenzen der Verhaltensverantwortlichkeit einschließlich ihrer inneren Rechtfertigung zu klären. Bedenken bestehen diesbezüg-

4.3 Die Kostenregelung des BBodSchGE

Soweit die Regelung des § 25 Abs. 2 BBodSchGE die Haftung des Eigentümers auf den Verkehrswert des Grundstücks unter Berücksichtigung der durchgeführten Maßnahmen begrenzt, entspricht sie den oben (3.2) entwickelten verfassungsrechtlichen Anforderungen. Die Bezugnahme auf § 194 BauGB dürfte dabei eine angemessene, berechenbare und daher zulässige Typisierung darstellen.[54]

Schwieriger zu beantworten ist die Frage, wann „die Kosten der angeordneten Maßnahmen die Nutzung des Grundstücks mit den sich daraus ergebenden wirtschaftlichen Vorteilen" durch den Inhaber der tatsächlichen Gewalt „ausschließen" (§ 25 Abs. 2 S. 1 a.E. BBodSchGE). Daß die Kosten der Maßnahmen die Nutzung des Grundstücks ausschließen, deutet auf eine nicht existente Möglichkeit hin, sich den Kosten bereits durch Ordnungsverfügung angeordneter Maßnahmen durch Aufgabe der Grundstücksnutzung entziehen zu können. Direkt subsumierbar dürfte der so formulierte Gesetzestatbestand nicht sein. Der Hinweis auf die wirtschaftlichen Vorteile sowie die nachfolgende Konkretisierung für den Eigentümer deuten auf eine Begrenzung auf den subjektiven wirtschaftlichen Wert der Grundstücksnutzung hin. Bei diesem Verständnis bewegt sich die Vorschrift auch im Hinblick auf den Inhaber der tatsächlichen Gewalt innerhalb des oben (3.2) aufgezeigten verfassungsrechtlichen Rahmens. Eine entsprechende redaktionelle Überarbeitung der Vorschrift im laufenden Gesetzgebungsverfahren erscheint allerdings wünschenswert.

Soweit § 25 Abs. 2 BBodSchGE jedoch die Haftungsbegrenzung von der näher beschriebenen Opferposition des Verantwortlichen abhängig macht, ist die Vorschrift nach dem oben (3.2.4) Gesagten verfassungswidrig.

5 Zusammenfassung

1. Die Haftung des Zustandsverantwortlichen ist verfassungsrechtlich für den Eigentümer auf den Wert der Sache, von der die Gefährdung der öffentlichen Sicherheit ausgeht, für den Inhaber der tatsächlichen Gewalt auf den Wert der Vorteile, die ihm aus der Nutzung der Sache erwachsen, begrenzt.
2. Für die Haftungsbegrenzung ist nicht Voraussetzung, daß sich der Zustandsverantwortliche in einer „Opferposition" befindet, weil er weder zur Verursachung der Gefahr beigetragen oder sie geduldet hat, noch bei Begründung seines Eigentums bzw. der tatsächlichen Gewalt Kenntnis vom ordnungswidrigen Zustand der Sache hatte oder hätte haben können.
3. Eine einfachgesetzliche Regelung, die die polizeirechtliche Verantwortlichkeit ausschließlich an die ehemalige Innehabung des Eigentums oder der tatsächlichen Gewalt anknüpft, ist stets unverhältnismäßig.

---

lich insbesondere hinsichtlich einer Gefahrerhöhung als Folge einer damaligen Verletzung der materiellen Polizeipflicht des früheren Zustandsverantwortlichen sowie einer Rückwirkung der Vorschrift. Eine abschließende Beurteilung ist im Rahmen des vorliegenden Beitrags nicht möglich.

54 Vgl. auch Begründung, BR-Drs. 702/96, S. 145.

4. Bei der allgemeinen Zustandshaftung ist die Haftungsrestriktion im Rahmen der Verhältnismäßigkeitsprüfung im Einzelfall zu berücksichtigen.
5. Die Regelungen des allgemeinen Polizeirechts, die den Fortbestand der Zustandsverantwortlichkeit in den Fällen der Eigentumsaufgabe bestimmen (z.B. § 18 Abs. 3 NWOBG), sowie § 12 Abs. 1 Nr. 6 HessAltlastG und § 20 Abs. 2 ThAbfAG sind daher verfassungswidrig.
6. Die Vorschrift des § 25 Abs. 2 BBodSchGE ist, soweit sie eine „Opferposition" des Zustandsverantwortlichen zur Voraussetzung für die vorgesehene Haftungsbegrenzung macht, verfassungswidrig.

Über den Einfluß mechanistischer Naturerklärung auf das (Umwelt-)Recht

Frank Sollondz

1 Strukturelle Unzulänglichkeit umweltrechtlicher Regelungen am Beispiel des Wasserrechts

Die bedeutendsten globalen Umweltprobleme[1] weisen strukturelle Ähnlichkeiten auf. So sind sie bei näherer Betrachtung das Resultat *incremental summierter*[2], je für sich imperfekter Schadensbeiträge: Der Treibhauseffekt ebenso wie der Abbau der Ozonschicht, die Vernichtung tropischer Regenwälder, die weltweite Bodendegradation und Desertifikation, zudem das Artensterben und nicht zuletzt auch die den Problemdruck auf den genannten Feldern verstärkende, ungebrochene Bevölkerungsexplosion.[3] All diese Phänomene entstehen aus der Summation einer unüberschaubaren Zahl kleiner und kleinster, mitunter durch Synergieeffekte verstärkter Verursachungsbeiträge, die isoliert betrachtet jeweils so weit unter dem Schwellenwert einer je für sich perfekten Schädigung liegen, daß sie in keinem analytisch nachweisbaren Zusammenhang zum eingetretenen Schaden stehen. Entsprechend diffizil gestalten sich die Probleme der Zurechnung der im Ganzen in niemandes Verantwortung fallenden Umweltschäden. Über ihre Charakterisierung als Summationseffekte hinaus ist den genannten globalen Umweltproblemen zudem gemeinsam, daß es sich bei ihnen nicht um jeweils isolierte, unverbundene Phänomene, sondern vielmehr um *systemische Probleme* handelt, die wechselseitig miteinander verknüpft und voneinander abhängig sind.[4]

---

1 Einen guten Überblick über die globale Entwicklung der Umweltbelastung findet sich in GLOBALE TRENDS 1996, Kap. Weltgesellschaft, S. 101 ff.; Kap. Weltökologie, S. 259 ff. und in den DATEN ZUR UMWELT 1992/93, S. 81 ff.

2 Zum Begriff der incremental summierten Gefahr und ihrer systematischen Zuordnung zum Bereich der Gefahrenabwehr s. LÜBBE-WOLFF, Die rechtliche Kontrolle incremental summierter Gefahren, S. 167 ff.

3 Die Ausweglosigkeit globaler Entwicklung rechtfertigt dabei eher die Bezeichnung *Aporie* als (prinzipielle Lösbarkeit konnotierendes) „Problem". Auch der Ausdruck Umwelt*krise* im Sinne von „Entscheidungssituation, Wendepunkt" insofern euphemistischer Natur.

4 Zu den typischen Charakteristika zählt auch die *Verlagerung von Schadstoffen* zwischen einzelnen Umweltmedien (sog. „Medienwanderung"). So schlägt etwa die ihrerseits incremental summierte Luftverschmutzung - mit Verzögerung - nicht nur auf Böden, sondern im Wege direkter Deposition und durch Oberflächenabschwemmungen auch auf Gewässer durch.

Die komplexe Verknüpfung der in derart gravierende Umweltschäden mündenden Kausalketten auf der „Schadensseite" bildet in gewisser Weise die Komplexität der ökologischen Wechselwirkungskomplexe ab, die für die natürliche Stabilität von Ökosystemen verantwortlich ist. Die Vielfältigkeit dieses im Rahmen konkreter Rechtsfragen typischerweise nicht relevanten Wirkungsgefüges der Natur begegnet uns dabei nicht nur in Prozessen der Atmosphäre oder den Stoffkreisläufen der Weltmeere, auf die Einzelentscheidungen der täglichen Verwaltungspraxis - wie angedeutet - keinen meßbaren Einfluß haben. Die strukturelle Unzulänglichkeit rechtlicher Wahrnehmung kann auch konkret an anschaulichen Materien, wie dem *Wasserrecht,* verdeutlicht werden:

Als aquatische Lebensräume mit grenzenüberschreitenden Einzugsgebieten stellen z.B. Flußsysteme wie das der Elbe oder des Rheins komplizierte, *offene (Makro-)Ökosysteme* dar, die in vielfältigen Wechselbezügen mit den begleitenden amphibischen und terrestrischen Ökosystemen vernetzt einem permanenten Gestaltwandel unterworfen sind. Derartige Fließgewässer stehen als integrierende Bestandteile der Biosphäre in komplexen Wechselbeziehungen mit dem Grundwasser, mit Altarmen, Überschwemmungsflächen sowie Auenwäldern und bestimmen hierdurch langfristig Thermoregulation und hydrologische Verhältnisse in den von ihnen geprägten Landschaften.[5] In diese natürlichen, durch die Fähigkeit zur Selbstregulation gekennzeichneten ökologischen Strukturen eingreifend werden Fließgewässer wie die Elbe *widerstreitenden zivilisatorischen Nutzungsansprüchen* unterworfen, deren kumulierende Schädigungspotentiale beispielsweise in „Jahrhundertfluten" und kontaminierten Gewässersedimenten deutlich werden. Um so wichtiger wäre es, daß die zur Schadensbegrenzung geschaffenen *rechtlichen Regelungen* der angedeuteten, über Verwaltungsgrenzen hinweg wirksamen Entwicklungsdynamik von Fließgewässern gerecht würden.

Tatsächlich fehlt es jedoch an einem einheitlichen, das Flußsystem als Ganzes betreffenden Rechtsregime: Die unterschiedlichen Nutzungsansprüche spiegeln sich vielmehr in *unverbundenen Regelungskomplexen* unserer Rechtsordnung wider. Die Funktionen als Vorfluter, Trink- und Brauchwasserreservoir sowie als Entsorgungsmedium im Wasserrecht, die Bedeutung als Verkehrsträger im Wasserstraßen- und Schiffahrtsrecht, ökologische Funktionen darüber hinaus im Naturschutz- und Fischereirecht. Betrachtet man mit Blick auf das vernetzte Wirkungsgefüge der Biosphäre auch all diejenigen Rechtsmaterien, die zum Schutz der Wälder und Feuchtgebiete, zur Regelung von Landbewirtschaftung und baulicher Nutzung von Grundflächen, für den Umgang mit Chemikalien sowie zur Begrenzung von Schadstoffemissionen erlassen worden sind, um Bodenkontamination und Bodenversiegelung sowie atmosphärische Schadstoffeinträge in Böden und Gewässer zu limitieren, ergibt sich ein buntes *Mosaik rechtlicher Regelungen* zum Schutze der Gewässer. Sind die jeweiligen Normierungskomplexe noch relativ einfach überschaubar, so liegen allerdings die *Zuständigkeiten* sowohl für die *Normsetzung* als auch für den *Vollzug* der einzelnen Rege-

5 RIETZ, Der Fluß als ökologisches System, S. 27 (33); HEINRICH/HERGT, S. 120 ff.

lungen, die für Schadstoffeinleitungen, den Ausbau und die Unterhaltung von Gewässern, ihre verkehrliche Nutzung, für Land- und Waldbewirtschaftung, Siedlungs- und Straßenbau u.a.m. gelten, bei unterschiedlichen Organen von Bund, Ländern, Kreisen, Kommunen sowie supra- und internationalen Organisationen.

Die hierin angedeutete *Diskrepanz* zwischen einer komplex strukturierten Realität einerseits und einem auf diese Wirklichkeit bezogenen Umweltrecht andererseits, das sich durch *aspektbezogen-punktuelle Regelungsthemen* und *kleinräumig fraktionierte Regelungs- und Vollzugszuständigkeiten* (die eine übergreifende Koordinierung konfligierender Nutzungen erschweren) auszeichnet, steht einer nachhaltigen, ressourcenökologisch ausgerichteten Gewässerbewirtschaftung entgegen. Am Beispiel des Wasserrechts kann so verdeutlicht werden, daß das heutige Umweltrecht immer noch einer von Systemtheorie und Ökologie längst verworfenen fraktionierten Sicht der Wirklichkeit folgt.[6]

Vor diesem Hintergrund sollen im Folgenden sowohl die allgemeineren erkenntnistheoretischen als auch die spezielleren wissenschaftsgeschichtlichen Gründe für diese Defizite dargelegt und hierin zugleich erste Hinweise für deren Überwindung[7] entwickelt werden.

2 Die Bedeutung von Wahrnehmungskonzepten für die Entstehung und Identifizierung von Umweltproblemen

2.1 (Globale) Umweltkrise - eine Krise der Wahrnehmung?

Seit der publizistischen[8] „Entdeckung" der Umweltproblematik durch die amerikanische Biologin *Rachel Louise Carson* in ihrem Buch „Silent Spring"(1962)[9]

---

6 Dem überkommenen Muster wissenschaftlicher Spezialisierung folgend ist allerdings auch die Ökologie als wissenschaftliche Disziplin längst in einer Ökologie terrestrischer und aquatischer Lebensräume aufgegangen, die ihrerseits zahlreiche Subdisziplinen wie die Landschaftsökologie oder die Fließgewässerökologie hervorgebracht hat.

7 Die vor diesem Hintergrund entscheidende Frage lautet, ob die *Punktualität unseres Umweltrechts* mit Blick auf den *systemischen Charakter* der zu regelnden Gegenstandsbereiche nicht ein *strukturell* inadäquates Reaktionsmuster darstellt.

8 Umweltschäden (Bodenerosion) beschrieb schon PLATON (Kritias 111 b-d: Von Attika seien „wie von einem durch Krankheit dahingeschwundenen Körper nur noch die Knochen übriggeblieben."). GLACKEN, Wandel der Vorstellungen, S. 158 wagt die These, daß die Thematisierung dieser anthropogenen Umweltveränderungen in den *gesellschaftspolitischen* Schriften Platons die philosophische Dimension dieser Wandlungen zu einem die Hauptrichtung der abendländischen Philosophie bestimmenden Topos hätte werden lassen können. Aber auch die Anfänge (lokalen) Umweltschutzes reichen bis in die Antike (vgl. HEINE, Ökologie und Recht, GA 1989, 116 ff.; DERS., Ökologie und Recht in historischer Sicht, S. 116 ff.; zu den Wurzeln des Naturschutzes s. WEY, Umweltpolitik, S. 128 ff.). Der von lokalen Ereignissen abstrahierende Umweltschutz setzt freilich erst im 20. Jahrhundert ein, etwa mit der Internationalen Konferenz zum Schutz des afrikanischen Großwildes in Bern (1913); vgl. BOSSELMANN, Im Namen der Natur, S. 128 f.

ist zumindest in den Industriestaaten das Bewußtsein einer breiteren Öffentlichkeit für die Tatsache geschärft, daß der Belastbarkeit der Biosphäre Grenzen gesetzt sind. Die durch naturwissenschaftliche Forschung erschlossene Einsicht in die Komplexität ökologischer Wechselwirkungsprozesse und das langsam erworbene Wissen um die Existenz von Öko*systemen* waren dabei Voraussetzung für diejenigen *Wahrnehmungskonzepte*, die es uns ermöglichen, ehemals als unverbunden gedachte menschliche Tätigkeiten in ihrer kumulierenden, bisweilen synergetischen und sich gegenseitig verstärkenden Wirkung auf die natürlichen Lebensgrundlagen und damit die Dimension globaler Umweltprobleme zu erkennen.[10]

Daß die *Wahrnehmung* in entscheidender Weise unseren Umgang mit der Umwelt bestimmt, ist dabei kein neuer Gedanke: *Jacob von Uexküll* wies schon 1907 auf die degenerierte Wahrnehmungsfähigkeit des modernen Großstadtmenschen hin, dessen durch die arbeitsteilig-industriell geprägte Lebenswelt reduzierte Wahrnehmungsfähigkeit ihn die natürliche Umwelt bei einem Spaziergang nur noch in der gegenständlichen Reduktion auf „Weg - Baum - Haus - Hund" registrieren und eben nicht mehr „erleben" läßt.[11] Heute bricht sich die Einsicht Bahn, daß die globalen ökologischen Krisensymptome letztlich sogar „als verschiedene Facetten *ein und derselben* Krise" begriffen werden müssen, „welche im wesentlichen eine *Krise der Wahrnehmung* ist".[12] Diese Krise der Wahrnehmung hat sowohl evolutionsbiologische wie ideengeschichtliche Ursachen, die einen nicht zu unterschätzenden Einfluß auf die europäische Rechtsentwicklung bis hin zum Umweltrecht der Gegenwart ausgeübt haben.

2.2 Evolutionsbiologisch begründete Schranken der Wahrnehmung

Unsere Sinnesorgane haben sich in steter Auseinandersetzung mit der artspezifischen Umwelt des Menschen herausgebildet. Der gesamte, in Anpassung an die uns umgebende, überlebensrelevante Umwelt herausgebildete „Weltbildapparat", also die Gesamtheit der die Außenwelt wahrnehmenden, verrechnenden, abbil-

---

9 Der stumme Frühling, München 1968. Hierzu und zur Biographie CARSONS (1907-1964): FLEMING, New-Conservation-Bewegung, S. 216 (220 ff., 235 ff.); zur Publikationsgeschichte V. WEIZSÄCKER, Erdpolitik, S. 15.

10 Nur in der Zusammenschau verschiedener Ursachenketten war es möglich, die gleichgerichteten Auswirkungen industrieller Rauchgasemissionen und Waldrodungen in Ballungsgebieten auf die Luftqualität, von Moor"kultivierung", technischem Gewässerausbau und Flächenversiegelung auf Überschwemmungen zu erkennen, vgl. WEY, Umweltpolitik, S. 11. Auch die Einführung der Schwemmkanalisation in der zweiten Hälfte des 19. Jahrhunderts, der die Erkenntnis einer kausalen Verknüpfung von städtischer Hygiene und Gesundheit zugrundelag, wurde um den Preis zunehmenden Wasserverbrauchs und zunehmender Flußverschmutzung realisiert. Da man zugleich die Selbstreinigungskräfte von Fließgewässern überschätzte, denen man ungefiltert das Trinkwasser entnahm, reimportierte man die gebannt geglaubten Probleme über den Umweg des Trinkwassers.

11 V. UEXKÜLL, Die neue Rundschau 1907, 641 (660 f.).

12 CAPRA, Wendezeit, S. VIII (Vorwort), vgl. ferner VESTER, Neuland des Denkens, S. 17 ff. und MEYER-ABICH, Wege zum Frieden mit der Natur, S. 245 ff.

denden Mechanismen (Sinnesorgane, Nervensystem), arbeitet dabei mit bestimmten, phylogenetisch erworbenen und genetisch fixierten, überlebensdienlichen (teleonomen) Hypothesen über die Beschaffenheit der Außenwelt (wie z.B. Ursache-Wirkung-Beziehungen). Dieser *Passungscharakter* unserer in einer Welt mittlerer Dimensionen, dem „Mesokosmos", herausgebildeten Wahrnehmungsstrukturen ist dabei für deren biologische Vorteile ebenso verantwortlich wie für ihre spezifischen Beschränkungen: Da diese Orientierungshypothesen und Anschauungsformen arterhaltende Funktion besitzen und in artspezifischen Selektionsprozessen entstanden[13], sind unseren angeborenen kognitiven Strukturen *diejenigen Wirklichkeitsbereiche vollständig entzogen, die nicht dem für Hominiden maßgeblichen Selektionsbereich angehört haben* und für die Arterhaltung in der bisherigen Entwicklungsgeschichte irrelevant gewesen sind.

Die Umwelt, in der sich diese Anschauungsformen evolutionsgeschichtlich bewährt haben, reicht von Millimetern zu Kilometern, von Sekunden zu Jahren, von Ruhezuständen bis zu Geschwindigkeiten von einigen Metern pro Sekunde, von gleichförmiger Bewegung bis zur Erdbeschleunigung, von Gramm zu Tonnen - und versagen grundlegend in Wirklichkeitsbereichen, die evolutionsbiologisch bedeutungslos gewesen sind:[14] Unsere klassischen Anschauungsformen von Raum, Zeit, Gleichzeitigkeit, aber auch von Substanz und Kausalität („Kategorien" im Sinne Kants) stellen als biologische Anpassungen zwar gute Näherungen für die Orientierung im artspezifischen Lebensraum des Menschen dar[15], sind aber sozusagen nur physikalische *Grenzfälle*. Sie versagen gerade in ungewohnten Dimensionen wie dem Mikrokosmos, also bei atomaren Strukturen, in denen quantenphysikalische Deutungen von Geschwindigkeit, Ort und Kausalität nicht mehr den Kategorien sinnlicher Erfahrung entsprechen und nicht einmal mehr in der Logik natürlicher Sprachen[16] ausgedrückt werden können. Ähnliches gilt bei hohen Geschwindigkeiten (mit den nur im Rahmen der speziellen Relativitätstheorie erfaßbaren Phänomenen wie Zeitdilatation und Längenkontraktion), für die geometrische Beschreibung des Makrokosmos (für die die allgemeine Relativitätstheorie die Euklidsche Geometrie einer Revision unterzogen hat) und auch bei hochkomplizierten Strukturen wie dynamischen Regelkreisen mit positiven Rückkoppelungen.[17] Faktoren, denen im Verlauf der Evolutionsgeschichte keine selektierende Funktion zukam, werden von uns dabei mitunter nicht nur inadäquat, sondern sogar überhaupt nicht wahrgenommen, wie z.B. das für Menschen farb- und geruchlose Kohlenmonoxid. Auch war die menschliche Spezies über die Jahrhunderttausende nicht mit exponentiellen

---

13 WUKETITS, Evolution, S. 66 ff.

14 VOLLMER, Evolutionäre Erkenntnistheorie, S. 162.

15 Klassisch das Bild von SIMPSON: „Der Affe, der keine realistische Wahrnehmung von dem Ast hatte, nach dem er sprang, war bald ein toter Affe - und gehört daher nicht zu unseren Urahnen.", (Science 139 (1963), 81 ff.); hier zit. nach VOLLMER, Evolutionäre Erkenntnistheorie, S. 103.

16 Instruktiv - zum Problem der sprachlichen Abbildung unanschaulicher Entitäten - HEISENBERG, Sprache und Wirklichkeit, S. 271 (279 ff., 287 ff.).

17 VOLLMER, Evolutionäre Erkenntnistheorie, S. 118; V. BERTALANFFY, Philosophy of Science 22 (1955), 243 (257).

Wachstumsprozessen konfrontiert, die uns infolgedessen intuitiv nicht zugänglich sind.

Als biologische Wesen verfügen wir vielmehr immer noch über das im Jäger- und Sammlerdasein des Paläolithikums evolvierte kognitive Inventar. Ohne zuverlässige Wahrnehmungskonzepte oder Anschauungsformen für explosionsartig beschleunigte Entwicklungen vertrauen wir auf die Kontinuität eines linear ablaufenden Zeitmaßes in einer Welt ohne abrupte, plötzliche Veränderungen. Die partielle Isomorphie unserer evolvierten Anschauungsformen mit der realen Welt, ihr Näherungswert, erstreckt sich auf die grundlegenden und konstanten Umweltbedingungen, und dies auch nur insoweit, als letztere für das Überleben unserer Spezies wichtig waren.[18] So war im evolutionären Lernprogramm die Notwendigkeit, Rückwirkungen der Wirkungen auf ihre eigenen Ursachen zu erfassen, offenbar nicht enthalten[19], und so hat der Mensch - anschaulich an der sich unvermindert drehenden Bevölkerungsspirale - nach Jahrhunderttausenden eines unter den gegebenen Umweltbedingungen rationalen Fortpflanzungsverhaltens, das einem Regelkreis mit negativer Rückwirkung entsprach[20], unter den veränderten Bedingungen der Ackerbaukultur dieses Modell ohne evolvierten „Sinn" für eine Folgenabschätzung durch ein dynamisches mit positiver Rückwirkung ersetzt.[21] In der weniger komplexen Umwelt des die Stammesgeschichte prägenden Jäger- und Sammlerdaseins ist die fehlende Wahrnehmung von exponentiellen Prozessen offenbar kein Selektionsnachteil gewesen. Die Möglichkeit und das Ausmaß einer Rückwirkung steter Eingriffe in die Natur auf uns selbst zu erkennen, ist erst in geschichtlicher Zeit, vor allem in den letzten beiden Jahrhunderten, zu einer existentiellen Frage geworden.

Wahrnehmung resp. Beobachtung von Prozessen in der Umwelt sind aber auch jenseits der biologischen Erkenntnisbarrieren niemals „neutral", unabhängig oder voraussetzungslos, sondern vielmehr eine Funktion des wahrnehmenden Subjekts. Beobachtung und Wahrnehmung sind ohne eine selektierende Rahmung, ohne einen Selektionsprozeß, der einem Raster gleich nur bestimmte Informationen unserem Bewußtsein zugänglich macht, nicht denkbar. Die Selektivität von Wahrnehmung beruht dabei nicht nur auf zahlreichen biophysikalischen Faktoren, die für die spezifische Beschränkung menschlicher Sinneswahrnehmung und ihre neuronale Verarbeitung konstitutiv sind.[22] Über die selektierende Funktion unseres Wahrnehmungsapparates, unserer stammesgeschichtlich an eine „Welt

---

18 MOHR, Evolutionäre Erkenntnistheorie, S. 16 (19).

19 WUKETITS, Evolution, S. 74.

20 Grundlegend: DUMOND, Science 187 (1975), 713 ff.; MARKL, Dynamik des Lebens, S. 71 (89 ff.).

21 Vgl. MARKL, Die Dynamik des Lebens, S. 71 (94).

22 Man denke in diesem Zusammenhang nur an die stammesgeschichtliche Entwicklung unseres Gesichtssinnes, der uns die sichtbare Welt mit ihren überlebensrelevanten Anforderungen (nur) in einem Ausschnitt aus dem elektromagnetischen Spektrum von 380 bis 760 nm, dem sog. „optischen Fenster", zugänglich macht; siehe hierzu insbesondere VOLLMER, Evolutionäre Erkenntnistheorie, S. 45 ff., 164 und WUKETITS, Evolution, S. 67.

mittlerer Dimensionen" angepaßten Wahrnehmungsstrukturen[23] hinaus sind es vor allem Bildung und Sozialisation, also *kulturelle* Phänomene, die für die Wahrnehmung, d.h. die Konstruktion der jeweiligen Umwelt entscheidend sind.[24]

Dieser Selektionsprozeß bildet sich auch in der Sprache ab: Wahrnehmung und Sprache, in der Beobachtungen definiert werden, sind immer bereits theoriegeprägt („theoriebeladen"), d.h. durch Vorannahmen über die Konstitution des zu beobachtenden Gegenstandsbereiches vorbelastet. *Beobachtung* ist insofern weniger autonome und wertfreie Feststellung von Sinnesdaten denn *Interpretation* im Lichte von Theorien. Die genaueste Beobachtung könnte keine Erkenntnis liefern, wenn nicht eine diese Beobachtungsdaten deutende und einordnende Vorstellung vorhanden wäre.[25] Beobachtung ist Wahrnehmung *von etwas* und konstituiert sich im Wege der Interpretation von Sinnesdaten mit Hilfe theoretischer Begriffe.[26] Diese Zusammenhänge haben, wie noch zu zeigen sein wird, größte Bedeutung für das Naturverständnis der Neuzeit gehabt.

Können die Welt und die mit den Mitteln des Rechts zu regelnden Wirkungen des Menschen auf den Naturhaushalt somit nur durch die Brille standort- und zeitgebundener Paradigmen hindurch erkannt und gewertet werden (die durch Beschränkung und Systematisierung Ordnung in die chaotische Komplexität der sinnlichen Erfahrung bringen[27]), dann sollten allerdings für die Fortentwicklung des Umweltrechts die neueren Einsichten in die Vernetzung der natürlichen Lebensgrundlagen sowie die durch die Physik des 20. Jahrhunderts eingeleitete Totalrevision unseres Weltbildes nicht irrelevant sein.

3 Entstehung und Einfluß des mechanistischen Weltbildes und mechanistischer Naturerklärung auf die Entwicklung der Umweltproblematik

Die Entstehung des den Weg in die technische Zivilisation mitbestimmenden[28] mechanistischen Weltbildes läßt sich hier angesichts der komplexen ideenge-

---

23 VOLLMER, Evolutionäre Erkenntnistheorie, S. 161 ff.

24 Vgl. MEYER-ABICH, Wege zum Frieden mit der Natur, S. 245 ff.

25 Diesen Zusammenhang hat schon WITTGENSTEIN betont, vgl. Tractatus, 4.01, 5.6.

26 Zum erkenntnistheoretischen Problem der Theoriebeladenheit der Beobachtungssprache siehe vor allem KUHN, Struktur, S. 65 ff., insbes. S. 75 ff. und S. 123-141 sowie STEGMÜLLER, Hauptströmungen, Bd. II, S. 262 ff.; S. 739 f.; V. KUTSCHERA, Erkenntnistheorie, S. 496 f., 515 f. und HEISENBERG, Sprache und Wirklichkeit, S. 271 ff.

27 Vgl. KUHN, Struktur, S. 123 ff., der die durch einen Paradigmenwechsel bewirkte neue Sicht der „Wirklichkeit" mit dem psychologischen Phänomen des *Gestaltwandels* vergleicht.

28 Zum Einfluß christlicher Wertemuster s. insbes. die grundlegende Auseinandersetzung von MÜNK, Science 155 (1967), 1203 ff. und hieran anknüpfende Autoren wie CARL AMERY (Das Ende der Vorsehung) und EUGEN DREWERMANN (Der tödliche Fortschritt).

schichtlichen Wechselwirkungsprozesse einerseits wie der gebrochenen Traditionslinien parallel entstandener, mitunter konkurrierender Ideen- und Begriffspfade andererseits nicht im einzelnen nachzeichnen. Dennoch können einzelne Bausteine der europäischen Geistesgeschichte ausgemacht werden, die einen bedeutenden (wenngleich schwer zu quantifizierenden[29]) Einfluß auf die Entwicklung des seit der Renaissance sich vielgestaltig entwickelnden Naturverständnisses der Neuzeit und auch auf die *Rechtsentwicklung* gehabt haben.

Das Selbstverständnis des Menschen als aktiv gestaltendes Element in der Natur ist schon in der Antike vorhanden. Bei *Cicero* findet sich bereits das Motiv der „zweiten Natur", der von Menschenhand geschaffenen: *„Ebenso hat der Mensch die völlige Herrschaft über alle Güter der Erde: ... uns gehören die Flüsse und Seen ... wir leiten Wasser auf unsere Ländereien und machen sie dadurch fruchtbar, wir dämmen Flüsse ein, bestimmen ihren Lauf und leiten sie ab; ja wir versuchen, mit unseren Händen inmitten der Natur gleichsam eine zweite Natur herzustellen."*[30] Dieses Bild einer durch zielgerichtete menschliche Eingriffe gestalteten und hierdurch *verbesserten* Natur begegnet uns in der geometrischen Ordnung des gegen die „unzivilisierte" Landschaft abgegrenzten Barockgartens des späten 17. Jahrhunderts wieder. Der Vorstellungswelt der höfischen Gesellschaft erschien die „unberührte Natur" als unrein und abstoßend, ihrem Geschmack und Lebensgefühl nur die zivilisierte, gebändigte, in Parkanlagen von Menschenhand erst sinnfällig „in Form gebrachte" und hierdurch veredelte Natur zeitgemäß.[31] Dieses Modell einer durch den Sündenfall gezeichneten und nur durch die permanente Intervention des Menschen, durch Trockenlegung, Rodung und Kanalisierung vor Chaos und Verfall zu bewahrenden Natur ist allerdings nur verhältnismäßig kurze Zeit einflußreich gewesen. Denn schon Anfang des 18. Jahrhunderts ist es von dem *Gegenentwurf natürlicher Selbstregulation* abgelöst worden. Dessen Hauptmotiv einer zu harmonischer Selbststabilisierung tendierenden Natur wurde in Gesellschaftsphilosophie und klassischer Ökonomie zu einer bis in die Gegenwart einflußreichen, mit der Metapher der *Maschine* verbundenen Denkfigur, in der sich auch das Konzept einer freien Konkurrenzwirtschaft wiederfindet: Die auf göttlichen Plan zurückgehende *Naturordnung* des freien Leistungswettbewerbs, die „das größtmögliche Glück der größtmöglichen Anzahl" garantiert und dafür sorgt, daß die egoistischen Einzelinteressen im Marktmechanismus einem harmonischen Ausgleich zugeführt

---

29 Zu Recht weist SIEFERLE, Perspektiven, S. 307 (358 ff.) auf den hochkomplexen Transformationsprozeß hin, der zwischen die Ideen eines objektiv wenig gelesenen Philosophen des 17. Jahrhunderts und das Naturverständnis der europäischen Gesellschaften als vermittelndes Glied hinzugedacht werden muß und die Annahme eines *direkten* Einflusses z.B. DESCARTES auf das Naturverständnis seiner Zeit naiv erscheinen läßt.

30 Marcus Tullius CICERO, De natura deorum, ed. Gerlach/Bayer, Buch II, S. 326.

31 Vgl. SIEFERLE, Höfische und bürgerliche Natur, S. 93 ff. sowie LEPENIES, Historisierung der Natur, S. 263 (266 ff.) und GLACKEN, Wandel der Vorstellungen, S. 158 (168 ff.) zu den charakteristischen Beschreibungen des Naturforschers BUFFON (1707-1788), Autor der weitverbreiteten *Histoire Naturelle*.

werden. Für Gesellschafts- *und* Naturbegriffe beginnt auf breiter Front die Durchsetzung mechanistischer Analogien.[32]

Ungeachtet aller Unterschiede dieser gegensätzlichen Naturentwürfe ist der Mensch noch von den Folgewirkungen seines Handelns befreit: Denn finale Katastrophen waren menschlichem Einfluß ebenso wie in der theozentrisch gedachten Schöpfungsordnung entzogen und allein Gott vorbehalten.[33] Zu Recht ist diese Sonderstellung des Menschen, der „unendliche Abstand, der ihn von allen anderen Lebewesen trennt", als Ursache dafür identifiziert worden, daß die Ausbeutung der natürlichen Ressourcen bis ins 19. Jahrhundert hinein nicht zu einem grundsätzlichen Problem werden konnte.[34]

Entscheidenden Anteil an der Durchsetzung der hier stark schematisierten Ordnungsidee eines der Verfügungsgewalt des Menschen unterworfenen, stabilen Naturmechanismus' kommt der in der Philosophie *Francis Bacons* (1561 - 1626) und den Schriften *Galileo Galileis* (1564 - 1642) propagierten *Methode empiristischer Naturforschung* zu, die eine außerordentlich wirksame und folgenreiche Säkularisierung des biblischen Herrschaftsauftrages ermöglicht hat.[35] Von und aus der symbiotischen Verbindung mit der Natur hat sich mit bewußter Zielsetzung erst der Mensch der Neuzeit zu lösen begonnen, als durch die Philosophie *Francis Bacons* ein neues Wissenschaftsideal etabliert wurde. Im Novum Organum (1620) formulierte er die Aufgabe einer Wissenschaft, die durch methodischen Aufbau auf dem Fundament der Erfahrung die Gesetzlichkeiten der Natur entschlüsselt und diese dadurch der Verfügungsgewalt des Menschen unterstellt. Die Erkenntnis von Naturvorgängen ist bei ihm untrennbar mit dem Ziel ihrer Beherrschung verbunden. Die Erkenntnis der den Naturphänomenen zugrundeliegenden Mechanismen ist damit von vornherein ihrer technischen Umsetzung gewidmet und fordert eine „Operationalisierung der theoretisch erkannten Naturgesetzlichkeiten"geradezu heraus.[36]

Bacons in der Philosophiegeschichte - nicht nur in der gegenwärtigen Diskussion über die geschichtlichen Wurzeln des neuzeitlichen Naturverständnisses - herausgehobene, wenngleich nicht unumstrittene[37] Wirkung beruht gerade dar-

---

32 SIEFERLE, Höfische und bürgerliche Natur, S. 93 (96); DERS., Perspektiven, S. 307 (364); MÜNK, Umweltkrise, S. 133 (168 ff.).

33 Vgl. LEPENIES, Historisierung der Natur, S. 263 (273); MÜNK, Umweltkrise, S. 133 (176). Die Bibel stützt diese Auffassung in Genesis, 8, 21-22. SIEFERLE, Perspektiven, S. 307 (365); DERS., Höfische und bürgerliche Natur, S. 93 (96 ff.) weist diese Vorstellung dem nachfolgenden Naturbild der bürgerlichen Gesellschaftsordnung zu.

34 LEPENIES, Historisierung der Natur, S. 263 (273); siehe auch MÜNK, Umweltkrise, S. 133 (176), jeweils m.w.N.

35 ROCK, Theologie der Natur, S. 72 (79); SCHIPPERES, Art. „Natur", S. 228 ff.

36 SCHIPPERES, Art. „Natur", S. 230.

37 Charakteristisch für die skeptische Beurteilung des Bacon'schen Beitrags ist der Vergleich DIJKSTERHUIS', wonach Bacons Bedeutung für die Wissenschaft der militärischen des lahmen griechischen Dichters TYRTAEUS ähnele: Tyrtaeus konnte nicht kämpfen, aber seine Kriegsgesänge inspirierten die Krieger, in: DERS., Mechanisierung IV. 192, S. 449.

auf, daß er der wissenschaftlichen Forschung explizit die Aufgabe der Naturbeherrschung zuwies[38] und dies in einer einzigartigen Radikalität. Naturwissenschaftliches Wissen wird von vornherein als Verfügungswissen, als machtförmig gedacht[39] und mündet in die Formel: Wissen *ist* Macht.[40] Der Erwerb von Kenntnissen über die Funktionsmechanismen der Natur ist untrennbar mit der Dienstbarmachung dieses Wissens gekoppelt. Der hierin vollzogene Bruch mit der aristotelischen Tradition liegt darin, daß *Bacon* Kenntnis und Wissen um die Naturvorgänge nicht als Selbstzweck forderte, sondern ihre zweckgerichtete Operationalisierung zur Erreichung menschlicher Herrschaft über die Natur als *moralische Forderung* begriff.[41] Als wahres Ziel der Erkenntnis galt ihm die „Wiedereinsetzung des Menschen in die Souveränität und Macht ... , die er in seinem ersten Schöpfungszustand hatte".[42] Fortschritt, praktische Nutzanwendung, schließlich Naturbeherrschung sind das Ziel. Der Natur bemächtigt man sich aber nur, indem man ihr (d.h. ihren Gesetzen) nachgibt; und was in der Naturbetrachtung als Ursache erscheint, das dient in der Ausübung als Regel.[43] In diesen Worten liegt der Kern des in der Neuzeit so wirkungsvoll entfesselten „machiavellistischen Naturimperialismus".[44] Die Natur wird fortan nur in ihrer abgeleiteten Bedeutung, als Funktion oder instrumentalisierbare Hilfsgröße: als Ressource zur Befriedigung menschlicher Bedürfnisse verstanden.[45]

In seiner berühmten Idolenlehre propagierte er die Überwindung des die Scholastik kennzeichnenden dogmatischen Theoretisierens, die Befreiung wissenschaftlichen Denkens von empirisch nicht verifizierbaren Dogmen, Prinzipien und Vorurteilen. Einzige und verläßliche Quelle der Erkenntnis sollten vielmehr Beobachtung und Experiment sein, von denen ausgehend induktive Verallgemeinerung die zur Naturbeherrschung notwendigen naturgesetzlichen Kenntnisse fördern sollte.

Diese Kritik hängt auch damit zusammen, daß Bacons Novum Organum als eine gegen Aristoteles gerichtete Kritik mitunter das Ziel verfehlte, da manche der angeführten Mängel der aristotelischen Wissenschaftsmethodologie nicht Aristoteles angelastet werden können, sondern der scholastischen „Bearbeitung" des aristotelischen Werkes im Rahmen unzureichender Übersetzungen und Kommentierungen, vgl. LOSEE, Wissenschaftstheorie, S. 66 f. Dies erkannte schon GALILEI, vgl. seinen „Dialog über die beiden hauptsächlichsten Weltsysteme", abgedruckt bei HEISENBERG, Naturbild, S. 71 ff.: „Darum, Signore Simplicio, bringt uns Gründe und Beweise, nicht aber Zitate und bloße Autoritäten, denn unsere Untersuchungen haben die Welt der Sinne zum Gegenstand, nicht eine Welt von Papier."

38 Vgl. hierzu auch MEYER-ABICH, Wege zum Frieden mit der Natur, S. 200 ff.

39 MÜNK, Umweltkrise, S. 133 (170), MEYER-ABICH, Wege zum Frieden mit der Natur, S. 200.

40 Novum Organum II, § 3 (Works, Bd. 1, S. 157).

41 LOSEE, Wissenschaftstheorie, S.70 ff.; MÜNK, Umweltkrise, S. 133 (172).

42 Works, Bd. III, S. 222.

43 „Natura enim non nisi parendo vincitur; et quod in contemplatione instar causa est, id in operatione instar regulae est", Novum Organum II, § 3 (Works, Bd.1, S. 157).

44 R. BRANDT, Francis Bacon, S. 23.

45 MÜNK, Umweltkrise, S. 133 (172).

Die Bedeutung eines induktiv-deduktiven Vorgehens erkannte bereits *Aristoteles*.[46] Induktive Generalisierung der aus Beobachtungen gewonnenen Daten führt zu Prinzipien höherer Allgemeinheit, aus denen neue Aussagen über den beobachteten Gegenstandsbereich im Wege logischer Schlußfolgerung deduziert werden können. *Francis Bacon* hat aber entschieden die - bereits vor ihm einsetzende[47] - Entwicklung resp. Etablierung eines mechanistischen Weltbildes befördert, die in der cartesianischen Dichotomie von *res extensa* und *res cogitans* gipfelt, in der die natürliche Umwelt durch geometrische und mechanische Eigenschaften abschließend beschrieben wird.[48] Von dort ist es dann nicht mehr weit bis zum Vorschlag *Boyles*, den mittlerweile vieldeutig gewordenen Begriff „Natur" durch „Mechanismus" zu ersetzen, also einen bestimmten Aspekt zu betonen.[49]

Das Werk *Galileo Galileis* steht für den Durchbruch der modernen, experimentell-technisch und mathematisch orientierten Naturwissenschaft, für das konsequent mathematisch formulierte *Naturgesetz*, das den entscheidenden Schlüssel zur Naturbeherrschung der Moderne lieferte und zur Grundlage mechanistischer Weltanschauungen wurde.[50] Mit dem Werk *Galileis* ist ein folgenreicher Perspektivenwechsel verbunden: Zwar teilte er den aristotelischen Ansatz, daß Induktion und Deduktion Grundlage naturwissenschaftlicher Methodik darstellen, aber seine Fragestellungen laufen in Abkehr vom aristotelischen und aristotelisch-spätscholastischen Denken nicht auf eine *qualitative*, das „Wesen" der Dinge ergründende Naturbetrachtung hinaus, sondern auf eine mechanistisch-*quantitative*. Nicht die Frage *warum* die Körper fallen (ihrem „Wesen" als „schwere" Körper gemäß an ihren „natürlichen" Ort zu fallen gezwungen sind, Aristoteles), sondern *wie* der Fallvorgang zu analysieren, zu beschreiben ist. Der qualitativ differenzierte Raum aristotelischer Naturauffassung wurde durch einen quantitativ differenzierten geometrischen ersetzt.[51] Diese Andersartigkeit der Fragestellung und Untersuchung des Vorganges, seine analytische Zergliederung und Detaillierung führt zur Formulierung induktiv-experimentell gewonnener, mathematisch formulierter Naturgesetze, die der mathematisch-deduktiven Ableitung zugänglich sind. Die Beschränkung auf das vergleichbare, meßbare *Wie* der Naturvorgänge wurde zu einem neuen, überaus effizienten Paradigma der Naturforschung resp. der naturwissenschaftlichen Arbeitsweise. Über das systematisch durchgeführte naturwissenschaftliche Experiment, mit dessen Hilfe die Natur

---

46 Vgl. RUZICKA, Art. „Induktion", Sp. 323 ff.; LOSEE, Wissenschaftstheorie, S. 15 ff.

47 Vgl. MÜNK, Umweltkrise, S. 133 (167 f.) mit Hinweis auf die Entwicklung der *Alchemie*, die die frühneuzeitlichen Vorstellungen von Synthetisierbarkeit und Konstruierbarkeit der Natur vorbereitete.

48 MÜNK, Umweltkrise, S. 133 (168); SCHIPPERES, Art. „Natur", S. 230.

49 BOYLE, Mechanical Philosophy, in: Works, Bd. 4, S. 68 f.; DERS., Notion of nature, in: Works, Bd. 5, S. 169, 177.

50 Vgl. MÜNK, Umweltkrise, S. 133 (194 f.).

51 Vgl. DIJKSTERHUIS, Mechanisierung IV., S. 83 ff., 374 ff.; LOSEE, Wissenschaftstheorie, S. 56 ff.

erstmals aktiv und zielgerichtet befragt wird[52], wurde ein Paradigmenwechsel eingeleitet, in dessen Folge wissenschaftliche Aussagen nicht mehr im Wege deduktiv-logischer Ableitung aus höheren Prinzipien oder gar theologischen Dogmen legitimiert werden konnten, sondern einem Prozeß empirischer Verifikation unterzogen werden mußten.[53]

Das die Natur reproduzierende Experiment setzt eine theoretische Vorannahme über den zu beobachtenden Gegenstandsbereich voraus. Damit wird mit der sich entwickelnden experimentell-mathematisch operierenden Naturwissenschaft allerdings auch ein wichtiger Ausgangspunkt verschoben: es ist die vom Menschen *an die Natur herangetragene* Theorie, deren Leistungsfähigkeit sich an der Erfahrung bewähren muß. Die Natur wird infolgedessen auch nicht mehr als Ganzes befragt (derartige Fragestellungen ressortieren fortan der Naturphilosophie), sondern nur noch in theoretisch interessierenden *Ausschnitten*.

4 Einfluß des mechanistischen Weltbildes auf das (Umwelt-)Recht

Die Entstehung und Ausdifferenzierung dieses mechanistischen Weltbildes nimmt einen entscheidenden Rang nicht nur im Entstehungskontext neuzeitlicher Naturwissenschaft und ihrer Umsetzung in industrieller Technik ein, auch auf *Rechtswissenschaft und Gesetzgebungstechnik* hat sie großen Einfluß gehabt.

Die auf *Galilei* zurückgehende Konzeption experimentell ausgerichteter Naturforschung, die sich des mathematisch formulierten Naturgesetzes bedient und die für die Systematisierbarkeit des neuzeitlichen Weltbildes hilfreiche cartesianische Dichotomie von *res cogitans* und *res extensa* haben als Paradigmen über die Grenzen von Naturphilosophie und Physik hinaus im systematisch angelegten *Vernunftrecht* des 17. und 18. Jahrhunderts Nachahmung gefunden.[54]

Wegbereitend wirkte hierbei das Werk *Hobbes* (1588 - 1679), der die mechanistische Weltanschauung als erster auf Gesellschaftslehre und Staatsphilosophie übertrug.[55] Die bürgerliche Gesellschaft als Ganzes und ihre „Subsysteme" (Korporationen, Zünfte, Gemeinden) werden bei *Hobbes*[56] nicht als naturnotwendig gewachsen, sondern als künstlich durch vertragliche Übereinkunft eingesetzt begriffen. Sowohl mit *Francis Bacon* als auch seit 1636 mit *Galilei* freundschaftlich verbunden formulierte er unter dem Eindruck der mechanistisch-mathematischen Naturerklärung in seiner 1642 erschienenen, einflußreichsten Schrift „De Cive" das berühmte *Uhrengleichnis*:[57] Den Staat verstehen könne

---

52 RAPP, Analytische Technikphilosophie, S. 128. Der Stellenwert des Experiments in der eigenen Arbeit GALILEIS ist allerdings keineswegs eindeutig zu bestimmen, vgl. LOSEE, Wissenschaftstheorie, S. 60 ff.; DIJKSTERHUIS, Mechanisierung IV. 99, 114, S. 384, 393.

53 Vgl. BAUMGARTNER, Art. „Wissenschaft", S. 1740 (1744).

54 S.a. WIEACKER, Privatrechtsgeschichte, S. 249 ff., insbes. 253 ff., 256 ff.

55 Vgl. WIEACKER, Privatrechtsgeschichte, S. 303 ff.; RIEDEL, Art. „System, Struktur", S. 285 (298 ff.).

56 Leviathan, S. 134 f.

57 Vom Menschen/Vom Bürger, S. 67.

man nur, wenn man ihn - wie bei einer Uhr die Funktion der ineinandergreifenden mechanischen Teile - als in seine Einzelstrukturen aufgelöst betrachte. Und dieser methodischen Leitidee folgend baut er seine Beweisführung auf Beginnend mit dem als „Naturzustand" gedachten und mit „Freiheit" überschriebenen „Zustand des Menschen außerhalb der bürgerlichen Gesellschaft", dem „bellum omnium contra omnes"[58], über „das natürliche Gesetz in bezug auf Übereinkommen", also die grundlegenden Prinzipien der Vertragsbegründung (die das entscheidende Instrumentarium zum Ausgleich der naturgegeben widerstreitenden Egoismen darstellen), gelangt er schließlich zur Staatsgewalt, die sich gründet auf den Gesellschaftsvertrag als einer *logischen* Konstruktion.

Bei *Pufendorf*, Inhaber des ersten Lehrstuhls für Naturrecht in Deutschland (Heidelberg 1660)[59], wird dieser methodische Ansatz aufgegriffen und ins Einzelne gehend durchgeführt. Ebenso wie der Naturforscher durch Analyse, d.h. Zergliederung des zu untersuchenden Gegenstandsbereichs zu den einzelnen Substrukturen vordringt, deren zugrundeliegende Kausalabläufe entschlüsselt und über induktive Verallgemeinerung zu den allgemeinen Naturgesetzen gelangt, so vertrat auch *Pufendorf* die Auffassung, man müsse zunächst den moralischen Körper des Staates erforschen und hierbei u.a. Klarheit über den Zustand des Menschen außerhalb der Gesellschaft, vor seiner Assoziierung gewinnen, um dann aus den grundlegenden Annahmen über die Natur des Menschen auf dem Wege der Deduktion zu den einzelnen, vernunftbegründeten Rechtssätzen zu gelangen.[60] Dieser Ansatz bedeutet die Übertragung naturwissenschaftlicher Forschungsmethoden auf Staat und Gesellschaft.[61] Vernunftrechtliche Lehrsätze wurden gewissermaßen als „Naturgesetze der Gesellschaft"[62] verstanden. Das Vernunftrecht markiert somit die Abkehr von der über die Spätscholastik hinaus geübten exegetischen Tradition und die Anwendung der in den Naturwissenschaften entwickelten Methoden resp. eines ihnen analogen Argumentationsstiles auf die naturrechtliche Rechtsbegründung.

Nach *Christian Wolff* (1679 - 1754), dem am stärksten ausgeprägten Systematiker seiner Zeit, war Geltungsgrund eines einzelnen Rechtssatzes schließlich nicht primär seine ethische Fundierung, sondern vielmehr seine logisch stringente Einbindung in ein lückenloses *System* von Rechtssätzen. Die Autorität des einzelnen Rechtssatzes bemaß sich nach der Stringenz der ihn tragenden Ableitungen, seiner inneren Systemgerechtigkeit. Spezielle Rechtssätze sollten „demonstriert" werden können als logisch zwingende (deduktive) Ableitung aus höheren (ihrerseits durch Analyse der menschlichen Gesellschaft, der Natur des Menschen, induktiv gewonnenen), allgemeinen Prinzipien. Auf diese Weise

---

58 Vom Menschen/Vom Bürger, S. 83; siehe auch Leviathan, S. 96.

59 WIEACKER, Privatrechtsgeschichte, S. 306.

60 SEELMANN, Rechtsphilosophie, § 2 Rn. 73. Da die Grundannahmen über die Natur des Menschen weitreichende Bedeutung für die Ableitung der konkreteren Rechtssätze haben müssen, kommt PUFENDORF auf Grundlage eines anderen Menschenbildes dabei zu wesentlich anderen Folgerungen als HOBBES, vgl. SCHRAMM, Rechtsphilosophie, S. 48 f.

61 WIEACKER, Privatrechtsgeschichte, S. 257.

62 WIEACKER, Privatrechtsgeschichte, S. 271.

generierten *Begriffe* mit den Worten *Wieackers* zum Ausdruckssymbol des logischen Ordnungsanspruchs der Rechtswissenschaft.[63] *Wolff* gehört in dieser Vollendung zu den Wegbereitern der Begriffsjurisprudenz des 19. Jhds. In dieser Wendung zur *inneren* Systematik des Rechts liegt allerdings auch der *Keim zur Preisgabe seines Realitätsbezugs.*

Die hierin angelegte Abschottung des Rechts von der Wirklichkeit ist mit der Begriffspyramide *Puchtas* (1798 - 1846) konsequent überführt worden[64] in die Aufgabe, „die Rechtssätze in ihrem systematischen Zusammenhang, als einander bedingende und voneinander abstammende, zu erkennen und die Genealogie der einzelnen bis zu ihrem Princip hinauf zu verfolgen und ebenso von den Principien bis zu ihren äußersten Sprossen herabsteigen zu können".[65] Die Begriffsjurisprudenz des 19. Jahrhunderts ist in ihrer an die Systemkonstruktion des Vernunftrechts anknüpfenden Methode „wesentlich Erbin dieses galileisch-cartesischen Erkenntnisganges".[66]

Im Unterschied zu Zeitgenossen des 17. Jahrhunderts erkennen wir heute in der Biosphäre ein vernetztes Regelsystem. Unsere Wahrnehmung ist für die Tatsache geschärft, daß Eingriffe in dieses Netzwerk aufgrund der komplexen multilateralen Abhängigkeiten an Reichweite und Wirkungstiefe schwer abschätzbare ökologische Schäden zeitigen können. Parallelen zu einem *holistischen Naturverständnis im Umweltrecht* sind indes nur schwer auszumachen[67], auch wenn es sich hierbei um eine der jüngsten Rechtsmaterien handelt, deren Entstehung mit der Durchsetzung holistischer Denkmodelle in den Bio- und Geisteswissenschaften historisch zusammenfällt. Der dem technisch Machbaren stets nachfolgenden (oder besser: „nachhinkenden"[68]) Klärung der ethischen Verantwortbarkeit analog ist der Gesetzgeber in der Tradition des bürgerlichen Rechts- und Verfassungsstaates nach wie vor darauf verwiesen, zunächst Gründe für die Begrenzung von ehedem ungehinderter Grundrechtsausübung zu finden (oder doch zumindest handfeste Indizien für anderenfalls drohende Beeinträchtigungen des „gemeinen Wohls"). Es ist insofern nicht verwunderlich, daß auch das Umweltrecht den Notwendigkeiten nur im Abstand eines systemimmanenten „legislational lag" nachfolgen kann.

Das durch das mechanistische Weltbild beeinflußte und in die Gegenwart nachwirkende Systemdenken der deutschen Rechtswissenschaft stellt zudem

---

63 WIEACKER, Privatrechtsgeschichte, S. 275

64 WIEACKER, Privatrechtsgeschichte, S. 401 f.

65 PUCHTA, Cursus der Institutionen, 1. Buch, S. 36, ähnlich S. 101; zum Systemgedanken bei Puchta und seiner Bedeutung für die Begriffsjurisprudenz siehe auch LARENZ, Methodenlehre, S. 19 ff.

66 WIEACKER, Privatrechtsgeschichte, S. 276.

67 Erste Ansätze in Richtung auf eine *ökologisch kohärente* Rechtsordnung bei LENDI, UPR 1994, 41 (41 ff.).

68 Vgl. ROCK, Theologie der Natur, S. 72 (80 f.) zum „kulturellen Nachhinken", dem „*cultural lag* zwischen dem, was technisch möglich, und dem, was sittlich erlaubt ist".

immer noch eine dominierende Größe auch im Umweltrecht dar.[69] Die derzeit laufenden Arbeiten an seiner Kodifikation unterstreichen nur den fortwirkenden Bedarf an *innerer* Systemgerechtigkeit, ohne daß aus der Wirkungsforschung erkennbare Mängel eine ähnliche Aufmerksamkeit erfahren. Im Gegenteil: Die Neufassung der Rahmengesetzgebungskompetenz des Bundes hat die partikularistischen Bestrebungen gerade im Wasserrecht nur noch befördert. Erst in Ansätzen ist eine Entwicklung von bloß symptombezogenen staatlichen Reaktionen auf Umweltprobleme in Richtung auf einen „Staat der Umweltvorsorge"[70] und Technikfolgenabschätzung erkennbar, mit dem der Übergang von bloßer Gefahrenabwehr zu einer modernen Präventionspolitik vollzogen werden soll.[71]

---

69 Nur zur Vermeidung von Mißverständnissen sei hier klargestellt, daß den Prozessen der Arbeitsteilung und Spezialisierung sowie der historisch begründeten, föderal verschränkten Kompetenzordnung des Grundgesetzes zweifelsohne eine *ungleich größere* Verantwortung für die eingangs konstatierten Mängel des Umweltrechts zufällt.

70 Vgl. R. SCHMIDT, DÖV 1994, 749 (749 ff.).

71 Als Beispiele sollen hier das auf das Konzept des „Stoffstrommanagements" zurückgehende Kreislaufwirtschafts- und Abfallgesetz sowie die Ergänzung des Rechts- und Sozialstaatsprinzips durch das Staatsziel Umweltschutz in Art. 20a GG genannt sein.

Rechtstatsachenforschung für die Stoffstromregulierung am Beispiel der Material- und Energieströme des Pkw

Sascha Steiner

1 Einleitung

Die Forderung nach nachhaltiger Regulierung der Stoff- und Energieströme hat spätestens seit dem Bericht „Die Industriegesellschaft gestalten" der vom Deutschen Bundestag eingesetzten Enquete-Kommission „Schutz des Menschen und der Umwelt" an erheblicher Bedeutung gewonnen. Wurde diese Forderung zunächst vor allem von den Natur- und Wirtschaftswissenschaften aufgegriffen, so hat sie sich seit kurzer Zeit auch im Bereich der Rechtswissenschaften, speziell auf dem Gebiet des Umweltrechts, in der Diskussion um die Entwicklung eines Stoffstromrechts[1] ausgewirkt.

Für die sachgerechte umweltrechtspolitische Erörterung sind Daten und Fakten aus dem betroffenen Sachgebiet unabdingbar. Dazu werden hier nach einleitenden Bemerkungen zur Bedeutung der Rechtstatsachenforschung (2) und zum Pkw als Produkt (3) allgemeine Eckdaten vorgestellt (4). Anschließend werden der Ressourcenverbrauch an Rohstoffen und Energie (5) sowie die Umweltbelastungen in Form der Emissionen und des Abfalls betrachtet (6). Der Beitrag schließt mit einer kurzen Zusammenfassung (7).

2 Bedeutung der Rechtstatsachenforschung für die Stoffstromregulierung

Der Politikansatz des Stoffstrommanagements bzw. der Stoffstromregulierung meint das Gestalten von Stoffströmen, wobei der Gestaltungsbegriff das Handeln sowie das rückblickende und vorausschauende Abschätzen der Umweltrelevanz umfaßt. Dieses Abschätzen erfordert also Informationen über vorhandene Stoffströme und über umweltrelevante Auswirkungen bei deren Änderung. Für umweltrechtspolitische Erörterungen sowie die spätere Normierung speziell bedeutet das, daß eine intensive Rechtstatsachenforschung notwendig wird. Generell besteht das Problem, daß das Umweltverwaltungsrecht mit ungesicherten und unüberschaubaren Datenlagen zu ringen hat. Daher liegt es nahe, die Unsicherheiten wenigstens dadurch abzubauen, daß die vorhandenen Erkenntnisse mög-

1 Vgl. etwa BRANDT u.a., BTUC-UW 5/96.

lichst breit erschlossen werden.[2] Ohne die empirische Rechtstatsachenforschung, hier gemeint als Stoffstromanalyse, fehlt es der stoffstromrechtlichen Diskussion von vornherein an Konkretheit. Bereits entwickelte umweltrechtliche Steuerungsinstrumente können aufgrund des Datenmangels nicht an bestimmten Stoffströmen geprüft werden. Das ist ein vielfach beklagter Mangel.[3] Die Klage blieb nicht ungehört. So wird in letzter Zeit in Forschungsvorhaben auf dem Gebiet des Stoffstromrechts auch verstärkt Realanalysen von Stoffströmen beispielhafter Produkte Beachtung geschenkt.[4]

Um die Wirksamkeit und Effizienz von stoffrechtlichen Steuerungsinstrumenten zu prüfen, bedarf es aber darüber hinaus ökologischer Bilanzen („Ökobilanz" nach ISO 14040) bzw. den Life-Cycle Assessments (LCA). Dabei ist die Mengen- und Flußanalyse von Stoffen, also die Sachbilanz, nur ein, wenn auch wichtiger, Baustein. Sie reiht sich in folgende Teilbetrachtungen ein:

1. Destination fixing, Zielbestimmung;
2. Inventory, In- und Output-Datenerfassung von Material und Energie (Realanalyse);
3. Impact Assessment, Erfassung der Auswirkungen auf die Umwelt;
4. Improvement Analysis, Auswertung und Erfassung von Verbesserungspotentialen.

Als Beitrag für die Rechtstatsachenforschung bei der Stoffstromregulierung wird nun ein Überblick über die Sachbilanz eines Pkw gegeben.

3 Das Produkt Pkw

Die Entwicklung von Straßenfahrzeugen zur Personenbeförderung, speziell des Pkws, seit dem Ende des 19. Jahrhundert ist aus technischer Sicht unbestritten eine der größte Erfindungen der Menschheitsgeschichte. Unbestritten ist aber auch, daß dieser Fortschritt der individuellen Mobilität, aufgrund seiner massiven Ausbreitung und Anwendung im 20. Jahrhundert, jener ist, der unsere heutige und zukünftige, lebensnotwendige, natürliche Umwelt am nachhaltigsten negativ beeinflußt hat und für noch nicht absehbare Zeit beeinflussen wird.

Mittlerweile haben große Teile der Gesellschaft das Auto als „Umweltschädiger Nr. 1" erkannt. Dabei beschränkt sich das umweltpolitische Interesse in Öffentlichkeit und Politik aber im Allgemeinen auf das Thema „Autonutzungsbedingte Umweltschäden", d.h. auf die von den Pkw ausgehenden betriebsbedingten Treibstoffverbräuche, den damit verbundenen klimarelevanten Emissionen sowie deren umweltschädigenden Effekten. Inhalte von Diskussionsforen und Medienberichten betreffen in diesem Zusammenhang i.d.R. Probleme des Ressourcen-

---

2 SCHMIDT-ASSMANN, in: HOFFMANN-RIEM/SCHUPPERT/SCHMIDT-ASSMANN, S. 11 (28).

3 BRANDT u.a., BTUC-UW 5/96, S. 7 f.

4 Vgl. Konzeption für ein Stoffstromrecht, Forschungsvorhaben Nr. 101 06 083 des Umweltbundesamtes (in Bearbeitung).

verbrauchs von Erdöl, den Treibhauseffekt, land- und forstwirtschaftlicher Schäden, Gesundheitsschädigungen durch Smogbildung etc.

Durch die Produktion von Pkw und deren Nutzung zur Befriedigung individueller Mobilitätsbedürfnisse werden aber zudem in der Bundesrepublik Deutschland, und nicht nur hier, jährlich große, in diesem Umfang nicht notwendige, Material- und Energieströme hervorgerufen; Material- und Energieverbräuche, die den umweltpolitischen Zielen der nachhaltige Ressourcen- und Energienutzung entgegenstehen. Daraus ergibt sich aus umweltpolitischer Sicht zwingend die Tatsache, daß ein ökologisches Stoffstrommanagement auch gerade beim Produkt Pkw benötigt wird.

Um eine Sachbilanz nicht an der Komplexität des Produkts Pkw scheitern zu lassen, besteht ein Auto doch aus ca. 10.000 Teile bzw. mehreren hundert Werkstoffen[5], wird weitestgehend mit einem „Durchschnitts-Pkw" gearbeitet. Es werden also wagenklassen- und herstellerabhängige Unterschiede zwischen den Pkw vernachlässigt. Aufgrund der Vielzahl von Typen und der Komplexität des Produktes Pkw ist ersichtlich, daß für jedes Fahrzeug nur mittels differenziertester Einzelbetrachtung eine möglichst realitätsnahe Datengrundlage geschaffen werden kann, um später eine verwertbare Ökobilanz zu erhalten.

Im Bereich des Produkts Pkw ist die vorhandene Daten- und Informationssituation für die Erstellung einer Realanalyse nur unbefriedigend.[6] Wichtige Gründe dafür sind:

1. In den Automobilwerken findet i.d.R. nur noch die Endmontage statt. Es gibt eine unüberschaubare Menge an Zulieferern, die wiederum selbst Subzulieferungen von Stoffen und Einzelteilen erhalten. Hinzu kommt das „global sourcing", die Teilebeschaffung im Ausland bzw. der Verkauf eigener Teilprodukte auch in anderen Ländern. Schätzungen des verbrauchten Primär- und Sekundärmaterials werden dadurch ungemein erschwert, wenn sie überhaupt möglich sind.
2. Abprodukte (Abfälle, Abwasser, Emissionen) werden von den Autoherstellern oft noch für das Gesamtwerk angegeben, so daß keine Daten für einzelne Bauteile und Pkw-Modelle vorliegen.
3. Daten über betriebseigene Anlagen, u.a. Kraftwerke und Kläranlagen, werden nur unzureichend veröffentlicht.

Für die anschließenden Betrachtungen erweist es sich für die Darstellung als günstig, die verschiedenen Systemlebensphasen des Produktes Pkw wie folgt zu unterscheiden:

- Rohstoffgewinnung/-transport
- Grundstofferzeugung
- Produktion
- Nutzung und

---

5 SCHWEIMER/SCHUCKERT, S. 243.

6 Diese Feststellung trifft auch FICHTNER, in: ENQUETE-KOMMISSION DES DEUTSCHEN BUNDESTAGES „SCHUTZ DES MENSCHEN UND DER UMWELT" (Hg.), Umweltverträgliches Stoffstrommanagement, Bd. 5, S. 5-48.

– End-Of-Life (Entsorgung/Recycling)

Gegebenenfalls werden sie in kleinere Gruppen zusammengefaßt (z. B. Herstellung: Rohstoffgewinnung - Produktion).

4 Allgemeine Daten

Im Jahre 1996 waren in der Europäischen Union rund 160 Millionen Pkw, davon allein in Deutschland rund 40 Millionen, zugelassen.[7] Der Pkw-Bestand wird sich bis zum Jahr 2010 auf ca. 45 Mio. erhöhen. Damit verbunden ist auch eine Zunahme des später anfallenden Altfahrzeugaufkommens.

Die von diesem Fahrzeugbestand im Jahr 1995 geleistete Verkehrsleistung im Personenverkehr belief sich auf rund 700 Mrd. Pkm.[8] Die durchschnittliche Lebensdauer eines Pkw (ohne Reifen) beträgt 13 Jahre.[9]

1995 gab es 2,6 Millionen Altautos (1989 noch 1,9 Millionen[10]), wovon 2,2 Millionen bei deutschen Verwertern abgegeben und rund 0,6 Millionen ins Ausland exportiert wurden.[11] Die Exportzahlen sind aufgrund der Nachfrage insbesondere der osteuropäischen Länder nach Altfahrzeugen und -teilen steigend. Rund 100.000 Pkw wurden 1995 in Deutschland „wild" abgestellt.[12]

5 Ressourcenverbrauch

Die Ausführungen zum Ressourcenverbrauch umfassen zunächst den Verbrauch an Primär- und Sekundärmaterial für einen Pkw. Anschließend wird der Energiebedarf, der wiederum mit einem Ressourcenverbrauch verbunden ist, in den verschieden Lebensphasen des Pkw betrachtet.

5.1 Materialverbrauch

In Tabelle I ist der mengenmäßige Verbrauch der wichtigsten Werkstoffgruppen und Einzelwerkstoffe für die Herstellung eines Pkw aufgeführt.

Die Werkstoffgruppe Stahl und Eisen umfaßt dabei u.a.: Baustahl, Automatenstahl, Einsatzstahl, Sintereisen, Gußeisen, Werkzeugstahl, Federstahl, Ventilstahl, Nichtrostenden Stahl. Andere NE-Metalle sind u.a.: Chrom- und Nickellegierungen, Magnesium und seine Legierungen. Die Werkstoffgruppe Glas wird unterschieden in Kristallglas, Bleiglas, Einschichtglas, Mehrschichtglas (Auto-

7 Zahlen aus: KFZ-RECYCLING, Sekundär-Rohstoffe 2/95, 34 (34) und ALTAUTO-VERORDNUNG, Verordnung über die Entsorgung von Altautos und die Anpassung straßenverkehrsrechtlicher Vorschriften, Begründung, Bonn, Stand 18.12.96, S. 1.

8 Interpolierter Wert aus INDUSTRIEGESELLSCHAFT, Bericht, S. 227.

9 GOLDMANN, Entsorgungs-Technik 5/1995, 24 (24).

10 AHRENS, Müllmagazin 1/1991, 13 (13).

11 GOLDMANN, Entsorgungs-Technik 5/1995, 24 (24). Dagegen spricht LANG, fairkehr 2/96, 14 (16) von 1,5 Millionen in Deutschland recycelten Pkw.

12 LANG, fairkehr 2/96, 14 (14).

scheiben) und Fasern. Die Gruppe der Kunststoffe gliedert sich in: Duroplaste, Fluorpolymere, Elastomere, Silikone und Thermoplaste. In diese Gruppe sind auch die Betriebsstoffe zu rechnen. Andere Nichtmetalle sind vor allem Naturprodukte und Holzwerkstoffe, z.B.: Kork, Leder, Filz, Leinen, Wolle, Keramik, Papier, Pappe, Faserholz, Sperrholz und Preßspan.

Die in Tabelle I angegebenen Werte sind Durchschnittswerte. Sie differieren in der Praxis erheblich zwischen den Fahrzeugen verschiedener Hersteller, aber auch zwischen Pkw der Kompakt-, Mittel- und Oberklasse.

Das durchschnittliche Gesamtgewicht für einen Pkw wird in wenigen Jahren auf unter eine Tonne sinken, wobei dieser Trend durch gestiegenen Luxus und Sicherheitseinbauten, wie Klimaanlage, Airbags etc. verzögert wird. Aber auch zusätzliche lärmmindernde Maßnahmen führen zu einer Verzögerung der Gewichtsverringerung.

Werkstoffgruppen/ Werkstoffe	**Verbrauch 1980 in kg (%)**	**Verbrauch 1990 in kg (%)**
Stahl und Eisen	900 (70,5)	622 (62,1)
Aluminium	81 (6,3)	136 (11,9)
Kupfer	12 (1,0)	6 (0,6)
Zink	5 (0,4)	4 (0,3)
Blei	10 (0,8)	8 (0,7)
Andere NE-Metalle	9 (0,7)	16 (1,4)
Glas	34 (2,6)	32 (2,8)
Kunststoffe	150 (11,8)	163 (14,2)
Andere Nichtmetalle	76 (5,9)	68 (6,0)
Gesamt	1277 (100)	1145 (100)

Tabelle I: Durchschnittlicher Materialverbrauch pro Kfz[13]

Der Metallanteil (Stahl- und Eisenanteil, NE-Metalle) wird bis zum Jahr 2000 auf rund 70 Gew.-% sinken, der Anteil von Kunststoffen, Textilien, Glas und anderen nichtmetallischen Materialien sich auf rund 30 Gew.-% des Gesamtmaterialverbrauchs für einen Pkw erhöhen.[14]

Hochrechnungen dieser durchschnittlichen Materialverbrauchswerte auf den deutschen Fahrzeugbestand von 1996 ergeben, daß in diesem Zeitraum u.a. ca. 32 Mio. t Eisen und Stahl, ca. 4 Mio. t Aluminium und ca. 0,5 Mio. t Kupfer auf Deutschlands Straßen unterwegs waren.

Die Pkw enthalten den größten Teil aller Stoffe und Materialien, die für alle deutschen Verkehrsträger jährlich aufgewendet werden. In der gesamten deutschen Industrie werden ca. 10 % aller Metalle und ca. 6 % aller Kunststoffe für die Produktion von Pkw verbraucht.[15]

---

13 ÖKO-BILANZ, Öko-Bilanz Auto, S. 57.

14 GOTTHELF, Sekundär-Rohstoffe, Sonderheft Aug. 1994, 6 (8); LANG, fairkehr 2/96, 14 (15).

15 INDUSTRIEGESELLSCHAFT, Bericht, S. 237.

Die zur Zeit bestehende Recycling-Quote von rund 75 Gew.-% eines Pkw nach Demontage wird hauptsächlich durch stofforientiertes Recycling der metallischen Werkstoffe erreicht.

Bei den Altautos (nach Demontage) anfallender Stahl und Eisen werden zu fast 100 % recycelt, wobei das recycelte Material zum größten Teil nicht wieder im Automobilbau eingesetzt wird; Nichteisen-Metalle werden zur Zeit zu 90 % recycelt.[16] Die eingesetzten Mengen an Stahl, Aluminium und Kupfer bestehen zwischen 30 und 40 % aus Sekundärmaterial.[17]

Die Metallzusammensetzung wird sich aufgrund der angestrebten Leichtbauweise weg vom Stahl hin zum Aluminium verschieben. Es sind Gewichtseinsparungen von bis zu 40 % möglich. Aber auch die herkömmlichen Stahlkarosserien und hochfesten Bleche werden bis zu 25 % leichter.[18]

Die stoffliche Verwertung von NE-Metallen ist abhängig von der Sortenreinheit, mit der sie gewonnen werden können. Es gibt bereits Anlagen, die einen Reinheitsgrad von 99 % erreichen.[19]

In Tabelle I ist erkennbar, daß der Anteil von Nichtmetallen am Gesamtmaterialverbrauch eines Pkw im Jahre 1990 rund 23 % betrug. Die Anwendung von Chemiewerkstoffen für ein Autogewicht von 1.100 kg kann wie folgt aufgliedert werden (ohne Glas):[20]

- bis 155 kg Kunststoffe für Karosserieteile, Innenauskleidungen, Armaturentafeln, Scheinwerfer, Sitze, abgepolsterte Sicherheitsteile im Innenbereich, Geräuschdämmung, Kotflügel, Seitenverkleidungen - 14,1 %,
- bis 20 kg Lacke und Unterbodenbeschichtungen - 1,8 %,
- bis 25 kg Textilien und Teppiche - 2,3 %,
- bis 20 kg Hilfs- und Betriebsstoffe (Bremsflüssigkeit, Frostschutzmittel) - 1,8 %,
- bis 35 kg Kautschuk für Reifen, Motorlager, Dichtungen, Antriebsriemen - 3,2 %.

Die für die Herstellung bzw. Reparatur von Pkw verarbeiteten Lacke entsprechen 10 % des gesamten deutschen Verbrauchs an diesem Chemiewerkstoff.[21]

Die zukünftige Entwicklung der Chemiewerkstoffe wird dahin gehen, daß sie immer mehr in Bereichen als Ersatzstoff verwendet werden, die bisher ausschließlich Stahl oder anderen klassischen Werkstoffen vorbehalten waren. Dies gilt besonders in Hinsicht auf die Entwicklung von Autos mit Niedrigstverbrauch in der Nutzungsphase.

Betrachtet man nur die chemische Zusammensetzung, können die Kunststoffe unterteilt werden in[22]:

---

16 BERGSCHMIDT, fairkehr 2/93, 22 (24).
17 INDUSTRIEGESELLSCHAFT, Bericht S. 251.
18 INDUSTRIEGESELLSCHAFT, Bericht S. 294 f.
19 INDUSTRIEGESELLSCHAFT, Bericht S. 310.
20 CLAUSIUS, Mit der Chemie, S. 1.
21 INDUSTRIEGESELLSCHAFT, Bericht, S. 296.
22 INDUSTRIEGESELLSCHAFT, Bericht, S. 253.

- Polypropylen - 29 % (bezogen auf Gesamtkunststoffmenge),
- Polyurethan (PU) - 21 %,
- Polyvinylchlorid (PVC) - 13 %,
- Acrylnitril-Butadien-Styrol - 10 %,
- Polyamid - 8 %,
- Polyethylen (PE) - 6 %,
- Ungesättigte Polyester - 4 %,
- Sonstige - 9 %.

Im Durchschnitt sind derzeit nur rund 2,5 %[23] der im Pkw-Bau eingesetzten Kunststoffe aus Sekundärmaterial hergestellt. Es gibt aber auch heute bereits Beispiele (BMW-3er-Reihe), bei denen ca. 10% des Kunststoffeinsatzes durch Rezyklate ersetzt werden.

Es ist zu erwarten, daß der Anteil an Kunststoffrezyklaten im Fahrzeug innerhalb der nächsten 5 bis 10 Jahre auf ca. 20 bis 25% der eingesetzten Kunststoffmenge ansteigt. Über Sättigungsgrenzen für den Rezyklateinsatz pro Fahrzeug sind heute aufgrund mangelnder Erfahrungen noch keine fundierten Aussagen möglich.[24] Die Beigabe von 20-30% Rezyklat ist bei gleichen Produktionskosten und gleichem Qualitätsniveau heute schon möglich.[25]

Die Recycling-Quote für Kunststoffe beträgt derzeit 17 %.[26] Diese doch sehr geringe Recycling-Quote resultiert aus der Vielzahl von Kunststoffen und den den jeweiligigen Anforderungen entsprechend beigefügten Additiven (Weichmacher, Farbstoffe etc.). Dabei können nur Thermoplaste einem stofflichen oder Materialrecycling zugeführt werden. Zu dieser Gruppe von Kunststoffen zählen aber immerhin 70 % aller Kunststoffe.

Die Vielzahl von Kunststoffen und Additiven erschwert in der Entsorgungsphase das recyclinggerechte, sortenreine Trennen der Kunststoffe. Findet überhaupt ein Recycling des Kunststoffmaterials statt, handelt es sich in der Regel um ein Downcycling oder Kaskadenrecycling.

In der Nutzungsphase müssen zu den in einem Fahrzeug enthaltenen Materialien allein zu den metallischen Bestandteilen weiter 7,5 Gew.-%[27], bezogen auf die eingesetzte Materialmenge, als Ersatzbedarf addiert werden, die aufgrund von Reparaturen und Ausbesserungen während des Betriebs des Pkw anfallen.

Der Ersatzbedarf von Gummi für die Autoreifen ist aufgrund des hohen Verschleißes weit höher anzunehmen. Hinzu kommen die Mengen an Öl, Brems- und anderen Betriebsflüssigkeiten, die sich aus den vorgeschriebenen Wartungsintervallen oder aus Verlustersatz ergeben sowie Verbrauchsteile, wie u.a. Öl-

---

23 FICHTNER, in: ENQUETE-KOMMISSION DES DEUTSCHEN BUNDESTAGES „SCHUTZ DES MENSCHEN UND DER UMWELT“ (Hg.), Umweltverträgliches Stoffstrommanagement, Bd. 5, S. 5 ff.

24 GRASER, Kunststoffe 85 (1995), 330 (330 ff.).

25 INDUSTRIEGESELLSCHAFT, Bericht, S. 308.

26 STRICKER, Entsorgungs-Technik 6/1995, 14 (16).

27 UPI-BERICHT Nr. 25, S. 1.

und Kraftstoffilter, Zündkerzen und Wischblätter. Die Mengen einiger Ersatzmaterialien für den Autotyp „VW-Golf" zeigt Tabelle II.

Normalbenzin	12,2 m³	Ölfilter	3,8 kg
Motoröl	79 l	Luftfilter	4,5 St
Bremsflüssigkeit	2 kg	Kraftstoffilter	1,2 kg
Scheibenwasser (Ethanol)	26 l	Wischblätter	3,5 kg
Kühler (Glycol)	2 kg	Zündkerzen	18 St
Waschchemikalien	10 kg	Stoßfänger	9 kg

Tabelle II: Beispielhafte Stoffverbräuche während der Pkw-Nutzung (Beispiel VW-Golf)[28]

5.2 Primärenergieverbrauch

Zur übersichtlichen Darstellung werden die Energieverbräuche auf ein Steinkohleäquivalent gleichen Energieinhaltes berechnet. In Tabelle III wird der Primärenergieverbrauch in den verschiedenen Lebensphasen eines Pkw dargestellt. Erkennbar ist, daß der Energieverbrauch zu rund 80 % durch die Nutzung und zu rund 20 % durch die Herstellung bestimmt wird.[29] Der Energiebedarf für die Entsorgung der Altautos spielt nur eine untergeordnete Rolle.

Lebensphase	**Primärenergie [t SKE/Pkw]**
Rohstoffgewinnung	3,6
Rohstofftransport	0,8
Grundstofferzeugung/Produktion	2,1
Nutzung (13 a)	28,5[30]
Entsorgung	0,14
Summe	35,14

Tabelle III: Primärenergieverbrauch pro Kfz[31]

Bei der Stahlproduktion kann der Primärenergieverbrauch um rund 1/3 durch die Verwendung von Stahlschrott als Sekundärrohstoff gesenkt werden.

Mit Hilfe der Werte aus Tabelle II läßt sich errechnen, daß für die Herstellung (Rohstoffgewinnung, -transport, Grundstofferzeugung und Produktion) des derzeitigen deutschen Fahrzeugbestandes eine Energiemenge nötig war, die der

---

28 SCHWEIMER/SCHUCKERT, S. 252.

29 SCHWEIMER/SCHUCKERT, S. 235.

30 Bei 17.500 km Jahreslaufleistung (=Verkehrsleistung/Kfz-Bestand) und 10 l Normalbenzin auf 100 km.

31 UPI-BERICHT Nr. 25, S. 2 ff. (Wert für die Gebrauchsphase geändert).

Energiemenge entspricht, die bei der Verbrennung von mehr als 260 Mio. t bzw. 104 Mio. m^3 Steinkohle freigesetzt wird.[32]

Der Hauptbedarf von Primärenergie in der Herstellungsphase liegt in der Grundstofferzeugung. Einen Spitzenplatz nimmt hier die Aluminiumherstellung aus Bauxit[33] ein. Für die Erzeugung einer Primäraluminiummenge von rund 136 kg pro Auto kann ein Energiebedarf von umgerechnet 0,82 t Steinkohle berechnet werden. Das ist 1/8 der zur Herstellung eines Autos benötigten Energie. Eine quantitative Änderung des Primäraluminiumeinsatzes bewirkt sofort auch eine entscheidende Änderung des Energiebedarfs für die Herstellung eines Pkw. Der Energieverbrauch kann um 1/10[34] gesenkt werden, wenn Aluminiumschrott als Sekundärrohstoff eingesetzt wird.

Insgesamt hängt der Primärenergieverbrauch natürlich auch von den jeweils zur Grundstofferzeugung genutzten technologischen Verfahren ab.

Die den Ansprüchen im Fahrzeugbau gerecht werdenden hochwertigen Kunststoffe werden bis heute fast ausschließlich aus Primärrohstoffen hergestellt. Das ist in der Regel Erdöl. Dabei werden je nach Kunststoff zwischen 40 und 100 GJ, teilweise bis zu 160 GJ, für die Herstellung einer Tonne benötigt.[35]

Zudem erfordert die Endproduktion eines Pkw je nach Größenklasse nochmals zwischen 10 GJ (Mittelklasse) und 25 GJ (Oberklasse).[36] In diesen Zahlen ist der Energieverbrauch der Zulieferindustrie nicht erfaßt.

Der Primärenergieverbrauch durch Nutzung dieses Pkw-Bestandes wird jährlich weitere Energie von umgerechnet 87,7 Mio. t Steinkohle, also mehr als 730 MWh, benötigen. Die Annahme bei Berechnung dieses Wertes ist, daß der Gesamtenergieverbrauch des Pkw-Bestandes weiterhin annähernd konstant bleibt.[37]

Die Primärenergiebedürfnisse für die Herstellung und die Nutzung eines Pkw können nicht getrennt voneinander betrachtet werden. Ein Erhöhung des Energieeinsatzes bei der Herstellung eines Pkw, z.B. durch Steigerung des Aluminiumanteils, könnte durch den geringeren Energieverbrauch des dann leichteren Fahrzeugs ausgeglichen werden. Im Moment geht man davon aus, daß der größere Energieverbrauch, der beim höheren Einsatz von Aluminium als „Stahlersatz" bei der Grundstoffherstellung anfällt, durch den geringeren Kraftstoffverbrauch des Pkw nach rund 60.000 km Fahrstrecke ausgeglichen werden kann.[38]

---

32 Heizwert für Steinkohle/Zechenkoks H = 30,1 MJ/kg; 1 kWh = 3,6 MJ; vgl. GIECK, Technische Formelsammlung, Z 10.

33 Für die Herstellung einer Tonne Aluminium aus Bauxit werden rund 50.000 kWh benötigt.

34 INDUSTRIEGESELLSCHAFT, Bericht, S. 256.

35 INDUSTRIEGESELLSCHAFT, Bericht, S. 256.

36 INDUSTRIEGESELLSCHAFT, Bericht, S. 258. Näher dazu: SCHWEIMER/SCHUCKERT, S. 250.

37 INDUSTRIEGESELLSCHAFT, Bericht, S. 264.

38 Näher dazu SCHÄPER/LEITERMANN, S. 230 ff.

Der herstellungs- und nutzungsbedingte Primärenergieverbrauch pro Pkw wird in den nächsten Jahren abnehmen.[39] Dabei werden die Energieeinsparungen durch verbesserte Antriebstechnik und Leichtbauweise, aber auch durch die Verwendung von Kraftwerken mit höherem Wirkungsgrad und energiesparender Produktionsverfahren etc. den Energiemehraufwand durch gesteigerte Verwendung energieintensiver Grundstoffe überwiegen. Durch den steigenden Pkw-Bestand werden diese Einsparungen aber egalisiert.

Auf dem Gebiet der Herstellung und Nutzung der Pkw sind die größten Potentiale zur Einsparung von Primärenergie ersichtlich.

6 Umweltbelastung

Die von Autos hervorgerufene Umweltbelastung ist die Summe aus einer Vielzahl von direkten und indirekten Einwirkungen auf die Natur. Die Belastungen unterscheiden sich in den Lebensphasen.

Bei der Rohstoffgewinnung besteht die Umweltbelastung vor allem in der großflächigen Devastierung von Natur (z.B. Bauxit-Tagebaue) bzw. in den schwerwiegenden Eingriffen in teilweise einzigartige Biotope (z.B. Erdölgewinnung im Regenwald) und die daraus entstehenden Folgen. Dabei können auch anschließende Renaturierungsversuche nichts an der Tatsache der noch viele Jahrzehnte hinweg sichtbaren Umweltzerstörung ändern.

Die gravierendsten Umweltbelastungen beim Rohstofftransport werden durch Unfälle mit Transportmitteln bzw. -leitungen (z.B. Tankerunglücke, Pipelinebrüche beim Erdöltransport) hervorgerufen. Meeresverschmutzung und Bodenverseuchung sind vor allem die Folge. Dabei kann man von rund 13 l Rohöl ausgehen, die pro Pkw in die Weltmeere gelangen.[40]

Dagegen sind bei der Grundstoffherstellung und Produktion von Pkw die teilweise sehr schädlichen Abfallprodukte und die Emissionen von gesundheits- und klimarelevanten Abgasen die wichtigsten Umweltbelastungen.

Die Nutzungsphase belastet die Umwelt durch den enormen Ressourcenverbrauch durch Herstellung von Treibstoffen und durch die in großen Mengen auftretenden Schadstoffemission. Ein Großteil der Kohlenmonoxid-, Stickoxid- und Kohlenwasserstoffemissionen stammen aus dem Verkehr. Auch Lärm ist eine bei der Nutzung eines Pkw erzeugte Umweltbelastung.

Die Entsorgung am Ende des Lebenszyklus eines Pkw ruft vor allem Umweltbelastungen durch Emissionen von Schadstoffen in die Medien Wasser, Boden und Luft hervor.

Nachfolgend sollen die wichtigsten Umweltbelastungen, die Emissionen und Abfälle, in verschiedenen Lebensphasen des Pkw betrachtet werden.

---

39 INDUSTRIEGESELLSCHAFT, Bericht, S. 293.
40 Vgl. UPI-BERICHT Nr. 25, S. 3.

6.1 Emissionen

Die Herstellung und der Betrieb von Pkw setzen eine Vielzahl von Emissionen frei. Tabelle IV gibt eine Übersicht über die wichtigsten Luftschadstoffemissionen in den verschiedenen Lebensphasen ein Pkw.

Schadstoff	Rohstoffgewinnung	Rohstofftransport	Produktion	Nutzungsphase (13 a)	Altautoentsorgung	Gesamt
CO_2 [t/PKW]	9,6	1,8	3,5	57,6	0,43	72,93
SO_2 [kg/PKW]	9,1	14,9	2,7	6,24	1,24	34,18
NO_X [kg/PKW]	11,4	22,0	4,2	60,8	5,07	103,47
Staub [kg/PKW]	1,6	1,6	0,4	0,26	0,43	4,29
CO [kg/PKW]	30,5	10,2	0,7	422	1,80	465,2
C_XH_Y [kg/PKW]	21,1	4,2	0,4	46,8	0,89	73,39

Tabelle IV: Emissionen in den Lebensphasen eines Pkw[41]

6.1.1 Grundstofferzeugung

Bei der Grundstoffherstellung sind vor allem die gesundheits- und klimarelevanten Abgase der Stahl- und Eisen- sowie der Aluminiumproduktion von Bedeutung. Eine wichtige Umweltbelastung stellen die immer noch vorhandenen Schwermetall- und PCDD/PCDF-Emissionen dar.

Bei Verwendung von Sekundärrohstoffen können die Emissionen zum großen Teil gesenkt werden. Eine Ausnahme sind die PCDD/PCDF-Emissionen.[42] Diese entstehen durch die dem Sekundärmaterial anhaftenden Verunreinigungen mit Chlorkohlenwasserstoffen.

6.1.2 Produktion

Emissionen in der Pkw-Produktion entstehen eine Vielzahl. Die mengenmäßig bedeutsamsten Emissionen treten bei den notwendigen Prozessen der Energiegewinnung auf.

Die früher bei der traditionellen Fahrzeuglackierung auftretenden Lösungsmittelemissionen können heute durch den Einsatz von Pulverlacken vollständig vermieden werden.[43]

41 Vgl. UPI-BERICHT Nr. 25, S. 2 ff. (Nutzungsphase geändert).
42 INDUSTRIEGESELLSCHAFT, Bericht, S. 276.
43 INDUSTRIEGESELLSCHAFT, Bericht, S. 259.

6.1.3 Nutzung

Zu den in Tabelle III aufgeführten Emissionen treten bei der Nutzung eines Pkw zudem noch eine große Zahl weiterer, teilweise sehr stark umweltbelastender Emissionen auf. Diese sind zum Teil in Tabelle V aufgeführt.

	Einzelwert [g/Pkw]	Gesamtwert (40 Mio. Pkw) [t]
Luftschadstoffemissionen		
Benzol	812	32.480
Aldehyde	203	8.120
Chrom	0,2	8
Kupfer	4,3	172
Zink	0,8	32
Blei	85	3.400
Abwässer in Grundwasser und Boden		
Cadmium	0,4	16
Chrom	0,7	28
Kupfer	6,6	264
Zink	24,6	984
Blei	14,1	564

Tabelle V: Auswahl von Schadstoffemissionen durch Pkw (10 Jahren)[44]

Weitere Emissionen sind:

- Distickstoffdioxid,
- Schwefelwasserstoff,
- Platin (aus Katalysatoren),
- PCDD/PCDF (insb. aus verbleiten Kraftstoffen),
- Toluol,
- PAK.

Zu den obengenannten Emissionen kommen noch betriebs- und leckagebedingte Verluste, wie folgt (bezogen auf den gesamten Pkw-Bestand):[45]

- ca. 1% des Gesamttreibstoffverbrauchs durch Verdunstung und Verluste bei der Betankung,
- Motoröl (~ 40 Mio. l),
- Bremsflüssigkeit (~ 180 t/a),
- Kühlflüssigkeit (~ 500 t/a),
- Bremsbelagabrieb (~ 6000 t/a),
- Reifenabrieb (~ 60.000 t/a).

---

44 UPI-BERICHT Nr. 25, S. 4.

45 Zahlen aus UPI-BERICHT Nr. 25, S. 4 und INDUSTRIEGESELLSCHAFT, Bericht, S. 269.

Aufgrund des Inkrafttretens verschiedener EG-Richtlinien und der damit verbundenen Grenzwertverschärfungen weisen die Emissionsbelastungen der Pkw-Abgase eine rückläufige Tendenz auf. Diese rückläufige Tendenz wird aber durch die tendenzielle Zunahme der Verkehrsleistung zum Teil wieder kompensiert.[46]

6.1.4 Entsorgung

Bei der Entsorgung der Pkw kommt es, aufgrund ungenügender Trockenlegung (Beseitigung der Betriebsflüssigkeiten), zu Schadstoffeinträgen in Boden, Wasser und Luft. Solche Belastungen können im Bereich der Lagerung bei den Verwertern, bei der Aufarbeitung in den Shredderanlagen freigesetzt werden. So wurden in Shredderleichtmüll-Chargen Schadstoffbelastungen von bis zu 45 ppm PCB und zum Teil über 100 ppm PAK gemessen.[47]

Des weiteren könne PCDD/PCDF-Emissionen auftreten, die bei der in Shredderanlagen möglichen örtlichen Erhitzung entstehen.

6.2 Abfälle

Das „Abfallproblem Auto"[48] besteht in der Entsorgung zum Teil umweltgefährdender Chemikalien, in den zu entsorgenden Mengen und dem damit verbundenen Rohstoff- und Energieverlust. Dieser Abfall ist ein wichtiger umweltbelastender Output, der in den verschiedenen Lebensphasen sehr unterschiedlich anfällt.

Das zu entsorgende Altauto entspricht dabei nur rund 4 % der insgesamt zu entsorgenden Abfallmenge.[49] Bei der Rohstoffgewinnung, der Grundstofferzeugung, der Produktion, also fallen insgesamt ca. 25 t Abfall pro PKW an. Davon ist der größte Teil Abraum, z.B. aus der Kohlegewinnung oder der Bauxitförderung. Einen weiteren großen Teil am Gesamtabfall pro Pkw bilden die in der Grundstoffherstellung entstehenden Schlacken.

6.2.1 Rohstoffgewinnung

Der Abbraum bei der Gewinnung von Erzen schwankt je nach Lagerstätte zwischen 0 und 150 t pro Tonne Metall.[50] So müssen z.B. für die Gewinnung von Material zur Erzeugung einer Tonne Rohstahl etwa 5 t Abraum entsorgt werden.[51]

---

46 INDUSTRIEGESELLSCHAFT, Bericht, S. 266.
47 INDUSTRIEGESELLSCHAFT, Bericht, S. 271.
48 AHRENS, MÜLLMAGAZIN 1/1991, 13 (17).
49 AHRENS, MÜLLMAGAZIN 1/1991, 13 (13).
50 INDUSTRIEGESELLSCHAFT, Bericht, S. 257.
51 ALTAUTOVERORDNUNG, Stand 18.12.1996, S. 409.

6.2.2 Grundstofferzeugung

Für die Eisen- und Stahlherstellung (Oxygenstahlproduktion) werden SO_2, giftige Säuren und Schlacken freigesetzt. Es entstehen 416 kg Abfälle, von denen heute bereits fast 95 % verwertet werden.[52] Diese Abfallmengen können durch Verwendung von Sekundärrohstoffen (Elektrostahlproduktion) weiter gesenkt werden.

Bei der Herstellung von Aluminium aus Tonerde, fallen bei deren Produktion rund 1,4 t Rotschlamm und weitere 0,18 t sonstige Rückstände an. Der Rotschlamm wird in speziellen Deponien gelagert; die Rückstände werden teilweise schon als sekundäre Rohstoffe in den Herstellungsprozeß zurückgeführt.[53] Im Gegensatz dazu fallen bei der Aluminiumherstellung aus Sekundärmaterial nur rund 0,5 t Salzschlacke an, die wiederum vollständig aufgearbeitet wird.[54] Das Abfallaufkommen bei Verwendung von Sekundärrohstoffen kann gegenüber der herkömmlichen Aluminiumproduktion aus Primärrohstoffen um fast 1/5 gesenkt werden.

Bei der Verhüttung von 5 kg Cu fallen 5,4 t Abfall an. mit der Rückgewinnung einer Tonne Kupfer aus Altautos ließe sich rund 1.000 t Abraum einsparen.[55] Bei Verwendung von Sekundärrohstoffen könnten auch hier 1/5 der Abfälle vermieden werden.[52]

In der kunststofferzeugenden Industrie fallen bis zu 70 kg Abfall pro Tonne Kunststoff an.[52]

6.2.3 Produktion

Bei der Produktion von Pkw entstehen bis 1,5 t[56] Abfälle pro Pkw, hier sind insbesondere die Produktionsabfälle im Zuge der Lackierung (Lackschlämme) von umweltrelevanter Bedeutung.[57] Sie enthalten Schwermetalle und Lösungsmittel. Bei der Verwendung von Pulverlacken fallen dagegen keine Lackschlämme an.

Andere bei der Produktion von Pkw anfallende Abfälle sind Schrotte, Gewerbeabfälle, Schlämme und Schmierstoffe. Der weitaus größte Teil davon wird verwertet.

52 INDUSTRIEGESELLSCHAFT, Bericht, S. 257.
53 INDUSTRIEGESELLSCHAFT, Bericht, S. 257.
54 INDUSTRIEGESELLSCHAFT, Bericht, S. 257.
55 ALTAUTOVERORDNUNG, Stand 18.12.1996, S. 409.
56 UPI-Bericht Nr. 25, dagegen: Stat. Bundesamt 0,82 t/Pkw Abfall.
57 INDUSTRIEGESELLSCHAFT, Bericht, S. 259.

6.2.4 Entsorgung

Etwa 25 Gew.-% des Altautos (insg. 500.000 t/a)[58] werden als Shreddermüll mit oder ohne thermische Behandlung auf Hausmüll- oder Sondermülldeponien abgelagert.

Das sind rund 2 % der gesamten derzeit deponierten Abfallmenge in Deutschland. An dem Shreddermüll haben die Kunststoffe, Gummi und Glas den größten Anteil.

Die besondere Problematik des Shreddermülls ist, daß er aufgrund seiner oftmals vorhandenen Belastung mit krebserregenden polychlorierten Biphenylen (PCB) und Kohlenwasserstoffen (KW) als Sonderabfall einzustufen ist. Diese Verunreinigungen entstehen, weil vor dem Shreddern oftmals keine vollständige Trockenlegung erfolgte oder das Autowrack vom letzten Fahrzeugbesitzer als Kleindeponie genutzt wurde. Der Begriff „Trockenlegung" beinhaltet den Vorgang der Entsorgung von Betriebsstoffen einer Autokarossen. Dabei kann die Entnahme der Betriebsflüssigkeiten stationär oder mobil, nach dem Schwerkraft-, dem Unter- oder dem Überdruckprinzip erfolgen. Zu diesen Betriebsstoffen zählen: Airbag-Patronen, Bremsflüssigkeit, FCKW aus Klimaanlagen, Hydraulikflüssigkeit, Kraftstoff, Kühlflüssigkeit, Motor-, Getriebe- und Differentialöl, Ölfilter, Scheibenwaschwasser, Servolenkungsöl, Säuren aus Starterbatterien und Stoßdämpferöl. Die Praxis zeigt z.B., daß Stoßdämpferöl und Bremsflüssigkeit häufig im Autowrack verbleiben, da sie eine geringe Entnahmeleistung aufweisen.[59] Der Grad der Trockenlegung ist abhängig von:

- der Art der Flüssigkeitsentnahme
- der Ausbauquote flüssigkeitstragender Bauteile
- der Viskosität der zu entnehmenden Flüssigkeiten.

Der Trockenlegungsgrad liegt heute bei etwa 70 %.[60] Technisch möglich ist bei trockenlegungsgerechter Gestaltung durchaus ein Trockenlegungsgrad von 98 %.[61]

Negativ wirkt sich zudem die extreme „Langlebigkeit" dieser Shredder-Rückstände aus. Jährlich müssen überdies noch rund 600.000 t[62] Autoscheiben und rund 23.000 t[63] Altreifen deponiert werden.

Die absolute Menge an Shredder-Leichtfraktion wird aufgrund des steigenden Kunststoff- und Verbundstoffanteils, der steigenden Verwendung anderer nichtmetallischer Materialien und der wachsenden Zahl der zu entsorgenden Fahrzeuge langfristig wachsen. Dabei ist eine Zuwachs von Kunststoffabfallmengen von

---

58 AHRENS, MÜLLMAGAZIN 1/1991, 13 (13).

59 SCHMIDT u.a., Altautoverwertung und -entsorgung, S. 41 ff.

60 BILITEWSKI u.a., Abfallwirtschaft, S. 387.

61 INDUSTRIEGESELLSCHAFT, Bericht, S. 308.

62 Klare Sicht durch alte Scheiben, in: Sekundär-Rohstoffe, Sonderheft Aug. 1994, S. 33.

63 ANSORGE, Reifen rotten nicht, Thema: Umwelt, in: die tageszeitung (taz) vom 18./19.1.1997, S. 17.

rund 70 % zu erwarten.[64] Eine Reduzierung der Shredder-Restmüllfraktion auf 6-8 % scheint aber möglich.[65]

7 Ausblick

Anhand der Daten einiger ausgewählter Mengenströme beim Pkw ist zu erkennen, daß diese nicht zu Unrecht in ihrer Gesamtheit als rollendes Rohstofflager bezeichnet und bei den Erzeugern von Umweltbelastungen an erster Stelle genannt werden.

Klar zeigt sich, daß hier Handlungsbedarf für die Entwicklung stoff- und energieflußregulierender rechtlicher Instrumente und auch Potential zur Minderung dieser Ströme besteht. Die technischen Möglichkeiten zur Umsetzung solcher Regulierung sind vorhanden.

Mögliche Ansatzpunkte für rechtliche Instrumente sind dabei auf zwei Ebenen zu sehen. Zum einen gibt es die Ebene der absoluten Stoff- und Energieströme. Deren Verringerung kann durch die senkende Regulierung des Pkw-Bestandes bzw. die Begrenzung des Pkw-Neuzuwachses erreicht werden.

Zum anderen gibt es die Ebene der einzelproduktbezogenen Stoff- und Energieströme. Deren Senkung kann durch ökologisch sinnvolle Lebensdauerverlängerung des Produkts, ressourcensparende Konstruktion sowie enge Kreislaufführung von Bauteilen, Materialien und Stoffen erreicht werden.

Stoffstromrechtliche Regulierungsinstrumente werden zunächst auf der einzelproduktbezogenen Ebene ansetzen. Hier sind sie leichter als auf der absoluten Ebene durchsetzbar. Längerfristig ist es wichtig, sie auch für die absoluten Ebene zu entwickeln, damit das angestrebte Ziel der nachhaltigen Ressourcennutzung erreicht wird.

Die nähere Auseinandersetzung mit den vorhandenen Daten und Sachbilanzen hat allerdings auch gezeigt, daß in einer Vielzahl von Produktlinien/-bereichen verwertbare Daten noch nicht erhoben wurden. Hier bedarf es weiterer Nachforschungen.

---

64 STRICKER, Entsorgungs-Technik 6/1995, 14 (16).

65 KURTH, Effizienter Rückbau von Altautos, S. 1.

Literaturverzeichnis

ACHTERBERG, Norbert: Allgemeines Verwaltungsrecht, 1986.

AHRENS, Andreas: Ökologisch sanieren, in: Müllmagazin 1/1991, S. 13 ff.

AK GG, Kommentar zum Grundgesetz für die Bundesrepublik Deutschland in zwei Bänden, Reihe Alternativkommentare, Wassermann, Rudolf (Hg.), Bd. 1, 1989, Bd. 2, 1984.

ALTAUTOS, ALTAUTOS - HANDLUNGSBEDARF, in: Sekundär-Rohstoffe 1995, S. 409 ff.

ALTAUTOVERORDNUNG, Verordnung über die Entsorgung von Altautos und die Anpassung straßenverkehrsrechtlicher Vorschriften, Begründung (Stand: 18.12.96).

ALTENMÜLLER, Reinhard: Zum Begriff „Abfall“ im Recht der Abfallbeseitigung, in: DÖV 1978, S. 27 ff.

AMANN, W./SCHUSTER, M./GILSBACH, W./KEES, H./RAPPL, A.: Auftreten von Pflanzenschutzmitteln im Grundwasser in Bayern, in: Milde/Müller-Wegner (Hg.), Pflanzenschutzmittel und Grundwasser, Bestandsaufnahme, Verhinderungs- und Sanierungsstrategien, Gewässer und Pflanzenschutzmittel VI, 6. Fachgespräch in Berlin vom 30.5.-1.6.1988, 1989, S. 159 ff.

ANSORGE, Ralf: Reifen rotten nicht, Thema: Umwelt, in: taz - die tageszeitung, Sonnabend/Sonntag 18./19.1.1997, S. 17.

APEL, Dieter u.a.: Möglichkeiten zur Steuerung des Flächenverbrauchs und der Verkehrsentwicklung, 1994.

- Zur „Wesentlichkeitstheorie“ des Bundesverfassungsgerichts, in: DVBl. 1987, S. 1241 ff.

ARNIM, Hans-Herbert v.: Gemeinwohl und Gruppeninteressen, 1977.

ATZPODIEN, Hans Christoph: Zielvorgaben zur Vermeidung oder Verringerung von Abfallmengen nach § 14 Abfallgesetz als Ausprägung des Kooperationsprinzips, in: UPR 1990, S. 7 ff.

BACON, Francis: Works, Bde. I-XIV, ed. Spedding, London 1857 ff.

BADURA, Peter: Die parlamentarische Verantwortung der Minister, in: ZParl. 11 (1980), S. 208 ff.

- Gestaltungsfreiheit und Beurteilungsspielraum der Verwaltung, bestehend aufgrund und nach Maßgabe des Gesetzes, in: Püttner, Günter (Hg.), Festschrift für Otto Bachof, 1984, S. 167 ff.
- Die Unternehmensfreiheit der Handelsgesellschaften - Ein Problem des Grundrechtsschutzes juristischer Personen des Privatrechts, in: DÖV 1990, S. 353 ff.

BARTEL, Rainer: Hauptinstrumente der Umweltpolitik und ihre Wirkungen, in: Ders./Hackl, Franz (Hg.), Einführung in die Umweltpolitik, 1994, S. 33 ff.

BARTELS, Robert/COHEN, Robin/HOEHN, Thomas: Das neue Elektrizitätssystem in Großbritannien, in: ZfE 1991, S. 27 ff.

BATTIS, Ulrich: Öffentliches Baurecht und Raumordnungsrecht, 1992.

BATTIS, Ulrich/GUSY, Christoph: Technische Normen im Baurecht, 1988.

BAUMGARTNER, Hans-Michael: Artikel „Wissenschaft", in: Krings, Peter/ Baumgartner, Hans-Michael/Wild, Christoph (Hg.), Handbuch philosophischer Grundbegriffe, Bd. 6, 1974, S. 1740 ff.

BAUR, Jürgen F./MORAING, Markus: Rechtliche Probleme einer Deregulierung der Elektrizitätswirtschaft, in: Hansen, Ulf u.a. (Hg.), VEnergR, Bd. 72, 1990, S. 99 ff.

BECK, Ulrich: Politische Wissenstheorie der Risikogesellschaft, in: Beckmann, Gotthard (Hg.), Risiko und Gesellschaft, 1993, S. 305 ff.

BECK, Ulrich/BONSS, Wolfgang: Verwissenschaftlichung ohne Aufklärung? in: Dies. (Hg.), Weder Sozialtechnologie noch Aufklärung - Analysen zur Verwendung sozialwissenschaftlichen Wissens, 1989, S. 7 ff.

BECKMANN, Martin: Rechtsfragen der Genehmigung mobiler Bodenreinigungsanlagen, in: NVwZ 1993, S. 305 ff.

BENDER, Bernd/SPARWASSER, Reinhard/ENGEL, Rüdiger: Umweltrecht, 3. Aufl., 1995.

BENKERT, Wolfgang/BUNDE, Jürgen/HANSJÜRGENS, Bernd (Hg.): Wo bleiben die Umweltabgaben?, 1995.

BERGSCHMIDT, Heide: Verkohlen und Asche machen, in: fairkehr 2/93, S. 22 ff.

BERNSTORFF, Swen v./EHM, Herbert: Entbürokratisierung im Bauwesen, in: BauBl. 1985, S. 72 ff.

BERTALANFFY, Ludwig v.: Relativity of categories, Philosophy of Science 22 (1955), S. 243 ff.

BEYERSMANN, Detmar: Verfahrens- und Argumentationsmuster bei der Festlegung von Grenzwerten im Ausschuß für gefährliche Arbeitsstoffe (AgA), in: Winter, Gerd (Hg.), Grenzwerte, 1986, S. 86 ff.

BILITEWSKI, B. u.a.: Abfallwirtschaft, 1994.

BIRN, Helmut: Kreislaufwirtschafts - und Abfallgesetz in der betrieblichen Praxis, 1996.

BÖCKENFÖRDE, Dieter/TEMME, Heinz-Georg/KREBS, Winnifred: Musterbauordnung für die Länder der Bundesrepublik Deutschland, 1994.

BÖCKENFÖRDE, Ernst-Wolfgang: Die Organisationsgewalt im Bereich der Regierung, 1964.

BÖHM, Monika: Gesetzgebungslehre und Gesetzgebungspraxis - Darstellung am Beispiel des AbwAG -, in: ZfG 1993, S. 132 ff.

BOHNE, Eberhard: Eine Strombörse mit Umweltinstrumenten für eine preis- und umweltgerechte Stromversorgung, in: DVBl. 1994, S. 829 ff.

- Grundzüge einer wettbewerbs- und umweltorientierten Reform des energierechtlichen Ordnungsrahmens der Stromwirtschaft, in: Hoffmann-Riem/ Schneider (Hg.), 1995, S. 140 ff.

BÖNKER, Christian: Die verfassungs- und europarechtliche Zulässigkeit von Umweltstandards in Verwaltungsvorschriften, in: DVBl. 1992, S. 804 ff.

- Umweltstandards in Verwaltungsvorschriften, 1992.

BÖRNER, Bodo: Elektrizitätsversorgung und Gebietsgrenzen, in: RdE 1979, S. 50 ff.

BOSSELMANN, Klaus: Im Namen der Natur, 1991.

BOTHE, Michael: Kommentierung zu Art. 74 GG, in: Wassermann, Rudolf (Hg.), Alternativ-Kommentar zum Grundgesetz der Bundesrepublik Deutschland, Bd. 2, 1989, S. 446 ff.

- Rechtliche Regelungsspielräume für die Abfallpolitik der Länder nach Inkrafttreten des Bundesgesetzes über die Vermeidung und Entsorgung von Abfällen vom 27.8.1986, in: NVwZ 1987, S. 938 ff.

BOYLE, Robert: Works, ed. Robert Birch, 1772.

BRANDNER, Thilo: Grenzen des ministeriellen Weisungsrechts gegenüber nachgeordneten Behörden?, in: DÖV 1990, S. 966 ff.

BRANDT, Edmund: Altlastenrecht, 1993.

- Ansätze für ein einheitliches Umweltverkehrsrecht, in: Ulrich Smeddinck (Hg.), Umweltverkehr - Bausteine für eine zukunftsfähige Verkehrswelt, 1996, S. 113 ff.

- Umweltpolitik, Umweltrecht, Umweltverwaltung - Eine Einführung, 1995.

- Verkehr und Umwelt, in: Aktuelle Reihe der Fakultät Umweltwissenschaften der Technischen Universität Cottbus 1/93.

BRANDT, Edmund/ALBRECHT, Matthias/KÖSTER, Kristina/RISTAU, Herbert: Umwelt- und wettbewerbsorientierte Weiterentwicklung des Energierechts - Eine verfassungsrechtliche Analyse -, 1996.

BRANDT, Edmund/HENNING, Klaus-Jürgen: Die Aufsicht von Ministerien über Bundesoberbehörden, in: VR 1982, S. 181 ff.

BRANDT, Edmund u.a.: Stoffstromrechtliche Ausgangslage und Entwicklungslinien, in: BTUC-UW 5/96.

BRANDT, Edmund/SMEDDINCK, Ulrich: Der Gefahrenbegriff im Polizeirecht, in: Jura 1994, S. 225 ff.

BRANDT, Reinhard/BACON, Francis: Die Idolenlehre, in: Speck, Josef (Hg.), Philosophie der Neuzeit, Bd. 1, 1979, S. 10 ff.

BRENCK, Andreas: Moderne umweltpolitische Konzepte; Sustainable Development und ökologisch-soziale Marktwirtschaft, in: ZfU 1992, S. 379 ff.

BREUER, Rüdiger: Anlagensicherheit und Störfälle - Vergleichende Risikobewertung im Atom- und Immissionsschutzrecht, in: NVwZ 1990, S. 211 ff.

- Gerichtliche Kontrolle der Technik, in: NVwZ 1988, S. 104 ff.
- Öffentliches und privates Wasserrecht, 1987.
- Rechtsprobleme der Altlasten, in: NVwZ 1987, S. 751 ff.
- Strukturen und Tendenzen des Umweltrechts, in: Der Staat, 1981, S. 393 ff.
- Umweltschutzrecht, in: Schmidt-Aßmann, Eberhard (Hg.), Besonderes Verwaltungsrecht, 10. Aufl., 1995, S. 433 ff.

BROHM, Winfried: Öffentliches Baurecht, 1997.

- Sachverständige Beratung des Staates, in: Isensee, Josef/Kirchhof, Paul (Hg.), Handbuch des Staatsrechts (HdBdStR), Bd. II, 1987.
- Selbstverwaltung in wirtschafts- und berufsständischen Kammern, in: Mutius, Albert v. (Hg.), Festgabe für Unruh, 1983, S. 777 ff.

BRUNNER, Gerd/HEBER, Matthias: Eine verpaßte Gegelegenheit. Folgeregelungen zum KrW-/AbfG lassen auf sich warten, in: UPR 1996, S. 294 ff.

BUFF, Albert: Bauordnung im Wandel, 1971.

BUNDESREGIERUNG, Entwurf eines Gesetzes zur Neuregelung des Rechts des Naturschutzes und der Landschaftspflege, zur Umsetzung gemeinschaftsrechtlicher Vorschriften und zur Anpassung anderer Rechtsvorschriften vom 5.12.1996, in: BT-Drs. 13/6441.

BUSCH, Bernhard: Das Verhältnis des Art. 80 Abs. 1 S. 2 GG zum Gesetzes- und Parlamentsvorbehalt, 1992.

CANSIER, Dieter, Umweltökonomie, 1993.

CARGANICO, Hans-Albrecht: Der Grundwasserschutz bei der Zulassung von Pflanzenschutzmitteln aus Mikroorganismen und Viren - einige Probleme aus rechtlicher Sicht, in: Mitteilungen der Biologischen Bundesanstalt für Land- und Forstwirtschaft (Hg.), Heft 246, 1988.

CAPRA, Fritjof: Wendezeit, Bausteine für ein neues Weltbild, 1991.

CARSON, Rachel: Der stumme Frühling, 1968.

CICERO, Marcus Tullius: De natura deorum, Vom Wesen der Götter, in: Gerlach, Wolfgang/Bayer, Karl, 3. Aufl., 1990.

CLASSEN, Claus Dieter: Wissenschaftsfreiheit außerhalb der Hochschule, 1994.

DANWITZ, Thomas v.: Die Gestaltungsfreiheit des Verordnungsgebers, 1989.

DAUBNER, Robert: Kommunale Satzungsbefugnis auf dem Gebiet des Abfallrechts, in: NVwZ 1995, S. 33 ff.

DEGENHART, Cristoph: Kommentierung zur Art. 74, in: Sachs, Michael (Hg.), Grundgesetz-Kommentar, 1996.

- Kernenergierecht, 1982.

DENNINGER, Erhard: Technologische Rationalität, ethische Verantwortung und postmodernes Recht, in: KritV 1992, S. 123 ff.

- Verfassungsrechtliche Anforderungen an die Normsetzung im Umwelt- und Technikrecht, 1990.

- Wissenschaftlich-technischer Sachverstand und staatliche Technologiesteuerung durch Recht, in: Honneth, Axel/McCarthy, Thomas/Offe, Claus/ Wellmer, Albrecht (Hg.), Zwischenbetrachtungen im Prozeß der Aufklärung (Jürgen Habermas zum 60. Geburtstag), 1989, S. 627 ff.

DI FABIO, Udo: Verwaltungsentscheidung durch externen Sachverstand, in: VerwArch 81 (1990), S. 193 ff.

- Verwaltungsvorschriften als ausgeübte Beurteilungsermächtigung, in: DVBl. 1992, S. 1338 ff.

DIJKSTERHUIS, Eduard Jan: Die Mechanisierung des Weltbildes, 1983 (Reprint).

DOEMMING, Klaus-Berto v./FÜSSLEIN, Werner/MATZ, Werner: Entstehungsgeschichte der Artikel des Grundgesetzes, in: Jahrbuch des öffentlichen Rechts der Gegenwart, Neue Folge, Bd. 1, 1951.

DREIER, Horst: Hierarchische Verwaltung im demokratischen Staat, 1991.

DRESCHER, Rolf-Dieter: Die Bestimmungen des Pflanzenschutzrechts zur Verhinderung einer nicht fachgerechten Anwendung von Pflanzenschutzmitteln und ihre Bedeutung für den Grund- und Trinkwasserschutz, in: NuR 1989, S. 283 ff.

DREWS, Bill/WACKE, Gerhard/VOGEL, Klaus/MARTENS, Wolfgang: Gefahrenabwehr, 1986.

DUMOND, Don E.: The Limitation of Human Population, Science 187 (1975), S. 713 ff.

EBERSBACH, Harry: Beschränkungen landwirtschaftlicher Bodennutzung in Wasserschutzgebieten, in: Götz (Hg.), Agrarrecht im Wandel, Festschrift für Wolfgang Büttner, 1986.

- Diskussionsbeitrag, in: AgrarR 1986, Beilage 1, S. 35 ff.

ENDERS, Rainald: Kreislauf oder Kollaps im Abfallwirtschaftsrecht, Bericht über das Zehnte Trierer Kolloquium zum Umwelt- und Technikrecht vom 14. bis 16.9.1994, in: DVBl. 1995, S. 189 ff.

ENDRES, Alfred: Umwelt- und Ressourcenökonomie, 1985.

ENGEL, Rüdiger: Ökologische Konzepte für die Baurechtsnovelle, in: ZUR 1997, S. 30 ff.

ENGELHARDT, Hanns: Bundes-Immissionsschutzgesetz, Bd. 1, 1993.

ENQUETE-KOMMISSION DES DEUTSCHEN BUNDESTAGES „Schutz des Menschen und der Umwelt" (Hg.): Die Industriegesellschaft gestalten, 1995.

ERBGUTH, Wilfried: Normkonkretisierende Verwaltungsvorschriften, in: DVBl. 1989, S. 473 ff.

ERBGUTH, Wilfried/STOLLMANN, Frank: Die Bindung der Verwaltung an die FFH-Richtlinie, in: DVBl. 1997, S. 453 ff.

ERICHSEN, Hans Uwe: Geltung und Reichweite von Gesetzes- und Parlamentsvorbehalt, in: VerwArch 67 (1976), S. 93 ff.

- Schule und Parlamentsvorbehalt, in: Willke, Dieter(Hg.), Festschrift zum 125jährigen Bestehen der Juristischen Gesellschaft, 1984, S. 113 ff.
- Zum staatlich-schulischen Erziehungsauftrag und zur Lehre vom Gesetzes- und Parlamentsvorbehalt, in: VerwArch 69 (1978), S. 387 ff.

ESSER, Claudia: Bemerkungen zur umstrukturierten und privatisierten Elektrizitätswirtschaft in England und Wales, in: EW 1991, S. 1224 ff.

- Umstrukturierung und Privatisierung der Elektrizitätswirtschaft in England und Wales, 1991.

EUROPÄISCHE KOMMISSION: Entscheidung vom 18.12.1996 über das Formular für die Übermittlung von Informationen zu den im Rahmen von „Natur 2000" vorgeschlagenen Gebieten, in: ABl. EG, Nr. L 107 vom 24.4.1997, S. 1 ff.

- Im Brennpunkt; Schutz von „Natura 2000"-Gebieten, in: Natura 1996, Heft 2, S. 2 f.
- Stellungnahme vom 18.12.1995 zur Querung des Peenetals (Deutschland) durch die geplante Autobahn A 20, in: ABl. EG, Nr. L 6 vom 9.1.1996, S. 14 ff.
- Stellungnahme vom 27.4.1995 zu der Querung des gemeinsamen Tales von Trebel und Recknitz durch die geplante Autobahn A 20 (Deutschland), in: ABl. EG, Nr. C 178 vom 13.7.1995, S. 3 ff.

FELDHAUS, Gerhard: Bundesimmissionsschutzrecht 1 (71. Lieferung), 1997.

FELDMANN, Klaus: Bremische Landesbauordnung, Textausgabe mit Erläuterungen, 1988.

FICHTNER: Beispielorientierte Aufarbeitung des Bedürfnisfeldes „Mobilität" für eine stoffstromorientierte Diskussion zur Entwicklung stofflicher und politischer Handlungsperspektiven - Stoffffluß bei Produktion, Betrieb und Entsorgung verschiedener Fahrzeuge, in: Enquete-Komission des deutschen Bundestages „Schutz des Menschen und der Umwelt" (Hg.), Umweltverträgliches Stoffstrommanagement, Bd. 5, 1995.

FINKELNBURG, Klaus/ORTLOFF, Karsten-Michael: Öffentliches Baurecht, Bd. II: Bauordnungsrecht, Nachbarschutz, Rechtsschutz, 1994.

FISCHER, Bernhard: Verrechtlichung im öffentlichen Baurecht - Das Phänomen, seine Ursachen und Folgewirkungen, 1993.

FLEMING, Donald: Wurzeln der New-Conservation-Bewegung, in: Sieferle, Rolf Peter (Hg.), Fortschritte der Naturzerstörung, 1988, S. 216 ff.

FLUCK, Jürgen: Kreislaufwirtschafts- und Abfallrecht, Kommentar (Stand: 5/1997).

FONK, Hans-Joachim: Zuständigkeit der Länder für den Erlaß von Rechtsvorschriften auf dem Gebiet des Strahlenschutzes, in: DÖV 1958, S. 20 ff.

FRANSSEN, Everhardt: Abfallrecht, in: Salzwedel, Jürgen (Hg.), Grundzüge des Umweltrechts, 1982, S. 399 ff.

- Vom Elend des (Bundes-)Abfallgesetzes, in: Festschrift für Konrad Redeker zum 70. Geburtstag, Rechtsstaat zwischen Sozialgestaltung und Rechtsschutz, 1993, S. 457 ff.

FRENZ, Walter: Kreislaufwirtschafts- und Abfallgesetz, Kommentar, 1996.

FREYTAG, Christoph: Vertretbarkeit von im Rahmen des Zulassungsverfahrens festgestellten Auswirkungen von Pflanzenschutzmitteln auf den Naturhaushalt, in: AgrarR 1994, S. 112 ff.

FREYTAG, Christoph/IVEN, Klaus: Gemeinschaftsrechtliche Vorgaben für den nationalen Habitatschutz, in: NuR 1995, S. 109 ff.

FRIAUF, Karl Heinrich: Polizei- und Ordnungsrecht, in: Schmidt-Aßmann, Eberhard (Hg.), Besonderes Verwaltungsrecht, 10. Aufl., 1995.

- Zur Problematik des Rechtsgrundes und der Grenzen der polizeilichen Zustandshaftung, in: Festschrift für Wacke, 1972, S. 293 ff.

FRICKE, Peter/HUGGER, Werner: Test von Gesetzentwürfen Teil 1, Voraussetzungen einer testorientierten Rechtsetzungsmethodik, in: Speyerer Forschungsberichte Nr. 11, 1979.

FRITSCH, Klaus: Das neue Kreislaufwirtschafts- und Abfallrecht, 1996.

FRITZSCHE, Andreas F.: Wie sicher leben wir?, 1994.

FUGMANN-HEESING, Annette: Parkvorsorge in Städten, 1984.

FÜHR, Martin: Technische Normen in demokratischer Gesellschaft, in: ZUR 1993, S. 99 ff.

FÜLLGRAFF, Georges: Perspektiven für die Arbeit einer wissenschaftlichen Umweltbehörde, in: Umwelbundesamt (Hg.), Wissenschaften im ökologischen Wandel, 1994, S. 69 ff.

GELLERMANN, Martin: Rechtsfragen des Europäischen Habitatschutzes, in: NuR 1996, S. 548 ff.

GENSCHER, Hans-Dietrich: Geleitwort, in: Umweltbundesamt (Hg.), Wissenschaften im ökologischen Wandel, 1994, S. 5 f.

GERHARDT, Michael: Normkonkretisierende Verwaltungsvorschriften, in: NJW 1989, S. 2233 ff.

GERN, Alfons: Zur Verfassungsmäßigkeit der kommunalen Verpackungssteuer, in: NVwZ 1995, S. 771 ff.

GIECK, K. u. R.: Technische Formelsammlung, 1989, Z 10.

GIESBERTS, Ludger: „Konkurrenz um Abfall", Rechtsfragen der Abfallverbringung in der Europäischen Union, in: NVwZ 1996, S. 949 ff.

GLACKEN, Clarence J.: Zum Wandel der Vorstellungen über den menschlichen Lebensraum, in: Sieferle, Rolf Peter (Hg.), Fortschritte der Naturzerstörung, 1988, S. 158 ff.

GOLDMANN, Daniel: Automobil-Recycling im Netzverbund, in: Entsorgungs-Technik 5/1995, S. 24 ff.

GOSSOW, Volkmar: Altlastensanierung, 1995.

GOTTHELF, Hans: Sorgen ums Entsorgen, in: Altauto, Sonderheft der Zeitschrift Sekundär-Rohstoffe, 8/1994, S. 6 ff.

GÖTZ, Volkmar: Allgemeines Polizei- und Ordnungsrecht, 1995.

GRABIS, Hans/KAUTHER, Helmut/DIECKMANN, Jochen: Bau- und Planungsrecht, 1988.

GRAF, Lothar: Stellplatzverpflichtung als verfassungsrechtliches Problem, in: ZMR 1978, S. 353 ff.

GRASER, Hoock: Rezyklate im Fahrzeugbau in: Kunststoffe 85 (1995), S. 330 ff.

GRIMM, Dieter: Verfahrensfehler als Grundrechtsverstöße, in: NVwZ 1985, S. 865 ff.

GRIMME, Horst/FAUST, Michael/ALTENBURGER, Rolf: Die Begründung von Wirkungsschwellen in Pharmakologie und Toxikologie und ihre Bewertung aus biologischer Sicht, in: Winter, Gerd (Hg.), Grenzwerte, 1986, S. 35 ff.

GROSSE-SUCHSDORF, Ulrich/SCHMALTZ, Hans Karsten/WIECHERT, Reinald: Niedersächsische Bauordnung, 1992.

GÜNDERMANN, Gerhard: Hat die Biologische Bundesanstalt für Land- und Forstwirtschaft (BBA) einen Entscheidungsspielraum bei der Prüfung und Zulassung eines Pflanzenschutzmittels nach § 15 PflSchG?, in: NuR 1996, S. 175 ff.

GUSY, Christoph: Administrativer Vollzugsauftrag und justitielle Kontrolldichte im Recht der Technik, in: DVBl. 1987, S. 497 ff.

- Die untergesetzliche Rechtsetzung nach dem Bundes-Immissionsschutzgesetz aus verfassungsrechtlicher Sicht, in: Koch, Hans-Joachim/Lechelt, Rainer (Hg.), Zwanzig Jahre Bundes-Immissionsschutzgesetz, 1994, S. 190 ff.

HABEL, Wolfgang: Wassergesetz für Baden-Württemberg, Kommentar, 1982.

HABERMAS, Jürgen: Verwissenschaftliche Politik und öffentliche Meinung, in: Ders. (Hg.), Technik und Wissenschaft als „Ideologie“, 1968.

HAEDRICH, Heinz: Atomgesetz mit Pariser Atomhaftungs-Übereinkommen, Kommentar, 1986.

HAGENAH, Evelyn: Problemeinführung, Die derzeitige Situation bei der Festlegung von Umweltstandards in Deutschland, in: Umweltbundesamt (Hg.), Verfahren zur Festlegung von Umweltstandards, 1993, S. 4 ff.

HAILBRONNER, Kay: Die Freiheit von Forschung und Lehre als Funktionsgrundrecht, 1979.

HALLER, Robert: Zivilrechtlicher Ausgleich unter öffentlich-rechtlichen Störern, in: ZUR 1996, S. 21 ff.

HANSMANN, Klaus: Zur Problematik der Festsetzung von Immissionsgrenzwerten, in: Franßen, Everhardt (Hg.), Bürger-Richter-Staat, Festschrift für Horst Sendler, 1991.

HANSMEYER, Karl-Heinrich/SCHNEIDER, Hans Karl: Umweltpolitik - ihre Fortentwicklung unter marktsteuernden Aspekten, 1990.

HÄRDTLE, G./KIJEWSKI, K.: Aufbereitung und Verwertung von Kunststoffen aus Autowracks, in: Thome-Kozmiensky (Hg.), Recycling von Abfällen, 1989, S. 285 ff.

HART, Dieter: Die Sicherheit von Blutarzneimitteln: Arzneimittelrecht, Haftungsrecht, Organisationsrecht, in: Schlußbericht des 3. Untersuchungsausschusses des Deutschen Bundestages zum Blutpräperate-Skandal (BT-Drs. 12/8591, S. 510 ff.).

HARTKOPF, Günter/BOHNE, Eberhard: Umweltpolitik Bd. 1 - Grundlagen, Analysen, Perspektiven -, 1983.

HARTMANN, Ulrich: Rechtliche und wirtschafliche Implikationen der Wettbewerbspolitik des Bundeskartellamtes auf die Struktur der Versorgungswirtschaft, in: Baur, Jürgen F.(Hg.), Deregulierung und Regulierung durch nationales und europäisches Kartellrecht (VEnergR, Bd. 71), 1994, S. 69 ff.

HAUCHLER (Hg.): Globale Trends 1996, 1995.

HEIDORN, Joachim: Legitimität und Regierbarkeit, 1982.

HEINE, Günter: Umweltbezogenes Recht im Mittelalter, in: Herrmann, Bernd (Hg.), Umwelt in der Geschichte, 1989, S. 111 ff.

HEINE, Günter: Ökologie und Recht in historischer Sicht, in: Lübbe, Hermann/ Ströker, Elisabeth (Hg.), Ökologische Probleme im kulturellen Wandel, 1986, S. 116 ff.

- Ökologie und Recht, in: GA 1989, S. 116 ff.

HEINRICH; Dieter/HERGT, Manfred: dtv-Atlas zur Ökologie, 1991.

HEINS, Hans-Heinrich: Pflanzenschutzproduktion und Umweltschutzrecht, Rechtsvorschriften für die Landwirtschaft in der Bundesrepublik Deutschland und den Europäischen Gemeinschaften, 1981.

HEISENBERG, Werner: Das Naturbild der heutigen Physik, 1955.

- Sprache und Wirklichkeit in der modernen Physik, in: Blum, Walter/Dürr, Hans-Peter/Rechenberg, Helmut (Hg.), Gesammelte Werke, Abt. C, Bd. II, 1984.

HEITZER, Hans: Das System der leitungsgebundenen Energieversorgung in der Bundesrepublik Deutschland - Nationalisierung; geschlossene Versorgungsgebiete, Zugang zu den Netzen für Dritte, insbesondere Einspeisung und Durchleitung, in: Baur, Jürgen F. (Hg.), Neue Strukturen der Energieversorgung (VEnergR Bd. 59), 1989, S. 99 ff.

HENKEL, Michal J.: Der Anlagenbegriff des Bundesimmissionsschutzgesetzes, 1989.

HENSELER, Paul: Die Grundrechtsbindung des Verordnungsgebers als Prüfstein für das Selbstverständnis der Verfassungs- und Verwaltungsgerichte, in: ZG 1986, S. 76 ff.

HERBERT, Alexander/KECKMETI, Petra/DITTRICH, Kurt: Die neue Hessische Bauordnung (HBO 1993) - Umweltschutz und Verfahrensbeschleunigung?, in: ZfBR 1995, S. 67 ff.

HILL, Hermann: Einführung in die Gesetzgebungslehre, 1982.

- Normkonkretisierende Verwaltungsvorschriften, in: NVwZ 1989, S. 401 ff.

HOBBES, Thomas: Leviathan, ed. Fetscher, Iring, 5. Aufl., 1992.

- Vom Menschen/Vom Bürger, ed. Gawlick, Günter, 1966.

HÖFFE, Ortfried: Strategien der Humanität, 1975.

HOFFMANN, Michael: Verfassungsrechtliche Anforderungen an Rechtsverordnungen zur Produktverantwortung nach dem Kreislaufwirtschafts- und Abfallgesetz, in: DVBl. 1996, S. 347 ff.

HOFFMANN-RIEM, Wolfgang: Ökologisch orientiertes Verwaltungsverfahrensrecht - Vorklärungen, in: AöR 119 (1994), S. 590 ff.

- Sachverstand: Verwendungsuntauglich?, Jahrbuch der Rechtssoziologie und Rechtstheorie 13 (1988), S. 350 ff.

HOLZINGER, Katharina: Umweltpolitische Instrumente aus der Sicht der staatlichen Bürokratie - Versuch einer Anwendung der ökonomischen Theorie der Bürokratie, 1987.

HOPFMANN, Jürgen: Umweltstrategie - Die Zeit ist knapp!, 1993.

HOPPE, Werner/BECKMANN, Martin: Umweltrecht, 1992.

HOPPE, Werner/GROTEFELS, Susan: Öffentliches Baurecht, 1995.

HÖSEL, Gottfried/LERSNER, Heinrich v.: Recht der Abfallbeseitigung, Kommentar zum Abfallgesetz, 1972 (Stand: 3/1997).

HUCKE, Jochen/WOLLMANN, Hellmut: Vollzug des Umweltrechts, in: Kimminich, Otto/Lersner, Heinrich v./Storm, Peter-Christian (Hg.), Handwörterbuch des Umweltrechts, Bd. II, 1994, Sp. 2694 ff.

HUFEN, Friedhelm: Fehler in Verwaltungsverfahren, 1991.

HUGGER, Werner: Gesetze - Ihre Vorbereitung, Abfassung und Prüfung, 1983.

HUSTER, Stefan: Baubeschränkungen in Wasserschutzgebieten, in: NuR 1992, S. 56 ff.

IMIG, Klaus/KIESS, Adolf/HORNUNG, Volker: Landesbauordnung für Baden-Württemberg (Stand: 9/1993).

INDUSTRIEGESELLSCHAFT: Bericht „Die Industriegesellschaft gestalten - Perspektiven für einen nachhaltigen Umgang mit Stoff- und Materialströmen“, 1994.

ISENSEE, Josef/KIRCHHOF, Paul: Handbuch des Staatsrechts der Bundesrepublik Deutschland, Bd. II, 1987.

IVEN, Klaus: Anmerkung zum Großkrotzenburg-Urteil des Europäischen Gerichtshofs, in: NuR 1996, S. 105 f.

- Schutz natürlicher Lebensräume und Gemeinschaftsrecht, in: NuR 1996, S. 373 ff.

JAGUSCH, Heinrich/HENTSCHEL, Peter: Straßenverkehrsrecht, 1995.

JARASS, Hans D.: Bundes-Immissionsschutzgesetz, 3. Aufl., 1995 .

- Das Immissionschutzrecht für Verkehrswege - ein reformbedürftiges Rechtsgebiet, in: DVBl. 1995, S. 589 ff.
- Der rechtliche Stellenwert technischer und wissenschaftlicher Standards, in: NJW 1987, S. 1225 ff.
- Regelunsspielräume des Landesgesetzgebers im Bereich der konkurrierenden Gesetzgebung und in anderen Bereichen, in: NVwZ 1996, S. 1041 ff.

JARASS, Hans D./PIEROTH, Bodo: Grundgesetz für die Bundesrepublik Deutschland, Kommentar, 1995.

KEIPINGER, Ralf: Stellplatzverpflichtung: eine Bastion wackelt, in: VZ 4/1996, S. 9 ff.

KFZ-RECYCLING: Ganzheitliches Kfz-Recycling, in: Sekundär-Rohstoffe 2/95, S. 34 ff.

KIMMINICH, Otto: Das Veröffentlichungsrecht des Wissenschaftlers, in: WissR 18 (1985), S. 116 ff.

- Der Schutz kommunaler Unternehmen gegen konfiskatorische Eingriffe, 1982.

KINDERMANN, Harald: Plan und Methode der Gesetzestheorie, in: Rechtstheorie 1978, S. 229 ff.

KISKER, Gunter: Diskussionsbeitrag, in: Verhandlungen des 51. Deutschen Juristentages, II, S. M 82 f.

- Neue Aspekte im Streit um den Vorbehalt des Gesetzes, in: NJW 1977, S. 1313 ff.

KLAGES, Christoph: Vermeidungs- und Verwertungsgebote als Prinzipien des Abfallrechts, 1991.

KLEINSCHNITTGER, Annette: Die abfallrechtliche Planfeststellung, 1992.

KLOEPFER, Michael: Die Verantwortlichkeit für Altlasten im öffentlichen Recht, in: NuR 1987, S. 7 ff.

- Umweltrecht, 1989.

- Wesentlichkeitstheorie als Begründung oder Grenze des Gesetzesvorbehalts? in: Hill, Hermann(Hg.), Zustand und Perspektiven der Gesetzgebung, 1989, S. 187 ff.

- Zu den neuen umweltrechtlichen Handlungsformen des Staates, in: JZ 1991, S. 727 ff.

KLOEPFER, Michael/MESSERSCHMIDT, Klaus: Innere Harmonisierung des Umweltrechts (Berichte des UBA 6/86), 1986.

KLOEPFER, Michael/REHBINDER, Eckard/SCHMIDT-ASSMANN, Eberhard: Umweltgesetzbuch - Allgemeiner Teil, 1991.

KLOEPFER, Michael/SCHULTE, Martin: Zuständigkeitsgrenzen bei der Einführung landesrechtlicher (Sonder)abgaben, in: UPR 1992, S. 201 ff.

KLOPFER, Thomas: Die Elektrizitätswirtschaft in England und Wales - Reformprozeß und Funktionsweise, in: ZfE 1993, S. 183 ff.

- Märkte für Strom - Internationale Erfahrungen und Übertragbarkeit auf Deutschland, in: VIK-Mitteilungen 1993, S. 86 ff.

KLOPFER, Thomas/SCHULZ, Walter: Märkte für Strom, 1993.

KLOESEL, Arno/CYRAN, Walter: Arzneimittelgesetz, Kommentar (Stand: 6/1994).

KNAUBER, Raffael: Struktur der Sozialbindung des Grundeigentums im ländlichen Raum - Naturschutz- und wasserrechtliche Beschränkungen der landwirtschaftlichen und forstwirtschaftlichen Nutzung und die Entschädigungsfrage, 1989.

KNEMEYER, Franz Ludwig: Polizei- und Ordnungsrecht, 1991.

KNOPP, Lothar: Aktuelles aus der „Altlasten-Szene“: Freiwerden des Grundstückseigentümers von der Zustandsverantwortung, in: BB 1996, S. 389 ff.

KOCH, Hans-Joachim: in: Ders./Scheuing, Dieter (Hg.), Gemeinschaftskommentar zum Bundes-Immissionsschutzgesetz, 1995.

KOCH, Hans-Joachim/HENDLER, Reinhard: Baurecht, Raumordnungs- und Landesplanungsrecht, 1995.

KOCH, Hans-Joachim/RÜSSMANN, Helmut: Juristische Begründungslehre. Eine Einführung in die Grundprobleme der Rechtswissenschaft, 1982.

KÖSTLIN, Thomas: Die Kulturhoheit des Bundes. Eine Untersuchung zum Kompetenz- und Organisationsrecht des GG unter Berücksichtigung der Staatspraxis in der Bundesrepublik Deutschland, 1989.

KOTHE, Peter: Altlastenbehandlung in Thüringen als bundesdeutsches Modell?, in: DÖV 1994, S. 716 ff.

KRACHT, Harald: Die immissionsschutzrechtliche Genehmigungsbedürftigkeit ortsfester Abfallentsorgungsanlagen, in: UPR 1993, S. 369 ff.

KREBS, Walter: Zum aktuellen Stand der Lehre vom Vorbehalt des Gesetzes, in: Jura 1979, S. 304 ff.

KREIBICH, Rolf: Zukunftsoptionen in der Wissenschafts- und Hochtechnologiegesellschaft, in: Hesse, Joachim Jens/Kreibich, Rolf/Zöpel, Christoph (Hg.), Zukunftsoptionen, 1989.

KRETZ, Claus: Die Zulassung von Abfallentsorgungsanlagen, in: UPR 1994, S. 44 ff.

KREUZBERG, Peter/SCHULZ, Walter: Zukünftiger, die Klimaschutzziele begünstigender Ordnungsrahmen insbesondere für die leitungsgebundenen Energieträger, Gutachten, 1993.

KRIEGER, Stephan: Wozu wird das Abfallrecht gebraucht?, in: UPR 1995, S. 408 ff.

KRÖGER, Klaus: Die Ministerverantwortlichkeit in der Verfassungsordnung der Bundesrepublik Deutschland, 1972.

KUHN, Thomas S.: Die Struktur wissenschaftlicher Revolutionen, 1976.

KUNERT, Franz-Josef: Normkonkretisierung im Umweltrecht, in: NVwZ 1989, S. 1018 ff.

KUNIG, Christoph: Exekutivische Rechtsetzung, in: Koch, Hans-Joachim (Hg.), Auf dem Weg zum Umweltgesetzbuch, 1992.

KUNIG, Philip/SCHWERMER, Gerfried/VERSTEYL, Ludger-Anselm: Abfallgesetz - AbfG -, 1992.

KÜPPERS, Günter: Unordnung im Reich der Gesetze, in: Kippers, Günter (Hg.), Chaos und Ordnung, 1996, S. 149 ff.

KÜPPERS, Hans: Die Einschränkung der Stellplatzverpflichtung, in: BauR 1996, S. 604 ff.

KUTSCHEIDT, Ernst: Die Änderung der TA Luft aus der Sicht der Rechtsprechung, in: NVwZ 1983, S. 581 ff.

- Öffentliches Immissionsschutzrecht, in: Salzwedel, Jürgen (Hg.), Grundzüge des Umweltrechts, 1982.

- Zulassung von Abfallentsorgungsanlagen - ein Schnellschuß des Gesetzgebers, in: NVwZ 1994, S. 209 ff.

KUTSCHERA, Franz v.: Grundfragen der Erkenntnistheorie, 1982.

- Die falsche Objektivität, 1993.

KUTTER, Eckard: Verkehrsvermeidung und Stadtentwicklung in: Behrendt, Siegfried/Kreibich, Rolf (Hg.), Die Mobilität von Morgen, 1994, S. 253 ff.

LADEUR, Karl-Heinz: Das Umweltrecht der Wissensgesellschaft, 1995.

- Gefahrenabwehr und Risikovorsorge bei der Freisetzung von gentechnisch veränderten Organismen nach dem Gentechnikgesetz, in: NuR 1992, S. 254 ff.

- Risiken für den Naturhaushalt im Pflanzenschutzrecht - Zum Einbau von Lernfähigkeit in das Umweltrecht, in: Battis/Rehbinder/Winter (Hg.), Bremer Kolloquium über Pflanzenschutz, Bd. 9, 1991, S. 165 ff.

- Standards, in: Böhret, Carl/Hill, Hermann (Hg.), Ökologisierung des Rechts- und Verwaltungssystems, 1994, S. 75 ff.

- Zum planerischen Charakter der technischen Normen im Umweltrecht, in: UPR 1987, S. 253 ff.

LANDESANSTALT FÜR UMWELTSCHUTZ BADEN-WÜRTTEMBERG: Emissionen und Umweltauswirkungen von Altlastensanierungsverfahren, 1993.

- Handbuch Bodenwäsche, 1995.

LANDMANN, Robert v./ROHMER, Gustav: Umweltrecht, Kommentar, 1995.

LANG, Hagen: Mobiler Sondermüll, in: fairkehr 2/96, S. 14 ff.

LARENZ, KARL: Methodenlehre der Rechtswissenschaft, 1991.

LEHMBROCK, Michael: Auf dem Wege zu einer neuen Stellplatznorm, in: Smeddinck, Ulrich (Hg.), Umweltverkehr - Bausteine für eine zukunftsfähige Verkehrswelt, 1996, S. 145 ff.

LENDI, Martin: Das Recht des Lebensraumes, in: UPR 1994, S. 41 ff.

LENK, Hans: Pragmatische Vernunft, 1979.

LENK, Klaus/BRÜGGEMEIER, Martin/HEHMANN, Margret/WILLMS, Werner: Bürgerinformationssysteme, 1990.

LEPA, Manfred: Verfassungsrechtliche Probleme der Rechtsetzung durch Rechtsverordnung, in: AöR 1980, S. 337 ff.

LEPENIES, Wolf: Historisierung der Natur und Entmoralisierung der Wissenschaften seit dem achtzehnten Jahhundert, in: Markl, Hubert (Hg.) Natur und Geschichte, 1983, S. 263 ff.

LERCHE, Peter: Vorbereitung grundrechtlichen Ausgleichs durch gesetzgeberisches Verfahren, in: Lerche, Peter/Glaeser, Walter Schmitt/Schmidt-Aßmann, Eberhard (Hg.), Verfahren als staats - und verwaltungsrechtliche Kategorie, 1984, S. 97 ff.

LERSNER, Heinrich v.: Verfahrensvorschläge für umweltrechtliche Grenzwerte, in: NuR 1990, S. 193 ff.

- Abfall als Wirtschaftsgut, in: NuR 1981, S. 1 ff.

- Grußwort in: Umweltbundesamt (Hg.), Wissenschaften im ökologischen Wandel, 1994, S. 7 ff.

- Zur Entstehung von Begriffen des Umweltrechts, in: Festschrift Sendler, 1991, S. 259 ff.

LINDEMANN, Hans-Heinrich/KÖSTER, Kristina: Energiewirtschaft auf dem Weg zu mehr Wettbewerb, in: DVBl. 1997, S. 527 ff.

LINDEN, Werner: Gewässerschutz und landwirtschaftliche Bodennutzung (Schriftenreihe des Instituts für Umwelt- und Technikrecht der Universität Trier, Bd. 19), 1993.

LOMPE, KLAUS, Technischer Wandel und öffentliche Verantwortung, in: Braun, Hans (Hg.), Technischer Wandel im öffentlichen Dienst, 1989, S. 14 ff.

LORZ, Albert Pflanzenschutzrecht, Pflanzenschutzgesetz mit Rechtsverordnungen und Landesrecht, Kommentar, 1989.

LOOSS, Anneliese/KATZ, Christine, Abfallvermeidung und Hausmüllentsorgung - Vermeidung und Verminderung von Haushaltsabfällen (BT-Drs. 12/7093), 1993.

LOSCH, Bernhard: Wissenschaftsfreiheit, Wissenschaftsschranken, Wissenschaftsverantwortung, 1993.

LOSEE, John: Wissenschaftstheorie, 1977.

LÜBBE, Anna: Untergesetzliche Rechtsetzung und Regelrezeption, in: Schmidt, Alexander (Hg.), Das Umweltrecht der Zukunft, 1996.

LÜBBE-WOLFF, Gertrude: Die rechtliche Kontrolle incremental summierter Gefahren am Beispiel des Immissionsschutzrechts, in: Hofmann/Dreier (Hg.), Parlamentarische Souveränität und technische Entwicklung, 1986, S. 167 ff.

- Konstitution und Konkretisierung außenwirksamer Standards durch Verwaltungsvorschriften, in: DÖV 1987, S. 896 ff.

LÜBBE-WOLFF, Gertrude: Modernisierung des umweltbezogenen Ordnungsrechts, in: Enquete-Kommission des Deutschen Bundestages „Schutz des Menschen und der Umwelt“ (Hg.), Umweltverträgliches Stoffstrommanagement, Bd. 2, Instrumente, 1995.

- Verfassungsrechtliche Anforderungen an die Normsetzung und Normkonkretisierung im Umweltrecht, in: ZG 1991, S. 219 ff.

LUNDGREEN, PETER u.a.: Staatliche Forschung in Deutschland 1870 - 1980, 1986.

MANGOLDT, Hermann v./KLEIN, Friedrich: Das Bonner Grundgesetz, Kommentar, Bd. I, 1985.

MANGOLDT, Hermann v./KLEIN, Friedrich/PESTALOZZA, Christian, Das Bonner Grundgesetz, Kommentar, Bd. VIII, 1996.

MARKL, Hubert: Die Dynamik des Lebens, Entfaltung und Begrenzung biologischer Populationen, in: Ders. (Hg.), Natur und Geschichte, 1983, S. 71 ff.

MAUNZ, Theodor/DÜRIG, Günter/HERZOG, Roman (Hg.), Kommentar zum Grundgesetz, Loseblattsammlung (Stand: 10/1996).

MAURER, Hartmut: Allgemeines Verwaltungsrecht, 1995.

MAYER, Matthias: Die immissionsschutzrechtliche Zulassung von Abfallbeseitigungsanlagen, in: ZUR 1997, S. 201 ff.

MAYNTZ, Renate: Die Implementation politischer Programme - Theoretische Überlegungen zu einem neuen Forschungsgebiet, in: Dies. (Hg.), Implementation politischer Programme, Bd. I - Empirische Forschungsberichte, 1980, S. 236 ff.

MAYNTZ, Renate/HUCKE, Jochen: Gesetzesvollzug im Umweltschutz - Wirksamkeit und Probleme, in: ZfU 1978, S. 217 ff.

MEIER, Uwe: Die Zulassung von Pflanzenschutzmitteln in der Bundesrepublik Deutschland, in: Battis/Rehbinder/Winter (Hg.), Bremer Kolloquium über Pflanzenschutz, Bd. 9, 1991, S. 119 ff.

MEINS, Jürgen W.: Das neue Kreislaufwirtschafts- und Abfallgesetz (KrW-/AbfG), in: BayVBl. 1997, S. 66 ff.

MEYER, Rolf/JÖRISSEN, Juliane/SOCHER, Martin: Technikfolgenabschätzung „Grundwasserschutz und Wasserversorgung“, Bde. 1 und 2 (Wasserrecht und Wasserwirtschaft, Bde. 32 und 33), 1995.

MEYER-ABICH, Klaus Michael: Wie verträgt sich der motorisierte Individualverkehr mit dem Grundgesetz ?, in: Smeddinck, Ulrich (Hg.), Umweltverkehr - Bausteine für eine zukunftsfähige Verkehrswelt, 1996, S. 26 ff.

- Wege zum Frieden mit der Natur, 1986.

MICKLITZ, Hans-W.: Die Zulassungskontrolle von Pflanzenschutzmitteln im Lichte der Paraquat-Entscheidung des Bundesverwaltungsgerichts, in: Battis/Rehbinder/Winter (Hg.), Bremer Kolloquium über Pflanzenschutz, Bd. 9, 1991, S. 146 ff.

MILLES, Dietrich: Von Schädlingen und Schädigungen - Zur Geschichte der Pestizidzulassung, in: Battis/Rehbinder/Winter (Hg.), Bremer Kolloquium über Pflanzenschutz, Bd. 9, 1991, S. 17 ff.

MOHR, Hans: Evolutionäre Erkenntnistheorie, Biologie in unserer Zeit 13 (1983), S. 16 ff.

MÖKER, Ulf-Henning: Gewässerbelastungen durch Agrarstoffe, Rechtliche Standards beim Einsatz von Düngern und Pflanzenschutzmitteln, 1993.

MOORMANN, Franz Josef: Die wesentlichen Änderungen des Immissionsschutzrechts durch das Investitionserleichterungs- und Wohnbaulandgesetz, in: UPR 1993, S. 286 ff.

MÜHL-JÄCKEL, Margarete: Bodenverkehrsrecht und Bebauungsrecht in der jüngeren Rechtsprechung des Bundesverwaltungsgerichts, in: DVBl. 1986, S. 545 ff.

MULL, Rolf/NORDMEYER, Henning/BOOCHS, Peter-Wilhelm/LIETH, Helmut (Hg.): Pflanzenschutzmittel im Grundwasser. Eine interdisziplinäre Studie, 1994.

MÜNCH, Ingo v./KUNIG, Philip: Grundgesetz-Kommentar, Bd. I, 1992.

MÜNCH, Ingo v./KUNIG, Philip: Grundgesetz-Kommentar, Bd. III, 1996.

MÜNK, Hans J.: Umweltkrise - Folge und Erbe des Christentums?, in: Jahrbuch für christliche Sozialwissenschaften 28 (1987), S. 133 ff.

MUTIUS, Albert v.: Grundrechtsschutz vor öffentlich-rechtlichen Zwangszusammenschlüssen, in: VerwArch 64 (1973), S. 81 ff.

- Grundrechtsfähigkeit, in: Jura 1981, S. 30 ff.

NEVERMANN, Knut: Lehrplanrevision und Vergesetzlichung, in: VerwArch 1980, S. 241 ff.

NOLL, Peter: Gesetzgebungslehre, 1973.

OEBBECKE, Janbernd: Weisungs- und unterrichtungsfreie Räume in der Verwaltung, 1986.

OERDER, Michael: Altlasten in der anwaltlichen Praxis, in: DVBl. 1992, S. 691 ff.

- Ordnungspflichten und Altlasten, in: NVwZ 1992, S. 1031 ff.

ÖKO-BILANZ: Öko-Bilanz - Auto, Greenpeace 1995.

OLDIGES, Martin: Baurecht, in: Steiner, Udo (Hg.), Besonderes Verwaltungsrecht, 1995, S. 475 ff.

OLDIGES, Martin: Die Bundesregierung als Kollegium. Eine Studie zur Regierungsorganisation nach dem Grundgesetz, 1983.

OPPERMANN, Thomas: Nach welchen rechtlichen Grundsätzen sind das öffentliche Schulwesen und die Stellung der an ihm Beteiligten zu ordnen?, in: Ständige Deputation des Deutschen Juristentages (Hg.), Gutachten C für den 51. Deutschen Juristentag, 1976.

ORTLOFF, Karsten-Michael: Abschied von der Baugenehmigung - Beginn beschleunigten Bauens ?, in: NVwZ 1995, S. 112 ff.

OSSENBÜHL, Fritz: Verwaltungsvorschriften und Grundgesetz, 1968.

- Rechtsquellen und Rechtsbindungen der Verwaltung, in: Erichsen, Hans Uwe (Hg.), Allgemeines Verwaltungsrecht, 1995.
- Vorsorge als Rechtsprinzip im Gesundheits-, Arbeits- und Umweltschutz, in: NVwZ 1986, S. 161 ff.
- Zur Kompetenz der Länder für ergänzende abfallrechtliche Regelungen, in: DVBl. 1996, S. 19 ff.

PALANDT: Bürgerliches Gesetzbuch, 1997.

PAPE, Kay Artur: Die Bewältigung von Altlasten in der Praxis, in: NJW 1992, S. 2661 ff.

PAPIER, Hans-Jürgen: Altlasten und polizeiliche Störerhaftung, in: DVBl. 1985, S. 873 ff.

- Die Verantwortlichkeit für Altlasten im öffentlichen Recht, in: NVwZ 1986, S. 256 ff.
- Der verfahrensfehlerhafte Staatsakt, 1973.
- Die verwaltungsgerichtliche Organklage, in: DÖV 1980, S. 292 ff.
- Beurteilung der Verwaltungsvorschriften im Recht der Technik, in: Leßmann, Herbert/Großfeld, Bernhard/Vollmer, Lothar (Hg.), Festschrift für Rudolf Lukes, 1989, S. 159 ff.

PEINE, Franz-Josef: Öffentliches Baurecht, 1993.

- Wasserhaushaltsrecht, in: Achterberg, Norbert/Püttner, Günter (Hg.), Besonderes Verwaltungsrecht, Bd. 1, 1990, S. 573 ff.

PETERSEN, Frank/RID, Urban: Das neue Kreislaufwirtschafts- und Abfallgesetz, in: NJW 1995, S. 7 ff.

PIEROTH, Bodo: Die planende Verwaltung zwischen Geheimhaltung und Öffentlichkeit, in: JuS 1981, S. 625 ff.

- Die Grundrechtsberechtigung gemischt-wirtschaftlicher Unternehmen, in: NWVBl. 1992, S. 85 ff.
- Störung, Streik und Aussperrung an der Hochschule. Ein Beitrag zur Konkretisierung von Grundrechten und zum Hochschulverwaltungsrecht, 1975.

PIEROTH, Bodo/SCHLINK, Bernhard: Staatsrecht II, Grundrechte, 1994.

PIESKE, Eckart: Der Weg des deutschen Schulrechts nach dem 51. Deutschen Juristentag in Stuttgart im September 1976, in: DVBl. 1977, S. 673 ff.

PLATE, Klaus: Neues Landesbauordnungrecht, 1972.

PRIGOGINE, Ilya/STENGERS, Isabella: Dialog mit der Natur, 1990.

PUCHTA, Georg Friedrich: Cursus der Institutionen, 1. Buch, 1841.

PÜTTNER, Günter: Die öffentlichen Unternehmen, 1985.

QUARITSCH, Helmut: Das parlamentslose Parlamentsgesetz, 1961.

RABE, Klaus/STEINFORT, Frank: Bau- und Planungsrecht, 1992.

RAPP, Friedrich: Analytische Technikphilosophie, 1978.

RAT VON SACHVERSTÄNDIGEN FÜR UMWELTFRAGEN (Hg.), Umweltgutachten 1974, 1974.

- Abfallwirtschaft. Sondergutachten September 1990, Stuttgart 1991.

- Umweltgutachten 1994, 1994.

REHBINDER, Eckhard/KAYSER, Detlev/KLEIN, Helmut: Chemikaliengesetz, 1985.

- Einführung, in: Battis/Rehbinder/Winter (Hg.), Bremer Kolloquium über Pflanzenschutz, Bd. 9, 1991, S. 3 ff.

- Umweltschutz und Pflanzenschutzrecht, in: NuR 1983, S. 249 ff.

REIDT, Olaf: Nochmals: Rechtsfragen der Genehmigung mobiler Bodenreinigungsanlagen, in: NVwZ 1993, S. 861 ff.

REINHARDT, Michael: Abschied von der Verwaltungsvorschrift im Wasserrecht, in: DÖV 1992, S. 102 ff.

RIETZ, Klaus Der Fluß als ökologisches System, in: Wasser für die Erholungslandschaft (Münchner Beiträge zur Abwasser-, Fischerei- und Flußbiologie, Bd. 26), 1975, S. 27 ff.

RISTAU, Herbert: Kommunale Elektrizitätsversorgung in den neuen Bundesländern, 1997.

RITTSTIEG, Andreas: Die Konkretisierung technischer Standards im Anlagenrecht, 1982.

ROCK, Martin: Theologie der Natur, in: Birnbacher, Dieter (Hg.), Ökologie und Ethik, 1980, S. 72 ff.

RODE, Karlheinz: Negative Vereinigungsfreiheit und Zwangsmitgliedschaft in öffentlichen Körperschaften, DÖV 1976, S. 841 ff.

ROLLER, Gerhard: Diskussionsbeitrag, in: Roßnagel, Alexander/Neuser, Uwe (Hg.), Reformperspektiven im Umweltrecht, 1996, S. 190 ff.

RONGE, Volker: „Ressortforschung"als Modus der Verwendung (sozial-) wissenschaftlichen Wissens - am Beispiel des Bundesinstitutes für Berufsbildung und der Forschungs- und Ausbildungsprogramme, in: ZfRSoz 9 (1988), S. 161 ff.

- Sicherheitsphilosophien im Technikrecht, in: UPR 1993, S. 129 ff.

ROTH, Horst: Wasserhaushaltsgesetz. Textausgabe mit Erläuterungen und Ausführungsvorschriften (Wasserrecht und Wasserwirtschaft, Bd. 20), 1992.

ROTTKE, Andreas: Der Einfluß der Vierten Novelle zum Wasserhaushaltsgesetz auf die Richtlinien für die Festsetzung von Quellenschutzgebieten, in: ZfW 1978, S. 345 ff.

RUPP, Hans-Heinrich, Rechts- und Organisationsfragen der außeruniversitären „staatlichen" Forschung, in: WissR 17 (1984), S. 1 ff.

RUCHAY, Dietrich: Pflanzenschutzmittelanwendung ohne Grund- und Trinkwassergefährdung - Aspekte des Umweltschutzes -, in: Milde/Müller-Wegener (Hg.), Pflanzenschutzmittel und Grundwasser. Bestandsaufnahme, Verhinderungs- und Sanierungsstrategien, Gewässer und Pflanzenschutzmittel VI, 6. Fachgespräch in Berlin vom 30.5. bis 1.6.1988, 1989, S. 39 ff.

SALZWEDEL, Jürgen: Gemischt-interdisziplinäre Tatbestände im Umweltrecht und verwaltungsgerichtliche Kontrolldichte, in: Bender, Bernd/Breuer, Rüdiger/Ossenbühl, Fritz/Sendler, Horst (Hg.), Rechtsstaat zwischen Sozialgestaltung und Rechtsschutz, Festschrift zum 70. Geburtstag von Konrad Redeker, 1993, S. 421 ff.

- Risiko im Umweltrecht - Zuständigkeit, Verfahren und Maßstäbe der Bewertung, in: NVwZ 1987, S. 276 ff.

- Probleme der Abfallentsorgung, in: NVwZ 1989, S. 820 ff.

SANDHÖVEL, Armin: Marktorientierte Instrumente der Umweltpolitik, 1994.

SCHÄPER, S./LEITERMANN, W.: Comparison of energy consumption, emissions and efficiency of cars between aluminium-intensive and traditional design and optimization of a space-frame body by means of holistic evaluation, in: VDI-Berichte 1307 (1996), S. 223 ff.

SCHINK, Alexander: Grenzen der Störerhaftung bei der Sanierung von Altlasten, in: VerwArch 82 (1991), S. 357 ff.

- Kontrollerlaubnis im Abfallrecht, in: DÖV 1993, S. 725 ff.

- Rechtsfragen der Altlasten, in: GewArch 1996, S. 50 ff.

SCHINKEL, K.: Pflanzenschutzmittel - Zulassungspraxis und Grundwasserschutz, in: Milde/Müller-Wegener (Hg.), Pflanzenschutzmittel und Grundwasser, Bestandsaufnahme, Verhinderungs- und Sanierungsstrategien, Gewässer und Pflanzenschutzmittel VI, 6. Fachgespräch in Berlin vom 30.5. bis 1.6.1988, 1989, S. 57 ff.

SCHIPPERES, Heinrich: Artikel „Natur“, in: Brunner, O./Conze, W./Koselleck, R. (Hg.), Geschichtliche Grundbegriffe. Historisches Lexikon zur politisch-sozialen Sprache in Deutschland, Bd. 4, 1978, S. 228 ff.

SCHIWY, Peter: Deutsches Pflanzenschutzrecht, Sammlung des gesamten Pflanzenschutzrechts des Bundes und der Länder sowie der internationalen Pflanzenschutzbestimmungen mit Kommentar (Stand: 12/1991).

SCHLEZ, Georg: Landesbauordnung für Baden-Württemberg, 1985.

SCHMATZ, Hans/NÖTHLICHS, Matthias: Immissionsschutz, Kommentar (Stand: 12/1995).

SCHMIDT, Rainer: Der Staat der Umweltvorsorge, in: DÖV 1994, S. 749 ff.

SCHMIDT, Reiner u.a.: Altautoverwertung und -entsorgung, 1995.

SCHMIDT-ASSMANN, Eberhard: Das Allgemeine Verwaltungsrecht als Ordnungsidee und System, 1982.

- Der Grundrechtsschutz gemischtwirtschaftlicher Unternehmen nach Art. 19 Abs. 3 GG, in: BB 1990, Beilage 34 zu Heft 27, S. 1 ff.
- Die Wissenschaftsfreiheit nach Art. 5 Abs. 3 GG als Organisationsgrundrecht, in: Becker/Bull/Seewald (Hg.), Festschrift für Werner Thieme zum 70. Geburtstag, 1993, S. 697 ff.
- Grundwasserschutz als Aufgabe wasserrechtlicher und regionalplanerischer Gebietsausweisungen, in: DÖV 1986, S. 985 ff.
- Verwaltungsorganisation zwischen Parlamentarischer Steuerung und exekutivischer Organisationsgewalt, in: Städter, Rolf/Thieme, Werner (Hg.), „Deutschland, Europa“, Festschrift für Hans-Peter Ipsen zum 70. Geburtstag, 1977, S. 333 ff.
- Zur Reform des allgemeinen Verwaltungsrechts - Reformbedarf und Reformansätze, in: Hoffmann-Riem, Wolfgang/Schuppert, Gunnar Folke/Schmidt-Aßmann, Eberhard (Hg.), Reform des allgemeinen Verwaltungsrechts, 1993, S. 11 ff.

SCHMIDT-BLEIBTREU, Bruno/KLEIN, Franz: Kommentar zum Grundgesetz der Bundesrepublik Deutschland, 1995.

SCHMIDT-EICHSTAEDT, Gerd: Städtebaurecht, 1993.

SCHMIDT-JORTZIG, Edzard: Aktuelle Aspekte der kommunalen Haftung für Altlasten, in: DÖV 1991, S. 753 ff.

SCHMITT GLAESER, Walter: Die Position der Bürger als Beteiligte im Entscheidungsverfahren gestaltender Verwaltung, in: Lerche, Peter/Schmidt Glaeser, Walter/Schmidt-Aßmann, Eberhard (Hg.), Verfahren als staats- und verwaltungsrechtliche Kategorie, 1984.

- Partizipation an Verwaltungsentscheidungen, in: VVDStRL 31 (1973), S. 179 ff.

SCHMÖLLING, Jürgen: Grenzwerte in der Luftreinhaltung, in: Winter, Gerd (Hg.), Grenzwerte, 1986, S. 73 ff.

SCHOCH, Friedrich: Grundfälle zum Polizei- und Ordnungsrecht, in: JuS 1994, S. 754 ff.; S. 1026 ff.

SCHOLZ, Rupert/LANGER, Stefan: Europäischer Binnenmarkt und Energiepolitik, 1992.

SCHRAMM, Theodor: Einführung in die Rechtsphilosophie, 1982.

SCHRÖDER, Meinhard: Auswirkungen des Richtlinien-Vorschlags über den Elektrizitätsbinnenmarkt auf das Eigentum der Energieversorgungsunternehmen, in: Baur, Jürgen F. (Hg.), Die Europäische Gemeinschaft und das Recht der leitungsgebundenen Energie (VEnergR, Bd. 69), 1993, S. 79 ff.

SCHULZ, Walter: Liberalisierung des Strommarktes: Erfahrungen im Ausland und Möglichkeiten in Deutschland, in: Hoffmann-Riem/Schneider (Hg.), 1995, S. 110 ff.

SCHULZE-FIELITZ, Helmuth: Theorie und Praxis parlamentarischer Gesetzgebung, 1988.

- Zeitoffene Gesetzgebung, in: Hoffmann-Riem, Wolfgang/Schmidt-Aßmann, Eberhard (Hg.), Innovation und Flexibilität des Verwaltungshandelns, 1994.

SCHUPPERT, Gunnar Folke: Verfassungsrecht und Verwaltungsorganisation, in: Der Staat 32 (1993), S. 581 ff.

SCHUTT, Wolfgang: Die Anhörung vor abfallgesetzlichen Zielvorgaben und Rechtsverordnungen, in: NVwZ 1991, S. 10 ff.

SCHWEIMER, G. W./SCHUCKERT, M.: Life Cycle Inventory of a Golf, in: VDI-Berichte 1307 (1996), S. 235 ff.

SCHWEITZER, Thomas: Neue Entwicklungen im Umweltrecht, in: UPR 1997, S. 19 ff.

SEELMANN, Kurt: Rechtsphilosophie, 1994.

SEIBERT, Max-Jürgen: Altlasten in der verwaltungsgerichtlichen Rechtsprechung, in: DVBl. 1992, S. 664 ff.

- Zum Zusammenhang von Ordnungs- und Kostentragungspflicht, in: DVBl. 1985, S. 328 ff.

SEIFRIED, D.: Least-Cost-Planning und die Reform der Energiepreise, in: Hennicke, P. (Hg.), 1991, S. 151 ff.

SELLNER, Dieter: Beurteilungsspielräume der Exekutive und ihre Handhabbarkeit im Immissionsschutzrecht, in: Ministerium für Umwelt, Raumordnung und Landwirtschaft des Landes Nordrhein-Westfalen (Hg.), Neuere Entwicklungen im Immissionsschutzrecht, 1991, S. 24 ff.

- Immissionsschutzrecht und Industrieanlagen, 1988.

SELLNER, Dieter: Gestuftes Genehmigungsverfahren, Schadensvorsorge, verwaltungsgerichtliche Kontrolldichte, in: NVwZ 1986, S. 616 ff.

SELMER, Peter: Anmerkung zu BVerwG, Beschluß vom 19.8.1994 - 8 N 1/93 (Kassel) -, in: JuS 1995, S. 558 ff.

SENDLER, Horst: Wer gefährdet wen: Eigentum und Bestandsschutz den Umweltschutz - oder umgekehrt?, in: UPR 1983, S. 33 ff.

SIEBERT, Horst: Analyse der Instrumente der Umweltpolitik, 1976.

SIEDER, Frank/ZEITLER, Herbert/DAHME, Heinz: Wasserhaushaltsgesetz - Abwasserabgabengesetz, Kommentar (Stand: 5/1994).

SIEFERLE, Ralf Peter: Höfische und bürgerliche Natur, in: Lübbe, Hermann/ Ströker, Elisabeth (Hg.), Ökologische Probleme im kulturellen Wandel, 1986, S. 93 ff.

- Perspektiven einer historischen Umweltforschung, in: Ders. (Hg.), Fortschritte der Naturzerstörung, 1988, S. 307 ff.

SIMPSON, G. G.: Biology and the nature of science, in: Science 139 (1963), S. 81 ff.

SMEDDINCK, Ulrich: Verkehrsbeschränkungen nach Straßen- und Wegerecht, in: Apel, Dieter u.a. (Hg.), HKVp (Stand: 11/1996), Ziff. 3.4.13.2.

SMEDDINCK, Ulrich/SCHOMERUS, Thomas: Die Stellplatzverpflichtung im Wandel, in: ZUR 1995, S. 72 ff.

SMEND, Rudolf: Das Recht der freien Meinungsäußerung, in: VVDStRL 4 (1928), S. 44 ff.

SOMMERMANN, Karl-Peter: Verordnungsermächtigung und Demokratieprinzip, in: JZ 1997, S. 434 ff.

SPANNOWSKY, Willy: Das Prinzip gerechter Lastenverteilung und die Kostentragungslast des Zustandsstörers, in: DVBl. 1994, S. 560 ff.

SPARWASSER, Reinhard/GEISSLER, Birgit: Grenzen der Zustandsstörerhaftung am Beispiel des Altlastenrechts, in: DVBl. 1995, S. 1317 ff.

SPICKSEN, Ingolf: Das Zulassungsverfahren von Pestiziden in Recht und Praxis: Löchrich wie ein Schweizer Käse, in: Battis/Rehbinder/Winter (Hg.), Bremer Kolloquium über Pflanzenschutz, Bd. 9, 1991, S. 129 ff.

SPRENGER, Rolf-Ulrich: Kriterien zur Beurteilung umweltpolitischer Instrumente aus der Sicht der wissenschaftlichen Politikberatung, in: Sprenger, Rolf-Ulrich/Schneider, Gunter (Hg.), Mehr Umweltschutz für weniger Geld, 1984, S. 41 ff.

STAMER, Peter: Orientierungsleitlinien der Umweltpolitik, 1977.

STAUPE, Jürgen: Der Besorgnisgrundsatz beim Grundwasserschutz verdrängt durch Abfallrecht und Pflanzenschutzrecht?, in: UPR 1988, S. 41 ff.

STAUPE, Jürgen: Das Vorsorgeprinzip beim Schutz von Grund- und Trinkwasser vor Pflanzenschutzmittelkontaminationen, in: Milde/Müller-Wegener (Hg.), Pflanzenschutzmittel und Grundwasser. Bestandsaufnahme, Verhinderungs- und Sanierungsstrategien, Gewässer und Pflanzenschutzmittel VI, 6. Fachgespräch in Berlin vom 30.5. bis 1.6.1988, 1989, S. 587 ff.

- Parlamentsvorbehalt und Delegationsbefugnis, 1986.

STEFFANI, Winfried: Parlamentarische und präsidentielle Demokratie, 1979.

STEGMÜLLER, Wolfgang: Hauptströmungen der Gegenwartsphilosophie, Bd. II, 1979.

STEIN, Ekkehard: Staatsrecht, 1995.

STEINBACH, M.: Pflanzenschutzmittelanwendung ohne Grund- und Trinkwassergefährdung - Aspekte des Gesundheitsschutzes -, in: Milde/Müller-Wegener (Hg.), Pflanzenschutzmittel und Grundwasser. Bestandsaufnahme, Verhinderungs- und Sanierungsstrategien, Gewässer und Pflanzenschutzmittel VI, 6. Fachgespräch in Berlin vom 30.5. bis 1.6.1988, 1989, S. 35 ff.

STEINER, Udo: Straßen- und Wegerecht, in: Ders. (Hg.), Besonderes Verwaltungsrecht, 1995, S. 649 ff.

- Verkehrsrecht im Wandel - Abschied vom Prinzipiellen?, in: Eser, Albin (Hg.), Straf- und Strafverfahrensrecht, Recht und Verkehr, Recht und Medizin, Festschrift für Hannskarl Salger, 1995, S. 567 ff.

STERN, Klaus: Das Staatsrecht der Bundesrepublik Deutschland, Bd. I, 1984, Bd. II, 1980.

STORM, Peter-Christoph: Auf dem Weg zum Umweltgesetzbuch, in: Koch, Hans-Joachim (Hg.), Auf dem Weg zum Umweltgesetzbuch, 1992, S. 9 ff.

STRICKER, Daniel: Fortschritte im Kunststoff-Recycling, in: Entsorgungs-Technik 6 (1995), S. 14 ff.

SUNDERMANN-ROSENOW, Andrea: Erläuterungen zum Pflanzenschutzgesetz, in Das Deutsche Bundesrecht IV D 30. Systematische Sammlung der Gesetze und Verordnungen mit Erläuterungen, 3/1990, S. 25 ff.

TENBRUCK, Friedrich H.: Wissenschaft, Politik und Öffentlichkeit, in: Maier/Ritter/Matz (Hg.), Politik und Wissenschaft, 1971, S. 323 ff.

THIEL, Fritz/RÖSSLER, Wilhelm/SCHUMACHER, Hans-Günther: Baurecht in Nordrhein-Westfalen, Bd. 2, 1994.

THIEL, Fritz/FROHBERG, Günther: Garagenbaurecht der Bundesländer, 1965.

THIEME, Werner: Die Wissenschaftsfreiheit der nichtuniversitären Forschungseinrichtungen, in: DÖV 1994, S. 150 ff.

TREIDLER, Sabine/WINTER, Gerd: Materielle Voraussetzungen der Zulassung von Pflanzenschutzmitteln, in: Battis/Rehbinder/Winter (Hg.), Bremer Kolloquium über Pflanzenschutz, Bd. 9, 1991, S. 158 ff.

TRUTE, Hans-Heinrich: Die Forschung zwischen grundrechtlicher Freiheit und staatlicher Institutionalisierung, 1994.

UEBERSOHN, Gerhard: Effektive Umweltpolitik - Folgerungen aus der Implementations- und Evaluationsforschung, 1990.

UEXKÜLL, Jakob v.: Die Umrisse einer kommenden Weltanschauung, in: Die neue Rundschau 1907, S. 641 ff.

ULE, Carl Hermann/LAUBINGER, Hans-Werner: Bundes-Immissionsschutzgesetz, (72. Lieferung) 1994.

UMWELTBUNDESAMT (Hg.): Daten zur Umwelt 1992/93, 1994.

VERSTEYL, Ludger-Anselm: Auf dem Weg zu einem neuen Abfallbegriff, in: NVwZ 1993, S. 961 ff.

VESTER, Frederic: Neuland des Denkens, 1985.

VOLLMER, Gerhard: Evolutionäre Erkenntnistheorie, 1981.

WEIZSÄCKER, Ernst Ulrich v.: Erdpolitik, 1992.

WAGNER, Burkhard: Harmonisierungsbedürftigkeit von Bauplanungs- und Bauordnungsrecht, 1989.

WAGNER, Hellmut: Grundrechtsschutz und Technologieentwicklung, in: ZRP 1985, S. 192 ff.

WAHL, Rainer: Risikobewertung der Exekutive und richterliche Kontrolldichte - Auswirkungen auf das Verwaltungs- und das gerichtliche Verfahren, in: NVwZ 1991, S. 409 ff.

- Verwaltungswissenschaft, in: Hoffmann- Riem, Wolfgang (Hg.), Sozialwissenschaften im öffentlichen Recht, 1981, S. 370 ff.

WALLERATH, Maximilian: Normkonkretisierende Verwaltungsvorschriften, in: NWVBl. 1989, S. 153 ff.

WEIDEMANN, Clemens: Immissionsschutzrechtliche Abfallentsorgungsanlagen, 1994.

- Übergangsprobleme bei der Privatisierung des Abfallwesens, in: NJW 1996, S. 2757 ff.

WEILAND, Raimund: Der Abfallbegriff, in: ZfU 1993, S. 113 ff.

WEY, Klaus Georg: Umweltpolitik in Deutschland, 1982.

WHITE JR., Lynn: The historical roots of our ecological crisis, Science 155 (1967), S. 1203 ff.

WICKE, Lutz: Umweltökonomie - Eine Praxisorientierung, 1993.

WIEACKER, Franz: Privatrechtsgeschichte der Neuzeit, 1967.

WIEGAND, Bodo: Zur Problematik der Grenzwertfestsetzungen in Verwaltungsvorschriften, in: VR 1991, S. 110 ff.

WILDAVSKY, Aaron: Searching for Safety, 1988.

WILLE, Frank: Bodensanierungsverfahren, 1993.

WITTGENSTEIN, Ludwig: Tractatus logico-philosophicus, 1963.

WOLF, Joachim: Die Kompetenz der Verwaltung zur „Normsetzung“ durch Verwaltungsvorschriften, in: DÖV 1992, S. 849 ff.

WOLF, Rainer: Der ökologische Rechtsstaat als prozedurales Programm, in: Roßnagel, Alexander/Neuser Uwe (Hg.), Reformperspektiven im Umweltrecht, 1996, S. 57 ff.

WOLFF, Hans J./BACHOF, Otto: Verwaltungsrecht Bd. II, 1976.

WUKETITS, Franz M.: Evolution, Erkenntnis, Ethik, 1984.

ZINOW, Bernd-Michael: Rechtsprobleme der grenzüberschreitenden Durchleitung von Strom in einem EG-Binnenmarkt für Energie, 1991.

ZIPPELIUS, REINHOLD: Verordnungen der Landesregierungen auf Grund bundesgesetzlicher Ermächtigung, in: NJW 1958, S. 445 ff.

ZUCK, Rüdiger: Einige Zweifelsfragen zu §§ 1, 2 Abfallbeseitigungsgesetz (AbfG), in: DVBl. 1973, S. 205 f.

Autoren

Heike Bruns, Assessorin

1967 in Rendsburg geboren; 1988 bis 1993 Studium der Rechtswissenschaften an der Universität Hamburg und am University College in Cork/Republik Irland; 1993 bis 1994 Wissenschaftliche Mitarbeiterin am Lehrstuhl Umweltrecht der Brandenburgischen Technischen Universität Cottbus; 1995 bis 1997 Rechtsreferendarin im Vorbereitungsdienst der Freien und Hansestadt Hamburg; 2. jur. Staatsexamen im Oktober 1997.

Christine Fischer, Wissenschaftliche Mitarbeiterin

Nach Abschluß der rechtswissenschaftlichen Ausbildung als Leiterin des Rechtsamtes und danach als Rechtsdezernentin in der Kommunalverwaltung tätig; seit 1989 Wissenschaftliche Mitarbeiterin am Fachbereich Wirtschafts- und Sozialwissenschaften der Universität Lüneburg.

Helmut Fouquet, Rechtsreferendar

1967 in Hamburg geboren; Studium der Rechtswissenschaften an der Universität Hamburg; 1. jur. Staatsexamen im Juni 1994; 1993 bis 1994 Wissenschaftlicher Mitarbeiter am Lehrstuhl Umweltrecht der Brandenburgischen Technischen Universität Cottbus; 1995 bis 1996 Postgraduiertenstudiengang „Law and Economics" in Hamburg, Gent, Oxford; seit Oktober 1996 Rechtsreferendar im Vorbereitungsdienst der Freien und Hansestadt Hamburg.

Klaus Iven, Oberregierungsrat

1962 in Mönchengladbach geboren; Studium der Rechtswissenschaften in Hamburg; Staatsprüfung im Verfahren der einstufigen Juristenausbildung im Februar 1989; März 1989 bis April 1990 Wissenschaftlicher Mitarbeiter bei Prof. Dr. Edmund Brandt; April bis September 1990 Forschungsstipendium des Vereins zur Förderung rechtswissenschaftlicher Forschung Hamburg e.V.; seit Oktober 1990 Rechtsreferent im Bundesministerium für Umwelt, Naturschutz und Reaktorsicherheit in Bonn.

Kristina Köster, Assessorin

1969 in Hamburg geboren; 1988 bis 1993 Studium der Rechtswissenschaften am reformierten Fachbereich II der Universität Hamburg; 1994 bis 1995 Wissenschaftliche Mitarbeiterin am Lehrstuhl Umweltrecht der Brandenburgischen Technischen Universität Cottbus; 1995 bis 1997 Rechtsreferendarin im Vorbereitungsdienst des Landes Berlin; 2. jur. Staatsexamen im Oktober 1997.

Dr. jur. Michael Kotulla, M.A., Wissenschaftlicher Assistent

1960 in Hannover geboren, Studium der Rechtswissenschaften und Geschichte in Marburg/L.; 1. jur. Staatsexamen im Februar 1989; 1990 bis 1991 Wissenschaftlicher Mitarbeiter am Lehrstuhl Öffentliches Recht (Prof. Dr. E. Riedel) an der Philipps-Universität Marburg; 1992 Promotion; 2. jur. Staatsexamen im Februar 1993; „Magister Artium" in Geschichte im August 1993; seit März 1993 Wissenschaftlicher Assistent am Lehrstuhl Umweltrecht an der Brandenburgischen Technischen Universität Cottbus; seit Oktober 1996 zudem Lehrbeauftragter.

Claus Leitzke, Rechtsreferendar

1967 in Wolfsburg geboren; Studium der Rechtswissenschaften in Göttingen; 1. jur. Staatsexamen im Juni 1994; August 1994 bis April 1997 Wissenschaftlicher Mitarbeiter am Lehrstuhl Umweltrecht der Brandenburgischen Technischen Universität Cottbus; seit Mai 1997 Referendar im Vorbereitungsdienst des Landes Berlin.

Stefan Palaschinski, Rechtsanwalt

1963 in Hamburg geboren; Studium der Rechtswissenschaften in Freiburg und München; 1. jur. Staatsexamen 1991; 2. jur. Staatsexamen 1994; 1994 bis 1996 als Rechtsanwalt in einer Wirtschaftsprüfungskanzlei in München, seit 1996 als Rechtsanwalt in Hamburg mit den Schwerpunkten Handels- und Gesellschaftsrecht sowie wirtschaftsrechtliche Vertragsgestaltung tätig.

Torsten Riebe, Rechtsanwalt

1964 in Hamburg geboren; Studium der Rechtswissenschaften in Hamburg; 1. jur. Staatsexamen im Februar 1993, 1993 bis 1994 Wissenschaftlicher Mitarbeiter am Lehrstuhl Umweltrecht der Brandenburgischen Technischen Universität Cottbus; 1994 bis 1996 Rechtsreferendar im Vorbereitungsdienst der Freien und Hansestadt Hamburg; 2. jur. Staatsexamen im Mai 1996; seit März 1997 Rechtsanwalt in Hamburg.

Dr.-Ing. Herbert Ristau, Wissenschaftlicher Assistent

1949 in Boblitz, Landkreis Oberspree-Lausitz, geboren; 1968 bis 1971 Studium der Automatisierungstechnik an der Fachschule in Hennigsdorf; 1974 bis 1980 Studium der Informationstechnik an der Technischen Universität Dresden; 1972 bis 1974 und 1980 bis 1983 Wissenschaftlicher Mitarbeiter im Fachgebiet Dampferzeuger- und Maschinentechnik am Institut für Kraftwerke in Vetschau; 1984 bis 1990 Wissenschaftlicher Mitarbeiter in der Arbeitsgruppe Entwicklung von Maschinendiagnose- und Expertensystemen für Turbomaschinen im Kombinat Braunkohlenkraftwerke; seit 1991 Wissenschaftlicher Assistent am Lehrstuhl Umweltrecht der Brandenburgischen Technischen Universität Cottbus; zwischenzeitlich (1997) Promotion zum Dr.-Ing.

Susana Röckseisen, Rechtsreferendarin

1969 in Santa Fé, Argentinien, geboren; 1989 bis 1994 Studium der Rechtswissenschaften in Hamburg; 1. jur. Staatsexamen im Juni 1994, seit Dezember 1996 wissenschaftliche Mitarbeiterin an der Universität Lüneburg, Fachbereich Umweltwissenschaften, Institut für Umweltstrategien; Mitarbeit an einem Drittmittelprojekt im Auftrag des Umweltbundesamtes („Konzeption für ein Stoffstromrecht").

Stefan Schoeneck, Wissenschaftlicher Mitarbeiter

1963 in Göttingen geboren; 1986 bis 1992 Studium der Rechtswissenschaften in Hamburg; 1. jur. Staatsexamen im Juni 1992; 1992 bis 1995 Rechtsreferendar im Vorbereitungsdienst der Freien und Hansestadt Hamburg; 1994 bis 1996 Lehrbeauftragter an der Universität Hamburg; 2. jur. Staatsexamen im Oktober 1995; Oktober 1995 bis September 1996 Wissenschaftlicher Mitarbeiter am Lehrstuhl Umweltrecht der Brandenburgischen Technischen Universität Cottbus; seit Oktober 1996 Wissenschaftlicher Mitarbeiter an der Professur Öffentliches Recht, insbesondere Umweltrecht, Fachbereich Umweltwissenschaften der Universität Lüneburg.

Claudia Undine Schulz, Wissenschaftliche Assistentin

1965 in Braunschweig geboren; Studium der Rechtswissenschaften in Marburg und Göttingen; 1. jur. Staatsexamen im August 1990; Februar 1991 bis Januar 1994 Rechtsreferendarin im Vorbereitungsdienst des Landes Niedersachsen; 2. jur. Staatsexamen im Januar 1994; Januar 1994 bis September 1996 Wissenschaftliche Mitarbeiterin am Lehrstuhl Umweltrecht der Brandenburgischen Technischen Universität Cottbus; seit Oktober 1996 an der Professur Öffentliches Recht, insbesondere Umweltrecht, Fachbereich Umweltwissenschaften der Universität Lüneburg tätig (bis März 1997 als Wissenschaftliche Mitarbeiterin und seit April 1997 als Wissenschaftliche Assistentin).

Ulrich Smeddinck, Rechtsreferendar

1967 in Nienburg/Weser geboren, Studium der Rechtswissenschaften in Hamburg; 1. jur. Staatsexamen im Februar 1994; April 1994 bis November 1995 Wissenschaftlicher Mitarbeiter am Lehrstuhl Umweltrecht der Brandenburgischen Technischen Universität Cottbus; seit Dezember 1995 Referendar im Vorbereitungsdienst der Freien und Hansestadt Hamburg.

Dr. jur. Frank Sollondz, Regierungsrat

1963 in Schleswig-Holstein geboren; Studium der Rechts- und Verwaltungswissenschaften sowie Philosophie an der Universität Hamburg (reformiertes einstufiges Curriculum) sowie der Hochschule für Verwaltungswissenschaften, Speyer. 1990 bis 1993 Wissenschaftlicher Mitarbeiter am Lehrstuhl für Strafrecht und Rechtsphilosophie an der Universität Hamburg; bis Ende 1995 Lehrbeauftragter; 1996 Promotion; seit Dezember 1995 im Sächsischen Staatsministerium des Innern tätig, u.a. als kommissarischer Leiter der Projektgruppe Funktionalreform, seit April 1997 stellvertretender Leiter des Verfassungsreferates und stellvertretendes Mitglied des Normprüfungsausschusses der Staatsregierung.

Sascha Steiner, Dipl.-Ing.

1971 in Hildburghausen/Thüringen geboren; Studium der Umweltwissenschaften und Verfahrenstechnik an der Brandenburgischen Technischen Universität Cottbus; Diplom 1997; 1993 bis 1996 Studentisches Hilfskraft am Lehrstuhl Umweltrecht der Brandenburgischen Technischen Universität Cottbus; seit Februar 1997 Mitarbeiter am Institut für Umweltstrategien der Universität Lüneburg.

Abkürzungsverzeichnis

a.A.	anderer Ansicht
a.F.	alter Fassung
AbfG	Abfallgesetz
ABl. EG	Amtsblatt der Europäischen Gemeinschaft
Abs.	Absatz
AGFW	Arbeitsgemeinschaft Fernwärme
AK	Alternativ-Kommentar
Anm.	Anmerkung
ARE	Arbeitsgemeinschaft regionaler Energieversorgung e.V.
ARGEBAU	Arbeitsgemeinschaft der für das Bau-, Wohnungs- und Siedlungswesen zuständigen Minister der Länder
Art.	Artikel
BAG (E)	Bundesarbeitsgericht (Amtl. Entscheidungssammlung)
BB	Der Betriebs-Berater
BBauBl.	Bundes-Baublatt
Beschl.	Beschluß
BGH (Z)	Bundesgerichtshof (Amtl. Entscheidungssammlung in Zivilsachen)
BImSchG	Bundes-Immissionsschutzgesetz
BImSchV	Bundes-Immissionsschutzverordnung
BR-Drs.	Bundesratsdrucksache
Bsp.	Beispiel
BT-Drs.	Bundestagsdrucksache
BTO Elt	Bundestarifordnung Elektrizität
btµc-uw	aktuelle Reihe der Fakultät Umweltwissenschaften und Verfahrenstechnik der Brandenburgischen Technischen Universität Cottbus
BVerfG (E)	Bundesverfassungsgericht (Amtl. Entscheidungssammlung)
BVerwG (E)	Bundesverwaltungsgericht (Amtl. Entscheidungssammlung)
BWWG	Baden-Württembergisches Wassergesetz

d.E.	des Entwurfs
Ders.	derselbe
Dies.	dieselbe(n)
d.h.	das heißt
DÖV	Die Öffentliche Verwaltung
DVBl.	Deutsches Verwaltungsblatt
Einl.	Einleitung
EnWG-E	Entwurf der Bundesregierung zur Novellierung des Energiewirtschaftsgesetz
EU	Europäische Union
EuGH	Europäischer Gerichtshof
EVU	Energieversorgungsunternehmen
EW	Elektrizitätswirtschaft
f.	folgende
ff.	fortfolgende
FFH-RL	Richtlinie 92/43/EWG des Rates zur Erhaltung der natürlichen Lebensgrundlagen sowie der wildlebenden Tiere und Pflanzen
Fn.	Fußnote
FS	Festschrift
GBl.	Gesetzblatt
GG	Grundgesetz
GK-BImSchG	Gemeinschaftskommentar zum BImSchG
GuD	Gas- und Dampfturbinen
GVBl.	Gesetz- und Verordnungsblatt
HKVp	Handbuch der kommunalen Verkehrsplanung
HmbBO	Hamburgische Bauordnung
i.d.F.	in der Fassung
i.d.S.	in diesem Sinne
i.V.m.	in Verbindung mit
InvWoBauLG	Investitionserleichterungs- und Wohnbaulandgesetz
IPP	Independent power producer
Jura	Jura/Juristische Ausbildung
KrW-/AbfG	Kreislaufwirtschafts- und Abfallgesetz
kW	Kilowatt
KWK	Kraft-Wärme-Kopplung
LSAWG	Wassergesetz des Landes Sachsen-Anhalt
m.E.	meines Erachtens
m.w.N	mit weiteren Nachweisen
MBO	Musterbauordnung
NJW	Neue Juristische Wochenschrift
Nr.	Nummer
NRW BO	Bauordnung des Landes Nordrhein-Westfalen
NuR	Natur und Recht

NVwZ	Neue Zeitschrift für Verwaltungsrecht
NWVBl.	Nordrhein-Westfälische Verwaltungsblätter
ÖPNV	Öffentlicher Personennahverkehr
OVG	Oberverwaltungsgericht
PET	Primärenergieträger
Pkm	Personenkilometer
RdE	Recht der Elektrizitätswirtschaft
Reg.Entw.	Regierungsentwurf
REQ	Regenerative Energiequellen
RL	Richtlinie
Rn.	Randnummer
RPWG	Rheinland-Pfälzisches Wassergesetz
Rs.	Rechtssache
s.a.	siehe auch
SHWG	Schleswig-Holsteinisches Wassergesetz
Slg.	Sammlung der Rechtsprechung des Europäischen Gerichtshofs
SlWG	Saarländisches Wassergesetz
StrEinspG	Stromeinspeisungsgesetz
StVG	Straßenverkehrsgesetz
StVO	Straßenverkehrsordnung
Urt.	Urteil
u.a.	und andere/unter anderem
UAbs.	Unterabsatz
UPR	Umwelt- und Planungsrecht
UVP-RL	Richtlinie 85/338/EWG des Rates über die Umweltverträglichkeitsprüfung bei bestimmten öffentlichen und privaten Projekten
VDEW	Vereinigung deutscher Elektrizitätswerke
VEAG	vereinigte Energiewerke Aktiengesellschaft
VEnergR	Veröffentlichungen des Instituts für Energierecht an der Universität zu Köln
VerwArch	Verwaltungsarchiv
vgl.	vergleiche
VGH	Verwaltungsgerichtshof
VIK	Verband Industrieller Kraftwirtschaft
VRL	Richtlinie 79/409/EWG des Rates über die Erhaltung der wildlebenden Vogelarten
VZ	Verkehrszeichen
ZfBR	Zeitschrift für Baurecht
ZfE	Zeitschrift für Elektrizitätswirtschaft
Ziff.	Ziffer
ZMR	Zeitschrift für Miet- und Raumrecht
ZUR	Zeitschrift für Umweltrecht

GPSR Compliance

The European Union's (EU) General Product Safety Regulation (GPSR) is a set of rules that requires consumer products to be safe and our obligations to ensure this.

If you have any concerns about our products, you can contact us on ProductSafety@springernature.com

In case Publisher is established outside the EU, the EU authorized representative is:

Springer Nature Customer Service Center GmbH
Europaplatz 3
69115 Heidelberg, Germany

Batch number: 10815974

Printed by Printforce, the Netherlands